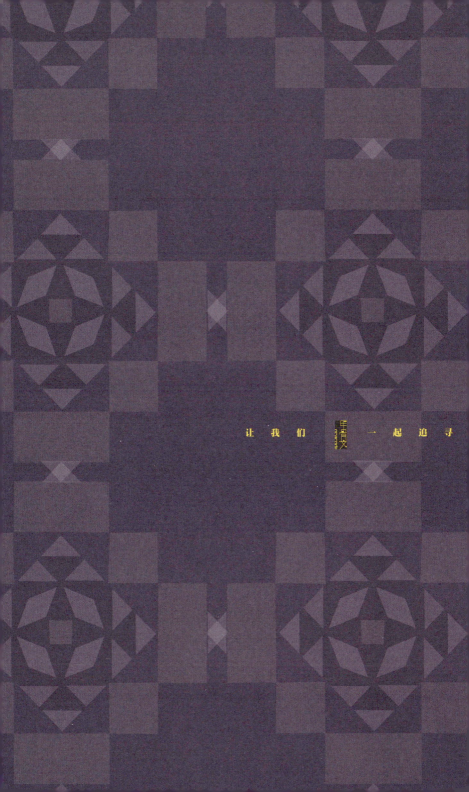

让 我 们 一 起 追 寻

SOPHIA ROSENFELD

COMMON SENSE: A Political History

by Sophia Rosenfeld

Copyright ©2011 by the President and Fellows of Harvard College

Published by arrangement with Harvard University Press

through Bardon-Chinese Media Agency

Simplified Chinese translation copyright ©2024

by Social Sciences Academic Press (China)

COMMON SENSE 常识

一 部 政 治 史
A POLITICAL HISTORY

〔美〕索菲娅·罗森菲尔德 —— 著

马睿 —— 译

社会科学文献出版社
SOCIAL SCIENCES ACADEMIC PRESS (CHINA)

译者序

当我们讨论"常识"的时候，我们在讨论什么？

何为"常识"？《现代汉语词典》给出了一个很简明的解释："普通的知识，一般的知识。"凭直觉，常识是智力正常的人在世间生存所应该或必须具备的知识或经验。比如：太阳朝升暮落；季节冬尽春来；把手放进沸水会被烫伤；不要在络绎的车流中横穿马路。无论汉语的"常识"还是英语的"common sense"，"常"和"common"都有两层含义：其一是寻常的、普通的（ordinary）；其二是常见的、为众人所共有的（shared），而且起码表面看来，它是不言而喻、无须证明且持久永恒的。所以"常识"可以被简单地定义为一个社群在相当长的时间内普遍持有的一套不言自明的共同信念。到此为止，如果同意上述定义，会很自然地引出一个现实问题：既然常识是寻常的、共有的、不言自明的，我们会在什么时候讨论常识？想想你上一次想起"常识"这个词，是在什么时候？大概是有人跟你说"二加二不等于四"或者你看到有人把手伸进沸水的时候。换句话说，是你觉得某人没有常识的时候，也就是与人辩论的时候。

美国历史学家、现任宾夕法尼亚大学历史系沃尔特·H.安嫩伯格（Walter H. Annenberg）讲席教授索菲娅·罗森菲尔德的《常识：一部政治史》，为我们呈现了一部现代西方政治史上的常识历险记。这里的"西方"是指北大西洋两岸世界，"现代"是指从 17 世纪末（具体而言，是从 1688 年英国光荣革命之后）至今。我称之为"历险记"，是因为在作者选取的六个时间节点、北大西洋两岸的六个（或七个，如果把作者一带而过的康德所在的柯尼斯堡也算在内的话）城市，常识每一次都出现在辩论中。辩论的每一方都声称对方缺乏常识，而常识面临危机的世界必定会导致灾难。然而自那时至今，常识从未有过任何消亡的迹象，它一直是各种公共讨论的核心概念和各派的争夺目标，显示出蓬勃而持久的生命力。

第一场辩论发生在 17 世纪和 18 世纪之交的伦敦。但在此之前，作者用了一些笔墨讨论了常识的"前世"。她指出，常识是一个非常古老的名词，早在公元前 4 世纪，亚里士多德就阐述过这个概念，只不过亚里士多德的常识类似"第六感"，是人类的五种基本感觉之外的"共同的感觉"，主要功能是对比和协调每一种感觉所接收的印象，因而人可以凭借它做出某种最低程度的判断。作者指出，在古代和中世纪的漫长岁月中，这种"共通感"一直被理解为人类的一种认知官能，是人类完成最基本、最平凡的任务所不可或缺的：识别物体、个人和境遇的特征并对它们加以基本的区分。直到 17 世纪，法国哲学家勒内·笛卡尔被认为第一个淘汰了人脑中有实际存在的器官行使共通感职能的过时观念，后来的哲学家纷纷步其后尘，直到这个观念最终在科学界缓慢消亡。一旦常识不再是一个专业术语，脱离了最前沿的心理学和解剖学，变成用于形容一种没有什么严格定义的认知能力的名词，它的意义就开始扩展了，这正是它进入现代政治史的开端。从这时起，它的内涵不再单单具备认识论意义（寻常的、普通的），也添加了社会意义（常见的、为众人所共有的）。

　　作为历史学家的罗森菲尔德自然没有忘记提供历史背景，阐述常识的现代政治史何以开端于17世纪和18世纪之交的伦敦。其一，是城市及其公共讨论空间的发展。除了中心城市及其公共空间（饭馆、酒馆、咖啡馆）的蓬勃发展之外，英格兰在1690年代废除《许可法案》①，出版物种类和数量大增，新闻媒体空前繁荣，海量信息带给人们的冲击想必不亚于互联网之于我们。其二，是言论相对自由之后，出现了一个独立于君权或教权的文人知识分子阶层，他们日益壮大，构成了反对当时体制的反对派或"在野党"，以文章、杂志、戏剧等方式抨击教会和政府的腐败，并在此过程中祭出"常识"这面大旗，旨在吸引同样反对教会和政府的大量民众。有趣的是，在第一场大辩论的发生地伦敦，常识作为一种观念和宣传口号，本是为了在前一个世纪的宗教战争和政治革命之后终止冲突、促进共识，却反而产生了一种争相定义和代表常识的竞争局面。换句话说，从它的现代史之初，本该在冲突中力挽狂澜的常识，变成了为各种新型冲突推波助澜的工具。另一个有趣的要点是，常识最终发展成为反智的民粹主义的核心观念，而它的发明者却是知识分子。

　　第二章转向了苏格兰的阿伯丁，时间是18世纪中期，讨论了詹姆斯·贝蒂和托马斯·里德等人的常识哲学。这里进行的是一场全然不同的辩论，贝蒂和里德等保守的苏格兰长老会

---

① 对该法案的说明请见"引言"第15页脚注。（本书页下注如无特别说明，均为译者注。）

知识分子利用常识反对的，是当时成功侵蚀了各大城市、在他们看来令人担忧的相对主义和怀疑论趋势。罗森菲尔德认为，这些阿伯丁知识分子为常识的发展做出了三大重要贡献：常识的普遍性让普通人的判断变得十分重要；常识可以作为认知基础促进社群共同意识；常识可以被用作抨击对手的工具。第三场辩论发生在同一时期的阿姆斯特丹。当贝蒂等常识哲学家们捍卫"上帝安坐于天庭"的常识时，远在言论相对自由的欧陆城市阿姆斯特丹，一群桀骜不驯的激进流亡作家却在动用常识（或与其对应的法文词语"良知"）反对天主教会，在他们看来，没有受过基督教思维荼毒和污染的"野蛮人"才是良知的天然拥有者和守护者。

第四场辩论是我们（貌似）熟悉的故事，在大西洋的另一侧，1776 年的费城，常识迎来了它在现代史上的高光时刻。托马斯·潘恩的《常识》咄咄逼人、掷地有声地为北美的独立与共和制辩护，据称，这部位居"深刻影响美国历史的书籍之首"的小册子把"英国国王和议会的权威撕成了碎片"。自那时以来的将近两个半世纪，用本书作者的话说，"那个故事的主体早已成了历史的陈词滥调"，或者说它创造的神话已经被我们内化成了历史常识。罗森菲尔德教授细读和分析了潘恩的这本小册子，指出除标题之外，整本小册子中只有三处提到"常识"一词，而且就连这个标题也不是潘恩的原创，是费城医生本杰明·拉什把潘恩原来的标题"实话"改成了"常识"。罗森菲尔德指出，受苏格兰常识哲学家和欧陆激进的良知启蒙思想家的双重影响，潘恩绝妙地运用常识这个谦卑的、模棱两可的观念，呼吁将"常识"既作为基本原理，也作为他希望灌输的、当时十分激进的政治情绪（独立、共和）

的名称，这是一个伟大的发明，毕竟无论独立还是共和，在当时都绝非"不言而喻的真理"。潘恩发明的另一个神话，也是他对现代政治史上的常识民主或常识民粹主义所做的另一大贡献，是"始于常识的政府形式是拥有常识的，这个神话在后来的现代民主政治中显现出很长的生命力"。

第五章来到了法国大革命时代的巴黎，常识的故事再度反转。在同样主张共和制，并深受美国独立战争影响的法国大革命期间，常识却未能像在美国那样成功地为共和革命辩护，相反，在这里发生的大辩论中，常识被反革命者握在了手中。经过一个世纪的发展，声称拥有常识来获得己方"民众"认同和支持的民粹主义传统早已建立，无论哪一派的常识写手们都已深谙其道：那些远离庙堂而只拥有初级的逻辑、民间智慧和日常生活经验与洞察力的人，最是充满智慧。于是在巴黎撰写反革命、天主教和保王派小册子的作者们发现，进行一种同样类型的角色反转，让平庸甚至不善言辞、没有文化、出身低微的农村居民（如"迪歇纳大娘"①）代表真正的法国人民的（反革命的）良知出现在出身地位高于他的人面前，有一种新的魔力。

第六章探讨了现代世界，从康德的柯尼斯堡到达达主义的苏黎世再到汉娜·阿伦特的纽约。罗森菲尔德在这里（不无争议地）强调，康德坚持使用这个词的拉丁语"共通感"，并强调共通感聚焦的是对美的判断和欣赏。它只能在参与关于美学问题的讨论时才能被激活，与真理或道德感情的决策没有关系。然而远在东普鲁士大学城里的康德毕竟没能守住界限，常

---

① Mère Duchesne，关于这个人物的具体介绍请见正文第 241 页。

识的损害已成定局。接着作者用了大量篇幅讨论以呼唤常识、将其作为概念工具的民粹主义在整个 19 世纪的发展，其最终导致了第一次世界大战。一战的硝烟散去，被称为"达达"的艺术和文学运动就诞生于幻灭和对现代世界现状的愤怒。不过达达运动的艺术家和作家们没有提议退出大众政治，进入康德和席勒的私人的、主观的甚或审美的共通感中，而是积极追求一种另类的道路。他们倡导极力混淆艺术与政治的边界，共同努力摧毁主流文化的规则、价值和语言，直接消解公共政治领域包括"常识"在内的一切"知识"或"见识"。这种消解没能挡住历史的滚滚车轮，在第二次世界大战的灾难之后，身在纽约的汉娜·阿伦特一直致力于研究极权主义的灾难何以发生，或者说，民主为什么失败了？阿伦特认为根本原因是未能在民众中培育常识，也就是说，个人丧失了那种可以把他们聚拢在一起、使他们既相互联系又彼此区隔的公共生活。阿伦特向 18 世纪的新英格兰镇民大会致敬，在那些制度中，市民可以聚集在一处探讨他们共同关心的问题，"人民的声音"可以得到公正、充分、和平的表达、讨论。罗森菲尔德最后指出，在汉娜·阿伦特职业生涯的晚期，她反复提及常识的概念和理想，"为她的读者提供了一种参与式民主的愿景，在那种民主制度中，普通人的常识的确能够成就奇迹"。

这样一部历时三个多世纪的"常识历险记"，涉及的概念、定义、思想、事件、历史人物和政治派别数不胜数，更不用说海量的文献信息。作为一本严肃而迷人的学术著作，书名"常识"可以说有极大的欺骗性，正如这个概念本身，貌似璞玉浑金、朴素寻常，事实上却变化莫测、不可捉摸。我们看到的，是当世界逐渐摆脱教权和王权，人们如何用常识作为新的、最低水平的认识论权威，塑造出一部民粹主义发展史。索菲娅·罗森菲尔德教授在多次访谈和讲座中提到，民粹主义不是一套固定的信条和信念，而是一种修辞、一套词汇和一种劝信方式，它诉诸普通民众（与高高在上的权威相对）古老的、朴素的、简单的、永恒的智慧（想想"让美国再次伟大！"）；自进入公共政治领域以来，它也从来不独属于任何群体，而是可以广泛地为政治光谱的任何一翼所用，最终成为西方民主政治的一个不可忽视的面向。回到它的核心概念"常识"，在任何公共空间，常识从来都既不寻常，也非共识，更不永恒。这本书最后归结到汉娜·阿伦特的常识愿景，那也是索菲娅·罗森菲尔德教授本人对未来的希望。她在多次访谈中指出，生活在"后真相时代"，我们除了关注民众共同的价值观和常识之外，还应该从学校教育抓起，告诉孩子们如何从海量信息中拒绝盲从，分辨真相。

目　录

引 言

> 熟知的东西之所以不是真正知道了的东西，正因为它是熟知的。
>
> ——G. W. F. 黑格尔，《精神现象学》

灼热的东西烫手。二加二等于四。眼见为实。蓝色与黑色不同。积习难改。我写下这些文字，表明我活着。

不写一本关于常识的书有很多理由，如果你碰巧还是一名历史学家，更要避而远之。首先，常识（common sense），顾名思义，就是一个无关乎历史的领域。在现代语境中，我们有时会用"常识"一词指代那种让我们基于日常的真实经验而对日常事务做出判断的人类本能（例如，用常识判断，你就知道上述的这些原理！）。另一些时候，我们用它来指代从该本能得出的普遍共有且看似不言自明的结论，也就是每个明白事理之人无须争论甚至讨论就一致同意的自明之理，包括数量、差别、谨慎、因果等原则。总之，常识所定义的本该是全体人类的共性，哪怕他们相差百代，相隔千里。[1]

如果那还不算严重，常识的信条表面看来如此陈腐乏味，如此理所当然，以至于它们通常都是不言而喻，无须赘言的。在很罕见的情况下，它们被明确地提出，通常只是为了驳斥明显违反常识的言行。其他时候，言者总觉得有必要在前面加一个"当然",以表示他或她正在陈述显而易见的道理,只是在重复陈述陈词滥调,而不是认为谈话对象幼稚或愚蠢。还有些时候,这些前提只不过内嵌在我们的日常用语中,为我们一切更有意识的活动和思考构成心照不宣的背景,或为我们的日常生活提供支持。[2]对历史学家而言,这实在是一个无形又无序的课题。

此外,当历史学家的确开始考察常识时,他们通常都持对立立场;常识是社会学家秉持着专业责任而反对的东西。[3]哲学家可能会反复考察它在认识论上的正确性。但那些研究历史的人如果对常识感兴趣,通常都是为了削弱它在他们生活和写作的那个特定社会中的权威性。你觉得按照常识,家庭就是由不同性别的父母和他们的直系子女组成的?研究过往的历史学家会像在别处寻找证据的人类学家一样,告诉你此处并无自然性或必然性,只是文化使然,习以为常和教育灌输会让人误认为这是常识。这正是好几代读者从克利福德·格尔茨①的鸿文《作为文化体系的常识》(Common Sense as a Cultural System)中学到的知识点。[4]

不过,历史学家的确有一个很好的理由停下来反思一下常识本身的历史,包括它不断发展变化的内容、意义、功用和影响。那个理由就是常识这个概念本身在现代政治生活中,尤其是在民主中的核心地位。

想想托马斯·潘恩曾在 18 世纪慷慨激昂地大谈常识绝对站在人民一方,因而必然反对国王的统治。时至今日,我们也没有理由接受这种把常识与共和制治理模式绝对匹配的说法,它不过是潘恩本人的异想天开或哗众取宠而已。在漫长历史的

---

① 克利福德·格尔茨(Clifford Geertz,1926—2006),美国文化人类学家(cultural anthropologist),首屈一指的修辞学家及象征人类学(symbolic anthropology)和解释人类学(interpretive anthropology)先驱。

大部分时间，即便在 1776 年年初的北美大陆，情况都恰恰相反；对人民的直接统治被认为是解决混乱无序、时局不稳乃至更糟事态的一剂显而易见的良方。但值得注意的是，自从《常识》问世以来，潘恩在那决定命运的一年发出的著名呐喊——那是针对美国人的振臂一呼，最终却也得到了世界各地民主拥护者的云集响应——是一篇漂亮的表面文章，在口头上提升了普通人的集体、日常和直觉判断的认识论价值。在公共生活事务中尤其如此。不光多数优于少数成为无可置疑的基本假设之一，而且效仿政治哲学家约翰·罗尔斯①的说法，这一假设现在可以说已经构成了"民主的常识"。⁵在当代民主政治学的语境下，相信常识——其意义既包括人类共有的洞察力，也包括每个人都熟知且一致同意的几个不可违背的基本原理——本身已经变成了基本常识。政治学已经被重塑（无论我们今天所在的世界变得多么纷繁复杂）为这样一个领域：那里不过是些简单、寻常的算计和基本道德戒律，一些在每个人看来都不言而喻的真理。

　　包括汉娜·阿伦特在内的少数现代政治哲学家甚至深入考察了这一配对，宣称常识是民主的命脉。自从潘恩那本薄薄的小册子在费城的印厂付之梨枣，两百多年来，常识这一观念曾数次推动民众（即那些没有专业知识或专长之人）参与到政治决策的事务中。如此一来，阿伦特指出，普通人参与不受约束的讨论和辩论所产生的常识，就应该被认为构成了一种共同基础，正是在这样的基础上，公共政治生活，也就是真正的民

---

①　约翰·罗尔斯（John Rawls, 1921—2002），美国政治哲学家、伦理学家。他曾在哈佛大学担任哲学教授，著有《正义论》《政治自由主义》《作为公平的正义：正义新论》《万民法》等。

主，才得以付诸实现。[6]阿伦特著述的时间是在第二次世界大战结束后，但她的思想仍然停留在革命年代，她认为民主在很大程度上是思维习惯的结果。而常识既是一切成功的民主制度的基础，也是它的目标所在。

于是，阿伦特把我们带回到了一个基本的历史问题，只不过它是在当代背景下提出的：一切何以发展到如此这般？在现代，常识是怎样与我们称之为"民主"的那种民治建立起特殊联系，又产生了怎样连绵不绝的影响？

要回答这个问题，至少一开始，要追溯到潘恩的时代之前很久。虽然在定义上看似相反，但那些被统称为"常识"的基本假设，还有"常识"的概念本身（或者，再把有限的概念变体和转译形式包括在内，good sense ［良知］、common reason ［常理］、*sensus communis* ［共通感］、*le sens commun*、*le bon sens*、*il senso comune*、*il buon senso*、*gemeiner Verstand* 以及 *gesunder Menschenverstand* 等）都有着漫长而复杂的历史。这是一部在整个现代时期横跨北大西洋两岸世界的历史，也是与 17 世纪末的光荣革命①到 18 世纪末的法国大革命期间新的人民主权观念的兴起密不可分的历史，有时人们用潘恩自造的词语，把这段时期称为"革命时代"。[7]

在那一百多年的时间里，诉诸常识的"神谕"，正如伊曼纽

---

① 光荣革命（Glorious Revolution，1688—1689），英国资产阶级和新贵族发动的推翻詹姆士二世的统治、防止天主教复辟的非暴力政变。这场革命没有发生流血冲突，因此历史学家将其称之为"光荣革命"。1689 年英国议会通过了限制王权的《权利法案》，奠定了国王统而不治的宪制基础，国家权力由君主逐渐转移到议会。君主立宪政体即起源于这次光荣革命。

尔·康德在潘恩著名的小册子首印不到十年后抱怨的那样，成了"现代世界最微妙的发现之一，借助它，就连最浅薄的粗人也能与最缜密的思想家平起平坐了"。[8]康德没有提到的，是一个亚里士多德学科里的专业术语转变成为一个大众化的浮夸比喻，变成了在公共领域发表非专业意见合法化的途径，恰恰是由此前一系列发展变化使然。它也产生了相当惊人的后果。

　　17世纪，出于我们很快就会述及的原因，欧洲北部开始形成了一种观念，认为某些基本的、大体上无可争议的概念，是为平民（就是普通人）所共知（"普遍认定"或"共同拥有"）的，原因就在于平民的共性（这里同样的指共同特性）以及——尤其是——他们共同的经历。那包括对他们周遭世界的观察和他们彼此之间相互交流。[9]此外，这些基本和普遍的判断，哪怕是未经任何事先正式培训而得出且无法用科学标准证实的，也会自带极高水平的确定性或真理价值。它们最多不过是似是而非的，没有任何进一步的证据，甚至不需要讨论。就这样，常识为它在18世纪初被重新评定为一种新的"认识论权威"做好了准备，大有与比它成熟得多的权威形式（包括历史、法律、风俗、信仰、逻辑和理性等）齐头并进之势，在谈及社会或道德生活时尤其如此。[10]这一过程最先发生在哲学（着实令康德郁闷）中，哲学的读者受到教唆结成一种新的联盟，反对过去那些高高在上、冠冕堂皇的思想家把自己云山雾罩、误入歧途的观点强加给世界的阴谋。（想想看，伟大的英国哲学家乔治·贝克莱①曾在18世纪初臭名昭著地"支

5

---

①　乔治·贝克莱（George Berkeley, 1685—1753），英裔爱尔兰圣公会主教、哲学家，科学家，以捍卫唯心主义而闻名，也就是认为现实仅仅是由人的头脑及其想法组成的，除精神之外的一切都只存在于感官所感知到的范围内。

持暴民"。）那以后不久，诉诸常识的做法就开始进入政治领域。在那里，常识在人和观念这两个方面为挑战现有的政治秩序搭设了一方舞台。它也导致被定义为"政治"的领域被重新改写。的确，在对代议制和监管这两种传统观念提出全面质疑的背景下，这种对思维本身展开新思考的方式将不再仅仅是在许多人中间流传的一种观念，还将被吸收进我们至今仍然称之为"常识"的疆域。

在很大程度上，这是我们不熟悉的故事。在标准的自由主义论述中，诞生于宗教改革和随后的科学革命①，并在 18 世纪得到充分滋养的"理性"发挥了至关重要的作用，促成了现代承担权利的个人和自由宪制主义的产生，而民主政治最终正是在这些基础上构建而成的。这一解释本身就是事后被命名为"启蒙时代"那个时期的发明，自那以后一直存续至今，其后还挪用了不少新的要素（自然权利理论；反对君主权力的抗议言论；资本主义、帝国以及一个受过教育且急于在"民意"中反映其需求的新中产阶级的兴起）。就连后现代主义者也在讲述同样的故事，只不过反转了它的道德寓意，把被赋予工具理性的个人说成是 20 世纪最大悲剧的来源而非重大成就。

然而自 18 世纪末问世并持续至今的民主事实上是一个古怪的大杂烩，它把对人民主权说——或曰"民"治——的旧观念的字面解读与立宪主义和代议制政府这两个元素组合在

---

① 科学革命（Scientific Revolution），16 世纪和 17 世纪科学思想的巨大变化。一种新的自然观在科学革命时期发生了，代替了曾统治科学界近 2000 年的希腊观点。科学开始成为自成一体的学科。

一起。与民主的宪制面向相对的，是民主的"民众"面向，在后者的构建中，一种集体常识的概念——有时与理性个人的观念结盟，有时则与之冲突——扮演着至关重要却往往心照不宣的角色。在这方面，常识看上去很像同情心和自然的情感，这些如今被广泛讨论的18世纪的情感发明也被视为社会契约的重要来源，它们在革命时代共同造就了真理。我们甚至忍不住从类似的社群主义角度来考察常识的作用，在强调将此二者联系起来的社会凝聚力时尤其如此。但事实上，与其说现代的常识概念产生了一种如何建立政治秩序的具体愿景，不如说它促成了一种新的政治风格以及如何看待政治为何物的新视角。常识的概念为民粹主义提供了认识论基础和正当性理由，从头到尾，民粹主义既是民主的支柱之一（如果我们赞同阿伦特的观点的话），也是民主最主要和持久的威胁之一。[11]

　　何为民粹主义？政治理论家对任何定义都莫衷一是。他们常常把它描述为一种劝信方式，处于现代政治光谱上的任何一段都可以随意取用，只要代表那些觉得自己被排除在政治过程之外的人，为这同一群人提出诉求，争取更积极的政治角色。[12]那通常是指认为统治者没有或无法充分代表自身利益的大多数普通人（虚幻的"人民"或"沉默的大多数"）。[13]一种捍卫这一立场的说法可被称为历史乃至怀旧的方式：说什么"人民"曾经无拘无束且理所当然地拥有过一种权力，如今被剥夺了。而另一种说法是认识论的，原因是它建立在一种对人类的认知和道德能力的特定理解之上。其标准主张是"人民"只要不被虚假的权威误导，就拥有一种完美无瑕的天生的是非观，它产生于实际生活的日常经验或在其中得到滋养，那种经验必然超越少数权威内行人士的"专业"判断和知识。这类内行人士——危险的胡言乱语的贩售者——的涵盖面已经大大拓宽，如今包括知识分子、科学家、金融家、律师、记者、权力掮客、政客和其他接受过多教育的精英骗子们，以及外国人和不同类型的局外人，视具体情况随意增减。然而基本观点并没有变。普通人（群落）不光懂的更多，而且一旦最终摒除所有这些由一个排外的政治阶级炮制出来的复杂投机和混淆视听的黑话，让真正的人民最终也能看得懂、说得清，那么政治本身也将变得更简单、更明白，且最终不再争吵不休。

这种政治风格最为人熟知的形式起源于 19 世纪末，特别是美国中西部和南部。举例而言，迈克尔·卡津①认为民粹主义语言在美国历史上有着顽强的生命力，他那部充满智慧、妙趣横生的《民粹主义信念：一部美国史》（*The Populist Persuasion: An American History*）在一开头就讨论了两个组织在 1890 年代的兴起，它们被矛盾地命名为大平原人民党（People's Party of the Great Plains）和旧邦联（Old Confederacy）。[14]然而我这本书的论点之一就是，在任何人自称民粹主义者之前至少一个世纪，这种直言不讳、愤怒激昂、看似草根的劝信方式就已经开始围绕着常识这种抽象观念而形成了。这发生在启蒙运动的多个前哨，其中既有激进派也有保守派，对民主政治的实践产生了复杂却持久的影响。

———————————

① 迈克尔·卡津（Michael Kazin, 1948—），美国乔治城大学教授，是专门研究美国社会和政治运动的学术历史学家，也是出色的公共知识分子，其多产而充满洞见的著述、评论和媒体亮相为美国的全国性政治辩论做出了重大贡献。

18 世纪，与自治观念同时出现的，是对"人民"（而不仅仅是个人的理性力量）的集体的、寻常见解的信仰。后来，在 1776 年的费城，常识助力支持了促成民众广泛参与治理的第一次现代实验。它至今仍然是民主信条的核心要素。但正是因为民治是一个含糊暧昧的词语，有时很难与民主的另一个宪制面向协调——在美国和其他地方都是如此——随着时间的推移，常识既是民主的现代建制变更的支持力量，也日益变成了它的对立面。它的其他根源是 1789 年以后发生在法国的一系列事件引发的国际反革命活动。自那以后，常识也被用于支持以人民拥有的特殊直觉的名义挑战既有的各类合法统治，包括民主制度。这样看来，本书关注的是一个棘手的课题：民粹主义（如今在很大程度上被视为理所当然的）对人民的常识的诉求与我们称之为民主的政治形式之间长期的复杂配对关系。

在方法论意义上，这为我们提出了一个有趣的难题。我们能否为一个从根本上反智的概念（表示各种前理性的、不言而喻的推论）撰写一部思想史？完成这样一项艰巨任务当然可以从概念史①（*Begriffsgeschichte*）中寻求一些帮助，它是思想史的一个分支，追溯用于为我们的思想分门别类的智力和语言工具的源头和发展演进。[15]它揭示了抽象名词业已消失的差别、已被遗忘的联系抑或普通人或哲学家们的陌生或相互矛盾的使用方式，可以帮助我们理解过去的政治创新的根源。它还有助于思考我们当代政治词汇的局限性或考察那些同样

8

---

① 概念史（history of concepts）是历史学和文化研究的一个分支，主要研究名词的历史语义学，认为词源学和名词意义的变化构成了当代文化、概念和语言理解的重要基础。

的概念在未来会被如何使用。为此原因，我们会在一开始阐述古希腊和罗马关于我们如今定义为常识的观念，关注那些古老意义的含义的不连贯性和持久残留，特别是在隐喻范畴。然而，为完成更为宏大的目标，还需要到其他历史领域去寻求帮助，包括观念的社会史（关注观念生根时的社会背景的历史领域），知识的社会史（关注所谓知识产生、传播和适应新用途所发生在其中的不断变化的社会结构的历史领域），以及尤其是法国历史学家称之为共同用法（*les usages commun*）的历史：整个社会体在过去年代不断变化的日常观念、信仰和社会实践。[16]毕竟，概念产生和获得权威的过程不仅发生在文本中，也发生在社会生活中。说到底，我们有志于探索两个方面的关系，一是作为思想史的日常必需品的那种明确表达的概念——常识——的发展；二是一整套信念的历史，它们很少被明确表达出来，却对宗教、伦理、政治和日常生活至关重要，恰因为历史把它贬低为这样一套内化的规则。换句话说，本书意在讲述的是社会的话语建构（鉴于常识这个想象出来的公共领域直接产生于与周遭世界及其居民的日常交流，并特别面向社会生活）。它还旨在讲述话语和概念的社会建构。

因此，本书使用的解决方案最接近于科学历史学家所谓的"历史认识论"。一般来说，这种方法揭示了现代科学和知识生产过程的那些看似永恒的组织性概念——像真实性或客观性这些范畴——不仅是历史建构，而且是如今看来与我们突出为"科学"的领域毫不搭界的实践和价值观的产物，包括美、规矩和道德的标准、经济竞争、追求社会地位、制度压力、宗教实践和理想、性别规范以及文类、话语和学科等。[17]然而归根结底，本研究的重点在于长期以来被认定为历史记录中最一成不变也最遁迹潜形，作为认知方式的常识，与看似最瞬息万变也最头角峥嵘的政治生活这二者之间的关系。[18]其实，政治的认识论、情感和证据基础并不总是与自然科学、物理科学甚或社会科学的这类基础一致。即便在 18 世纪的大部分时间，新科学与常识一直是亲密盟友，共同扎根于新教对直接的经验知识、简单性和"日常生活"[19]的价值的重视，它们的拥护者最终也分道扬镳了，那一次分裂的影响持续至今。科学越来越成为专家的领域，在他们看来，没有专业培训支持的对照试验的加持，经验本身不足以作为掌握真理的基础。[20]政治论衡则与之背道而行。只有寻根溯源，看看反专家的风气是如何特别依附于政治领域的，才最终有可能撰写一部民粹主义的文化和思想史。

发生在北半球和西半球不同地点的三个不同形式的巨大历史转变为这个故事提供了框架。与这部以古希腊人所谓的共有见解（endoxic）或平常知识为对象的研究相符，[21]这些笼统的主题有助于揭示在常识的历史——以及，的确，在这一想象的权威的基础上成为一种政治风格的民粹主义的历史——上贯穿始终的那些非同寻常的悖论。

第一个重大转变，是城市突飞猛进的发展，其中大多数城市聚集在北大西洋边缘附近，或与跨大洋商业贸易有着这样那样的联系。伦敦、巴黎、阿伯丁、费城、爱丁堡、阿姆斯特丹、日内瓦和海牙：这些中心城市都应该被理解为当地知识发生的地点，有着各种各样具体又截然不同的风俗习惯、宗教文化、法律制度、政治体系、商业、机构、阶级构成、语言乃至形成观念的公共场所，从大学到印刷厂到饭馆。那

10

些城市也都是活动和交流、借用、挪用和传播发生的场所，取决于地点不同、大小不一，程度也有差异。大西洋和英吉利海峡两岸的那些早期现代城市与较小城镇和周边乡村存在着一种共生关系，它们要依赖后者提供食物和劳动力。它们还在一个日益国际化的舞台上发挥作用。那些在18世纪依靠大西洋获取财富的城市成为交流传播和资本中心，名词、观念、流言、信息、物品（包括手稿、书籍、小册子和期刊）和人群频繁地从其他地方转移到这些城市。往来于伦敦、费城和巴黎三城之间的汤姆·潘恩①就是一个恰当的例子。就连那些本人从未远离过出生地的人，从出生在新大陆的奴隶到生活在普鲁士大学城的哲学家，也无法摆脱全球贸易体系、日益无国界的文坛、帝国间冲突或以上全部因素的影响。静止和流动、本地和全球之间的这种紧张关系对我们这个故事至关重要。常识带着它文化特异性的抑扬顿挫和普泛化的虚张声势粉墨登场了，成为18世纪大西洋两岸世界的都市生活中不可或缺的组成部分。[22]

　　这里的第二个关键的支线故事是，在这些城市内部，无论大小，无论是天主教、新教还是信奉多种宗教的城市，都有一个新的社会群体日益庞大：那些着手通过戏剧、小说、杂文、新闻报道、印刷品、小册子、哲学短文、讲座或街头演说，把自己变成独立的真理代言人的男人（不久还会有女人）。18世纪的文人学者（*Gens de lettres*）并不代表任何特定的社会阶级或制度类型。我们会看到他们的代表人物千差万

---

　　① 即托马斯·潘恩（Thomas Paine）。

别，从阿尔让侯爵[①]这样从贵族家庭出逃的道德败坏的浪荡子，到詹姆斯·贝蒂[②]这样一贫如洗的乡村新教牧师转行的讲道教授，再到汤姆·潘恩本人这样坏脾气的工匠和激进的檄文作家。整个 18 世纪，他们的队伍不断扩大，也有女人加入进来；我们会遇到法国革命派剧作家奥兰普·德·古热[③]、英国反革命保守人士汉娜·莫尔[④]，以及虚构的女性人物热拉尔大娘（Mère Gérard）和迪歇纳大娘，不过关于女性与常识之间关系的假设一直十分复杂。很多这类人物都有深刻的新教文化渊源，这种文化本就有赞美平凡胜于卓越、重视直接经验胜于深入思考的漫长传统，无论是在职业中，还是在日常生活中追求救赎和真理，都是如此。然而到 18 世纪，常识的拥趸们也可以从正统天主教或各种异端邪说（从自然神论到彻底的无神论）内部脱颖而出。这些人物在经济地位上的成功也大相径庭。随着个人生活境遇发生改变，少数人甚至可以交替在教堂、大学或政府中获得正职，讨好自己的恩主，靠家族的收入供养，或试图只靠卖文谋生了。

---

① 阿尔让侯爵让-巴蒂斯特·德·布瓦耶（Jean-Baptiste de Boyer, Marquis d'Argens, 1704—1771），法国理性主义者、作家和天主教批评者，他是伏尔泰的密友，一生大部分时间都在普鲁士国王腓特烈二世的宫廷里流亡。

② 詹姆斯·贝蒂（James Beattie, 1735—1803），苏格兰诗人、道德说教者和哲学家。1753 年，他成为福敦乡下教区的一名牧师。1760 年，他意外地被任命为马修学院（Marischal College，后来被并入阿伯丁大学）的道德哲学教授。

③ 奥兰普·德·古热（Olympe de Gouges, 1748—1793），原名玛丽·古兹（Marie Gouze），法国女权主义者、剧作家、政治活动家，其有关女权主义和废奴主义的作品拥有大量受众。

④ 汉娜·莫尔（Hannah More, 1745—1833），英国宗教作家和慈善家，反对法国大革命。

　　这些 18 世纪的文人学者，无论是男性还是女性，他们开始工作通常有一个共同的需求，就是要明确表达他们自己的社会和认识论两重功能。他们大多不怎么关心平民，尤其不关心那些没受过教育的人，受过教育的公众已经构成了另一个新的（有着极为丰富的文献记录的）开明社会力量——民意——的支持者。[23] 就算在美国和法国革命如火如荼的岁月，哪怕是那些最终事实上为"民主"在现代世界被奉上神坛做出了重要贡献的人，也很少对这个概念表达过除恐惧之外的其他情绪，它可能会让他们自身与乌合之众同流合污。然而在始于宗教改革并在新科学的时代继续发酵的权威面临危机的背景下，18 世纪的作家越来越倾向于为自己赢得挑战社会或知识地位更高的权威（无论是在哲学、宗教还是政府领域）的名声。为此目的，他们日益依靠另一个抽象的权威——"人民"——来获得自己的合法性，并公开为这个权威与世界之间的非智性乃至反智性关系辩护，后来还成了它的代言人。当然，早在这些开明的文人学者假装赞美平民的务实风格和道德判断之前很久，平民男女就已经开始积极参与构建欧洲都市的政治格局了。民众的集体行动，包括请愿、粮食暴动、抗税和叛乱，必须被看作早期现代政治文化的一个重要组成部分，屡次挑战统治者声称归其独有的政治统治权。但 18 世纪的社会对立——我们如今所谓的知识分子与他们希望努力赶上并超越的权威，以及他们常常为之代言但事实上却不无鄙视也算不上了解的普通民众之间的对立——是理解一种依赖常识观念的政治学何以兴起的关键所在。这些代言男女为了应对自己不保险的社会地位，直接（往往是不经意间）为普通人变成积极的政治参与者铺平了道路，最主要的途径是把后者变成选举人。他们还促成了政治本身发生转变：从一门只有通过长期学习研究才能掌握的艰深科学变成了可以与普通人最初级的感性与理性能力和实用性完美匹配的廉价交易品。

　　第三，或许也是最重要的，是审查制度与我们如今所谓的"言论自由"之间关系的历史，在关于知识的概念化、生产和流通的历史中，这也是个合适的话题。对思想、言论和印刷品的正式管制进行改进和解除的实验是18世纪大西洋两岸的自由主义叙事的核心内容，这段历史与常识的历史紧密交织在一起。该自由主义叙事的关键转折点之一是英格兰1690年代废除《许可法案》①，成为世界上首批对出版物解除管制的伟大范例之一；阿姆斯特丹等某些欧陆新教城市为事实上容忍异端思想开辟出小小的空间；最初的美国各州宪法和后来的《美国宪法第一修正案》明确规定自由言论权利不可侵犯；以及最终，1789年法国《人权宣言》同样规定言论自由是一项人权（尽管在法国，严苛的审查制度在拿破仑时期死灰复燃，但该宣言在随后那个世纪为欧洲其他国家的民主运动树立了标准）。然而常识的历史也被包裹在另一个同时代的故事中，它讲述的是人们不断启用各种较为隐性的审查制度作为维护政治稳定、社会和谐和测试真理有效性的手段。

①　《许可法案》，即《1662年出版许可法案》（The Licensing of the Press Act 1662），全称"防止频繁滥用煽动叛国和未经许可的书籍和小册子，并规范印刷和印刷机的法案"（An Act for preventing the frequent Abuses in printing seditious treasonable and unlicensed Books and Pamphlets and for regulating of Printing and Printing Presses），1695年到期时，下议院拒绝为它续期，就此废止。

当正式法律对公众可以发声的领域严加限制，包括管制和监督印刷业和出版业，声称凭常识说话就成了一种挑战现有权威的方式——在 18 世纪大部分时期的欧洲大陆正是如此；它成为政治或宗教异见者发声合法化的手段。然而，当信仰自由与放松思想管制结合起来，使得各种观念的激增令人眩晕和沮丧（的确，其产生的"知识爆炸"堪比我们今天这个互联网驱动的世界面对的信息过载）时，诉诸常识却能实现完全相反的效果。它总是变成这样一种机制：在不支持恢复高压管制手段的前提下，试图非正式地施加一种低水平的顺从要求（也叫"自我审查"），人们认为，这对于社群安全和维持安全的真伪界限是十分必要的。在理想情况下，凡是被视为荒诞的、不和谐的或胡说八道的东西，本身就没有资格被认真思考。相反，被视为常识的东西则有可能打一开始就为后续的知识和符合共同利益的普遍认识打下基础，可与危险的相对主义或怀疑论相抗衡。而且它实现这一目的还无须自上而下地将某种正统强加于人（不过我们会看到，向新的政治体宣誓效忠往往会让问题一时间变得更加复杂）。无怪乎常识的培养看似变成了一剂政治的灵丹妙药，一种不但能以人民的名义进行有效治理，后来还能确保民治和平存续的方式。

令人钦佩的是，近年来一小群法学家请人们关注这类非正式规则系列，也就是他们所谓的"社会规范"，在当今世界的功能。他们声称，在我们这个社会的许多角落，内化的规范，而不是正式的法律，发挥着有效的约束作用，特别是当遵守这些规范能够带来经济收益、社会地位或匿影藏形等好处，而违反或偏离这些规范则可能导致社会惩戒时，尤其如此。这些学者认为，这类规范应该被保留或鼓励，因为这些非正式法规有可能使政府减少干预，而且事实上它们在约束行为或创造社会凝聚力方面往往比国家强制的效率更高。[24]培养某种类似于国家共识的东西，特别是通过早期教育，似乎就符合这种模式。然而正如社会学家皮埃尔·布迪厄①提醒我们的那样，在管制性审查制度缺席时，常识可能而且已经变成了一种结构性或本质上的审查制度。它已经变成了一种不动声色的支配工具，持续而沉默地发生作用，不但把个人规范在界限之内，而且把边缘声音当作犯罪或疯狂而排除在外，从而限制了公共讨论的范围。[25]最终的结果是这样一种服从，完全可以称之为公共领域的去政治化，用下意识的共识取代了合法的智性冲突。[26]或者这正是它的主要支持者们，从18世纪初伦敦伟大的早期报人约瑟夫·艾迪生②和理查德·斯蒂尔，到法国大革命之初在巴黎撰写收费低廉的保王派宣传资料的那些抗法的失业牧师，希望看到的。归根结底，撰写任何一部常识的历史，无论关于它的起源还是关于它的后果，与管制异见者相关的法律的发展变化都是至关重要的一部分。

考虑到这些宏大的历史现象，一望而知，关于常识的一切在现在和过去都不是它惊鸿一瞥的模样。常识或许（仍在）召唤一些普遍的、永恒的、不容置疑的、非意识形态的、根植于每个人的日常经验的东西，一种万无一失的乡土智慧。那当

15

---

① 皮埃尔·布迪厄（Pierre Bourdieu，1930—2002），法国著名社会学家，也是一位公共知识分子，承埃米尔·左拉和让-保罗·萨特的衣钵，积极投身社会运动。

② 约瑟夫·艾迪生（Joseph Addison，1672—1719），英国散文家、诗人、剧作家和政治家。在文学史上艾迪生的名字常常与他的好友理查德·斯蒂尔（Richard Steele，1672—1729）一起被提起，两人最重要的贡献是创办两份著名的杂志《闲谈者》（The Tatler）与《旁观者》（The Spectator）。

然正是如今的政客、学究和推销员们使用它的标准方式，他们通常都会把它置于复杂、专业、内幕、高雅、行话、冲突、党争和辩论的对立面。然而如果从历史的角度来考察就会清楚地看到，常识的信条不但在内容上是随着文化和时间而变化的，而且那些被称为常识的东西，即便在它的鼎盛时期，也从来不是真正的共识。

毕竟，虽然它在修辞上常常与"蒙昧者"、"自然人"、劳工、农民这类没有被政治或高深教育染指过的人联系在一起，但常识往往是被聚集在城市、有机会接触印刷品（常识本该不怎么需要这种媒介）的精英阶层定义和强化的。它在强化了阶级间团结或身份认同的同时，也在事实上创造出一种新型的排外。因为常识几乎总是与被视为迷信、边缘或迷狂的其他观点针锋相对，另一方面，也和过于抽象、专业或教条的东西壁垒分明。的确，常识的信条本身往往指向相反的方向，强化相互冲突的观点。（想想我们开头提到的"积习难改"这句陈词滥调，事实上能得出多少相互矛盾的结论吧。）这就是我们不该奇怪常识往往只会在其他形式的合法性遭遇危机的时刻被招魂和当作大旗高高举起的原因。革命就是一个恰当的例子，革命，顾名思义，一定会导致截然不同的忠诚派别和多个领域的规则同时被推翻。若非如此，常识本身并不需要吸引人们的注意力。[27]

如此一来，就意味着在公共生活中关于常识的主张几乎一定会挑起论战：关于共识和确定性的陈述被用来实现特殊的、党派的、打破平衡的效果。援引常识非但无法结束冲突，反而常常会引发新的冲突，成为导致更激烈的矛盾的枢纽——哪怕它的支持者狂热地宣传它的普遍适用与温和中庸。作为一种推定知识的常识无法摆脱权力或抗议。它之所以重要，就是因为同样的紧张或悖论正是民粹主义对民主制度至今也未能实现的承诺的最核心的反应。

最后，本书应该被看作哲学史的习作。[28]那就是说，它的研究目标不但包括探索过去发生了什么，也要试图判断一下阿伦特正确与否。真的只有诞生于普通人的日常经验和社会互动的常识，才使民主成为可能并存续至今吗？果真如此的话，代价是什么？以下就是一个历史学者的回答。

第一章　常识的幽灵

伦敦，1688—1739 年

从今往后，那些谋杀了常识的人，

从这样的场景中得知，虽然你们宣告胜利了，

但你们终将被她的幽灵纠缠，不得脱身。

——亨利·菲尔丁[①]，《巴斯昆》

　　故事要从一个消亡事件讲起。1736 年，在一部名为《巴斯昆》的流行滑稽剧中，伟大的英国剧作家亨利·菲尔丁宣告了一位常识女王——她曾是世界的统治者——英年早逝。按照菲尔丁的说法，她的死是由现代生活中最核心的阴谋所致：她是被宗教、药物和法律合谋杀死的。但在菲尔丁的故事中，她的消失并非波澜不兴，因为常识誓将阴魂不散。她死后变成幽灵，将和许多伟大的历史力量一样，成为肉眼不可见的势

---

①　亨利·菲尔丁（Henry Fielding，1707—1754），英国小说家、剧作家。《巴斯昆》（*Pasquin*，1736）的副标题是"一部时代讽刺剧"（A Dramatick Satire on the Times），是最终导致 1737 年《戏剧授权法案》（Theatrical Licencing Act）通过的一系列危险政治剧之一。"巴斯昆"是罗马人用于描述一座残破的早期希腊风格雕塑的名字，那座雕塑可追溯至公元前 3 世纪，于公元 15 世纪出土，据说是罗马最早的演讲雕塑之一，本章后文中提到的马福里奥（Marforio）也是一座罗马演讲雕塑，他与其最著名的对手巴斯昆保持着友好竞争。

力，至少平时看不见。[1]然而她也是一股不可忽视的力量。常识的现代史就始于 18 世纪初发生在伦敦的这场死亡和幽灵重现，那时 1688 年英国光荣革命产生的那种自由主义才刚刚诞生不久。

因为讽刺的是，就在她被假定死亡的那一刻，常识戴上了多副坚定的政治面具，且一直佩戴至今。18 世纪之初，她在伦敦的上流社会圈子里变成了一种界定得体话语和行为的法外手段，并有可能为一种新式的自律社群打下基础。那以后，她又很快被转变成一种意识形态武器，促成了围绕永无休止的对立和异见建立起来的议会外政治文化。最后，虽然各方都策略性地为她的亡故掬一把同情泪，她却变成了根深蒂固、看似理所当然的权威人物，我们至今仍然只能在事实上同意她——或者它——是一股向善的力量，无力反驳。常识的幽灵在菲尔丁的时代被尊奉为神，标志着这个故事首个重要篇章的开始，它促成了 18 世纪大西洋两岸世界的一连串革命，现代民主制度就在这重重矛盾中诞生了。

当然，一切还要从头说起，让我们退回到奥古斯都时代①以前很久，到远离伦敦的另一处地方游历一番。常识是个非常古老的名词。亚里士多德有过一个最终证明耐久力非凡的阐述，他早在公元前 4 世纪就指出，每个人不仅拥有我们熟悉的五种基本感觉，即视觉、听觉、味觉、嗅觉和触觉，人

18

---

① 奥古斯都时代（Augustan Age）是英国文学史的一个时期，主要是 18 世纪上半叶的安妮女王、乔治一世和乔治二世国王统治时期，直到 1740 年代结束，结束的标志是亚历山大·蒲柏和乔纳森·斯威夫特分别在 1744 年和 1745 年去世。

类还拥有一种中心的或"共同"的感觉（*koinè aisthèsis*），它位于其他所有感觉的交叉点，主要功能是对比和协调每一种感觉所接收的印象——因而可以就独立于理性而发生的感觉对象做出某种最低程度的判断。正如亚里士多德在《灵魂论及其他》（*De Anima*）第三卷解释的那样，这种官能负责好几种互不相关的心智活动。它使人类能够察识那些"共同可感物"：运动、休止、数目、形状、量度等通常需要不止一种感觉同时感知的特质。它使人类意识到他们正在进行的是感知行为本身。对于本书的探讨来说最重要的是，这种"超感觉"实施着双重的职能：确定感觉客体的统一性，并对它们加以区分。换句话说，正是常识让人类分辨出带甜味的白色物质是糖，但同时，甜和白是两种截然不同的可感特性，而糖终究不同于盐。[2]

19　　关于人类心智能力的这种观点贯穿于整个中世纪和现代早期的心理学、医学和美学，出现在阿拉伯语、希伯来语、拉丁语乃至最终的法语和英语文本中，但经过了一些重要修正。继11世纪的波斯哲学家阿维森纳[①]评注亚里士多德的《灵魂论》之后，常识被重塑为"内部知觉"之首，构成了两方面的根本联系：一边是感觉，另一边是理性和认知。这一传统在经院哲学思想中得以延续，其中较为重要的是托马斯·阿奎那[②]的著

---

① 阿维森纳（Avicenna），又称伊本·西那（Ibn Sina，980—1037）。穆斯林医生，中世纪伊斯兰世界最著名、影响力最大的哲学家-科学家，尤其因对亚里士多德哲学研究和医学领域的贡献而闻名。

② 托马斯·阿奎那（Thomas Aquinas，1225—1274），欧洲中世纪经院哲学家和神学家。他是自然神学最早的提倡者之一，由他的作品和想法中衍生出来的哲学学派被称为"托马斯主义"（Thomism）者，成为天主教长期以来研究哲学的重要根据。

作，他将亚里士多德和阿维森纳的观点与教父们的观念加以调和，始于常识的多种"内部知觉"的观念继续占据支配地位。直到 17 世纪，共通感（*sensus communis*）仍然被许多评论家理解为一种认知官能，是人类完成最基本、最平凡的任务所不可或缺的：识别物体、个人和境遇的特征并对它们加以基本的区分。[3]

在数世纪的漫长岁月中，这种官能的源头也开始转移。亚里士多德原本想象它起源于心脏，后来则转移到了大脑，从那以后，人们越来越多地力图确定它在大脑中的精确位置。[4]阿维森纳已经认定常识是首个内部知觉，认为它位于第一脑室，与它的合作伙伴想象力毗邻而居。从列奥纳多·达·芬奇到 17 世纪英格兰医生托马斯·威利斯①（他认为常识位于大脑的纹状体，首要功能是接收感官信息）的后续研究不断对那些结论进行微调，表明现代早期人们一直都在努力更好地理解人类的认识和知觉能力到底是如何协调的。

因此，到 16 世纪末 17 世纪初，常识或共通感已经成为一个明显可辨的生理和心理学建构，使它可以方便地被进行各种寓意解读——而且是政治解读。后宗教改革时代的解剖学家们恰是如此，例如蒙彼利埃②的医学教授、亨利四世的宫廷医生安德烈·杜·洛朗斯（André du Laurens，也被称为"劳伦修斯"），以及英格兰科普作家赫尔基亚·克鲁克（Helkiah Crooke），后者将前一个世纪许多领先的后维萨里③解剖学研　20

---

①　托马斯·威利斯（Thomas Willis，1621—1675），英格兰医生，在解剖学、神经病学和精神病学史上发挥了重要作用。他是英国皇家学会的创始成员。

②　蒙彼利埃（Montpellier），法国南部一城市。

③　安德雷亚斯·维萨里（Andreas Vesalius，1514—1564），文艺复兴时期的解剖学家、医生，他编写的《人体的构造》是人体解剖学的权威著作之一。维萨里被认为是近代人体解剖学的创始人。

究在亚里士多德理论的基础上加以合成，他本人也是詹姆斯一世的外科医生。这两位宫廷医生对人体的最佳解释是一个"小小世界"，他们用一个扩展的微观—宏观类比，把人体比作广袤世界或地球宇宙的模拟物。而在这些解剖学家——更不用说在17世纪初寻找迷人类比的一群文学家了——看来，常识不外是人脑内部的"法官和审查员"。⁵

看到这种对共通感的作用的拘泥于法度的想象，倒也无须大惊小怪。毕竟，16世纪末和17世纪那种自然的、等级观念根深蒂固的政治理论在很大程度上依赖于跟身体有关的类比。⁶国王或君主被认为与他们统治的国家有一种互相依存的关系，就像人的头部，是人身上地位最高的部位，也是灵魂的栖息地，它统治着身体，并与它协同运作。一个有效运作的国家必然是人自身形象的写照。同样，解剖学家和医学理论家借用柏拉图的《理想国》和亚里士多德的自然哲学理论，在解释大脑运作过程时把它想象成一个国家联合体、王国、宫廷或城市——从16世纪开始，大脑日益成为科学研究的对象。在这个政治空间里，每个官能都被解释为行使一种不同的行政职能，包括监督、审查和信息发布。⁷例如，在巴尔托洛梅奥·德尔贝内①17世纪初的《真理之城》中，五种外部感觉是五座城门，但只有通过三种内部感觉才能到达位于城市中心的那些献给智性美德的神庙。⁸而在克鲁克自己的寓言性叙述中，大脑是有"外部感觉守卫"、"国师顾问及其随从"甚至"间谍"的

---

① 巴尔托洛梅奥·德尔贝内（Bartolomeo Del Bene，1515—1595），出生于意大利佛罗伦萨的法语诗人、外交官，他的《真理之城；或伦理学》（*Civitas veri sive morum*）是17世纪初在巴黎出版的一部寓言诗，是对亚里士多德的《尼各马可伦理学》（*Nichomachean Ethics*）的改写。

一座"王室宫廷"。常识作为宫廷的"审查官",成为"灵魂的枢密室",从它的各个专注外部的报信人(感觉)那里收集信息,分类整理,并听从"国君"的命令做出政策决定。[9]在现代早期,人脑在所有方面行使职能的方式都和理想国体或君主国一样。至少在想象的层面,政治与心理学完全是互为支撑的。

　　然而时间又过了一个多世纪,这种基本上属于古代人类心理学的观念就宣告消亡了,这时我们的故事才正式开始。通常认为,是勒内·笛卡尔淘汰了人脑中有一个实际存在的器官行使共通感职能的过时观念。[10]这位法国哲学家并没有全然否定他从经院哲学家那里挪用的内部感觉的观念。然而他与亚里士多德的常识官能理念划清界限,到他的《论灵魂的激情》(*Passions of the Soul*, 1649)出版之时,他就彻底抛弃了这种理念。他对身体和大脑的机械式论述,以及他渴望让知识坚实地扎根于认知而非情感,都摒除了常识是一种具体的、可定位的心理官能的观念。渐渐地,17世纪和18世纪的其他哲学家也都直接或间接效仿笛卡尔,同时也从解剖学解读的进步中获得了灵感。约翰·洛克否定了常识这个官能的职能是比较与合成来自其他好几个感官中获得的印象,但他还是保留了"共同可感物"的概念。乔治·贝克莱把两个观念都抛弃了。研究人体的医生和专家最终也步其后尘,不过这一过程既没有那么快,也没有那么彻底。例如,直到18世纪末,颅相学的发明者弗朗茨·约瑟夫·加尔①仍在潜心寻找包括常识在内的每

21

---

① 弗朗茨·约瑟夫·加尔(Franz Josef Gall, 1758—1828),德国神经解剖学家、生理学家,率先研究了大脑中不同区域的心理功能。

一种内部感觉的具体位置。实际情况可以描述为这个古老名词的意义和用法发生了一系列逐步变化，最终在科学界缓慢消亡。

有两个特别的发展启动了常识在新的后亚里士多德时代的历史进程，让我们有理由提出常识的现代史缘起于安妮女王治下的伦敦这个起初听来不甚可信的结论。这两个发展都要追溯到古代的一场关于常识是一种分辨乃至审查方式的对话。它们也都指向了我们在前文中邂逅过的另一位女王的崛起和非常令人遗憾的死亡。那一位当然就是常识女王。

22　　其一是定义的变化。在早期现代时期，组成"常识"一词的两个词逐渐开始被用于不似亚里士多德时代那么严格的语境了。洛克用"常识"、笛卡尔用"良知"（"常识"的近亲）一词的目的不是指称某个具体的官能，而是表示能够形成清楚的认知、做基本判断、对日常实用的事项进行简单推理而不致逻辑不符、自相矛盾。人们认为除了疯狂和真正愚蠢的人之外，这类技能是——或者应该是——每个人的能力所及。在早期现代的欧洲，述及常识是诉诸普通人的平常智慧的捷径，门槛不是很高，却也是真实存在的，并且越来越重要。新教既然重视日常世俗关切的道德价值，拒绝承认任何优越的神圣中心，就必然促成了常识再度受到重视。"一个有常识的人，"18 世纪初的一位英国评论家以一种十分理所当然的口气总结道，"是指正如我们所说的，能够分清黑白，明辨玉石；知道二加二等于四；知道高山大于田鼠丘的人。"[11]能够分辨平常的文字和事物，知晓关于数字的基本事实，对熟悉物体的运作方式有基本认识，坚持审慎的首要原则：这些变成了我们至今仍然称之为常识的那种智识活动的特殊范畴。

而一旦常识不再是一个专业术语，脱离最前沿的心理学或解剖学，变成了用于形容一个定义没有那么严格的认知能力的名词，它的意义也开始扩展了。更确切地说，它的内涵不单具备认识论意义，也添加了社会意义。亚里士多德的常识官能观念被淡化，与罗马人古老的共通感观念融合（尽管并不稳固）：一个社群共有，但通常心照不宣的价值观和信仰。这曾经是斯多葛派使用这个词的意义，在西塞罗的作品中延续下来，后者用这个词指代人所共同持有的观念，并出现在贺拉斯和昆体良①的著作中。[12]的确，这个观念本身也源于希腊，因为援引共同持有的信念（loci communes）历史悠久，一直是古代雄辩家最重要的辩论技巧。18 世纪初，随着人们对所有这些源头又重燃起兴趣，常识在英语中也开始用于指代那些平常而不证自明的真理或传统智慧，无须老练世故就能掌握，也无须证据就能承认，恰因为它们非常符合整个社会体的基本（常识性的）智识能力和经验。[13]相反，拥有良知或常识，就是要乐意接受这些关于数量或空间或时间或其他观察得知的现象的"普遍观念"或老生常谈，把它们当作不可反驳的事实。这样一来，常识也变成了主体间性②的一个关键组成部分。

美学家和体弱多病的辉格党散文作家、第三代沙夫茨伯里

①　马库斯·法比尤斯·昆体良（Marcus Fabius Quintilianus，约公元 35—100），罗马帝国西班牙行省的雄辩家、修辞家、教育家、拉丁语教师、作家。公元 69 年至 88 年教授修辞学，成为罗马第一位领受国家薪俸的修辞学教授，也是著名的法庭辩护人。

②　主体间性（intersubjectivity），在哲学、心理学、社会学和人类学中，主体间性是指人与人之间的心理关系。它通常与单纯的个人经历形成对比，强调我们固有的社会属性。

23

伯爵安东尼·阿什利·库珀①在首次发表于 1709 年的题为《共通感：一篇关于诙谐和幽默自由的文章》（*Sensus Communis：An Essay on the Freedom of Wit and Humour*）的很有影响的哲学散文中，进一步发展了这一定义。奥古斯都时代的评论家往往同意常识是一种独特的知识，因为它依赖于自由开放的对话这种最初源于感觉经验的非正式的知识共享。[14]基于这种信念，他们反思了他们生活在其中的那个文明的都市社交新世界。然而沙夫茨伯里掷地有声地强调，关于伦理和品味两方面的明确判断和基本共识也源于一种天生的"公益和共同利益感"，这种品质在（诸如他自己这样）"教养良好"的人群中最为常见，但有时也出现在"诚实的平民"身上。[15]沙夫茨伯里也效仿罗马人，称这种天性为"共通感"。[16]在沙夫茨伯里的眼中，特别是由于托马斯·霍布斯②的唯名论③在道德领域掀起的波澜，一切古老的必然性都被怀疑和推翻了，在那样一个时代，常识挺身而出，成为与美、和谐、善、真等共同价值判断的问题相关的独立的、客观的、确定无疑的认识论权威。的确，早在 18

---

① 第三代沙夫茨伯里伯爵安东尼·阿什利·库珀（Anthony Ashley Cooper, the third Earl of Shaftesbury, 1671—1713）是那个时代最重要的哲学家之一，对 18 世纪和 19 世纪的欧洲思想界产生了重要影响。他认为人天生喜爱秩序与和谐，那种喜爱是对道德、审美和宗教做出正确判断的基础所在。

② 托马斯·霍布斯（Thomas Hobbes, 1588—1679），17 世纪英国哲学家，西方政治思想史上最重要的经典名著之一《利维坦》的作者。他的政治哲学（包括关于国际关系的哲学演绎）逻辑清晰、体系完备、思想新颖，极大地影响了后世的国际关系理论思想，尤其是对现实主义理论的形成产生了重要影响。

③ 唯名论（nominalism），形而上学的观点之一，根源于古希腊柏拉图学派，经中古欧洲经院哲学家发展，长时间成为哲学探讨的主题。唯名论认为现实事物并没有普遍本质，只有实质的个体是存在的；共相非实存，而是代指事物性质的名称，故称"唯名"。

世纪初，沙夫茨伯里就展望说，这种意识不但将成为社会凝聚力的源泉，还将为建立安全的参与式道德和政治秩序奠定基础。

如此说来，定义的不断变化只是问题的一个方面。影响现代常识的早期历史的第二个发展过程是同时发生的。那就是常识作为一种观念引发共鸣的大环境发生了巨大变化。在一个更具社会性、更为易变的常识概念变成一句口号、一个笔名、一个时髦的文学人物或者能与历史、风俗、理性、宗教或伟大的经典著作一较高下（有时甚至傲视这一切）的任何权威之前，它首先必须能够解决一个问题。而只有在伟大城市伦敦的新的公共空间，在光荣革命爆发并重申新教教义和英格兰的自由原则之后，这样一个问题才浮出水面，使得常识在其后不久看似成为一个解决方案，那就是如何用最小的力量聚合一个充满异质性的社会。到常识女王据称于 1730 年代在伦敦死去之时，常识的早期历史事实上已经作废了。然而，将常识与最高权威和审查制度密切联系在一起的古代前史的痕迹仍处处可见，而常识已经获得了一种适应周遭新形势的新的政治功能。

当一切正常有序时，很少有人会谈到甚至想到常识。干吗对明摆着的道理喋喋不休呢？常识通常只会在出现明显危机和共识崩塌时才会走出阴影，提请人们注意它的存在。18 世纪初的伦敦也不例外。

在许多方面，英格兰的首都在 18 世纪之初开局顺利。伦敦的政治阶层十分庆幸，最终导致威廉和玛丽①登基的那场革

---

①　威廉和玛丽（William and Mary）指英国光荣革命之后登基的玛丽二世和其夫威廉三世。

命竟如此短暂和波澜不惊，以至于它几乎算不上是一场革命。当然，新政权的成功也为英格兰首要都市中心的形象增光添彩，它即将成为第一个现代大都市，一座有着政府、制造业、商业和公共文化的"奇迹之城"。[17]它的规模、热闹和活力（更别提肮脏污秽）让外国人和英国人都为之着迷。

25　　然而如何维系那样的一派繁荣呢？如何避免冲突卷土重来？1700 年前后，伦敦也一直是一个充满怨怒仇恨的城市。长达一个世纪的宗教战争和政治革命留下了疑惧的遗产：人们不再信任历史悠久的专业知识中心，无论是法律还是神学领域，也不再信任过往那些发现真理和决策的方法。权威很难重建。而 18 世纪初那几十年又是出了名的充满焦虑，人们担心各种相左的意见以及随之而来的宗派主义或"党派之争"导致内战之火复燃。这就是时人的恐惧，虽然全体英国人都希望克服他们的意识形态分歧，享受来之不易的社会和政治稳定。[18]这不是安妮女王登基之后才出现的新问题。早在 16 世纪中期内战结束时，人们就已经表达出对某种和解的广泛渴望；毕竟，1660 年查理二世被迎回英格兰，就是为了"消除极端、调和分歧，满足各方利益"。[19]在 1688 年革命、1689 年通过《宽容法案》①和 1695 年废除《许可法案》之后，辉格党的这一建党雄心变得更加有目共睹了。

　　《许可法案》的废除使得言论自由自此成为英式"自由"

---

① 《宽容法案》（Toleration Act of 1689）：法案规定，凡宣誓或声明效忠国王及王后，否认教皇管辖权、变体论、弥撒、向圣母与圣徒祈求，承认《三十九条信纲》在教义上之地位者，均有权自由举行崇拜。不从国教派虽然仍需缴纳什一税，并受上述原则和一些其他方面的限制，但具备了基本的信仰自由。

的一个，甚至是唯一的一个基本元素。在官方正式允许英国新教主义内部可以存在信条多样化之后紧接着就废除《许可法案》，终结了印刷文本出版前必须获得许可的要求，使得越来越多的臣民有可能积极参与到公共讨论中。当时人们认为，法律的这一变化既能带来利润，又能促成国内和平。[20]然而看似在短期内，它非但没有带来新的共识甚或社会及宗教和谐，反而产生了相反的效果：冲突的意见和敌对的主张呈爆发之势，其中许多都是充满敌意或大错特错或颠倒黑白的（至少在对手的眼里如此）。明确的答案越发难以寻找，人们又有了新的担心，生怕寻找和解的努力被彻底放弃。仿佛事情还不够糟，在这一自由立法之后，伦敦的公共生活笼罩在一种充满仇恨而阴森恐怖的宗派主义乌云之下，从人们常去的咖啡馆到生老病死的医院，无一幸免。[21]

从安妮女王统治的时代开始，一直到她 1714 年去世、乔治一世继位之后，伦敦的辉格党政治家和宣传家们都在思考如何在一位历史学家所谓的"新的散漫的城市世界的喋喋不休、人多嘴杂和百无所忌"的现状下建立秩序。[22]思想家们不仅努力寻找在人的大脑内部和外部机制中，到底是什么让他们对重要的事项有着如此种类繁多的相反意见，在新的自由诞生之后涌现出来。他们还试图找到一种途径来实现基本的社会和智识合作，播下共同文化的种子——无须再次诉诸那些人为的、专制主义的共识之源，也就是绝对主义和与其相关的审查手段。在英格兰上层和中产阶级看来，后革命时代的一个大难题，就是要发现新的法外途径来缓和最极端的多元化，换句话说，就是要明辨理解和误解，就基本概念促成一种低水平的共识，这一切都发生在宗教宽容和在法律上对言论和印刷物解除管制的

26

背景之下。

一个关键的解决方案是礼貌。上流社会的文雅强调情感节制、避免极端或任何形式的个人主义狂热，对于凝聚在根本上志同道合的社群或许很有用。正如沙夫茨伯里屡次指出的那样，真正的对话取决于宽容和摆脱外部约束，取决于能否质疑、取笑和辩论。然而礼貌可能有助于调和或至少掩盖众多真理主张之间的分歧，以及现代政治、都市社会生活和商业文化（而非宫廷文化）看似蓬勃发展所依赖的竞争性。18 世纪英格兰精英们重视的礼貌和良好品味一起，为人们指明了一条通往公共美德和关注共同利益、远离意识形态驱动的无穷无尽的斗争的道路。[23]

一条与此相关的建议大概可以看成礼貌社交的一个理想副产品或其发生作用的根基，那就是在个人和整个社会内部培养常识。常识承诺树立一种低规格的权威，人们可以以它为基础，建立共同的身份认同感。反之，维系一个建立在某些被广泛接受、明晰表达的核心假设基础上的社群，则为过度的个人主义、政治独立和宗派主义提出了另一个潜在的矫正方法。当散文作家约瑟夫·艾迪生说他渴望有朝一日男性社团能视此为目标而不再纠缠于派系之争时，他并非完全在说笑。在《旁观者》中，艾迪生想象有一个"中立组织"接收一切不愿自称辉格党或托利党，对激情、投机或私利（这些是他所谓"那种愤怒的党派之争"的典型源头）不感兴趣的人。归属的标准只是坚持一套简单的数学定理或语言特质，即一切诚实的人都不难一致同意的东西。只需要郑重宣誓"二加二等于四"，"无论何时何地，六都比七小"，以及"三年之后，十这个数字的数值也不会增加"。另一个必要的条件是"我们在一切场合都应反对那些在任何时候置我们的生命和财产于不顾、黑白颠倒、指皂为白的人"。[24] 只要人们坚持这些常识性的观点，内战的火种就会熄灭，一个相当统一的国家最终定会重新崛起。

遗憾的是，当前这种充满分歧和敌意的氛围却把国家引到了相反的方向。用艾迪生的套话来说，这种氛围"对人的道德和他们的领悟都是致命的"，它"甚至破坏了常识"，这个词在这里是指能够就简单到事物名称本身的基本事实做出正确判断或达成统一。[25] 几乎同一时间，沙夫茨伯里也提出了同样的主张：派系斗争简直就是在"荼毒或违背人类天性中的社会之爱或共同情感［共通感］"。[26] 必要时，艾迪生看似收集了无穷无尽的趣闻逸事，用于说明那种往往起源于背道而驰的投机性论断的恶意的宗派主义已经产生了各种胡言乱语和荒唐行为，尤其是对措辞的吹毛求疵。不过和他的许多同代人一样，在艾迪生看来，常识的复兴也是一种潜在的政治良方，在 18 世纪初英国自由主义尝试多元化的危险实验的背景下，它是建立社会和意识形态团结乃至约束的最低标准。

事实上，虚构的常识只在一定程度上可能存在于正式的政治领域。18 世纪初政治文化中典型的宗派主义仍然与宗教分歧密切相关，而在许多评论家看来，宗教宗派主义直接来源于艾迪生在政治方面强烈抨击的那种狂热的认识论教条主义。[27] 问题的源头是人们坚持认为自己的立场是绝对而排他的真理，无论此人是站在怀疑论者的极端怀疑和道德相对主义的制高点，还是站在独享私人启示的狂热者或宗教个人主义的拒不服从的立场。同样，沙夫茨伯里也呼吁将常识本能作为在法律保护思想和言论自由的背景下抑制这类对立观点的一条道路。如

28

果说在政治上，常识的反义词是"党派之争"和"利益"的话，那么在宗教中，与之对应的就是从 17 世纪开始、在 18 世纪仍然绵延不绝的贬义词"狂热"。

早在 17 世纪中期，剑桥大学的柏拉图主义者本杰明·惠奇科特（Benjamin Whichcote，沙夫茨伯里曾在自己的事业之初出版过他的布道辞）就曾把狂热的字面意义定义为"呓语"[28]。自那以后，17 世纪后半叶那些伟大的宗教自由主义者圣公会神职人员，包括爱德华·斯蒂林弗利特（Edward Stillingfleet）和约翰·蒂洛森（John Stillingfleet）等，曾共同发展出一种常识新教教义，作为对各种极端立场的反应和与其对垒的阵地，这些极端立场横跨整个光谱，从过度理性的自然神论者、霍布斯主义者、斯宾诺莎主义者或其他后笛卡尔哲学的信徒，到极其不理性的各种激进异见者和信仰主义者，其中最重要的当数天主教徒。[29]这些温和的宗教领袖以一种准确且往往十分直白的语言吸引了理性而文雅的英国男女，他们很少使用隐喻或引经据典，也很少在表达中夹带情绪。这当然是反西塞罗和反经院哲学的"平实风格"的一个变体，因皇家学会的那些实验哲学家而闻名远近。它也完全符合清教徒重视质朴和直接观察胜于烦琐和深入反思的悠久传统。[30]经过一个充满血腥争端、各种狂热分子高唱凯歌的时代，这些神职人员选择这种有利于一种合理基督教的朴素日常用语，如果说它不符合任何一种权威（纯理性、个人启示或教宗本人）的绝对无懈可击的真理的话，那么它至少具备道德确然性，或者是让一位讲道理的人难免认为是不言而喻的"温和的怀疑态度"。[31]斯蒂林弗利特认为，在大多数人的日常生活中，这一点确然性就足够了。[32]按照这些神职人员的说法，这当然也足

29

够让公众信服有一个仁慈的上帝和基督教的基本真理存在。这些宗教自由主义者认为无须随时思考和诠释，提出了一种朴素而直接的教义，旨在完全适合其听众的务实的良知和现有的价值观。在健康、物质富足、名声和社会关系方面，这种教义对其文雅信徒的好处是显而易见的：日常生活的事务。正如威廉三世时期的坎特伯雷大主教蒂洛森曾说过的令人难忘的话："上帝的法则是合理的，那符合我们的天性，也对我们有利。"[33]而且就基督教义而言，"上帝已经通过人类的共同表决和一致同意向我们显示了何为良善"。[34]蒂洛森和斯蒂林弗利特的布道中充满了各种鼓励社会团结和精神统一的话语，恰是因为它们非常容易得到共鸣。（这也是迄今备受政客青睐的一记招数。）

用常识来解决神学问题一直延续到 18 世纪，在低教会派[①]中尤其如此。奥古斯都时代教堂里常见的布道常常借用蒂洛森的风格和主题，蒂洛森的"他的诚命不是难守的"（His Commandments Are Not Grievous）自然而然就成了 18 世纪最受欢迎的布道题目。[35]然而在 17 世纪到 18 世纪，这种依附于常常被称为普通理性或合理性（与纯理性或唯理性相对，两者往往会逐渐转变为怀疑论或经院哲学）的做法也逐渐为其他新教教派所采用。它也被世俗化了。18 世纪上半叶，常识为包括法律、哲学、历史、自然科学和文学在内的多个不同的

30

---

① 低教会派（Low Churchmen）与"高教会派"（High Church）对立。"低教会派"一词始于 18 世纪初，用以把较为自由派的一群信徒与保守的高教会派区分开来。该词曾一度显得过时，直至 19 世纪，被赋予今天通用的"福音派"一义后重新流行起来。低教会派原来所指涉的自由派被称为"广教会派"（Broad Church）。

学科提供了一种朴素却也坚实的认识论和文体基础。在上流社会人士看来，特别是在伦敦，它看似不但能纠正日益被轻蔑地称为民间迷信的东西，也能纠正由于不理性的信仰和狂热所导致的普遍成见。支持者们吹嘘常识能够抵御一切巨大阴谋和毫无必要的投机、深奥或激情四溢的事业，包括很有学问的那些，因为它们也可能把人们引向错误、宗派主义的道路并最终引发冲突。这种审查态度尤其适用于经院哲学那种好辩而拘泥于语词的文化，自弗朗西斯·培根以降，它一直是自然哲学家们批判的对象。18 世纪初，辉格党和托利党人都武断地反对高校里仍在教授的那些尼古拉斯·阿姆赫斯特①所谓的"三段论把戏"、"高深的废话"和"伦理—逻辑—生理—形而上—神学的夸张剧本"，呼吁代之以朴素平实的语言和不那么深奥博学的常识。[36]光荣革命后的那几十年，在宗教、伦理、审美趣味、司法和政治这些看似毫不相干的领域，普通人在一般情况下的寻常见识被想象成一种值得尊敬和信任的更胜一筹的判断标准。[37]它也被想象成创造一种不好争斗的共同文化的工具。用哲学家乔治·贝克莱（虽然他的反怀疑论但非物质论的哲学在很多同时代人看来公然违背常识）的话说，要想普遍提升慎重思考的能力，关键就在于"要永远摒弃形而上学等观念，让人回归常识"。[38]或者像 18 世纪初的一本更加流行的教人如何避免争论的小册子，敦促读者把它的结语当作座右铭，"要勤奋努力而坚忍不拔地常常使用常识"。[39]

---

① 尼古拉斯·阿姆赫斯特（Nicholas Amhurst, 1697—1742），英国诗人、政治家。

蓬勃发展的伦敦报纸杂志在这方面承担了很大的责任。更确切地说，英格兰知识和政治首都的辉格党公关人员在18世纪初肩负起两重任务：在风格、方法和内容方面定义所谓的常识（以及高品味），并继而将这个常识版本传达给大量"明理的"、受过教育的城市公众。其目的是要构建一个读者群，如此一来，这个词看似暗示的那种绅士风度及温和理性的标准就已经天然地存在于他们中间，并已经得到广泛认可了。

整个计划始于连续出版物在17世纪后半叶的兴起，但奥古斯都时代早期的期刊《旁观者》（1711—1712年）的巨大成功很快就树立了标准。这份刊物的两位编辑艾迪生和理查德·斯蒂尔屡次赞美良知是良好出身的标志，赞美拥有常识的人能够与他人建立友谊、展开谈话。读者们翻开杂志，就能发现哪些地方展示出良好、平实或朴素的常识——它们的定义多变，有时是"正当的道理，人人都会同意"，有时是"能够明辨是非"。[40] 他们还能了解到哪里缺少常识。频繁违反常识之命令的名单中包括女人、当代剧作家、幽默作家、没有财富的人（穷人）、拥有过多财富的人（炫耀而放荡的贵族）、违背自身感觉经验的迂腐学者，以及各种各样的狂热分子，无论是天主教徒还是怀疑一切的无神论者。虚构的编辑"旁观者先生"（Mr. Spectator）以一种随意的反学术文风列出这些准则，呼吁读者们动用常识，并使他们加入一个模拟的书信体对话中，既尊重他们的集体判断，也以他们的名义把他的观点传递出去。在这方面，《旁观者》的编辑们仿佛借鉴了沙夫茨伯里的经验，后者也同样喜欢使用这种形式和书信、对话、交谈的日常文风，避免更为形象而华丽的语言，那时人们认为只有作家、学究才有这样的浮夸文风，当然，法国人也常有这样的名声。他们的共同目标是建议读者参与到一种社群努力中。然而《旁观者》的两位编辑还有一个目标，就是要在杂志的大量读者内部培养一种特定的价值观。艾迪生曾宣称，读者可以通过读好书、与明断之人交谈来"增长见识"，[41]只需一点意志力和受到良好的影响就能做到。《旁观者》用诙谐文风和道德说教取长补短，显然打算"在大量人群中散布良知"。[42]

32　　不过有必要强调一下，艾迪生和斯蒂尔所谓的"人群"并非真的指代所有的人，两位编辑在写下"常识"一词时，心中所想的也并非真正的平常之人。《旁观者》中当然有文字赞美蒙昧无知者的基本价值观和传递这些价值观的歌谣和寓言。这些实例有助于编辑们证明那种普遍的基本人性："任何事情，如果没有某种取悦和满足人心的特殊本领的话，是不可能得到大众的普遍欣赏和认可的，哪怕他们只是乌合之众。"[43]但《旁观者》的常识，无论是源头还是诉诸对象，都没能触及所有阶层的人，这也是显而易见的。和贵族一样，女人估计也缺乏常识，但她们也同样会受益于该杂志的教义。农村和城市贫民估计没有多少常识，而且显然并不是该杂志的目标读者。当这本杂志吹捧常识时，它可没打算赞美平民文化或普遍认识，那难免会充满偏见、迷信、无知和盲从。[44]这个时代的政治代表性理论也是一样，"人民"和"公众"在很大程度上仍然是一个抽象概念，实际的平民被认为认知和道德能力不足，无法直接参与政治决策。[45]正如塞缪尔·约翰逊①在其后不

---

①　塞缪尔·约翰逊（Samuel Johnson，1709—1784），常被称为"约翰逊博士"，英国作家，作为诗人、剧作家、散文家、道德学家、文学评论家、传记作家、编辑和字典编纂家对英国文学做出了巨大而持久的贡献。

久指出的那样，在这个讨论中，必须要对因为被广泛认可而变成真理的意见（他称之为"空话"）和因为是真理而被广泛认可的意见（他称之为"真正的见识"）加以区分。[46]即便它不像正式的推理那样依赖学识和闲暇，常识也和品味一样，在18世纪初被塑造成相对较有修养或者至少生活小康之人的一项美德。

和沙夫茨伯里一样，艾迪生和斯蒂尔也致力于为一个日益团结（也日益扩大）的精英阶层塑造品味、风度和信仰。这一精英阶层等同于该杂志的绅士淑女读者，一位文学评论界对此的说法更为全面："一群中上产阶层的讲道理、识体面、有品味、具德行的优雅公众。"[47]通过语言而非法律或更为正式的排外和强制性准则，《旁观者》承担起了建立这群人的认知权威的任务，并尽可能地使它的价值观、文化和消费习惯（这些也是由编辑定义的）成为规范。与此同时，该杂志致力于削弱其他立场和信仰的合法地位，包括民间文化和当代哲学两方面的关键元素，认定它们不但无知、迷信或陈旧，而且荒谬，超出了真实世界的常识边界。当然，决定哪些结论应归为边界的哪一侧并非易事。然而《旁观者》中所描绘的常识有助于辨别在语言和理解上是否合适，促成"文雅"阶级内部的某种自我审查，哪怕它暗示自己是一种真正包容性的文化。如果说古老的常识观念过去曾经是个体头脑中的"审查员和法官"的话，它在这里就变成了一种笼统化和集体化的文化管制手段。它变成了社会学家们最终会称之为一切以放松正式言论管制而自豪的社会所特有的那种结构性审查制度。[48]

其他杂志如法炮制，例如辉格党的双周刊《自由思想家》

(*The Free Thinker*，1718—1721)，它们依赖一种成功的做法，承诺以"朴素的常识观念"判断一切事项，力图详细地描述一种合理的文化，让精英们条件反射般地归属其中。[49]事实上在奥古斯都时代的伦敦，整个印刷文化都被赋予了这一规范角色。文学和艺术理论家们强调认为诗歌和戏剧及其他文化产品没有义务推广新事物，而是要站在教育的高度"以一种更有力、更美、更非同寻常的方式代表人类的常识"。[50]常识成为品位的基础，那是一整套批评规则，违反那些规则，例如过度的想象力或创新或晦涩，都会被加以度量和判断，服从规则的会得到赞美。[51]就连行为准则或"指南类"书籍也开始奉行同样的目标。也就是要为读者阐释和灌输同样一套"良知"——屡屡被称为最重要的一种智慧，还要赘述一句，那些读者已经自认为不属于"笨蛋、技工和性情乖戾者"，而都是"通情达理的男人［或女人］"。[52]

因此，常识不久就集合了全套价值观，包括德行、社交能力、爱国主义和温和节制，暗示了光荣革命之后的民族卓越性和民族自豪感。到 1720 年代初，古老的英格兰或不列颠良好常识已经成为一种识别度很高的观念，一种作家和宣传人员都急于向其求助的实际存在。[53]不久，它变成了明确区分英国人与法国人的关键特性之一，他们认为后者不切实际、说话啰唆、混淆是非、虚伪诡诈，还处处装腔作势。同样，它也有助于让越来越多的人忠于一种崇高设想，即英格兰民族是与众不同的。

当然，常识被理解为自由的特殊盟友。那是它彰显自己的英国特性的一种方式。然而常识也在人们的想象中与另一个与众不同的国家成就联系起来（在语义上也不无联系）：普通法。根据 17 世纪和 18 世纪一群伟大评论家的说法，普通法的特殊之处就在于它的基础：英格兰人民古老而不成文的风俗习惯，或者说集体经验和智慧。这些社会源头意味着英国的普通法不仅非常适合就与人类有关的事务做出有效、公正与合理的决策——与那些更为正式的法律形成了鲜明对比，它们还意味着普通法有助于间接地产生并强化一种参与性社会的意识——哪怕人们一致认为，它最好还是由受过法律措辞和法律理性应用培训的专业法学家来诠释。[54]关于常识也大抵如此。常识的广泛培养既可以指向英国人在历史上的伟大成就，他们一贯致力于建立和平的、共识的社会规范，同时也可以指向英国在发展现代理性和文明过程中的领先作用。在它的鼓吹者们眼中，这可是一个光彩夺目的组合。

从根本上来说，常识文化是宗教自由主义者和辉格党的发明，是在特定历史时期，针对 17 世纪末期源于宗教、智识和政治文化的各种明显过激的一种反应。剧作家和辉格党辩护人托马斯·沙德韦尔（Thomas Shadwell）被伦敦剧院逐出多年之后，于 1689 年取代天主教徒约翰·德莱顿①成为桂冠诗人，35 他为了自己的目的，宣称只是在威廉和玛丽登基之后，"随意地论及常识［原文如此］才渐成风气，此前一直是被禁止的"。[55]然而到乔治一世统治之初，英格兰都市人对常识的喜好已经十分普遍，以至于接受一种实用的认识论已经成为当时中上产阶级的常识，这种认识论来源于某些基于日常经验的基本共同假设。[56]在 18 世纪后来的岁月中，它一直都有着

---

① 约翰·德莱顿（John Dryden，1631—1700），英国诗人、剧作家、文学批评家。德莱顿是 1668 年的英格兰桂冠诗人，他在那个时代的文坛的地位如此卓越，以至于文学史称那个时代为"德莱顿时代"。

这样的美誉。正如一家伦敦报纸在十年后写到的，"就与幸福生活的关系而言，任何其他认识都无法与它媲美"。[57]难怪一部极为巧妙机智的小说、出版于 1769 年的《常识历险记》（*The Life and Adventures of Common Sense*）声称同名主人公（常识）经过了数个世纪的奔走碰壁，一直试图纠正教宗、皇帝和国王们的谬见，到乔治一世和乔治二世统治时期，才终于在信仰新教的英格兰，特别是在"常人"中间，找到了自己的安身之所。[58]多亏国外和本土观察家们的宣传，这种英国人的杜撰一直持续到 20 世纪，并最终演变为不列颠杜撰——什么质朴的风格，平实的智慧，致力于他们常识的、脚踏实地的观念，并一心追求他们的自由。当伟大的历史学家 G. M. 特里维廉（G. M. Trevelyan，又译作屈勒味林）在第二次世界大战前夕说出鉴于光荣革命对这一典型民族特性的养成发挥了如此重要的作用，不妨称之为"明智革命"这句名言时，他不过是对 1688 年之后兴起的一句辉格党套话信以为真了。[59]那句套话还会对一种政治愿景产生长远的价值，该愿景认为，人们的"认识"可以说是一切良好法律的基础，而良好的法律则可以被定义为看似在所有拥有常识之人看来不证自明的法律。

　　然而在作为政治工具的现代常识诞生的过程中，把常识变成适合治理一个稳定、务实却支持民权自由的社会的一种认识论理想，只是故事的一部分。其他部分与其后不久发生的往往十分激烈的派别之争有关，争论的焦点是常识适当的所指是什么，以及谁是它的合法代言人。在日益延伸到议会厅门之外，进入伦敦的客栈、剧院、印刷商办公室、市场和其他公共空间的政治领域，常识成了一位炙手可热的盟友，很快就变成了人们竞相争夺的目标。

如今时有人说，各种观念或许恰恰是在它们开始引发相互矛盾的定义并产生意料之外的用法时，才被认为是成功的。[60]何况对某些名词——艺术和法西斯主义就是经典的例子——来说，引发争论非但不是障碍，而恰恰是它们的一个重要功能；它们由此而变成了重要论证的支点。[61]但就此而言，常识却是个特例。因为根据它的定义，我们讨论的这个名词就是意味着一个禁止不同解读也不容争论的领域。而相互冲突的多方选民一旦将常识变成他们火药库中的一个修辞武器，坚称各自代表的只是全人类都能看到的普遍真理，它不仅会催生一种新型政治骗术，似乎还会使得在实践中达成这样一种共识或"常"识变得更加困难。悖论就是，常识作为一种观念和一种宣传口号日益流行，却反而产生了一种争相定义和代表常识的竞争局面，最终，这也反过来促使合法的分歧、异见乃至完全公开的议会外对立成为现代政治文化中的固定元素。这一反转之所以尤其非同寻常，就在于人们普遍认为它所发生的那个时刻标志着与前一个世纪的宗教战争有关的那些激烈的意识形态争吵已经彻底结束了，万众瞩目的社会和政治稳定乃至共识即将产生。在从1710年代末到1730年代结束这几十年里，也就是前两位乔治国王统治时期的中段，常识从一种在冲突中力挽狂澜的手段，变成了为各种新型冲突推波助澜的工具。

1716—1718年的所谓班戈里亚之争（Bangorian controversy）成为源于辉格党的单一常识观念的遭遇第一次严重危机。班戈主教本杰明·霍德利（Benjamin Hoadly）本来就是一位争议人物，因为他的政治观点和神学理念分别受到托利党支持者和高教会派的鄙视，偏偏又在 1716 年春出版了一部措辞极为强硬的小册子，反驳保守的圣公会思想。这本小册子的标题是《反对拒绝对教会和国家宣誓效忠者的原则和实践的观点》（*A Preservative against the Principles and Practices of the Nonjurors Both in Church and State*，简称《观点》），副标题是《或曰呼唤基督教俗教徒的良知和常识》（*Or, an Appeal to the Consciences and Common Sense of the Christian Laity*），它引发了一场争议，霍德利又在次年发表了有争议性的布道辞，《王国和基督教会的性质》（The Nature of the Kingdom or Church of Christ），更是火上浇油。霍德利引发的这场争论的核心，是在制度和人类心理这两个层面上的真理来源的问题。在这位臭名昭著的主教坚持的众多争议立场中，最让人愤怒的莫过于他指出基督教的精髓在于个人良知的不受约束的权利，换句话说，个人头脑中的判断可以取代被教会授予圣职的神职人员的权威。这位受到政治保护的主教倾向于自由主义和洛克哲学，他似乎是在论证一种与圣公会正统观念直接对立的激进立场。然而霍德利在《观点》中称，他的理论是建立在最安全、最基本、最明确的基础之上的，即"公民政府的少数几个无可争议的普遍原则"以及"福音书本身平实而明白的宣言"。他还直接援引基督教俗教徒而非其他神职人员的常识为自己辩护，向听众保证"接受这些原则和准则吧，它们是不证自明的；它们会轻而易举地解决你们如今或者可能时不时遇到的这些方面的每一个难题"。[62]

霍德利虽然上诉并在随后进行了澄清，但还是引发了一场巨大的反对风潮，一时间，以数百篇小册子、布道乃至诗歌的形式席卷而来。自称"有良知和常识的基督教俗教徒",以及整个不列颠的高教会派,反驳说在教会对其成员的权威的性质这个问题上,他们完全无法就何为常识达成一致。[63] 常识的观念成为争论双方的意识形态支柱。像威廉·劳(William Law)和托马斯·派尔(Thomas Pyle)这样针锋相对的作家都动用了常识作为后盾,就表明它在宗教问题上的权威性如今早已无可非议;在新教教徒们看来,常识是"俗教徒可能理直气壮地假装拥有",而"异端邪说"既然与上帝、宗教和"万事万物的本质"作对,也同样有可能反对这一人类属性。[64] 然而正如正统和异端之间的界限很难划分一样,常识之规定的本质也极难确定,因为它的信条(和古代争论中的古老的共同持有的信念一样)指向多个不同的方向。实际上,后人所谓的班戈里亚之争在乔治一世统治之初便暴露了一整套宗教和政治问题,这些问题将继续困扰后来选择采纳常识观念作为客观的、得到社群支持的认识论权威的每一个社会。它的轮廓该当如何有效地划定?全体人民中谁可以做它的合法代言人?最后,当常识的不同版本背道而驰且看似同样合乎情理时,又当如何?

　　1720年代,这些问题始终悬而未决。真正考验以单一的英格兰常识作为现代社会和政治生活之基础这一观念的时候是1730年代中期,那时伦敦公众争论的焦点已经大致从宗教转移到了大臣腐败。这是所谓的"乡村反对派"(Country Opposition)复兴的十年,那个由不满的辉格党和支持托利党的保守乡绅组成的松散同盟已经有很多学者进行过分析,其间包括不少那个时代的伟大作家和知识分子。[65] 这些当前体制的反对派的构成十分多样,他们的主要策略是挪用"常识",以及"爱国主义"、"公德心"、"自由"和1688年后的主流政治文化宣扬的少数

38

其他高调口号，让它们发挥出新的作用。反对派宣传者们希望利用这些高高在上且已被广泛接受的名词炮制出另一种"乡村"或"爱国"意识形态，将对现状不满的各方团结起来，把这个不稳定的同盟变成革命和解的真正保护人和公益的捍卫者。这一反对派运动的领袖们还在常识观念中寻找一种方式，使他们对乔治二世事实上的首相罗伯特·沃波尔①爵士和当前政府的腐败（即所谓的"罗宾统治时期"，罗宾是罗伯特·沃波尔的昵称）的批评合法化，它们绝不是不同意见的冲突或彰显真正的政治异议。

39　　18 世纪之初，提到常识，尤其是当前缺乏常识的文字开始出现在反对派的文章和诗歌中。举例而言，约翰·盖伊（John Gay）在一篇发表于 1728 年、题献"给现代从政者"的诗作中，就兴致勃勃地批判当前的时代，"腐败将人类引向歧途……利益也扭曲了心灵……［还有］贿赂遮盖了常识，挫败了理性、真理和雄辩"。[66] 然而真正巩固了反对派的政治观念与这个特定名词之间的联系的，还是 1736 年在伦敦大获成功的一部戏剧，法国哲学家克洛德·阿德里安·爱尔维修（Claude Adrien Helvétius）多年后回忆，那部戏剧正是关于良知本质的思考。[67] 那一年，风趣诙谐而人脉深广的年轻小说家和剧作家亨利·菲尔丁（他在文学生涯之初写了不少赞颂乔治二世的奉承诗作）用一部充满热门话题的新闹剧震撼了当地观众。这部具有讽刺喜剧效果的戏剧名为《巴斯昆》，是匆

---

① 罗伯特·沃波尔（Robert Walpole, 1676—1745），第一代奥福德伯爵（1st earl of Orford），英国政治家（1721—1742 年掌权），通常被认为是英国历史上的第一位首相。他故意塑造出一种真诚坦率的公共形象，但他的政治手腕极其成熟老练，鲜有人能比。

匆创作完成的，演员是干草剧院①为此剧临时凑成的，不甚合格。尽管如此，它却成为那个十年伦敦最成功的戏剧表演——成为常识历史上的一个关键时刻。

《巴斯昆》用戏剧方式表现了两部不同的戏中戏的排演。第一部被宣传为一部喜剧，取笑当代选举中的腐败和贿赂成风。第二部表面看来是一部悲剧，名为"常识的生与死"（The Life and Death of Common Sense），描述了一个名叫无知女王的境外势力入侵并获胜，她带着自己家乡的随从——法律、医学和名为煽动者的牧师——着手并最终成功地杀害了常识女王。

这两部戏的内容都没有像菲尔丁后来的大部分戏剧作品，或者他在同一时期为首屈一指的反对派期刊《工匠》（Craftsman）所写的匿名文章那样，具有指向性和明显的派别立场。表面上，这部戏剧对所有派别进行了同样严厉的口诛笔伐；念诵《巴斯昆》序曲的演员宣布，作者希望"毫不畏惧、毫无偏袒地……抨击"辉格党和托利党、执政党和在野党。[68]然而这部讽刺剧中的呼名叫阵和无数的指桑骂槐都清楚地表明了菲尔丁最终的党派意图。在《巴斯昆》被搬上舞台时，一切形式的腐败，尤其是选举腐败，已经是反对派惯用的主题。　40此外，常识女王和无知女王之间象征性的战斗只能被视为反讽地呼应了亚历山大·蒲柏此前在第一部《愚人志》（First Dunciad，1728）中对沃波尔时代的不列颠国人道德沦丧，以及另一个拟人化道德力量——沉闷女神——的进程的著名描

---

① 干草剧院（Haymarket Theatre）是位于英国伦敦西敏市干草市场的一座剧院，其历史开始于1720年，是伦敦现在仍在使用的剧院中第三古老的剧院。1821年搬到现在的地址。

写。在尖刻抨击了各种当代现象尤其是戏剧界的乱象之后，菲尔丁的戏剧最终以常识女王诅咒一个"七颠八倒"的世界即将到来，届时"常识的力量将被彻底摧毁"，"医学将扼杀人类，法律会奴役世界"结尾。[69]仿佛这些语句的内涵还不够清楚，在这里，菲尔丁还像在他的许多其他作品中一样，引入了外部评论者来完成这一使命。虚构的剧作人、提词人、剧评家和明智的普通人观看这些戏中戏，并沿袭犬儒主义的吕西安①的传统，频繁质疑舞台上的风俗人情，从而揭露其中有悖于真正的常识的一切。[70]

的确，菲尔丁本人以难以计数的诡秘方式表现出《巴斯昆》的政治潜力以及，以此类推，常识可以被反对派用作工具的观点。想想那份在 1736 年 4 月的慈善演出中宣传这部戏剧的剧院海报吧："注意：由于浮夸先生［剧中人物之一］是第一个愿意承认他把无知带上舞台的诗人，他希望她所有的朋友们原谅他对他们的特别呼唤，并和常识的朋友们一起给予他热心的支持，他希望那会是党派联盟成立的基础。"[71]在这部剧的最后一幕，常识女王的幽灵承诺她将继续"纠缠"那些参与谋杀她的人——也就是以宗教、医学和法律及其狂迷的信徒为首的无知者大军，直到遥远的将来，也是同样的目的。

---

① 犬儒主义（cynicism）是一种西方古代哲学和伦理学学说，主张以追求普遍的善为人生之目的，为此必须抛弃一切物质享受和感官快乐。嘲讽者吕西安（Lucian）的犬儒派以揭穿伪善的名义，压根否认世间存在有真善。在吕西安笔下，那些天真地追求德性的人都不过是大傻瓜而已。按照这派人的看法，世间之人只有两种，要么是真小人，要么是伪君子。"犬儒"一词后来的含义就是把人们一切行为的动机都归结为纯粹的自私自利。

菲尔丁的两位密友，27 岁的"男孩爱国者"乔治·利特尔顿（George Lyttelton）和著名政治家、新晋反对派领袖切斯特菲尔德勋爵菲利普·斯坦霍普（Philip Stanhope, Lord Chesterfield）把这些暗示当真了，遂在 1737 年年初决定创办（并提供资金支持）一本新的政治期刊，将这项事业进行下去。他们将打破旧有的分歧，从而将多个支持他们的不同政党集结起来。他们将击退无知统治的主要标志。他们首先请求著 41 名爱尔兰天主教记者查尔斯·莫洛伊（Charles Molloy）提供文字编辑的协助。随后他们直接以菲尔丁为榜样，为这份报刊定名为《常识》，永久性地大大提升了一个古老的、看似无关政治的名词的价值。[72]

在意识形态上，《常识：或称英格兰人杂志》（*Common Sense; or, the Englishman's Journal*）丝毫没有菲尔丁的《巴斯昆》的那种微妙或隐晦的特质。这份每周发行的报刊意在从《工匠》和《周刊》（*Weekly Journal*）停下来的地方重新开始。除了沿袭艾迪生和斯蒂尔风格的对礼仪和品味进行讨论之外，《常识》成了宣传反对派新信条的一个幽默载体。1730 年代末，这一平台最明显供稿人的当然人选无疑是博林布罗克勋爵①，他的《政党论文》（*Dissertation upon Parties*）起初于 1734—1735 年在《工匠》上连载，首次提到了《常识》和其他反对派期刊在那个十年的后半段发展论述的关键主题。这些包括君主的有限特权、党派标签的危险，以及在一个腐败横行

---

① 博林布罗克勋爵（Lord Bolingbroke），指第一代博林布罗克子爵亨利·圣约翰（Henry Saint John，1678—1751），安妮女王统治时期英格兰著名的托利党政治家，后来成为著名的政治宣传家，反对罗伯特·沃波尔爵士领导的辉格党。

的时代复兴道德——尤其是私利应服从公益和国家利益——的必要性。[73]但我们不该忽视利特尔顿本人的重要影响，他出版于 1735 年的那部极其畅销的《来自英格兰的波斯人信札，写给他远在伊斯法罕的朋友》（*Letters from a Persian in England, to His Friend at Ispahan*，下文简称《波斯人信札》）借用了孟德斯鸠关于理性的外国观察家思考当代欧洲社会的种种荒诞现象的套路，以此作为他论述博林布罗克的道德主题的手段。利特尔顿将爱国主义的语言与他自己反教权主义的辉格党标志结合起来。[74]在 11 封诙谐幽默的信件中，利特尔顿扩展了穴居人的著名故事，用来讽喻实用性、公德心、质朴和直白易懂已经从英国生活的所有领域中消失了，从宗教到哲学、政治、法律，再到语言本身。利特尔顿写道，近年来，情况已经相当危急，以至于司法系统已经繁衍出无法兼容的多层法院，如今没有几个英国人有耐心或资金坚持到整个过程的最后一个阶段，也就是"常识"法庭了。[75]

这一形象在《常识》中所起的作用不只是为它的标题提供名词而已。在这份报刊的某些期号中，常识被拟人化为一个文学人物，相当于菲尔丁的常识女王，或者早先的"旁观者先生"，以符合他的主要性格特征的方式发表对时事的看法。另有些时候，常识被想象成为一个商品，更像一种日益扩大的商业文化的参与者，可以"很便宜和方便地"购买。[76]然而在这份报刊中，常识最常见的功能还是被比喻成一个由举国之人组成的假设陪审团审判的特别法庭。在这个独立而公正的法庭上，每个人的行为和观点，无论是国王、鞋匠、作家、夫人（虽然对女人的期待仍然较低），都会被一一评判。一切由编辑所定义的背离规则的做法都会被视为不公、愚蠢、恶毒或错误，乃至罪恶。[77]在这份报刊中，人们会发现，按照利特尔顿在他的《波斯人信札》中的说法，这个最后的上诉法院在英国社会几乎已经不复存在了。他的合作者切斯特菲尔德在创刊号中解释道："我创立这份报刊的初衷，是涵括一切主题，并用常识的标准来评判它们。我会选出一种法庭，来审判'缺乏常识之罪'，或者为常识抗辩。……应该用常识来为常识辩护。"[78]

切斯特菲尔德坚信这一准法律传统在英国有着悠久的历史："我们的宪法就是建立在常识本身的基础上的，违背其中之一就是违反了另一个。"[79]还有普通法，那一套古老的法律观念也常常被指出与常识关系密切；毕竟，两者都需要民众始终遵守不言而喻、无可置疑的规则来约束自己的行为。然而和菲尔丁一样，切斯特菲尔德也绝望地发现，这一名为"常识"的古老标准和"诚实"一样，已经被当前的大多数人摒弃了。编辑们表达了直到1740年代反对派著述中的常见主题，他们从未停止提醒读者，常识"遭到宫廷和大臣们排斥已有数年"，更遑论外交政策。[80]换句话说，政治与认知过程之间那种古老的理想化的同态性已经不复存在。或者用切斯特菲尔德在卷首语中所说，他的杂志名称所呼唤的那种权威"在高尚的政治学中遭遇了极大的挫折；我们的首席教授自以为他们可以高高地凌驾在我们的祖先一直遵循，且完全可以为下等平民所理解的那些不证自明的规则之上"。[81]他继续用假装严肃的语气写道，有了这份报刊，他希望常识的"风尚"至少在政治阶层能够再度流行起来。

无论《常识》是否为它的发行地英格兰带来了任何广泛的认知或社会变化，这份伦敦期刊至少在最初几年获得了商业和政治上的成功。从一种修辞的角度来看，应用常识堪称神来之笔，该报刊第一期把常识滑稽地定义为"人们用来判断其他人的行为而非指导自身行为的准则；这是每个人都承认却很少有人实践的正确理性的显而易见的后果"，后来，又称之为"了解真相的粗俗说法"。[82]巧妙之处就在于它的两面性。

一方面，在 1730 年代末朝野之间日益恶劣的小冲突中，常识法庭的比喻说法是一种非常有效的工具，用于攻击沃波尔及包括国王在内的同伙。那个十年的中期，关于对红酒和烟草征收一般消费税是否对不列颠的自由制度构成威胁的争议逐渐平息下来之后，西班牙的劫掠，即在公海上私掠巡航的问题，又在象征意义上取而代之。那以后不久，英国与西班牙的协商是否充分适当，以及它们对英国的自由和英国商业意味着什么，成为在野党与辉格党政府之间的主要分歧。《常识》从一众报刊中脱颖而出，率先煽动支持与西班牙开战的舆论，并利用这个议题更猛烈地抨击沃波尔，这一努力一直持续到他四年后辞职。就我们而言，值得注意的是《常识》给它大肆吹捧的指导原则指派了一个几乎全然破坏性的角色，在每一个关键时刻幽默地利用它来颠覆政府和教会的权威。最臭名昭著的例子当属被称为"金臀之梦"（The Dream of the Golden Rump）的讽刺寓言，其中，扮成魔术师的沃波尔给乔治二世做了一个极不体面的手术。[83]但几乎在每一期，常识都充当起了把宫廷及其支持者排除在社会、政治和道德生活的合乎礼法的界限之外的功能，简言之，就是把他们变成了受过教育的广大公众眼中的荒谬之人。

44

这一技巧的有效性，从该报刊引发了政府的多大敌意即可见一斑。这份报刊把常识用作政治武器的影响的另一个衡量标准，是它的许多反对派模仿者也都捕捉到了这种形式的商业和论战潜力。1739年，当菲尔丁（他偶尔匿名为朋友们的出版物供稿）开始编辑他自己的报纸《捍卫者》（*Champion*）时，他在其中虚构的第二自我，一个他绝妙地取名赫尔克里士·韦内阁（Hercules Vinegar）上尉的人，也把自己塑造成为冷嘲热讽地捍卫常识的人，并再度利用法庭模式来审理那些既有"法律"无法审理的案子，包括虚荣、愚蠢和滥用英语语言。[84] 各类从《常识》中借用主题（包括"金臀之梦"的故事）的歌谣、历书和讽刺印刷品纷纷效仿。到1730年代即将结束时，反对派在一系列彼此关联的反对运动中把常识的价值观附加在一个高度党派性的立场中，在这方面取得了极大的进展。常识看似越来越属于乡村（虽然它的编辑们都不住在那里）而非道德沦丧的城市；属于"真正的"戏剧而非木偶戏和哑剧的商业化剧院；还有最重要的是，属于爱国纲领和反对派而非沃波尔、乔治二世及其爪牙们营造的那个腐败的宫廷文化。

然而另一方面，常识法庭作为针锋相对的政治批评的宣传工具，其成功之处就在于它的设计者们强调它全然是另一回事。沙夫茨伯里在他著名的《关于热情的信》（*Letter on Enthusiasm*）和与它一同问世的文章《共通感》（*Sensus Communis*）中都提出，在言论自由的环境中，应该鼓励讽刺和奚落，因为它们可以发挥重要作用，纠正恶行，去除"迷信和阴郁的自欺"，也就是暴露符合共通感的应然与实然之间的鸿沟。[85] 奥古斯都时代的许多评论家认为这句话的意思是，奚落与其说是以他人为笑料的手段，不如说是一种抵达真理的方法。它之所以能够实现这一目的，是因为一旦去除遮人耳目的修辞和漏洞百出的推理，人人都能看到显而易见的道理。[86] 因此，《常识》的编辑们

45

在利用嘲讽、戏仿、毁谤等形式的幽默和戏谑推进自己的党派事业的同时，也能够很有说服力地宣称自己是公正无私的常识——那个导致宗派、结党或私下狂热的古老祸根——的捍卫者。此外，他们还能美化自己频繁诉诸粗俗的做法，称那些只不过是手段，旨在实现有原则、无偏袒甚至无关政治的目标。编辑们在创刊号上解释说，他们创办这份报刊的真正目的是"谴责恶行、纠正错误、改革弊端，让愚蠢和偏见无地自容，仅以常识为关注点，而常识……也意味着基本礼仪"。[87]博林布罗克坚称英国人民面临的不是在两党（辉格党与托利党）之间做出选择，而是选择自由还是奴役，在这一背景下，不如此说，便会从一开始就导致该报刊的创办人失信于民。在反对派的手中，常识可以被吹捧为一种道德和文化规范工具，除此无他。它成了一种揭露少数人的劣迹、虚伪和故弄玄虚，恢复合理社群规范的手段，早在既缺乏有效治理也没有正式审查手段的世界，那一套规范就已经存在并为人们接受了。

常识的权威还有一个优势，就是至少在修辞层面上与政府圈层之外的普通人，也就是该报刊的读者，建立联系。由常识立论或诉诸常识向它的目标读者群发出了一个信号：这些文字的写作者谦卑而毫无装腔作势之态，无意为自己戴上荣耀的光环。他只是在尽自己的本分，为无名大众代言，也呼唤同一群人代表自己或国家动用天性中的良知。历史学家 C. 约翰·萨默维尔（C. John Sommerville）描述了早期英国报业存在（自那以后也存在于商业媒体中）的一种关键的紧张关系，一方面是要制造足够的社会分裂，从而加强读者相对于国内其他群体的自我认知；另一方面又要具备足够的社会包容性，方能产生足够的发行量。[88]而即便《常识》将读者对象明确定义为样。科学（包括灵物学，或对人脑进行的实验研究）、宗教和实践道德教化应该在教学的过程中互相启迪、互相支持。[11]

然而阿伯丁启蒙运动的主要特征，也是在常识的历史上起到关键作用的机构，当属成立于 1758 年的阿伯丁哲学学会（Philosophical Society of Aberdeen），它在当时是致力于捍卫和证明知识的各个支柱的最新机构。这个"哲学学会"聚集了一批最聪明的人，因而常常被人称为"智者俱乐部"，是 18 世纪欧洲及其各个帝国以这种方式组成的众多同类自发性社会知识机构之一。和遍布伦敦、里昂、柏林、费城、法兰西角（圣多明各）等中心城市的同类机构一样，该机构的成立也起源于社交性与自由探究在追求各类真理的过程中显现出来的裨益。专业兴趣不同的男人一致同意定期聚会——有些地方有女人出席（例如巴黎的沙龙），另一些地方则完全没有（如阿伯丁）——进行体面而愉快的对话，并就从教育到农业等涉猎广泛的话题展开礼貌的辩论。他们认为，这些对话将引导成员实现自我完善，更重要的是，促进整个世界的进步或改革。这些俱乐部成立理念的核心是一种当时已十分平常的社群主义认识论：共享知识和理性最终能够实现公益，在集体和个人两个层面促成思想、道德、医学甚至经济方面的改善。这是一种社会实验，其基础同样是新科学和新教的某些教派宣扬的对人性的乐观看法；早期的国家主义力图通过建立官方学术机构控制知识生产；非正式的公共集会场所，如咖啡馆和沙龙，在同一时期兴起，成为一种方兴未艾的都市"中产"阶级文化的方面。在不列颠背景下，这一理想在奥古斯都时代被《旁观者》等期刊赋予了新的生命力，艾迪生在该刊物中承诺要带领"哲学走出隐秘的私人房间和图书馆、学校和大学"；同样给绅士阶层和"诚实善良的中产阶级",即便该报刊所在的行业已经为这些特定阶层提供了各种意见,但它的名称中宣扬的核心价值观却有助于它的作者做出反方向的努力。[89]也就是声称他们真正表达的是原本不被世人听到的整个"民众的良知"甚或虚构的舆论。[90]

的确,该报刊那种愤世嫉俗的、新生的"抗议式"民粹主义不仅有助于在野党强烈反对执政党对公民福利的相对忽视,[91]它还导致编辑们描述了一个作为替代的合法性来源的议会外国家,只要目的是支持符合道德和基于常识的也就是在野党的事业,它就有权质疑其代表们的行为。细读《常识》,我们偶尔会震惊地看到关于公众权威的激进言论,及其在政治领域的判断力。值得一提的是,扩大选举权或民主化的问题并未被提出,当时主要关注的还是原则。一位供稿人提出了这样的设问:"如果英国的选民向你〔议会〕宣布你们不该为我们制定法律,我们自己来制定法律;有谁能说他们不能这么做吗?"[92]另一处,作者引用了(平等派代表人物之一)理查德·奥弗顿(Richard Overton)写于一个世纪前的《万民控诉书》(*A Remonstrance of Many Thousand Citizens*),大意是"我们〔人民〕是委托人,而你们〔议会议员〕是我们的代理人"。[93]这里表达的要旨是,人民并未把自己的一切权力让渡给他们的代表,而是保留了判断的能力,甚至当他们的集体常识被那些被选出来代表他们的人极大地冒犯时,他们偶尔也会对后者采取行动。事实上,由于牢牢地扎根于合乎常理的真实世界,普通男人甚至女人的判断力往往优于那些社会阶层和知识水平更高的人。这里,赞美常识的文学中的一个古老主题——为普通人辩护,鉴于他们依靠直觉就能了解和表达真实情况——转而服务于新的政治目的，诚然也是民粹主义目的。[94]
正如《常识》的编辑在众多关于英国对西班牙政策的讨论中
的一篇中所举的那个经典的"常识"实例，"议会可以投票指
47 黑为白。它的确可以；但哪怕全世界都投赞成票，黑仍然是
黑。……［这个国家的伟大议会］是不会批准疯狂和愚
行的"。[95]

虽然这份报刊（和它所有的竞争对手一样）忙于为金钱
和政治收益而把它的伦敦读者们政治化，但它也可以利用常识
的观念声称自己参与了约束一切形式的政治权力的努力。编辑
们可以声言他们通过指导的方式保护公众免受不符合公众集体
利益的政府行为或不作为的侵害。[96]《常识》甚至执起了捍卫
英式自由的大旗，宣扬它可以自由地转而信仰常识，以此作为
抵制一切其他形式的制度压迫和道德压迫的手段。

这种无休止的论战的问题在于，它使得在朝的大臣们陷
入了麻烦。虽然政府表面上致力于言论自由，但沃波尔付钱
给新闻记者，还向大报们提供资金，反对在他看来具有煽动
性甚至带有叛国目的的宣传。面对《巴斯昆》大获成功，他
的一个反应是推动议会通过了 1737 年《戏剧授权法案》（当
然，这只能进一步增加菲尔丁的批判的影响力）。然而到 18
世纪上半叶，在英国公众的心目中，新闻自由早已神圣不可
侵犯。此外，包括《常识》在内的各反对派报纸已经迫不及
待地随时准备利用任何暗示，说宫廷并未致力于自由，反而
有意扩大授权体系或以其他方式压制它的敌人，只因他们的
言论太自由。《常识》在抨击一切，从装腔作势的妻子的行
为到卫理公会的愚行，但它总会留有一些空间雄辩地捍卫言
论和宗教自由。因此，除了试图妨碍发行网络和对反对派的

报刊施加其他形式的财务压力之外，沃波尔及其爪牙只能通过发表其他言论来设法规避那些批判文章的后果。常识实在是个难以对付的挑战。

正如前几十年的许多场此类论战一样，辉格党政府着手用自己的小册子、文章、诗歌和报纸反击，有些报纸是专门为了与《常识》论战而创办的，得到了政府的丰厚补贴。辉格党的卫道士们在《常识的鬼扯》（*Nonsense of Common Sense*）等短命的出版物，以及主要的政府期刊中悲愤地疾呼。其他伦敦报纸及时报道了这场关于挪用和掌握常识的论战，激发或煽动起这类争议令报纸销量大增，他们乐此不疲。尤其是很受欢迎的《绅士杂志》（*Gentleman's Magazine*）就对这场论战的来龙去脉做了详细报道，既给这个概念赋予了一种合法主张，同时又挑起了它自己的一场针对《伦敦杂志》（*London Magazine*）和《常识》的三方论战，冷嘲热讽、唇枪舌剑。回顾 1730 年代的伦敦，处处都是这类捏造的关于出版物、作者和词语控制权的斗争。

但这一次，亲执政党的作家们显然尤其感到挫败。至少在语言层面上，反对派，特别是有着标志性战斗口号的《常识》，在 1730 年代末似乎赢得了这场战斗。沃波尔的支持者们显然感到自己被打劫了。正如《绅士杂志》的一位评论员在 1739 年所说，那份一夜成名的报刊令人恐惧的地方恰在于它的刊名："他［作者］以此为刊名，简直是令自己立于安全无虞的不败之地的艺术。他称自己的敌人为常识的敌人便能一举击败后者，他只需向读者保证他们有悖于常识，便能把最强烈的反对和最清晰的说理打压下去。我必须承认……能用几个音节便实现如此强大和多样的目的，我记忆中这样天才的例子也

48

就只有两个。"[97]

代表沃波尔和辉格党利益的写作者们没有谁准备宣称常识不重要；宫廷辉格党之所以愤怒，部分原因显然是他们也承认常识是弄清真相的一个办法，它有助于对事物抽丝剥茧，显露出其最基本和不言而喻的部分，很像当代科学家们所谓的"分析"，而且它也是自成一体的合法的认识论权威。此外，没有谁希望驳斥这样一种观念：单一的英国人的常识竟能如此正确地定义并据此采取行动。真正的多元性在当时根本不可能。最终，所有评论家——无论有着多么明显的党派倾向——都竭尽全力地保持中立客观的姿态，力图表现他们（与对手的私心相反）除真理、德行和公心之外别无所求。[98]女性辩论者尤其如此，她们看似急于追求私利或荣耀的风险更大。然而所有的亲政府作家，无论男女，仍然必须找到一种方式与那本狡猾地取名为《常识》的报刊宣扬的常识版本对战。这个问题有其现实性，它还有一种形而上的意义，是因为它要求人们解决前一个世纪的宗教和科学论战遗留下来的某些最为复杂的问题，包括如何解释差异化的多种解读，还有即便讨论的主题超出了理性范畴，又该如何最终得出一种清楚、明白、无可争议的真理。

一个基本的反击策略是在冲突早期，由沃波尔最亲密的盟友和口才最好的辩护人之一赫维勋爵①在他发表于 1737 年春的匿名文章《致〈常识〉作者的一封信》（A Letter to the Author of Common-Sense）中建立的。那就是从意义层面——或

---

① 赫维勋爵（Lord Hervey），指第二代赫维男爵约翰·赫维（John Hervey，1696—1743），英国廷臣、小册子作者、回忆录作家，以其《乔治二世宫廷回忆录》（Memoirs of the Court of George II）而著名。

者更确切地说，从见识层面——深入。赫维的初始方法是揭开利特尔顿和切斯特菲尔德及其同伴们所使用的"常识"的面纱，将其说成是洛克在《人类理解论》①中提出的著名的"词语滥用"的例子。赫维明确说出自己的目的是"向公众表明你们的报纸［《常识》］根本配不上这个名称"，他避开政策和内容的问题，大肆批判该报刊的"教条主义风格"以及名词的欺诈性误用，其中最主要的当数"常识"一词本身。[99]然后，和他在这场党争中的大多数支持者一样，赫维的下一步就是动用一剂当今政治哲学家所谓的"语言药方"。[100]赫维试图通过纠正所讨论的词语的意义——或者用我们今天的说法，重构能指和所指——来改变双方的力量平衡。他们一致认为，"常识"这个短语需要首先恢复它先前或"真正的"意义，即它的常识。一位批评家指出，必须明确，"谁道出了常识?"这个说法不是指"无礼无能的自由派，他们如此不合适、不客气地采用了那个名称，而是指真正的常识"。[101]如此一来，问题的解决方案就需要把暂时被认为是常识的东西描述为它的反面，用赫维的话说，给"你们那个可怜的、病态的常识"换一个标签，先是称之为"俗见"，最终又改为"伪缪"。[102]六个月后，沃波尔的另一位主要支持者（菲尔丁的远房表姐）玛丽·沃特利·蒙塔古夫人（Lady Mary Wortley Montagu）专为反驳利特尔顿、切斯特菲尔德及其同僚的文章而创办了她自己的不定期刊物，为它取名《常识的鬼扯》（*Nonsense of*

50

---

① 《人类理解论》（*Essay on Human Understanding*）是英国哲学家约翰·洛克最著名的一部作品，发表于 1689 年，对自然、万物起源和人类知识的疆界进行了深入复杂的探讨。这部作品的影响无远弗届，它和勒内·笛卡尔的诸多作品一起，为现代西方哲学奠定了基础。

Common Sense），揭露当前被高调地定名为"常识"的一切"粗俗的谬误"，并为"这些可怜的名词"恢复它们仅仅上一个圣诞节还安然在握的本意。[103]

这并不是人们第一次尝试这种做法。1730年代初期和中期，对反对派的回应中充斥着这样的指控，说他们"误述人和事物"，以这样的误用达到混淆公众视听的目的。[104]他们警告读者，不忠的作者会用"爱国主义"指代"反对"，用"反对"指代宗派或党派或私利，总是把词语现有的意义颠倒过来，与其本来的意义相悖。评论家们往往紧盯着词语的误用，以此来解释偶然或故意的差别使用——从而给一切改变现状努力抹黑。这里的要义是，上文讨论的争论不可能是两个同样善意的政党之间的理性分歧。它不可能只是政治问题。相反，它是一种误解或曲解，源于词语的不精确性和可塑性，或在使用词语的过程中带有迷惑性或欺骗性。[105]因此说到底，这个问题必须在那个层面上予以回击，从而恢复一种对常识的统一认识。

然而在包括蒙塔古夫人在内的许多评论家看来，这不仅仅是语言和意识的问题。对作为《常识》这份报刊之核心的常识得出错误观念的原因，在于那些代言者本人——或源于让这些观念变得常见的社会背景。蒙塔古夫人的观点是，反对派解释常识的谬误同样源于它为之描述这个词语的意义的对象所在的阶层。她指出，或许《常识》中的语言问题干脆就是这样一个事实导致的，那就是编辑们指的其实是"常民的见识"，而"他们［编辑］看似掌握了那个阶层中最下等的人群过去所特有的思维方式"。那一点，还有"金酒的灵感"，能够解释该报纸的诙谐幽默中透出的粗鄙粗俗，或者有时也可称之为它的"低劣"风格。[106]那一切的粗俗性的确常见，这是亲辉格党政府回应者常用的主题，例如托马斯·纽科姆（Thomas Newcomb）在自己抨击《常识》的文章中干脆直言不讳地宣布"我们鄙视一切常见之物"。[107]

不过，其他评论家采纳了相反的社会学视角。危险并不在于编辑们的民粹主义或诉诸"氓识"；而在于他们只希望为自己和他们的私利和野心代言。另一本匿名小册子的作者以马福里奥（巴斯昆的传统对手）的名义论证说，《常识》这类反对派报刊常常声称自己是在讲述"见识，不光是该党派头目的，也是全国人民的见识"，这种看法是错误的。相反，"没有谁会软弱到认为像英国人民这样一群拥有常识的人居然因为被嘲笑而进入了政府的反对派阵营"。[108]通常，亲辉格党政府媒体会揭露《常识》的作者们都代表着特殊利益或特殊派别，他们躲在常识这个观念的背后，只是因为它意味着客观公正的智慧和民意。辉格党政府的主要喉舌《每日公报》（Daily Gazetteer）的一位撰稿人称，《常识》的编辑不过是一个"把自己打造成为生民请命者的冒牌货"或蛊惑民心的政客。《每日公报》的专栏作家继续写道，《常识》的编辑事实上是一群"浪荡子、无政府主义者、苏格兰长老会詹姆斯党人①、罗马天主教士和爱尔兰天主教徒"的危险混合体，亟须揭露和审查。[109]其他人声称，那些编辑还有更加卑鄙的动机；他们愤怒的原因不过是他们不"在位"，而这导致他们试图在"失望的

---

① 1688 年，英格兰发生光荣革命，詹姆斯二世被推翻，其女玛丽二世及其信奉新教的丈夫荷兰执政奥兰治的威廉被拥立为同朝国王。詹姆斯二世逃亡法国，致力于争取法国和西班牙支持其夺回英国王位。在爱尔兰和苏格兰（尤其是高地地区），詹姆斯党拥有广泛的支持，在英格兰和威尔士，也有少数人支持詹姆斯党，特别是在北部。

詹姆斯党人、加上野蛮的共和派的势力"支持下颠覆现有政权。[110]大多数人还指责低级的忧虑，说市场要求那些运气很差的作者靠撰写垃圾出卖自己。仿佛指责他们是教宗的特使还不够恶毒似的，《每日公报》继续猜测它的报业对手们的真正身份："那些家伙年轻时因风流浪荡而沦为乞丐，这把年纪才不得不变成雇佣文人来维持生计。"[111]就连蒙塔古夫人也谴责说，"有道德的报纸"挣不到钱，当前存在着一种后来所谓的市场审查制度。[112]如果说恶意、贪婪和其他私情和私利还不够产生错误观念的话，记者的终极手段就是疯狂叫嚣，也就是说，反对派作家们没有能力确定真正的常识到底是什么。[113]

显然，这些作家希望揭露误导性的语言和欺诈性的动机——没有见识，因而也缺乏真正的共性——能够抑制反对派的民众支持率。为防这一战术还不足以击溃对手，亲辉格党政府的雇佣文人们还贩售了一种末日预言，指出一旦异见者关于常识的扭曲看法胜利，人们将面临的政治和道德后果。但事实上，这些驳斥中没有一个在1730年代末产生过多大的影响力。关于如何确定何为常识的分歧进一步撕裂了社会，有利于反对派结成同盟，在表面上，那只是为了实现自由、统一和公益。《常识》的两卷合订本于1738年出版时，印刷商自鸣得意地恭喜英国人民说，尽管亲政府作家竭尽全力"傲慢而陶醉地为腐败站台"，"自由派一方仍然显示出了最大的幽默和良知"。[114]尽管反对派这些年很少在议会取得什么实质性的胜利，但那个有着历史渊源的抽象概念——民意——似乎越来越倾向于它这一方，在对西班牙政策问题上尤其如此。因为一个沙文主义和"爱国主义"的媒体成功地煽动读者将形势看成是生死攸关——以至于民众抗议最终起到了关键作用，迫使英国于

1739 年 10 月与西班牙开战，继而加速了沃波尔在短短几年后下台。[115]到 1730 年代末，在一种日益体制化的议会外抗议政治文化中，常识已经变成了一种重要武器。

问题如此尖锐，以至于在关于西班牙劫掠的论战进行得如火如荼时，一位匿名亲政府作家感到有必要发表一篇完整的政治论文，题为《常识：其本质和运用，将公共生活的一切争议问题交由它进行审理和最终判决》（*Common Sense：Its Nature and Use, with the Manner of Bringing All Disputable Cases in Common Life, to a Trial and Final Determination by It*），这篇论文的后记——《关乎西班牙事务》（*Applied to the Spanish Affair*）——读来几乎像一个事后的思考。这本小册子的目的不仅仅是（再次）揭露以它为名的报刊对常识的呼吁实际上是一种欺骗和对读者理解力的侮辱，在西班牙政策问题上尤甚；它还打算——这不大常见——探索"常识究竟是什么"，从而使那些因无知而被无辜误导的人能够开始"共同使用"这个概念。[116]

这本晦涩的小册子进而为这个尊贵的原则提出了那个时代最为广泛的定义之一。正如他所解释的那样：

> ［常识］不仅仅让我们远离水火之害，选择吃面包而不是吃木头；我还想说，它是全人类共有的对事物的普遍体认或情感。那就是对木头与面包之区别的体认，这是人人都能看到的，只有这样，我们才能对一切事物得出真正的看法。有些人或许由于往往相反或冲突的利益、情感、品味和个性而存在偏见或被蒙蔽，有多少人或人群参与争论，就有多少种不同的观点；但一旦涉及这种整个世界的

共识或常识，具体的人的利益和个性产生的偏见则根本不成其为问题。[117]

这一要旨紧跟几十年前《旁观者》的道德教训，提出无法倾听和接纳常识性判断是人类理解力所犯的大多数错误的主要原因。每个人都拥有这种基本见识；那是把他们联系在一起并使他们"得出共同看法"的潜在根源。他们只需学习忽视自己的情感和利益，对蒙蔽他们双眼、混淆他们视听的骗子无动于衷，常识就能胜利，大多数领域的问题也能得到有效解决。不过随后，这本小册子的作者最终道出了他自己关于高度争议性的西班牙事务的"普遍的常识性审判"，其偏见和党派性一目了然。一位反对派批评家不久就用自己的一句常识座右铭回应了他："要是一个人不披着一张狮子皮，每头驴子都能在他头上撒尿。"[118]他们怎么会不这么做呢？一方面，常识已经变成了一种 18 世纪文化理想，取决于关于某些基本真理的自然而广泛的共识；另一方面，它变成了就政治的未来展开激烈争论的一种常见的辩论工具。

总之，从 1690 年到 1730 年代末，发生了一种古怪的转变，其核心是一种古老的心理范式。这一过程的发生，是对当时认识论和公共生活中明显的合法性危机所做的反应。在一个既渴望安全感和平静，同时又有志于免除个人服从意识形态的压力、以免这样的动作进而威胁平静生活的统治阶级内部，常识的观念逐渐看似成为非冲突却也非强制性的社会和道德秩序得以建立的底线。常识将通过为辩论设置共识的界限来减少不同意见所产生的敌意。果然，关于常识的价值及其具体是否适用于伦理和政治问题的一种心照不宣的共识，有助于为 18 世纪前几十年里形成的令人震惊的辉格党寡头政治和精英派的社会凝聚力奠定基础。

但这种名为"常识"的修辞发明在 18 世纪初的伦敦大获成功，以至于它同时产生了与它的承诺截然相反的东西：在这一日益稳定的政治秩序语境内部产生乃至强化了意识形态冲突的机制。正因为它听起来是客观而无可争议的，正因为它汲取了整个社群的力量；最重要的是，正因为它已经成为一种被广泛接受的认识论和道德权威，却深深根植于新教文化且被假定适于解决公共生活的问题，常识最终成为抗议和提出异见的可怕武器，以及事实上创造了合法的反对派的关键要素。它有效地粉饰了它事实上参与煽动的多种观点之间的争论。此外，关于常识的所有权和本质的公开辩论既强化了它作为一种无可争辩的建制价值观的立场，同时也为最终破坏其他价值观的一系列论调搭建了舞台——在伦敦和其他地方都是如此。这些论调包括舆论（即便它是由精英定义的，较低阶层没有任何直接的见解）可以成为另一种合法性来源，以及质疑现状有时不无道理的立场。常识的概念将最终既对民主政治的所谓救赎面向至关重要，又对它的所谓实用主义面向不可或缺，在前者中，人民主权被想象成一种实现公正、和平和确定真理的手段，而在后者中，抗议和分歧成为公共生活中的常规组成部分。[119]它还将彻底改变政治的主题和方法，从而与它新近获得的显赫地位相匹配。

但在我们的故事中，这些都是后话。因为首先，早在现代民主的形式特征产生之前很久，那个我们至今仍称之为常识的幽灵般的存在的价值就不得不悄无声息地潜入人们关于公共秩

55

序的来源的思考、关于政府的思考和关于思考本身的思考中。
此外，它事实上的狭窄社会基础和它作为一个概念在表面上的
普遍性之间的鸿沟也不得不暴露在世人面前。这就是菲尔丁本
人短短的一生中发生在伦敦的故事。自那以后，对常识的正确
性的坚定信仰一直是西方常识的坚实的组成部分——时至今
日，我们很少会注意到，这个耳熟能详的抽象概念把它的权威
性赋予了多个相互冲突的目的。

第二章　大众的世界观

阿伯丁，1758—1770 年

> 哪怕是最粗俗无礼的人，当他说：三个月前我就在镇
> 上，自那以后一直没离开家时，他也非常清楚自己在说
> 什么。
>
> ——詹姆斯·贝蒂，《论真理的本质和不变性》

在亨利·菲尔丁宣称常识女王已死的短短 34 年后，一位
名不见经传的苏格兰大学教授、前中学教师詹姆斯·贝蒂主动
担起了没几个人愿意从事的使命。他身在苏格兰的偏远一隅，
努力重建常识女王的势力范围，同时着手制定一个人人都会不
假思索地支持的基本原则清单。这些原则是什么？从 21 世纪
哲学的有利位置回望，那份清单更像是一个大杂烩：我活着；
今天的我和昨天的我——乃至 20 年前的我——是同一个人；
如果多个事物等同于同一个事物，那么这些事物等同于彼此；
忘恩负义应该受到责备和惩罚；一个三角形的三个角相加等于
两个直角相加；整体大于部分；有果必有因；感觉是可信的；
我所站立的地面是坚硬、实际而结实的，它有着真实、单一、
独立的存在；太阳明天还会升起；我的灵魂孑然独立于肉体；
美德与邪恶不是一回事；热与冷、红与白、牛与驴也不同；真

理是存在的；上帝安坐于天庭。

我们怎么知道这些命题不是我们的想象力驰骋的结果？贝
蒂认为，这些信念可信的证据就在于，大脑会立即认同它们，
无须任何证明。虽然我们无法证明它们，但我们觉得除了相信
它们之外，别无选择。但为防读者不那么容易被说服，贝蒂还
有一个论据，那就是得出相反意见、否定上述定理，会把人拽
入荒谬的王国。因此，在很大程度上为了达到修辞效果，他在
撰写自己那部取名浮夸的著作《论真理的本质和不变性，反
对诡辩论和怀疑论》（*An Essay on the Nature and Immutability of
Truth*, *in Opposition to Sophistry and Scepticism*，1770）时，列出
了另一份完全相反的清单。他列出了一份荒谬之事的反正典。
他问道，还有什么比相信 1 加 2 等于 6、部分大于整体、一个
圆可以是三角形，或者同一事物在同一时间既存在又不存在更
反常识的呢？真的有人理智上相信自己是用脚心看世界的吗？
或者坚信同一个身体可能同时存在于 10000 个不同的地方？或
者在晚间的说话行事方式跟早晨截然不同，好像变成了另一个
人？或者，最终，否认上帝的存在？

这些就是 1760 年代末期苏格兰小城阿伯丁的常识边界。
在贝蒂和他同时代的人看来，这些特质都是不言而喻的（当
然，从有必要一一道出并为它们的权威辩护这一点来看，起码
贝蒂认为它们本该确凿无疑，但事实上并没有）。伦敦或许是
常识女王在现代被尊奉为神的所在，表面上，那位寓言人物曾
在旧日好时光里统治过世界。但希望她的幽灵能听从劝导，为
了全人类的利益而重回王位，这样的想法不仅仅局限于伦敦
城——这希望蕴含的意义和潜在的应用遍及全球。相反，和那
个时代其他许多成功的时髦词一样，常识也沿着书籍、信件和

人际交谈的地理线路，到达过 18 世纪跨欧洲且日益跨大西洋
文坛的许多中心城市。

　　第三代沙夫茨伯里伯爵当然功不可没。18 世纪初，沙夫
茨伯里以一己之力，在实际和观念两个层面上让共通感这个古
老的概念跨越国境。由于健康欠佳，加上频繁的政治动荡，这
位伟大的伯爵在短短的一生中屡次离开英格兰赴海外游历。他
家境富裕，完全有财力支付这些旅行。因此这位 18 世纪初见
多识广的周游世界之人就像对待自己最喜欢的物品一样，带着
自己青睐的观念游遍四方，其间这些观念不断增益和交换。他
每到一处，都看到常识（或者它的许多变体中的一种）乃解
决一个全然不同的健康危机的潜在答案之一（尽管形式不
同）：美德和真理在现代世界面临着岌岌可危的状态。

　　年轻时代的沙夫茨伯里曾有过几年的壮游之行，先是踏遍
了法国和意大利半岛，后又因为政治危机，一路向东到达莱巴
赫（卢布尔雅那的旧称）、维也纳、布拉格和柏林。1698—
1699 年以及后来的 1703—1704 年，在成为著名的道德学家之
前，这位辉格党英国贵族曾在鹿特丹长住，起初是隐姓埋名。
鹿特丹是皮埃尔·培尔①所在的城市，也是胡格诺派和自由思
想的前哨之一。培尔和沙夫茨伯里在观念和风格上有许多明显
的差异，但当 1706 年培尔去世时，自然神论者沙夫茨伯里留
下了一篇写给培尔的悼词，其中非但没有谴责那位年长者标榜
的怀疑论，反而赞美"他锐利的理性能力"对沙夫茨伯里本

58

---

　　①　皮埃尔·培尔（Pierre Bayle，1647—1706），法国哲学家、作家，1697 年
　　　　出版著作《历史批判辞典》（*Historical and Critical Dictionary*），在此书中
　　　　批判了宗教愚昧。培尔是胡格诺派基督教徒，也是百科全书派的先驱。
　　　　他倡导宽容的原则，对后来的启蒙运动产生了一定的影响。

人的思想产生了巨大影响，也为整个哲学界树立了榜样。或许从这位流亡的法国人和巡游世界的英国人之间的友谊中，我们可以看到沙夫茨伯里反感正统和致力于言论自由观念的根源，包括他喜欢以嘲讽作为毫不手软地揭露谬误和空话的方式。[1]

后来的 1711 年，在沙夫茨伯里出版了好几本主要著作，并回英格兰住了一段时间之后，因为严重的哮喘导致的健康问题，这位伟大的伯爵又去了另一个方向：炎热的那不勒斯和地中海沿岸。那个城市最大的图书馆的主人朱塞佩·瓦莱塔（Giuseppe Valletta）身边聚集着一个小圈子，他成了其中的一员，很有可能还熟识了人文主义修辞学家詹巴蒂斯塔·维柯①，研究维柯的学者们迄今仍在猜测他们曾经邂逅，部分原因是两人的工作是相似的。[2]维柯的著作《新科学》首版于1725 年问世，其中的著名论断是共通感是"古代氏族的自然法中十分确定"的组成部分，他给这个名词的定义是"整个阶级、整个民族、整个国家或整个人类共同的不加思考的判断"。[3]和沙夫茨伯里一样，维柯也认为这种常识是一种社会黏合剂，早在任何政治秩序得以发展之前，是常识把最初的社会凝聚在一起。人们不禁猜测，在反笛卡尔主义和致力于真理的社会层面这两点上，两人有过相似的思考。可以确定的是，就在 1713 年他去世之前，沙夫茨伯里雇用那不勒斯当地的制图师为他的《特征》（*Characteristiks*）第二版绘制插图，其中就包括常识的象征符号。[4]

不过最坚决地扛起常识的大旗、坚定不移地推进这一目

---

① 詹巴蒂斯塔·维柯（Giambattista Vico，1668—1744）意大利文化史和法律哲学家，如今被公认为文化人类学的先驱，以巨著《新科学》（*New Science*）闻名于世。

标的，是一个远没有那么国际化的地方，就在苏格兰东北部的偏远一角。无论其患有疾病还是身体健康时，沙夫茨伯里生前肯定没有到访过那里。在沙夫茨伯里本人去世几十年后，在北海沿岸那个雾气弥漫的小城阿伯丁，一小群志同道合的虔诚的专业人士决心改进常识，把它变成一种反怀疑论的哲学方法的核心部分，用于道德宣传。这些人是长老会牧师和大学教授，绝不像沙夫茨伯里那样财大气粗、见多识广和出身名门，而是深深扎根于苏格兰本地的机构。但他们也是涉猎广泛而新潮的读者，是一个更加广阔的多向度文坛的积极参与者。到 18 世纪中期，他们已经带着极大的兴趣和热忱，不仅阅读了前 100 年那些伟大的英国科学家的著作，也阅读了《共通感》的作者和他同时代的最著名文人的作品，包括奥古斯都时代的文体家艾迪生、斯蒂尔和蒲柏。此外，他们还阅读了沙夫茨伯里的古代先驱，从斯多葛派到西塞罗的著作；对最近继承他衣钵的人也如数家珍，包括弗兰西斯·哈奇森[1]、凯姆斯勋爵[2]和本地英雄乔治·特恩布尔[3]，这些人都受到了沙夫茨伯里的影响，因为他们假设存在一种与生俱来的"道德感"，即美德的本能，它自然地引导人类慷慨行善，大公无私。[5]

---

① 弗兰西斯·哈奇森（Francis Hutcheson，1694—1746），苏格兰-爱尔兰哲学家，他是这样一种理论的主要支持者，即认为道德感是实际存在的，人正是因为有了那种道德感，才能有正确的作为。

② 凯姆斯勋爵，即亨利·霍姆（Henry Home, Lord Kames，1696—1782），苏格兰法官、哲学家、作家、农业改良者，苏格兰启蒙运动的主要人物。

③ 乔治·特恩布尔（George Turnbull，1698—1748），苏格兰哲学家、神学家、教师、教育作家，他的名气没有同时代的哈奇森和霍姆那么大，但他是苏格兰启蒙运动中第一个就教育理论和实践撰写正式专著的人。

60   苏格兰东北部的知识分子领袖们正是基于这些多样的资料来源，以及他们自己坚定的长老会信仰，形成了他们关于自己居住的世界的基本观念。他们也形成了自己的第一道防线。因为另一方面，这些有学问的阿伯丁人还十分熟悉那些在前一个半世纪从阿姆斯特丹和巴黎（笛卡尔和伏尔泰）、伦敦（洛克和贝克莱）以及离家更近、相对更国际化的都市爱丁堡（大卫·休谟）席卷而来的激进的新哲学思潮。他们在阅读中获得了一种深深的不和谐感：一边是看似（虽然有时作者们的初衷并非如此）要怀疑一切理念的哲学家，另一边是他们在苏格兰偏远的北部海滨看到并认为有责任维护的田园牧歌式的基督教世界。

这样的冲突似乎有必要予以回应。这个道德教育家们的小圈子，包括创造经典的詹姆斯·贝蒂，于18世纪中叶集体耕耘几十年，力图找到一种有效的"科学"方法来驳斥在他们看来令人担忧的相对主义和怀疑论趋势。在这些外省学者看来，这个问题在本质上属于专业化的哲学世界。不过包括贝蒂在内的多数人认为，对真理持怀疑态度的真正危险源于它适应了不列颠都市商业中心的大文化，也的确成功地侵蚀了那个大文化，其中就包括苏格兰的大城市爱丁堡，轻视宗教和社群分裂的威胁随之而来。新的宽容的观念，加上一种相对自由的商业新闻业——这些都是后革命时代和解的持久产品，已经逐渐扩散到了整个不列颠群岛——产生了令人欣喜的知识剧增。但从所谓的社群主义角度来看，这种多元性（像先前伦敦的情况一样）可能会破坏任何稳定的真理感，就连人类有能力确定这类日常生活中的真理的想法也岌岌可危，为一种根植于个人怀疑的哲学的繁荣发展提供了危险的沃土。[6]这些苏格兰牧师

和学者认为，必须设法遏制这样的冲动，同时无须背离牛顿的 61
方法，无须逆转当前这种开放、自由的知识交流潮流，或放弃
如今的英国人早已坚定承诺的对教派差异的保护。他们发现常
识理念正是他们迫切需要的那位现代盟友，那是沙夫茨伯里和
他的《共通感》于18世纪上半叶开启的、道德感理论的副
产品。

　　和几十年前的伦敦一样，在18世纪中期的阿伯丁，诉诸
一个名为"常识"的抽象概念成为一场辩论运动的主流，这
一次的辩论针对的是道德的和认识论的怀疑态度。在一个监管
较松也不正式的观念市场（这一市场逐渐扩展到世界文坛的
多个中心城市，无论合法与否）内部，它是一个非常有用的
修辞武器。然而与此同时，在阿伯丁知识分子领袖的手中，常
识也对人类心理产生了新的意义：它是位于人脑内部的权威
"力量"和信念来源，一旦被认可，可以使许多基本看法变得
无可非议。古老而看似低调的常识观念以这样的双重方式承诺
成为非正式的概念约束之源——一种创造智识包容与排斥的边
界的方式，这对于巩固社群十分必要——和道德复兴的基础。
在贝蒂和他的同事们看来，直言不讳地为人类拥有和获知常识
的基本能力辩护似乎是一种异常有效的内化并因而维护基督教
信仰的方式，他们珍视那些信仰，那既是对世界运作方式的解
释，也是保留他们自己的伦理宇宙完整无损的机制。贝蒂希望
可以在当时仍然很新潮的"言论自由"的背景下应用这一观
念，遏制住发源于爱丁堡及更远城市的社会分裂和道德沦丧的
趋势。

　　然而让贝蒂始料未及的是，常识的所有副产品也继续大获

成功。如 1764 年贝蒂的同事托马斯·里德①所说，呼唤常识
作为"最高权威"的主要后果之一，就是有助于推动一种在
很大程度上非预期的民主精神进入公共判断领域。[7]这是因为为
了完成这个本质上属于保守主义的道德任务，贝蒂及其同代人
非但不得不贬低某些通常被视为权威知识分子的学者或其他精
英，进一步宣扬清教主义的平等动力，容忍后者拒绝承认神圣
的特殊地位；他们还最终把"常"人那些直觉的、集体的、
寻常的信念提升到了一个新的高度，拒绝把优越的判断归属于
任何一个阶层、性别、种族或宗教。在 18 世纪中叶的一小群
阿伯丁专业人士手中，对常识的常识性辩护成了一个源于平民
大众集体智慧的绝对民粹主义认识论的基础。他们论证说，如
需在日常生活的领域寻找真理，最好的出发点就是所有人已经
一致同意的真理；与学富五车的人相比，"蒙昧无知的"人事
实上更不容易受到误导，集体情感每一次都会战胜个体或孤独
的天才。秉持着这样的论调，这些阿伯丁人远远超越了他们更
为世故和追求政治利益的伦敦先驱，包括骨子里的精英主义者
（和自然神论者）沙夫茨伯里。

此外，为这一独特的认识论辩护在 18 世纪的阿伯丁产生
了一种新的持久的社会现象：受过教育的常识的化身除了把他
自己（"她自己"要很久以后才会出现）定义为早已为平民大
众普遍接受之真理的代言人之外，别无选择。此人会陷入这样
一个尴尬境地：他以大众的观念先驱的身份提升自己的社会地
位，而在理论上，那些观念本无须学者或聪明人为之宣传。正

①　托马斯·里德（Thomas Reid, 1710—1796），苏格兰哲学家，反对大
卫·休谟的怀疑一切的经验主义，主张一种"常识的哲学"。

如约翰·科茨（John Coates）在一项对两次世界大战间的剑桥哲学家的研究中不动声色地指出的那样："常识专家这个身份始终有些古怪。"[8]但声称拥有常识武器的民众权威这个身份的发明产生了重要而始料未及的历史后果。因为正是他为一种新的政治模式奠定了基础，这种政治模式强调"人民"（至少在起初，这个词的意思是说英语的白人有产阶级）对公共事务具备与生俱来的、绝对可靠的判断力，以及反过来简单、日常的善恶与是非判断也适合解决政治问题。也正是他为煽动文化和民主制度这两者搭建了一个智识舞台。

这一切怎么（以及为什么）会首先发生在北海边缘？《1707年联合法案》（Treaty of Union of 1707）使苏格兰稳固地成为新的不列颠国家的一部分。它还有助于在苏格兰的几个主要的大学城里建起一连串跨欧洲启蒙运动前哨。苏格兰启蒙运动的中心当然是爱丁堡，自那以后它一直作为大卫·休谟的故乡享誉全球。但格拉斯哥也有它自己的知识界名人、学术协会和文学文化。远处苏格兰东北部的阿伯丁很快也获得了使它被公认为启蒙城市的许多观念和社会模式，其中包括对当时仍然令人联想到培根和牛顿的新科学的迷恋。到18世纪中期，苏格兰的每个中心城市都深深感觉到自己隶属一个剧变中的国家。

然而，研究苏格兰启蒙运动的历史学家们大多竭力强调阿伯丁的独特之处，在18世纪后半叶，它就算与其他苏格兰大学城相比也有着天壤之别。这个国家的中心城市虽然在宗教、语言、法律和社会结构方面有很多共性，但每个城市也都有一种强烈的地区认同感，这种认同感在很大程度上与它特殊的地理条件和文人背景息息相关。阿伯丁尤其如此。它没有大型英格兰城镇或爱丁堡甚或南边的格拉斯哥那样繁荣的商业街区，与帝国关心的问题或遥远的国家政治机构也没有任何直接联系，无论在经济上还是政治上，18世纪中期的阿伯丁都是一个只关心本地区的小城。它毫无疑问是伦敦的对立面。詹姆斯党人的威胁在1745年前后结束之后，这里既没有资本主义企业也没有新的政治阴谋值得关注；在大多数阿伯丁精英看来，要想摆脱贫困，最有可能的途径仍然是农业改革和更虔诚的信仰。阿伯丁社会也相对封闭保守，18世纪中期的人口大约是2.2万人，在规模上与爱丁堡根本没有可比性，反而更像遥远的不列颠殖民地城市费城（不过在其后那些年，费城的发展速度要快得多）。[9]这些情况表明，在某种意义上，阿伯丁要比它南边的邻居更加保守，更坚持传统的行事和思维方式，在道德领域尤其如此。然而到1750年，阿伯丁却幸运地远离那个时代的许多焦虑和争论，无论是政治、经济还是宗教上的，这使得它的思想负担也相对较小。与这种疏离性结伴而行的，还有其精英阶层坚定地致力于研究自由，坚持国家对思想的管制越少越好，认为这是"现代"不列颠法律的标志之一。在宗教方面，其独立性的悠久传统，包括对圣公会及一度从波罗的海、法国和低地国家①以及日益从英格兰和整个大英帝国传来的思潮所持的开放态度，使人很难斩钉截铁地说这个偏远郡府和港口城市不过是个落后地区。

的确，相对封闭和思想宽容，更不用说还有虔诚的宗教信仰，这一切构成了一个非常独特的组合，成为18世纪中期阿伯

①　低地国家（Low Countries），对欧洲西北沿海地区的称呼，广义包括荷兰、比利时、卢森堡，以及法国北部与德国西部；狭义上则仅指荷兰、比利时、卢森堡三国，合称"比荷卢"或"荷比卢"。

丁那些以定义和传播真理为主要宗旨的机构的独特特征。这些机构中最重要的当数长老教会。整个 17 世纪不断妥协的结果是，苏格兰东北部的长老会制吸收了大量低教会派圣公会的特征。当地的牧师虽然既看不起清教徒的热忱、又瞧不上天主教的迷信，却频频从他们之前的英格兰宗教宽容派那里借用主题甚或布道内容，打造了一种温和而实用的长老会制，这种体制认为有德行的生活和对教派差异的宽容的重要性要高于加尔文派信条，包括人类始祖堕落这一观念。而且尽管苏格兰教会一直是东北地区的主要权威机构，18 世纪，精英牧师们本人也常常带着极具前瞻性的眼光，率先促进人们对新科学和与之相关的各种"改善"的兴趣。当地的许多牧师认为，他们的主要任务之一就是要利用先进科学的方法来批判令人厌恶的怀疑论，让信仰，尤其是基督教的道德价值观更令人笃信不疑。[10]

教区制度和致力于无拘无束的探索，还产生了另一个类似的使命，以 18 世纪阿伯丁两所大学为典型：马修学院和国王学院。和不列颠的许多其他大学一样，马修学院（而非国王学院）的教学实践在 1750 年代发展起来，那时跨学科教学消失了，学术专业化的时代就此开启。阿伯丁的这两所大学还在 18 世纪中期经历了课程设置的大改造，顶尖的教授们继续乔治·特恩布尔 1720 年代在马修学院启动的工作，共同努力让文科摆脱经院哲学的痕迹。特恩布尔等教师支持在寻找真理的道路上运用新科学的实验和归纳法，敦促人们关注人脑及物质世界所遵循的规律。然而鉴于这两所大学的主要职能是新教牧师和教师的培训基地，与之相适应，18 世纪中期，仍有许多人认为牛顿的原理将最终被用于支持教会和整个东北部权威人士的价值观。沙夫茨伯里和哈奇森反教条的道德感哲学也是一样。科学（包括灵物学，或对人脑进行的实验研究）、宗教和实践道德教化应该在教学的过程中互相启迪、互相支持。[11]

然而阿伯丁启蒙运动的主要特征，也是在常识的历史上起到关键作用的机构，当属成立于 1758 年的阿伯丁哲学学会（Philosophical Society of Aberdeen），它在当时是致力于捍卫和证明知识的各个支柱的最新机构。这个"哲学学会"聚集了一批最聪明的人，因而常常被人称为"智者俱乐部"，是 18世纪欧洲及其各个帝国以这种方式组成的众多同类自发性社会知识机构之一。和遍布伦敦、里昂、柏林、费城、法兰西角（圣多明各）等中心城市的同类机构一样，该机构的成立也起源于社交性与自由探究在追求各类真理的过程中显现出来的裨益。专业兴趣不同的男人一致同意定期聚会——有些地方有女人出席（例如巴黎的沙龙），另一些地方则完全没有（如阿伯丁）——进行体面而愉快的对话，并就从教育到农业等涉猎广泛的话题展开礼貌的辩论。他们认为，这些对话将引导成员实现自我完善，更重要的是，促进整个世界的进步或改革。这些俱乐部成立理念的核心是一种当时已十分平常的社群主义认识论：共享知识和理性最终能够实现公益，在集体和个人两个层面促成思想、道德、医学甚至经济方面的改善。这是一种社会实验，其基础同样是新科学和新教的某些教派宣扬的对人性的乐观看法；早期的国家主义力图通过建立官方学术机构控制知识生产；非正式的公共集会场所，如咖啡馆和沙龙，在同一时期兴起，成为一种方兴未艾的都市"中产"阶级文化的方面。在不列颠背景下，这一理想在奥古斯都时代被《旁观者》等期刊赋予了新的生命力，艾迪生在该刊物中承诺要带领"哲学走出隐秘的私人房间和图书馆、学校和大学"；同样给予它全新生命的还有畅销的论文集，例如沙夫茨伯里的论文集，他认为以这种方式进行的不受约束的谈话可以产生一种有益的共通感。[12]18 世纪初的苏格兰城市没有它们自己的政治机构为公共辩论提供焦点，对这一愿景更是极为迷恋。

然而这个阿伯丁俱乐部——或者用彼得·伯克（Peter Burke）的叫法，这个"认识论群体"——与 18 世纪的其他苏格兰学术团体相比，接受了一种非常具体的使命。[13]或许这是由于它的地理位置和政治都相对闭塞；它几乎完全不受政府监督。或许是因为它的 16 名成员有着共同的职业和社会视野，从 1758 年到 1773 年，他们在不同时期加入该组织，这些人都来自这一地区，彼此都通过亲戚、朋友、所属机构或保护人有所联系，职业或是牧师，或是教授，或二者兼任。[14]这种同质性一定曾经产生过某种思想上的一致，或至少有过共同的使命感，最终使得常识能力的概念和一套单一常识原则的存在看似都不是那么难以解释。因为让智者俱乐部与众不同的，是它的成员急于利用他们那个时髦的社团产生一种高度统一的论调，用来抨击他们那个时代最时髦的哲学——为此他们回归了最基本的哲学问题：我们如何了解万事万物？如此说来，虽然智者俱乐部的创始成员也会提起当时典型的"改良"话题（从酸橙可以用作有效肥料到"黑人的起源"），但他们总是不断回到证据和证明的问题上来。[15]根据创社规则，他们还把考察"错误的哲学体系和错误的哲学研究方法"作为一个优先事项，这是指休谟的怀疑论，它似乎使人们丧失了分辨事物真假的基础，尤其是在言论自由的背景下。[16]这从根本上来说当然是个认识论问题。但一个基督教教育者组成的学会提出这个问题，也受到了社会和道德责任感的驱使。因为智者俱乐部的成

67

员们自身设法解决的问题无他，正是始于人脑层面并从那里逐渐扩散的权威的危机。[17]

但他们希望如何发动这场战斗呢？一个办法就是提前同意单一的一套获得共识真理的集体工作方法或基本准则。这个由同事和朋友组成的亲密团体从一开始就宣称，他们只会通过观察、实验以及培根、洛克和牛顿等人使用的自然哲学方法来获得他们希望分享的知识。相应地，智者俱乐部的成员还承诺对如何表达问题乃至应该研究什么加以限制；一切人脑无法确切了解的事物都应该避免。此外根据最初的俱乐部细则，他们不准备使用任何诙谐戏谑、悖论修辞、文字游戏、没有结果的推断或逻辑诡辩，创始成员认为这些都是形而上学的特征，无论是它如今已经遭到鄙视的经院哲学形式还是当它换上的现代怀疑论的外衣，都是如此。语词本身将不予讨论（但语言哲学被认为是一种社会产品，因而会成为核心问题）。另外，某些话题如有可能导致人们在道德上有失体面，将会避免提及。正如戴维·斯基恩（David Skene）在他的第一次俱乐部演讲词中解释的那样，理由很简单："重视自己的幸福并希望欢畅地享受生活的人，无论他多么热爱真理，也一定会害怕探讨某个有可能在研究过程中损害他最为珍视的观点的话题。"[18]俱乐部成员一致同意，只有承认他们为自己的智识活动设置的边界，才有可能获知他们能够一致同意的在哲学和道德上均合乎逻辑的真理。

其后的第二个目标是利用这一强调在有限的领域内进行实证论和自由研究的标准方法，探索里德所谓的"人脑的结构"。[19]因为智者俱乐部的成员们最终寻求的是一种与休谟等危险的现代怀疑论者的观点相反的认识论。事实上，他们并不想

和因之而建立的"俱乐部"一样，是一个时髦的词语，也因此可能是个充满矛盾的词语。18世纪中期，阿伯丁的专业阶层中有许多渴望学习伦敦的纯文学风格的学者，就期刊而言更是如此。始终以教化为目的致敬良知和常识的《旁观者》名闻天下（贝蒂称之为持久的灵感来源）。后来乔治时代创办的类似刊物也一样，其中许多——包括利特尔顿和切斯特菲尔德的《常识》——在伦敦出版后不久就会在爱丁堡重印。的确，到智者俱乐部成立之时，呼唤常识在附近的爱丁堡和都柏林的宣传檄文中已十分常见，和大不列颠南部长期以来的情况非常相似。18世纪中期，"常"（common）和"识"（sense）这两个词构成的模棱两可的多意组合仍被用于捍卫各种不同的宗教立场。[20]它要么单独、要么与另一个更传统的权威——理性、经验、启示、《圣经》和《宪法》——一起，也频繁地被苏格兰和爱尔兰作家们用来支持关于地方和国家政治问题的各种分歧意见，包括发展羊毛织物制造业、终止保护人制度以及代表权的定义，等等。[21]而在通过把自己的立场定义为无可争议、无法辩驳，从而损毁敌对观点的长期斗争中，总有为美学目的修订"常识的精神"的可能性。在18世纪中期的爱丁堡，为常识招魂仍然是作者抨击他眼中的一个糟糕的戏剧之夜的有效手段。[22]

但智者俱乐部的成员，特别是创始成员托马斯·里德，有着更宏大、更严肃的抱负。事实上，里德对从常识出发开启改革的热忱在智者俱乐部成立之前就有了。他曾于1720年代在马修学院师从特恩布尔，当时常识这个模糊观念已经是用于反驳道德怀疑论的时髦武器，里德早在1750年代就开始修辞性地使用这一概念。那时他被任命为国王学院的校务委员，在为大学本科三年级学生开设的专门讨论人类思维的哲学课上，不得不提到休谟。[23]在1758年6月提交阿伯丁哲学学会的第一篇论文中，里德就指责休谟滥用语词"冲击了人类的常识"，并把这一观念拟人化，即便没有让她化身为女王，起码化身为一位"总是在战斗中最终战胜那些与她作战之人的……［女性］对手"。[24]那以后不久，他开始按照特恩布尔和后来的凯姆斯勋爵的诠释，以沙夫茨伯里和哈奇森的道德感理论为基础，扩充它的范围，使之涵盖真与假、善与恶的裁定，此外还为它赋予了明确的基督教目标。在"常"识的幌子下，被认为事关感觉的东西演变成为一种客观判断形式。然而在智者俱乐部的语境中，精确地道出常识是什么及其运作方式是一种集体努力，始于1759年关于证据的最初几次讨论。[25]在思考如何对休谟的怀疑论及其认为是后者源头的理论做出最有力的回应时，里德显然希望俱乐部成为他自己的思考的出发点。其他成员纷纷效仿，即便他们的忧虑和解释的形式存在微妙的差异。不久，一系列极佳的出版物在爱丁堡、伦敦和后来的欧洲大陆出版中心——总之是这一切时髦的危险思想的中心地带——最好的出版社出版，把里德及其同伴们铿锵有力的反驳论调传递出去，使之远远回响在一群每月两次在阿伯丁举办集会的"普通"外省学者的圈子之外。[26]

对形而上的臆想的怀疑，加上呼吁以常识作为矫正方法，成为初期出自智者俱乐部的好几本书的主要特征。这其中包括亚历山大·杰勒德（Alexander Gerard）出版于1759年的《论品味》（*An Essay on Taste*）以及尤其是乔治·坎贝尔（George Campbell）1762年的《奇迹论》（*A Dissertation on Miracles*），后者起初是受阿伯丁教会会议赞助的一篇反休谟布道，后来在智者俱乐部环境中发展成一部关于证据的论文集。[27]然而真正成为这场运动（后来被称为常识派）的决定性哲学文本的，是里德 1764 年的《按常识原理探究人类心灵》（*An Inquiry into the Human Mind, on the Principles of Common Sense*，简称《探究》），它就来源于智者俱乐部会议上的讨论和为之提交的论文。[28]

和坎贝尔一样，里德也以休谟作为研究的出发点。里德非常钦佩休谟的推理能力和哲学头脑。然而休谟避开以温和的长老会制为自己的思考基础，算是苏格兰的一个异类。此外从里德的角度来看，休谟的认识论怀疑主义——他看似否认外部现实独立存在，甚至于辩称思想即便不一定是真理，也可以感觉真确并获得广泛认同——对基本信仰和信仰这一范畴本身构成了严重威胁。[29]在里德看来，这样的怀疑态度构成了极大威胁，正如直言不讳的道德怀疑论曾令沙夫茨伯里那般困扰。事实上，里德认为这两种怀疑论是密切相关的。休谟的理论使人有可能为任何事情辩护。而在后革命时代不列颠自由主义的语境下，各种观念必须在没有教士支撑或国家监管的情况下赢得公众的关注，这样公众就没有坚实的基础来确定为什么某一个观念或对观念的看法要比另一个更加合理。里德认为，当前所需的不仅是以布道这种教化的方式再度驳斥怀疑论与反宗教之间的联系，还需要一种新的心灵哲学，既不同于笛卡尔的理性主义（根据这种理论，一切真理都可以通过理性论证获得），也不同于洛克和贝克莱的经验主义（根据这种理论，我们的一切知识都是通过感觉获得的）。里德从牛顿的哲学思考规则出发（它们本身是"日常生活中每天实践的……常识箴言"），撰写他自己的《探究》，提出了一种直接知觉理论，他希望这种理论可以一劳永逸地驳斥两种观念：一是我们只能获得大脑的内容物（即思想）的直接知识，却无法直接了解外部物体本身的观念；二是可信度与真理无关的观念。解决这个问题的核心，就是恪守他称之为常识的东西。[30]

在里德看来，何为常识？它显然绝对不是亚里士多德传统中的特殊感觉。有时里德会说，它是一种对社会生活不可或缺的心智能力；在后期的一部著作中他将之称为"我们可以与之交谈或交易之人所共有的那种判断力"。[31]在这里，它的意思非常接近于理智，就是一切正常人共有的智力。更多的时候，它是一套不固定的基本判断或主张，是它所扎根的通用语言中显而易见的，每一位心智健全的成年人无论何时何地都必须认同。[32]里德为这一大标题项下罗列的内容不仅包括传统上认为的理性的优先原则或格言；他还做出了极大的创新，为其纳入了许多我们日常生活中习以为常的东西。[33]根据里德本人在《探究》中给出的定义："有某些原则……是我们的天生气质引导我们相信的，我们必须在日常生活中习以为常，却无法道出理由。"他把这些原则标注为"常识的原则"。然后他为强调起见还加了一句："明显违背这些原则的，我们称之为荒谬。"[34]然而里德的常识仍然呈现出一头怪兽的模样。它的信条并不承认直接证据。它们事实上阻挠和超越了一切证明上的努力，也就是说，即便我们意识到自己秉持那些原则（并非总是如此），也没有任何争论的意义。尽管如此，我们仍然知道它们是真理，理由：它们看起来是显而易见或不言而喻的。它们也无法被否定，因为这么做不但是在宣传谬误，而且会导致他人认为我们"疯了"，该进"疯人院"。而即便当我们试图在个人层面上怀疑它们时，也会很快发现，除了像他人一样接受它们，我们别无选择，否则就无法继续生活。（正如里德后来嘲讽地指出的那样，"我从未听说过任何怀疑论者因为不相信眼见为实而以头撞柱或走入犬舍"。[35]）最终，我们不得不以这种方式接受这些原则，无须其他证明，因为那正是上帝创造我们的意图。

里德在《探究》中承认，人们并非总能轻易判断哪些观念可以算作常识（他在其后的 20 年里都没有列出自己的常识原则清单）。共性本身不够一目了然。另外，他给这些看法确定的范围太宽泛了。根据里德的论述，常识的原则在两个重要方面是普遍的。其一，我们所知的关于世界的一切，从尖端科学到日常生存法则，都有赖于事先接受这些原则，它们"比哲学更古老也更有权威：哲学以它们为基础，而不是它们以哲学为基础"。[36]此外它们也是每个人——婴儿、智力有缺陷和精神错乱的人除外——的信仰体系中不可或缺的一部分，自古如此，举世皆然。[37]

但问题就在这里。在伦敦和爱丁堡时髦的知识界，这些原则如今事实上已经得不到这样的广泛认可了。相反，它们常常被公然蔑视，尤其是被那些只关注自我的哲学家看不上，这些人置身于冲突之外，鄙视他们的同行。除此之外，又该如何解释物质世界的存在甚或自我本身的存在面对的质疑呢（前者如贝克莱，后者如休谟）？按照詹姆斯·贝蒂的说法，那才是那个时代最大的危险——贝蒂这位前优等生通过加入阿伯丁哲学学会，于 1760 年成为马修学院的道德哲学教授，又多亏他从前的老师亚历山大·杰勒德的资助，在随后那一年成为智者俱乐部的成员。没有谁不是因为坚信常识正在受到攻击或迅速消失而探讨常识的。原创能力大大弱于里德，却远比里德热衷于此的贝蒂沮丧地发现，里德为常识所做的辩护注定只能被其他哲学家看到，加上他急于以思想家身份扬名立万，因而在整个 1760 年代的后半段专注于一件事，那就是普及里德的想法，使之成为一种反相对主义的基督教道德教育的基础，里德曾在《探究》一书的前言中暗示有必要开展这一教育。到 1765 年，学究气更浓、出身更好的里德已经带着妻子和九个孩子搬到了格拉斯哥。因为得到了很好的资助，加之身为哲学家声名日隆，他将在那里接替亚当·斯密的大学教授职位，更早以前，那个职位是由哈奇森担任的。相反，贝蒂则继续坚守在他一生从未离开的偏远家乡阿伯丁，在马修学院和智者俱乐部的大本营与他的一小群教师和牧师同事合作，坚持不懈地完成自己的使命。最终，他的《论真理的本质和不变性》于 1770 年从爱丁堡的一家印刷厂横空出世，这部以常识方法研究常识的著作列出了本章开头提到的详细清单。这一成果获得了巨大的商业成功：成为 18 世纪前 70 年获得赞誉最多的关于常识的书籍，不久还获得了最多的读者（虽然他们显然不是最深刻的）。没有谁宣称自己像贝蒂本人那样大吃一惊，他居然成了一个不久后将发展成为一场跨大西洋运动的倡导者，在那场运动中，社会和伦理改革将始于重申普通人对周遭世界的普通看法的规范价值。[38]

与包括里德的《探究》在内的以前的著作相比，贝蒂的《论真理的本质和不变性》有好几个鲜明特点。首先，为了触及新的读者，包括"那些或许没有闲暇、敏感或形而上的知识，却也足够有资格对它的［怀疑论的］一切前提提出逻辑反驳的人"，贝蒂简化了里德的论述。[39]他继而给了这些外行读者更好的"标准"，帮助他们判断何为谬误、何为真理。贝蒂写道，有一

74

些类型的问题，例如数学问题，需要一种名为推理的突出能力才能得到确切答案。但我们在日常生活中遇到的其他许多问题则只需一种天生的特殊能力即可获得所需的证明，那就是常识，即"我们认知不言而喻的真理的能力"。[40] 贝蒂对以前的定义都不满意，就对常识做出了更加充分的解释，称之为：

> 那种并非通过渐进论证，而是通过一种瞬间或直觉的冲动认知真理或获得信仰的心智能力；它不是通过教育或习惯获得，而是天生的；每当意志的对象出现之时，它根据一种现成的法则独立地作用于我们的意志，因而被不无恰当地称为"感觉"（sense）；而它也以同样的方式作用于每个人，至少作用于绝大多数人，因而被恰当地称为"共通感"（即常识）。[41]

在常识领域，我们知道何事为真，不是因为它符合外部现实，而是因为"我们觉得自己必须相信"它。[42] 这非常接近新教的信仰观："虔诚的人"，贝蒂解释说，知道生命中最大的快乐来自神性的沉思，其"证据过于庄严，超出了他们［怀疑论者］的理解能力"。[43] 此外他还说，上帝不会欺骗我们；对于一个由上帝创造的人来说，无法抗拒的信仰只可能为真（这个原则有陷入同义重复的风险，因为上帝已被用于确定了常识的存在，而常识又反过来成为证明上帝存在的证据）。

贝蒂希望读者们——那些"资质中等"、没有受过哲学教育的普通人——领会的要旨是，他们可以信任自己的感觉。眼睛不会撒谎，因而得到的关于对象的信念不仅仅是习俗的结果。读者们还可以相信他们准确地描述这些感觉的话会得到他人同样的理解："每个使用英语语言的人都会说雪是白色的，草是绿色的；如果有人认为他们称之为白色的感觉与我为之冠以同一名称的感觉不是一回事，那就是最为荒谬的事。"用贝蒂的话说，在客观陈述自己的生活中发生了什么事时，就连"最粗俗无礼的人也非常清楚自己在说什么"。[44]贝蒂希望传达的是，纠正不信宗教和怀疑论调的良方不是更理性的辩论——这只会导致荒谬：试图证明无法证明的东西，如果这一努力失败，则会进一步加重怀疑态度——而是毋庸置疑地接受所有的人自古至今一直认为是客观真实的东西。

关于如何区分贝蒂所谓的常识性"信念"和偏见，他自己也没有简单的答案。但他足够自信，试图列出了很长一列我们没有理由质疑的基本信念清单，涉及从审慎到物理学再到宗教等各个领域。而且贝蒂起初是以诗人身份出名的，与之相应，他选择"友善的"态度（按照他自己委婉的说法），同时采用"非常平实的语言"，从容易识别的真实生活经验中汲取大量实例，并对对手的论调极尽嘲讽，自沙夫茨伯里以降，这一直是一套行之有效的做法，表明某些立场根本无须用逻辑反驳，纯属胡言乱语。[45]正如里德的另一位门徒杜格尔·斯图尔特（Dugald Stewart）后来指出的那样，贝蒂著作的主要吸引力在于"作者用各种贴切的实例，让一个其本身对读者大众鲜有吸引力的话题变得鲜活生动起来"。[46]

然而贝蒂的主要创新，是他在他认为的一项公共服务计划中，直接利用了扎根于智者俱乐部并一直追溯到沙夫茨伯里的认识论。贝蒂不像里德那样谨慎而明断地反对他的哲学同侪，而是对以休谟为首的"现代怀疑论者"发起了全面抨击，指责休谟是披着新式外衣的经院哲学家，他们对揭示真理不感兴趣，更热衷于悖论修辞、相对主义、与人争辩和文字游戏。贝蒂随后道出了一个令人担忧的故事，指出这种源于脱离大众的哲学世界之外的形而上风格和信条的潜在危险，声称如果不用常识加以约束，它只能导致无神论、放荡和道德沦丧。因为事实上，贝蒂担心的不光是休谟（虽然他恶毒地羞辱自己那位爱丁堡同行，指责后者扭曲文字误导读者）。让这位阿伯丁教授同样感到忧虑的还有一种时髦的怀疑主义，他认为那是 18 世纪中期那个日益世俗化、个人化、动态的、商业的、信息和意见泛滥的世界——一位历史学家曾言简意赅地称之为"都市文化"——日常生活中特有的。[47]在那个世界里，休谟及其崇拜者们既是源头，也是症状。贝蒂和他的许多对话者一样，屡次敲响警钟，说怀疑一切的风气正在成为"时代精神"。[48]经常与贝蒂通信的医师约翰·格雷戈里（John Gregory）在 1760 年代的后半期从爱丁堡写信回来说，他也同意贝蒂的观点，在阿伯丁居住多年，与智者俱乐部的同伴其乐融融之后，那个大城市的道德文化似乎让他很受伤害。[49]贝蒂远距离评价说，其结果必然既不利于"个人幸福"，又危害"公共福祉"。[50]

贝蒂警告说，在个人层面，一种怀疑不可阻挡地会引发另一种，久而久之，会破坏一个人的一切信仰和信念，直到最后，连上帝、宗教和不朽这样的词语也会沦为"空洞的声音"。[51]其后还会造成心理影响，因为就连"人生中的至乐时刻"，那些冥想创世并热爱创世主的时刻，也会变得苦涩。[52]过不了多久，行为也会受到负面影响；虚无主义的个人一旦发现自己除了焦虑之外一无所有，就会被认为不适合"行动"，"无用"又"可怜"。[53]贝蒂认为，常识是个人与社会联结的纽带，而怀疑论则是失控的现代都市文化特有的个人主义的产物。

的确，贝蒂指出，怀疑论最大的破坏作用就是在市民社会的层面显现出来的。它使得整个民众群体，尤其是穷人和绝望的人，失去了那种名为宗教的慰藉来源。它还让他们丧失了源于共同信仰和义务的社群归属感。最后，怀疑论会导致普遍的困惑、无知并有可能导致社会秩序本身的丧失。正如里德在他的《探究》的题献中警告的那样，如果把一切信仰搁置一旁，"虔诚、爱国主义、友谊、父爱和私德，看上去都会像骑士风度一样可笑"。[54]贝蒂（和温和的长老会牧师詹姆斯·奥斯瓦尔德［James Oswald］一起，后者几乎在同一时期写过一本同样致力于道德的专著，题为《以宗教的名义呼唤常识》　［*An Appeal to Common Sense in Behalf of Religion*］），认为里德的认识论可以疗愈这一切，那是试图保持传统的基督教道德准则和他们自己世界的社会风气的一种先进的现代手段。[55]

一切归结为一个平衡的问题。在 18 世纪中期那个节点上，阿伯丁的公民领袖们知道，如今，任何对世界的解释要想可信，都必须建立在科学的方法之上。时代无法逆转。但如果在使用时不小心留意这些方法可能导出的结论，它们很可能非常危险，在讨论道德问题时尤其如此。贝蒂认为，一个基于科学的常识观念，能用来合理地提出并证明哪些内容可以建立一个既能自我保护又对社会有益的限制，那些限制能够保护和支持宗教信仰。他解释道，如果说人类理性最好"不要擅入禁地或试图穿过无法抵达的区域……则应由常识的权威来确定这一边界"。[56]此外由于常识和通用语言一样，可以成为共同的认知——区分真假、善恶和美丑——的基础，它还有助于保护作为道德实体的社会。贝蒂始终不遗余力地指出，在此过程中，

78

它不会损害言论或著述自由，也不需要任何不受欢迎的"行政权力"干预理性研究进程。[57] 在贝蒂的《论真理的本质和不变性》中，一种建立在常识基础上的认识论可以依附于先进的科学以及王朝复辟后不列颠的开明、反教条的文化风气，同时又能支撑一种旨在加强当前的地方机构和基督教本身的实用伦理学。的确，贝蒂本人虽然声称自己一贯温和节制，倡导常识的平实语言，但他仍特意强调他以常识的名义打响的不啻一场"战争"，这是开放的观念市场上的一场战斗，为的是赢得大不列颠、他自己的国家和他自己那个狭隘得多的日常世界的道德未来。贝蒂希望成为首位为常识而战的勇士。

从打响这场战争的那一天起，问题就出现了。贝蒂越是夸张和兴奋地声称常识是迈向真正的智慧的关键一步，他论调中的矛盾就越是凸显出来——那些矛盾将在 18 世纪下半叶带来巨大而始料未及的政治后果。这是因为他的道德理想强调顺从、等级制度和义务，而他从里德那里欣然继承下来的是反威权主义和在很大程度上反等级制度的知识政治，此二者南辕北辙。

这一原型政治冲突的迹象从一开始就存在。智者俱乐部的道德立场是保守的，但怀疑"专家"和精英在德行或知识方面的优越性从一开始就是它的文化的重要组成部分。在 1767 年的一次俱乐部集会上，戴维·斯基恩在回答"如果从头衔或财富角度考察人类，最普遍的道德原则会出现在哪个阶层"这个问题时，选择致敬中间阶层的那些人，例如他身边的那些专业人员，当然，他仍不辞辛苦地阐释了道德存在于每个人的心中。差别产生于每个人的境遇不同。他认为，那些"最为穷困的人"受阻于"有限的教育、狭隘的情感和糟糕的榜样"，更不用说对法律的宗旨的误解。但他对那些拥有最高头衔的人更不客气，更坦率地批评了他们的境遇带来的结果。他们成为虚荣、诱惑和习于放纵的牺牲品，这一切使得他们放荡不羁、毫无怜悯。[58] 在 18 世纪的大部分时间，这些基于社会阶级的道德谴责是英国上流社会话语中的标准内容。更不同寻常的是，那些财富、学识或社会地位较高的大人物一旦声称自己拥有掌握真理的特权，就会受到智者俱乐部成员同样不遗余力的批评。

在里德的著述中，支持以常识判断作为知识的基础不仅产生了对精英阶层的批评，指责他们脱离普通人的日常生活，它还产生了一种源于认识论平等主义的社会平均逻辑，这些在贝蒂的著述中更加明显。因为正如一位 21 世纪的评论家所说，里德"这位哲学家除了和所有其他人一样，在常识的范围内进行思考之外，别无选择。他不能出众超群"[59] 也就是说，如果要找到通往真理的道路，他就必须像其他所有人一样生活、一样思考，包括粗人或普通人。

如果这位哲学家没有意识到这一事实，或选择无视它，那么用里德的话说，"普通人"就会理所当然地觉得哲学家很"滑稽"。或者普通人会得出纯粹民粹主义的结论，说"太多学问会让人疯狂；认真地秉持这一信念的人，即便在其他方面是个很好的人，也会像一个坚信自己是用玻璃做成的人；然而他的理解力必定有弱点，过多的思考也害了他"。[60] 相反，如果哲学家出于虚荣心和对"庸人的轻信"的不合时宜的怜悯，而将自己与他人分开、蔑视同伴的情感，虽然同样相信世间有"太阳、月亮、星辰……国家、朋友和亲戚"，但是他们不久

80

就会发现自己变成了笑话。[61]正如里德在他后来的《论人的智识力量》(*Essays on the Intellectual Powers of Man*) 中总结的那样，提到关于首要原则的判断力，无论是科学、伦理学还是日常生活的原则，"哲学家……相对于文盲甚至野蛮人没有任何特权……无论有无学问，哲学家还是散工，都在同一水平，也都将经历同样的审判"。[62] (但他为这一主张加了一个至关重要的从句，很可能是为了避免有可能显得激进的含义："如果他们没有被某些偏见误导或受到某种错误的宗教原则的教唆而放弃自己的理解力的话。") 因为常识是得自造物主的天赋，无须任何培训、技能或特别栽培。在这些温和的长老会思想家看来，它可能是每一个阶层乃至每一个性别、宗教和种族共有的均等遗产。应该避免的危险分子是那些局外人，那些因乖僻、疯狂或自视过高而拒绝顺应潮流的人。

贝蒂所见略同：他的每一位受到斯基恩赞扬的那种明智的"普通"读者都应该不仅能够辨识人性和道德主体的"证据"以及自命不凡的权威；还应该主动表示被这样的观念冒犯了，那就是上帝给予人类的启迪"居然只有学者和爱冥想的人才能看得懂"。[63]贝蒂（起码在纸面上）十分鄙视那些因为地位高贵或者有特权就认为自己比其他人更有见地的人，因为如果怀疑论获胜的话，就连"粗鄙者"也能一眼看出哲学家是傻瓜。[64]里德也在后期的著作中直截了当地批评自命不凡的哲学家，责备他那种名不副实的优越感让他"不愿说出真实的判断，即最无知、最浅薄的人也是他的同类"，意即基于感性知觉、记忆或意识的判断。[65]这些新教思想家的要点一目了然——对普通的非专业读者来说，这是一种奉承。他们不仅能够自己查明真相，而且他们已经在这么做了。反而是哲学家应该倾听无组织的普通人群体并从他们身上学习，以防堕入谬误或怀疑的深渊。

这一原则继而为一种政治论调埋下了种子。里德和贝蒂都认为，被"全人类"普遍接受并拥有"无论有无学问的各个年龄和民族的一致赞同"的东西，对个体在生活中的行为决策拥有"权威"。[66] 戴维·斯基恩把公意或民意（consensus gentium）的传统论调换了一种说法来表达："只有当一个人觉得它始终是真理……并且他的感觉与其他人相一致时，才能证明一件事的正确性。"[67] 里德意识到这种真理的集体而非个人主义的标准会产生一个令人尴尬的问题："真理是否由多数票决定？"[68] 他在后期的著作中解释道，在那些人们无法普遍了解的事项上，多数必须由少数（即专家）领导并服从后者的权威。而在他认为属于常识范畴的模糊但广大的日常领域，他坚持认为"去除局部和临时的偏见［也就是我们所谓的习俗］之后，少数必须服从多数"。[69] 在日常生活中，普遍持有的观念，超越了局部文化和历史且从其上帝赋予的特征本质上来说隶属全人类的观念，必然能够获得法律的地位，正如常识终将战胜哲学，无一例外。

在这里，智者俱乐部的成员们似乎沿袭了贝克莱的现实主义传统，半个世纪前，后者曾为普通人的普通认知能力和他们对自己判断力的信任辩护，屡次声称自己"在一切事务中都与暴民同一立场"或"与粗鄙者一起反对博识者"，以此来捍卫常识。[70] 然而贝克莱主教是里德和贝蒂抨击的主要对象之一，恰是因为他坚称我们感知的周遭的一切——房子、蝴蝶、茶杯——都不重要，也就是他声称它们只是上帝在我们的头脑中产生的观念的集合而已。阿伯丁的常识哲学始于一个前提，那

就是物质世界的存在本身就是常识，就是因为这一信念像得自
感官经验的许多其他信念一样，对世界各地的绝大多数人而言
是如此的显而易见。通用语言提供了更多的经验证据，盖因其
构成了人们共同的声音。站在已经屡次提出假设的"诚实农
夫"[71]榜样的上一代"道德感"哲学家的肩膀上，智者俱乐部
的成员无意间为一种政治煽动的风格奠定了坚实的认识论基
础，在那种风格中，一群不明确的、不可分的、无阶级的
"人民"的假定的真理和道德直觉战胜了各种类型的局外人，
包括专家和根基深厚的精英阶层。

当然，这一立场的内涵对贝蒂来说始终是抽象甚或微不足
道的，而且也没有理由认为民粹主义与保守派的道德愿景相
悖，无论在当时还是现在。只不过随着他的著作越来越畅销，
特别是受到一群急于阅读一部捍卫基督教和现有秩序的现代著
作的不列颠精英的追捧，这位出身普通、野心勃勃却又缺乏信
心的外省知识分子不久就陷入了一种他曾经参与创造的困境。
那就是在为人民的常识辩护并恳求诉诸这一常识的同时，该如
何定义他自己作为知识分子领袖和"权威"的角色呢——这
个问题对于自那以后未来的每一位民粹主义发言人都十分关
键。1760 年代和 1770 年代，无论从任何角度来说，阿伯丁都
算不上大都市。虽然书名浮夸，《论真理的本质和不变性》也
不是一本伟大的书，但贝蒂在成为常识宣教士的道路上，让我
们看到了一个鲜活的例子，表明即便在 18 世纪中期那些微不
足道的中心城市，在个人主义（表现为关注个人表达、自主
性、价值、机会、社会流动性和财务回报）的崛起和重申社
群、共性及对他人的义务和责任的渴望之间也酝酿着紧张关
系。贝蒂显然受到了两个方向的撕扯。

　　将这些他加入智者俱乐部的那些年记录的详细笔记、贝蒂事无巨细的清单和日记，以及他堆积如山的信件（现存的这位哲学家与他遍布英国各大都市的朋友和生意熟人的信件约有 2000 封）——相加起来，我们能够清楚地看到贝蒂在 1760 年代梳理自己的观念的发展轨迹。我们看到他起初如何不快和茫然地阅读现代道德哲学家的著作。后来，里德的《探究》对他的思考产生了影响，以及他对自己的反怀疑论直觉越来越自信，这一转变从两方面体现在他的教学中，他把心理学和实用伦理学、法理学和其他相关学科[72]结合了起来，还体现在他加入智者俱乐部的那些年总是急于思考人性的问题。到 1765 年年底，贝蒂已经提议他的同事们讨论"常识与理性有何区别"这样的问题了。[73]其后不久，他对不同的通信者说，他正在写一篇《论证据的基本原则》（An Essay on the Fundamental Principles of Evidence）以及其后的《论理性与常识》（An Essay on Reason and Common Sense），一年半以后，又写出了篇幅更长、分三部分的《论真理的不变性，思想、道德和批评》（An Essay on the Immutability of Truth, Intellectual, Moral, and Critical）。[74]与此同时，贝蒂越来越担心怀疑论的危险，这使他写出了一则讽刺寓言，题为《怀疑论的城堡》（The Castle of Skepticism），篇中暗示巴尔托洛梅奥·德尔贝内的"灵魂之城"被围。休谟（又是他）似乎是这个阴郁城堡的亲王，"朝圣者们"必须在城外专门供奉情爱、无知、自负、时尚、放荡、野心、贪婪和猜想的特殊神庙里查验他们的常识，才能获准继续前往城堡中心区。[75]在远近各处的同事们的怂恿下，贝蒂似乎已经越来越坚信，他一生的重大使命就是"打破"身边之人的迷梦，在一切

83

还来得及的时候教给他们，的确在"人脑中存在着一种判断真理的标准。"[76]

我们还能从中看到贝蒂努力成为18世纪的首位常识布道者和现代文人的艰难的个人历程，他的家庭不睦，健康状况不佳（只要有人愿意听，他就会不停地抱怨此事）、收入微薄。[77]起初，1760年代末，他竭力虚情假意地宣扬在一个"堕落而没有原则"的放荡时代，自己坚持写作的东西可能不受欢迎。[78]他甚至找不到一个乐于相助的出版商，屡次陷入绝望，但从未放弃寻找。后来，1770年后，他一面声称诧异地发现自己错了，他的著作引发了人们的兴趣，并极力否认有任何私人动机，一面更加努力地收获成果，尤其是他的《论真理的本质和不变性》为他赢得了不少声望很高的崇拜者和朋友，这些远远超出了他先前在阿伯丁与世隔绝的生活经验。然而个人困境加上他的认识论中的民粹主义（在知识生产和伦理两方面的社群愿景）迫使他在18世纪晚期的不列颠不得不放弃像无数前人一样成为成功的哲学家和作家的道路，寻找一种全新的方式成名成家。

贝蒂的信件清楚地表明，这位外省教授从一开始就渴望社会和职业地位的提升以及最重要的，财务状况的改善。这位小商店主和佃农的儿子娶了一个有精神疾病的妻子，还有一群孩子要养活，而他只有微薄的大学薪水和学生的学费，财富和名声都那么遥不可及。似乎正是贝蒂的野心，加上他结交恩主的天赋，从他还在马修学院读书以及后来在附近的福敦（Fordoun）村里做中学教师起，就一直驱使着他奋发向上。他的通信表明，他积极参与《论真理的本质和不变性》出版过程的每一个细节，从书卷的大小到纸张质量再到书商的宣传方法。自始至终，他都有志于在爱丁堡和伦敦的读者中出名，并通过翻译，让自己的书在整个欧陆大卖。[79]他的信件还表明，他善于利用每一个联系人和每一个可能的评论或评价（包括负面评价）。他纠缠那些人脉较广、经济条件不错的朋友，无论男女，无论新朋旧友，请求他们为他争取邀请、推介、报道和各式各样的财务资助。他把一个人的赞誉或以他之名所做的好事不厌其烦地介绍给另一个人，还恳求更多的人为他传递有关他迅速成名的消息，他绝望地写道，"我多么渴望听到人们对我的议论啊"。[80]他还定期前往爱丁堡，尤其是伦敦，利用地位显赫的朋友主动把他介绍给更大的社交圈的机会，后者的地位可能会为他提供更长久的帮助。[81]贝蒂显然实现了这一目标，这一成功不仅体现在 1770 年代初中期，他的著作的各种版本从伦敦和爱丁堡的印刷厂里源源不断地流向市场，其中包括由伦敦才女蒙塔古夫人安排的一个奢华订购版。[82]贝蒂本人逐渐拥有了牛津大学的荣誉学位、国王乔治三世的一份退休金，还有伟大画家乔舒亚·雷诺兹（Joshua Reynolds）爵士为他创作的一幅肖像画，画中这位来自阿伯丁的哲学家用常识战胜了那个时代伟大的异端们，包括伏尔泰、休谟和吉本。[83]从某种角度来看，贝蒂总是使用军队的比喻倒显得很合适：那幅肖像画题为《真理的胜利》（The Triumph of Truth），预示着常识的力量最终获胜。

85

然而贝蒂从一开始就完全清楚常识改革者过多地利用他的天才和独创性将会带来的危险，他把那幅肖像画挂在家中的一面绿色天鹅绒帘幕后面，既保持了私密性，也让它成为住所中引人注目的焦点。和现代世界中充满个人魅力的各种民粹主义领袖一样，他似乎也感觉到鉴于他的哲学主张，人们将更有可能从他的人格和他自称的动机来评价他，而非源于他的教育或地位的特殊见解或特殊权威。因为他的道德保守主义也依赖于他的认识论民粹主义，在这一点上要比教授-牧师里德更甚。这就意味着归根结底，与自命不凡和自我勉励的休谟截然相反，他只能表达和捍卫一切有道德的普通人关于日常生活的观点。那就意味着就算贝蒂出乎意料地成名，受邀觐见了国王乔治三世和他的妻子夏洛特王后，他也担不起任何传统意义上的伟大哲学家的角色。

贝蒂的信件中充斥着这一难题引发的焦虑，他担心自己会令人失望，更担心自己会被看成是个不开明的老顽固或见利忘义之人。看看下面这句话里的煎熬吧，这是他在声誉最盛的1770年写给长期通信者威廉·福布斯（William Forbes）的信，讨论《论真理的本质和不变性》的第二版："没有什么比任何朋友怀疑我太痴迷于铜臭更让我难过的了；然而众所周知，在我这样的人面前，50 几尼①绝不是，也不应该是，无足轻重的。"[84]贝蒂的解决方案是一种补偿性的谦虚，它源于注重公职和义务的基督教语言，即便竞争和个人野心日益普遍，那种谦虚仍将延续到 19 世纪。就贝蒂而言，这就意味着他在竭尽全力通向成功，尤其是融入位高权重、根基深厚的社交圈的同时，又觉得有必要大肆渲染自己的谦虚，当然，还声称自己只对公益和人类的命运感兴趣。他没有承认自己胜利了（因为常识永远需要一个对手），而是越来越关注他所谓的"对手"，据信是围绕在休谟身边的一个小团伙或"一群人"，但那个圈

---

① 几尼（guinea），英国旧时金币或货币单位，价值 21 先令，现值 1.05 英镑。现在有些价格仍用几尼计算，如马匹买卖。

子日益扩大，也包括约瑟夫·普利斯特利①等评论家和一些法国思想家。[85]最终，贝蒂婉拒了他可能通过英国社交圈获得的一切高位，担心接受在英格兰圣公会谋"生"会让他显得不够真诚，在爱丁堡担任教授则会使他任由"强有力的对手"摆布。[86]他也渴望不用自己的地位冒险，用一位苏格兰评论家的话说，他不光是不错的作家，也是"一个好公民"。[87]因此在包括里德在内的一些最亲密的同事前往大城市之后很久，他仍安于待在小城阿伯丁。他在那里度过了余生，陪伴他的有一个（讽刺地）越来越疯狂或缺乏常识的妻子、[88]许多男性青年学生、他珍藏的肖像画，还有他终日的诸多抱怨。他承担不起沙夫茨伯里遭遇健康状况不佳或时运不济时的解决方案——到远方去旅行，能做的只有继续充满渴望地写信给伦敦的朋友们，询问他想知道的远方世界的消息，而那些消息变为现实却会让他无事可做。居住在都市文坛边缘地带的贝蒂找到了自己的支持系统——一个教授职位、一间文学俱乐部、一所邮局——这一切使他能够融入由赞助人、出版商、作家、书商和读者组成的国际文学文化中。然而他坚信，只有住在外围地带，他才既能够对那种文化的大城市范式的过度和精英主义始终保持坚定的批评态度，也能作为一个解读者和传播渠道，宣扬普通人在大多数普通场合凭借直觉了解的东西。

实际上，无论是贝蒂还是智者俱乐部的大多数有哲学倾向的成员的立场，都没有过度的民主甚或明显的政治意味（虽然贝蒂和里德最终都支持法国大革命的早期阶段，里德还曾支

87

---

① 约瑟夫·普利斯特利（Joseph Priestley，1733—1804），18世纪英国自然哲学家、化学家、牧师、教育家和自由政治理论家。出版过150部以上的著作，对气体特别是氧气的早期研究有过重要贡献。

持过美国革命）。鉴于他们远离任何政治机构，智者俱乐部的成员们对当代问题的政治解决方案不大信任，亦不足为奇。他们一般也不会认为增加商业交易会产生有益的结果，并且除威廉·奥格尔维（William Ogilvie）之外的成员都不认为经济再分配计划会达成这一目的。[89]尤其是贝蒂，他把过多的精力投入到了为那些社会境遇不佳的人提供安慰，而不是提供政治或经济变革计划，或为之赋能。此外，智者俱乐部成员们的日常智识生活也主要局限于同一宗教或阶层的人，即便有些人，例如贝蒂，来自较为贫困的农村家庭，很希望能有英国贵族女性引领他们提升社会和财务地位。[90]亲英格兰的贝蒂在教学中也主要扮演一个维持现状的卫道士角色，坚决捍卫不列颠宪法、不列颠社会等级制度以及对国教和国王忠诚的基本正当性。[91]即使是贝蒂那最值得注意的伦理立场，例如他屡次公开谴责对非洲各民族的奴役，也应被视为与他保守的基督教理想和他与帝国主义工商业新世界格格不入的立场一致，而非激进的草根政治煽动的典范。贝蒂坚信整个大英帝国范围内的商业、贪婪和对神不敬已经阻碍了每个人在面对机构将人和财产混淆起来、认识不到人性和所有人的基本自由时，所感受到的那种天生的、常识性的愤慨。[92]

如今让我们关注贝蒂，以及更笼统地关注整个1760年代聚集在阿伯丁智者俱乐部会议室里的那些长老会牧师和教授的东西，是他们在自己乏善可陈的新教道德愿景内为常识分配的特殊角色。比起伦敦奥古斯都时代那些把它作为文化理想或党派劝信的实用工具的伟大作家，贝蒂及其同人为这个古老的词语发展出了重要得多的意义。智者俱乐部成员的任务既包括反怀疑论，又要致力于自由探索，他们不但把常识变成了一种新

88

型的"认识论权威"——在直接性和社群含义两方面都不同于理性，还把它变成了一种潜在的社会行动力和大众群体（条件是他们的世界观与阿伯丁的这些中产阶级专业人士类似）能够借以规训自身的原则来源。

首先，所谓的常识哲学家们利用这个了解真理的普遍天性的概念消解了哲学家作为智识权威人物与普罗"大众"的差异。也就是说，他们否定了哲学家拥有任何特殊的掌握真理的能力，哪怕在语词的应用方面，哲学家要比大多数人聪明。他们为大众——世界观没有受到花哨的辩证法或行话蒙蔽的普通人——的判断力赋予了新的合理性。其次，贝蒂及其同事们坚信大众的辨识力就来自这一掌握基本真理的普遍天性，可以实现双重目的：当看到智识和道德分裂的危险时，它能够作为支撑起社群及其机构的手段，也能为每一个领域的确定知识提供基础。最后，1760 年代和 1770 年代初的智者俱乐部主要人物都为他们的信徒提供了在面对妨碍他们实现这一野心的少数顽固个人或群体时，如何表达他们（事先存在的）愤怒和激愤的现成用语。

我们无须盲信伊曼纽尔·康德的严厉批评，说这一套关于常识的"便宜"说法不过是一种乖张又市侩的反智论，是为"多数人的意见"背书，"哲学家以他们的喝彩为耻，只有大受欢迎的骗子才以之为自豪和夸耀"。[93]本书下文会讲述康德鄙视常识历史的整个发展轨迹自有他的道理。科学家、异见者约瑟夫·普利斯特利也一样，他激动地宣称必须"停止这一股从北方倾泻而来的胡扯和滥用的风潮"，否则它必将导致新式的教条主义、褊狭排斥和我们如今所谓的蛊惑。[94]普利斯特利预言道，如果任由这样的思想泛滥，"那么政客掌握了这一利

器，会再一次用他们与日俱增的关于被动服从和不反抗的信条
89 恐吓我们"。因为，他继续用嘲讽的口气说道，"如今都不用
惧怕理性的力量了"，他们将有能力"以这一新的裁判所的名
义发号施令"。[95]

　　这当然不是里德或贝蒂甚或奥斯瓦尔德的初衷。尤其是里
德，他曾反复强调他所讨论的只是那些人类因其共同特质而共
同持有的观念。他还解释说，他的本意既不是支持将粗俗的意
见当作真理，也不是让一个自称拥有民众意志的人有权阻止公
共讨论并将他的主观判断强加给大众。然而我们也不能说普利
斯特利和康德各自对 18 世纪中期发源于阿伯丁的常识主张的
评价毫无道理。两人都预见到了常识哲学产生的严重后果，事
关未来的政治主张会怎样提出、以谁的名义提出。对常识范围
的这次改写——不久，阿伯丁将因此既是新思想的接收方，也
变成新思想的发源地[96]——为一种大众民主形式的政治的发展
所必需的心理框架提供了好几个重要组件，对于同一秩序终将
面对的民众的挑战而言，这一心理框架也是不可或缺的。

第三章　良知的新用法

阿姆斯特丹，1760—1775 年

良知似乎是荷兰人的命运。

——阿尔让侯爵，《犹太人信札》（*Lettres juives*）

1773 年，一部八卷本、多作者的法语著作《袖珍良知文库》（*La Bibliothèque du bon sens portatif*）在一家伦敦书商品牌的印刷厂付之梨枣。[1]这部文集始终未能畅销。如今这些"明理"著述的书卷已成珍本，仅有极少数学术图书馆收藏。（法国国家图书馆的那一套藏本于 1914 年前的某个时候神秘消失了。）

然而在它问世的那个时代，这套合集的书名中包含有一套流行系列所需的一切要素。在辞典、百科全书和汇编盛行的年代，"文库"一词标志着能就某个特定选题提供方方面面的综合信息。"袖珍"也是自 17 世纪末以来常见的出版术语。伏尔泰出版于 1768 年的伟大的《袖珍哲学辞典》（*Dictionnaire philosophique portatif*）只不过是最著名的例子。无论探讨的主题是艺术、火炮、神学还是天气，"袖珍"一词意味着一本书对财力的要求不高、适合经常查询，或许还方便使用，仿佛读者手拿一本，便可行走天涯。[2]

其次就是，和这个时代的许多其他哲学著作一样，这套

《袖珍良知文库》也利用了那个即便抽象、也最为时髦的概念——良知（*le bon sens*）——的吸引力。在18世纪中期，良知这个词并不能涵盖与其英语同源词"常识"相关的全部含义。这个法语名词无法传递"常识"或者更罕用的法语词"共感"（*le sens commun*）的那种集体的、主体间性的内涵。自笛卡尔的《谈谈方法》（*Discourse on Method*）的著名开篇以来，"良知"被理解为一切人类共有的"正确判断的能力"，无论是否受过教育。然而讽刺的是，就连笛卡尔也承认，多数人（与他们的自我认知不同）并非经常使用这一能力，"因为单有聪明才智是不够的，主要在于正确地运用才智①"。[3] 又如皮埃尔·里什莱②在半个世纪后更为直率地总结的那样："许多自以为拥有良知的人其实没有。"[4] 此外，与常识不同，良知也没有第二层含义，表达集体智慧或全面使用这一能力所产生的那些普遍共有假设。

尽管如此，到17世纪末，良知及其相关词语"共感"常常可以在法语语境中互换使用，而在其后那个世纪，良知与英语词语"常识"的主要含义有着高度重合。[5] 也就是说，良知的普遍定义是基本推理、普通判断，以及用孟德斯鸠的话说，"对事物进行精准比较"的能力，有了这种能力，才能建立起某些为所有人共知和共同接受的基本的概念真理。[6] 在法兰西学术院（Académie Française）创立后的200年里，它的辞典沿用所谓的"通用语言"，始终注意到明理之人（*homme de bon sens*）——

① 〔法〕勒内·笛卡尔：《谈谈方法》，王太庆译，北京：商务印书馆，2000，第2页。
② 塞萨尔-皮埃尔·里什莱（César-Pierre Richelet, 1626—1698），法国语法学家和词典编纂者，第一部法语词典的编纂者。

能够利用自己理解事物的能力并根据正确的理性对事物做出判断的人——的存在。[7]反过来，人们认为如果规则是在良知的基础上建立起来的，那些规则就会明白易懂，无需向任何明白事理的人证明它们的真实性。正如加利亚尼神父①曾在 1770 年宣称的那样，"良知是唯一永不休庭的最高法院"。[8]虽常有传言说它被"冲击"、"玷污"、"违背"、"触犯"、"滥用"、"冒犯"或"拒绝"，良知仍然提供了一种有可能绝对可靠、恒久和不容置疑的日常生活和哲学研究标准。　　92

　　的确，到 18 世纪下半叶的中期，也就是《袖珍良知文库》问世的时刻，良知的概念在整个欧洲法语区的流行在很大程度上源于它的平凡甚至平庸。为这个时期加上"理性时代"的标签或许在有用的同时也会把我们引入歧途。理性无疑在法国和整个欧洲大陆被大肆吹捧为解决无数难题的万金油。但理性不止一种，而在所谓的上层启蒙②时期，与"良知"有关的那些基本的、初级的、寻常的理性往往被视为神学或笛卡尔哲学那种体系化的经院哲学逻辑，以及各种迂腐学究的对立面。在许多 18 世纪中后期的法语作家笔下，良知之所以能够独立成为"理性"大范畴中的一个正面的子集，是因为人们认为拥有它既无须学富五车，亦无须长时间深思熟虑。相反，它只取决于日常生活中常见的经验和观察。因此，良知逐渐被视为一个普通男人或（有时也包括）女人的普通

---

① 费迪南多·加利亚尼（Ferdinando Galiani, 1728—1787），意大利经济学家，意大利启蒙运动的关键人物。

② 上层启蒙（High Enlightenment）时期大致是 1730—1780 年，主要标志是法国"启蒙思想家"（伏尔泰、卢梭、孟德斯鸠、布封和狄德罗）的对话和著作。

属性。就连那位伟大的性别差异捍卫者让—雅克·卢梭也声称，抛开那些结论相反的玩笑不谈，"良知是两性皆有的"。[9]而贝尔纳·德·丰特内勒①早在 17 世纪末就曾讽刺地指出，"来自世界尽头的人，那些与我们的生活方式全然不同的灰黄色皮肤的人"，甚至就连"我们的羊倌"也有着从人生中获得的常识，此说一出，震惊全欧。[10]用狄德罗和达朗贝尔②那部伟大的《百科全书》中的话说，这使得良知对于人们"应对普通的社会事务"或处理日常的现实问题变得不可或缺。[11]

因为这些最伟大的法国启蒙思想家也十分清楚，良知不该与出类拔萃之人所特有的天赋混淆起来。正如狄德罗在另一处解释的那样，一个拥有常识的人差不多勉强拥有一个"好父亲、好丈夫、好商人〔和〕好人"，更不用说一个"拙劣的演说家、三流的诗人、糟糕的音乐家、蹩脚的画家、差劲的雕塑家〔和〕乏味的爱人"所必需的一切。[12]德·孔狄亚克③神父也持同样的观点。良知与心智（*l'esprit*）或真正的智慧相反，无法使一个人掌握复杂的数学或想象新事物。但就"日常所见"的各种具体事物而言，它的确让人有机会了解人情世故，这显然是真正的知识和良好品味的前提。[13]那就是为什么在卢

①　贝尔纳·勒博维耶·德·丰特内勒（Bernard Le Bouyer de Fontenelle，1657—1757），法国科学家和文人，法国启蒙运动时代的许多最典型的思想都能在他的作品中找到萌芽。

②　让·勒朗·达朗贝尔（Jean le Rond d'Alembert，1717—1783），法国物理学家、数学家和天文学家。著有八卷巨著《数学手册》、力学专著《动力学》、23 卷的《文集》和《百科全书》的序言。

③　埃蒂耶纳·博诺·德·孔狄亚克（Étienne Bonnot de Condillac，1715—1780），法国哲学家、认知学家。他研究的领域涉及心理学与思维哲学。他曾与狄德罗结识并参与了《百科全书》的撰写工作，对启蒙运动产生了影响。

梭看来，良知是爱弥儿最好的特质。[14]良知既有可能为人所共有，也是与他人和睦共处的关键所在。

下面我们回头来看1773年的那些书卷。当时，《袖珍良知文库》——尽管它有一个分量很重的副标题："与救赎休戚相关的不同主题的著作合集"（Collection of Works on Different Matters Important to Salvation）——提出的承诺是，这本书抛弃了累赘的逻辑、盲目的猜想和乏味的文风，代之以大量普遍公认的实践智慧。它的出发点将是为普通人所熟悉的平常的世俗观念。用于表达观点的语言也将是平实甚至务实的。哪怕它关注的是最抽象、恼人并有可能是争议最多的问题，最终的成书也必将针对普通人并能为普通人的认知所了解。读者将看到一种易于识别的、无懈可击的世界观。就此而言，这家不具名的出版商的冒险符合一种显然是18世纪的潮流。贝蒂和里德所在的那个苏格兰知识分子的小圈子在此前20年里一直在利用一种天生的常识的概念削弱当时很时髦的怀疑论的影响，捍卫上帝的存在。就在《袖珍良知文库》问世的前一年，这套1773年的文库的主要（虽然未具名）发声者之一奥尔巴赫男爵①刚刚匿名出版了他自己的那本陈述主要观点的畅销书，书名也用了同样简单的《良知》（Le Bon Sens）。再往前推，这本书追随的是近期的几本巨著《良知的新哲学》（La Nouvelle philosophie du bon sens，1771年出版于维也纳）和《呼唤良知》（Appel au bon sens，1769首次以另一个书名出版于罗马）。94 我们这套1773年的合集必然要被看成利用这一泛欧思潮并触

---

① 保罗·亨利·蒂里·奥尔巴赫（Paul Henri Thiry d'Holbach，1723—1789），法国哲学家、无神论者。他与狄德罗等人一同参加了《百科全书》的编纂工作，是百科全书派的主要成员之一。

及一个读者群的又一次尝试，如果这些图书既便携易读又通俗易懂，目标读者们想必会十分满意。

但故事在这里变得有趣起来。毕竟，表象是会骗人的，包括书名在内。（想想那句老套的法语格言"Grosseteste, peu de sens"，直译为"头大无脑"，意思是要提防根据外表的特征来推断本质。[15]）当奥尔巴赫男爵（这位富可敌国的业余哲学家在海峡的这一侧主要以奢华晚宴闻名遐迩）采纳良知这个名词时，他很有可能是在赶潮流。然而绝不能说他效仿苏格兰的范例甚或欧洲大陆近期关于良知的其他著述。相反，奥尔巴赫的《良知》，以及《袖珍良知文库》中出现的男爵及其他人的各种各样的文本都有一个目标，那就是彻底颠覆这个表象的世界，包括看似构成常识的那些表象。

事实上，这两种著作中都很少有什么能通过表象加以判断。换句话说，底牌一张未出。《袖珍良知文库》各单卷中列出的作者姓名构成了最简单的欺骗。大多是故意张冠李戴。整套书的第一篇文本是法国无神论语法学家塞萨尔·谢诺·迪马尔塞（César Chesneau Du Marsais）所著，其手稿（这里被粉饰为很久以前去世的德·圣埃弗雷蒙领主［Seigneur de Saint-Évremond］所写的文章）已经流传多年。这一现象贯穿全套书，从伏尔泰和奥尔巴赫的无数匿名和化名文字，到特奥多雷·路易斯·劳（Théodore Louis Lau）去世后发表的沉思录，后者是一位名不见经传的德国教会组织批评家，声称教会无非就是一种社会管制形式。[16]这些都是游历四海的见多识广者的文字，有些已经去世，有些仍然在世，大多与教会、国家及家族不睦，全都曾因宣传与当代普遍接受的真理截然相反的思想而逾越法律的雷池。与我们那些地位尊崇的苏格兰教授和教士相反，这些人极不信任机构。无论在社会阶梯上处于上升还是（更常见的）下降态势，他们在生活中都会用到各种各样的伪装粉饰和秘密手段。奥尔巴赫的《良知》在前一年传遍了欧洲大陆，其上没有标注作者姓名。《袖珍良知文库》作为出版社为处理过多的库存而编纂的文集，也全无明显可察的编辑信息。 95

另外，这两种图书的出版地点都不是扉页上所写的伦敦，也不能根据它的法语标题推定它出版于巴黎。它真实的出版地点是马克-米歇尔·雷伊（Marc-Michel Rey）的故乡阿姆斯特丹，这位勤奋创业的出版商曾出版奥尔巴赫的秘密文字达十年之久，阿姆斯特丹也是多语种的鼓励性唯物主义书籍制作和发行的策源地，18 世纪，这里供货给大部分欧洲大陆乃至其海外殖民地的地下市场。1770 年代，荷兰各城的出版环境之宽容在整个欧陆名列前茅，下文对此还有论述。但就算在强大的荷兰省中最大、最富有的城市阿姆斯特丹，出版商和作者要把自己的名字加在与当时的道德、宗教或政治规范背道而驰的文本上，也十分危险。《袖珍良知文库》的内容还有可能是盗版的，这么做更是有害无益。[17] 至于出版商所在的地点，自然也是要保密和造假的。

最值得一提的是，在奥尔巴赫和其他在 18 世纪下半叶把多种语言通用的阿姆斯特丹作为重要基地的主要说法语的激进派作家笔下，良知一词既不是认识论谦虚的标志，也不表明他们对建立在共识真理基础上的现状有任何信任。相反，他们把这个观念变成了一种意识形态武器，力图废除与传统观念、信仰、行为乃至最终的语言相关的良知，宣传一种新的、直接导向无神论的良知，当时就连奥尔巴赫最亲密的朋友和门徒圈子里，也很少有人愿意接受无神论。如果说在 18 世纪的不列颠，常识承诺完成一种监管职能，在缺乏审查法律的复杂机制的情况下维护社群规则的话，在欧洲大陆，它的同源词"良知"则做出了截然相反的承诺。它会参与破坏社会和宗教正统，违反主导人们观念的成文法。在不列颠语境中，常识的初衷是鼓励人们相信事物普遍的表象，而在欧洲大陆，它的法语对应词却表明，人有能力看透误导性的表象并暴露其废话（le non-sense，它本身在 18 世纪还是个新词，意思是"荒谬"）的本质，最终实现颠覆目的。虽说尤其是奥尔巴赫很可能急于用浅显易懂的语言立论并以此在市场上获得成功，但从根本上说，他的《良知》与合集《袖珍良知文库》都呼吁反对在任何社会学意义上被认为流行或常见的一切假设。良知或常识在这里成为一个国际合作计划的一部分，这个计划以荷兰共和国的伟大商业首都为中心，鼓吹的正是贝蒂及其同伴们最为恐惧的东西：来自现行机构之外的煽动性的大笑，损害的是基督教这个宗教、它的圣职人员、它的教会和它的道德价值观。另外通过榜样的力量，与这个名词有关的方法也越来越方便任何有志于质疑公认的权威及其真实性的个人和社会组织掌握。作为激进的反体制的象征，秘密生活在荷兰的说法语的都市人的所谓良知，也为这个民粹主义惯用语的形成发挥了奠基作用，在始于革命时代的首批现代民主治理实验以及反对这些实验的运动中，这个惯用语都是必不可少的。

为什么会这样？我们先得回顾往昔。在 1760 年代和 1770 年代隶属马克-米歇尔·雷伊出版网络的奥尔巴赫及其同代人，事实上是从一种历史悠久、上层社会的、以法国为主的智识传统中发展出他们关于良知或常识的时髦观点的——如果激进地逾越雷池可以被称为传统的话。这种世界观的力量来自挑战甚至利用一条微妙但至关重要的分界线。在那个通常隐形的分界线两侧，一边是社会成员毫无疑问地接受的对事物的看法，另一边是同一群人认为无法认真对待，因而要么危险、要么干脆疯狂的看法。换句话说，这是一个把良知（简单、合理和普遍的知识）与常识（广泛传播、习以为常的知识）对立起来的传统。

一方面，旧制度最后几十年的法国仍然是一个习俗当道的地方，那些习俗来源于共同使用和不成文的规则，是普通人与他人和谐共处所必须遵守的规范的源头。我们这里讨论的不光是礼仪或时装或发型，在这些领域，像"暴君"和"惩罚"这类词在很大程度上都是隐喻。正如维柯后来意识到的那样，建立在一个没有明确定义的"人民"一致默许基础上的所谓民意是早期现代欧洲生活近乎每一个领域的不可违背的规则的基本来源。风俗决定了早期现代经济生活至关重要的方面，从薪水高低到就业条件到债务解决。它有助于维护现有的社会等级制度。它掌控着宗教实践。即使在专制时代，君主和教会貌似合力承担着表达真理之所在并维持单一见解（*doxa*，这一任务包括通过复杂的监督和审查体系，防止错误或对立的观点被人们听到）的绝对责任，风俗作为约束国家权力的一种力量，也很难被忽视。

有两个例子可以清楚地表明，在早期现代的法国及欧洲大陆的其他国家，风俗有多大的形式约束力。一个例子是旧制度下的民法，它的最佳定义就是一种不成文法或习惯法，很像英格兰的普通法。根据罗马法学，大多数习俗都源于根深蒂固的地方性知识（巴尔杜斯①所谓的 "对事物的经验"），加之以 "自然理性" 或某种基本常识。[18]但使这些习俗获得法律效力以及一种与成文法相当（罗马人的粗俗法和法国人的民法）的地位的，却是大的社会群体内部心照不宣的一致同意，这种一致通过长期的规范实践加以巩固。在 17 世纪的法国，一种很相似的模式延伸到了语言，用于表达何为真实何为公正的词语的集合。语法学家克劳德·法夫雷·德·沃热拉（Claude Favre de Vaugelas）在 1647 年撰文主张，用法才是 "语言的主宰"，摆脱了任何人为理性或逻辑的 "好的用法" 才应该被视为权威。[19]国家资助的法兰西学术院自 17 世纪中期创立以来，就一直遵循着这一思路。它的 40 位严肃庄重的院士的使命就是为历史悠久的语言习惯给予不可违背的国法的特质，那些习惯都是 "约定俗成" 的。[20]

98

当然，记录和整理通用语言的行为本身就意味着在 18 世纪开始前很久，语言使用的标准事实上就像普通法一样，由宫廷圈的 "专家"（虽然这个词当时还不存在）们明确定义了。在早期现代时期，国家资助的权威凭借着专业教育和知识，在很大程度上承担起表达、定义、整理和控制某个主题隶属语言、民法还是更一般的政务的任务。[21]总体来看，大众阶级乃至上层阶级在这一过程中发挥的作用越来越小。另外，至少在法国，事关重大的 "用法" 隶属于一个即使可变也极其有限的圈子，用沃热拉的话说，就是 "宫廷中最健全 [*la plus saine*] 的部分" 和 "当代最明智 [*la plus saine*] 的作家

---

① 巴尔杜斯·德·乌巴尔迪斯（Baldus de Ubaldis, 1327—1400），意大利法学家，也是中世纪罗马法的领军人物。

们"。[22]虽然官方词典会以通用语言作为基础，但后续的谈话和文字要想正确，就必须符合由国家委任的专家们撰写的词典（相当于语言学中的法典）。但最初的通用性的杜撰深入人心——的确，那是集体民众优于个体、风俗优于理性的杜撰，有时人们会用一句古老的基督教谚语来表达：人民之声即为上帝之声（*Vox populi vox Dei*）。事实上，风俗在现代早期的法国的强大威力已经成了现代法国历史的陈词滥调之一，被两股势力支持和频繁夸大：一边是它的支持者，另一边是把它变成攻击对象的一种同样历史悠久的启蒙神话以及后来的革命神话。

因为另一方面（这是一种颠覆性良知的根源所在），在整个 17 世纪和 18 世纪的法国历史中，处处显现着对他人态度的怀疑。而且归根结底，几乎没有谁相信普遍情绪的存在或其价值。拿谚语来说吧。谚语作为生活中常用的匿名的程式化语言，似乎就是常识本身，因为可能会揭示某个特定时期特定社会中的人们关于空间、时间、健康、家庭、性爱等普遍困扰的广泛持有、历久弥新的态度，而成为人类学家或历史学家挖掘的宝库。旧制度下的法国文化充斥着各种各样的谚语，被认为是一种实用的基本行为准则和决策法则的来源，广泛适用于各个社会阶层。这些谚语中有一些在我们听来是不言而喻的，也就是正确的："好收成才有好果子。"还有一些强化了它被普遍认同的那个过去时代对于我们的陌生感："血统高贵的人是不会说谎的。"[23]其中许多都涉及拥有良知与相信上帝存在这两者之间的密切联系。例如一个古老的谚语说，"只要人有良知，他必然会承认有上帝。"[24]毫无疑问，重复这类谚语及其内容有助于巩固地方社会规范并促成一种共同智慧和社群感情。[25]然而谈到良知或常识（谚语中频繁出现的主题），许多传统的法语谚语强调的恰是它不可能出现的所在。事实上，有钱有权之人就没有多少良知或常识。整日仰望天空的博学之士也没有。同样的还有年轻人、疯狂之人和女人（这大概最能深入地揭示这些谚语的形成和传播方式。）

实际上在早期现代的法国，缺乏良知的指控在社会意义上是相互的。到 17 世纪末，文学精英们的格言也同样透出一种强烈的玩世不恭，怀疑是否存在任何与良知相称的普遍公认的规定。拉罗什富科的著名格言"只有跟我们意见一致的才是有良知的人"（Nous ne trouvons guère de gens de bon sens, que ceux qui sont de notre avis）大概主要是在谴责人的自恋和虚荣倾向。[26]它也是在论证没有任何一套具体的内心信念不会落入变成主观意见的陷阱。与法国乃至整个欧洲官方对共有的风俗领域的推崇并行的，是法国精英阶层思想中对流行的、习惯的、被认为"普遍公认"的产物，或"常"识问题的长久的不信任，在寻求某种真理时尤其如此。这种怀疑态度同样适用于到了非常博学之人（包括神学家、医生和专家学者）的看法和受到蒙蔽的民众的意见。

17 世纪上半叶，这类质疑中最著名的个例出自笛卡尔笔下。在他的《谈谈方法》（1637）的著名开篇，就在把良知（这里意为基本理性和判断力）的概念与人类独有的分辨真伪的能力联系起来之后，笛卡尔做出了一个激进的举动：让自己抽离一切社会关系，继而全面否定他的一切关键教育来源的认识论价值。为了追求真理，他声称自己决定必须违背书中一切不谙世故的观点："读书人关在书房里思辨，思辨不产生任何实效，在他身上也仅仅造成一种后果，那就是那些思辨越是远离常识，他由此获得的虚荣就越大。"然而笛卡尔也自称考察别国风俗也没有找到答案，其中有许多风俗"尽管在我们看来十分离奇可笑，但仍然被另外一些伟大民族一致赞成采纳"。[27]就连那些被普遍接受的信念和社会实践，最终也被证明是"偏见"和谬误，在追求真理时必须摒弃。在撰写《谈谈方法》的笛卡尔看来，任何阻碍人们听到基本理性的内在声音的东西，包括任何源于风俗的东西，都要在追求某种知识的过程中被摒弃。

然而笛卡尔事实上是在回应（其实也希望遏制）一种已经蔚然成风的怀疑主义思潮——怀疑知识的基础，怀疑人性。在更早以前的 17 世纪初，新斯多葛派的皮埃尔·沙朗（Pierre Charron）曾经批评风俗（*coutume*）不过是习惯的结果，是像传染病一样人传人的不理性。这位《论智慧》（*Of Wisdom*, 1601）的作者不认为人们广泛默许现有规范就可以证明它们的正确性，反而建议任何追求真理的人与之背道而驰。为寻找真理，人需要警惕顾影自怜和妄自尊大，继而逃离"蔓延世界的瘟疫"，这是指大众所赞许的一切，一切时尚，人人都在言说、实践和相信的一切。沙朗认为，唯一的答案就是犹豫踌躇性或怀疑一切。[28]

这就是下一代出身良好的法国浪荡子和怀疑论者立论的直接基础——而且他们的目标是不同寻常的精英主义。我们不妨说，流行观念在 17 世纪的各类人文主义者那里都得不到多少赞许和支持。整整一个世纪的宗教斗争，新科学揭示的令人不安的讯息、世界其他大陆的发现以及它们展现在人们面前的多种多样的宗教实践和信仰：这一切因素使人们越发感觉到多样性——更不用说源于虚夸、欺骗、自恋和贪婪的谬误——普遍

101

存在于每一个思想领域。当然，17世纪的大部分思想家仍然主张有些事情是不容置疑的，至少在一位名叫夏尔·索雷尔（Charles Sorel）的评论家称之为"受过教育的理性之人"中，就为数不少。索雷尔有现成的例子：动物不会说话或推理；不该伤害同类；良善值得赞美；上帝是存在的。这位评论家接着说，提出与这些相反的论点无异于违反"真正的常识"，大踏步地走向荒谬。[29]只不过这新一代博学的贵族怀疑论者——例如晚年曾为年轻的路易十四担任导师的弗朗索瓦·德·拉莫特·勒瓦耶（François de La Mothe le Vayer）——就认为，"世上没有什么比最普遍公认的信念更大错特错的了"。[30]那些不容置疑的老生常谈，就连其中最无关紧要的，通常也是错的。1648年，就在笛卡尔的《谈谈方法》问世短短几年之后，拉莫特·勒瓦耶出版了一部短小的专著，书名为《就常用短语"没有任何常识"展开论述的小品文或短小的怀疑主义专著》（*Opuscule or Small Skeptical Treatise on the Common Expression "To not have any Common Sense"*），主要目的就是要证明世上根本不存在什么常识。考虑到世上的表达方式千差万别，以及所有其他观念（除了那个偶尔被贴上"共识"标签的观念）往往都被共识以疯狂为由抹杀的古怪过程，拉莫特·勒瓦耶说，被冠以"常识"之名的意见往往既不普遍，也非智识。拉莫特·勒瓦耶劝诫读者，如果真想避免谬误，就必须摒弃一切普遍持有的粗俗观点，那些都是"愚蠢的大众［的观点］，无关乎财富多少"，也不在于"地位高低"。[31]唯一的希望就是让自己的知识局限于简单的逻辑真理，或良知，即主观意见的对立面。

102

不过虽说笛卡尔主义者认为这一基本良知的命令可能最终引导人就某些主题（从上帝的属性到此生的幸福）回到特定

的答案，[32]但怀疑论者却有着不同的想法。拉莫特·勒瓦耶和他那个小圈子里的人根本不指望得出任何不可动摇的道德、政治或形而上的真理或任何新式教条（尽管拉莫特·勒瓦耶从未公开声称自己是无神论者）。在真正的怀疑论者看来，哲学家的唯一使命就是要为那些因太耳熟能详而被误认作常识性真理的习惯和信仰袪魅。哲学家的任务是坚持悖论，或与成见或见解相反的主张。[33]目标是制造出嘲弄的大笑声，并最终让那些既与大众保持距离、又远离统治世界之人的"优秀的头脑"持有道德相对主义和怀疑态度。而这就是良知可能的用武之地。良知，即最低水平的理性和分辨能力，可以被用来解决矛盾、暴露虚伪和浮夸、清除谬误。它还可以用于击溃逻辑上的荒谬和语言上的胡扯（galimatias，这本专著中最喜欢用的一个词），[34]无论是农民和文盲的胡诌乱道，还是哲学家、医生、政府大臣、神学家和学富五车之人的故弄玄虚。[35]利用这一能力是一种有效和彻底的手段，可以正面反对倾向于传统权威和与各种习俗知识有关的大众共识的偏见，尤其是涉及宗教、道德和性爱问题时。的确，这是一种以多元性和宽容——更不用说幽默——的名义摧毁认为世间存在任何此类共识性知识这种观念的手段。

这些早期怀疑论者在一个问题上与里德和贝蒂意见一致：怀疑论者的良知无法使人获得幸福。拉莫特·勒瓦耶认为，这是因为最终得出的真理有可能引发公众的憎恨，使它的代言人沦为异类。（他冷冷地补充道，那些已经住在荒漠的或隐居的人除外。）但拉莫特·勒瓦耶在一篇早期的文章中指出，它会让被选中的个人获得一种个人的解放。[36]这种立场既高度依赖于社会地位，又在认识论上极端激进，尤其是它暗示人类没有什么集

103

体智慧，全人类真正共有的只不过是一种未加充分利用的雷达谬误探测器，这种探测器能在他们自己的集体智慧中派上用场。这里，在17世纪的法国宫廷，我们看到了与构成150年后的苏格兰人的常识哲学之背景的那种理性截然相反的对立面。

然而进入18世纪，这种激进的理智观念并没有停留在法国的贵族圈子里，而是作为颠覆的工具流行起来，从而挑战权威的位置，并最终在这一过程中改变了"专家"与普通人之间的关系。它是一种外来事物。17世纪末和18世纪，良知的主要发源地是盘踞在法国东北角的一个面积不大、人口众多、竞争力强、与众不同的商业国家——荷兰共和国，那里聚集着一群各不相同的边缘文人。对许多旅人和难民来说，荷兰的都市生活没有什么明显的吸引力；据说阿姆斯特丹臭烘烘乱糟糟的，不仅金钱至上，还总是潮湿多雨。[37]但流亡自由思想家和浪荡子阿尔让侯爵在他的嬉笑怒骂、朝气蓬勃的回忆录里写道，唯一有资格被冠以"良知和自由的国度"[38]之名的是荷兰共和国，而不是崇尚教权和王权的法国。

荷兰共和国对出版业的审查相对宽松，加上去中心的政治文化，使它早在17世纪中期就被誉为全欧洲最宽容的国度之一。与法国相反，宗教多元性是现实存在的；虽然荷兰归正会①

---

① 荷兰归正会（Dutch Reformed Church）成立于1571年新教改革期间，秉承加尔文主义传统，在神学上由约翰·加尔文和其他主要改革宗神学家塑造。教会受到各种神学发展和历史争议的影响，包括阿明尼乌主义、纳德雷宗教改革和19世纪的几次分裂，这些分裂使荷兰加尔文主义大大多样化。该教会一直运作到2004年，当时它与荷兰归正会和荷兰王国福音派路德教会合并，形成荷兰新教教会（PKN），这是一个改革宗和福音派路德教会神学的联合教会。

仍是国教，但犹太人、天主教徒和各个派别的新教徒，以及自由思想家和其他宗教激进派，都能在那里不受迫害地生活。另外，当时这个小国已经变成了欧洲的信息枢纽之一，以多种语言出版和发行各种书籍、期刊和小册子，规模远远超过了这个小国的面积。针对煽动性或不道德的出版物的法律仍然有效，但市场监管大多是由消费者及其品味决定的。阿尔让侯爵后来指出，只要那些出版的书籍很好或很有趣，荷兰人就会读。如果它们没什么价值，读者不读就是了。阿尔让认为，除了接受宗教差异和致力于市民社会的幸福安宁之外，坚信市场力量是思想观念的主要监管者也是荷兰共和国应该被看作世界良知之都的主要原因。[39]

阿尔让没有提到的是，长期以来，正是这些特质使得荷兰各城市成为逃离欧洲其他地方之人的避难所，而且在流亡者分批涌入之后，这些特质同样也得到了改善和延伸（这让许多外国评论家十分惊恐）。1685 年后，法国新教徒难民群体成为规模最大的流亡群体之一，其中许多人本来就受过良好的教育，以前在法国的职业多是学者、教师、牧师或其他各类饱学之士。流亡后，许多人很快就融入了出版和新闻界的荷兰本土文人群体，同时创造了新的媒体和新的市场，大多是法语的。（难怪沙夫茨伯里关于共通感概念的文章的第一个法语译本和《旁观者》的首批法语模仿者，包括一个名为《审查者》［*Le Censeur*］的期刊，都是 18 世纪初在荷兰的印刷厂问世的。[40]）

与此同时，荷兰共和国虽然有着宽容的法律结构，但基本上仍然是一个加尔文派国家，而胡格诺派难民却对该国成为宗教激进主义和无神论的温床做出了巨大贡献。到 17 世纪末，荷兰共和国的那些商业和政治中心——阿姆斯特丹、鹿特丹、莱顿、海牙——已经成为一种新的、国际性的异端文化的生产中心，这种文化与本土的斯宾诺莎主义（也叫泛神论）以及法国的怀疑主义和理性主义、英国的自然神论和与牛顿有关的新科学产生了强烈的呼应。[41]它在个人身上可能会有多种表现方式，从单纯的反教权到激进的自然神论或彻底的无神论。把这些思潮联系起来的不仅是对当代天主教会的敌意，还有一种更广泛的反专制，也就是在宗教、政治和道德问题上的反法国，同时也反习俗的立场。这也将个人的良知——也被称为自然之光（lumière naturelle）或正确理性（droite raison）——拔高为这场反对一切形式的普遍观点或权威的运动的一种批判工具。

以 17 世纪末流亡者的代表人物皮埃尔·培尔为例，他本人就非常崇拜沙朗和拉莫特·勒瓦耶。表面上，新教鹿特丹的重要人物培尔仍然秉持着加尔文教的基本理念，坚信上帝是存在的。和拉莫特·勒瓦耶一样，他也是国家理性和强力君主制的坚定支持者，原因恰恰是他看到了"人民"是一股狂热的势力，可能会威胁公共秩序。但在他 1686 年的《对耶稣基督的这句话的哲学评论：勉强人进来》（Philosophical Commentary on These Words of Jesus Christ, Compel Them to Come In）中，他的首要目的（虽然他做出了一些相反的免责声明）就是把自然理性对准基督教理想和道德原则，目标是揭露"明显违背良知、违背自然之光、违背理性的一般原则，简言之，就是违背判断是非善恶的原始和本初规则"的东西，也就是一切教条的"荒谬之处"，无论是学术教条还是一致同意的产物。[42]在培尔看来，没有什么文本，也没有哪一个与人类存在有关的主张，是因过于神圣或过于牢固而不应详察的。培尔指出，即便对神学家而言，"按照自然之光的公理表达的理性"也应该成为"判断我们得到的一切建议的至高法庭，正如最后的审判，不可上诉"。[43] 这是抵达真正的真理的唯一途径。

然而这个关于荷兰共和国的主要城市——归根结底尤其是关于阿姆斯特丹——的故事的重要意义，还不仅仅在于几个像培尔那样伟大而富有原创力的胡格诺派思想家。到 18 世纪初，荷兰共和国已经是由各种持有异见或对神不敬的论战的制造者和消费者组成的松散网络的中心点，这些论战资料既有手稿也有印刷品，它们从那里传播到了欧洲北部的多数大城市，无论是天主教城市还是新教城市。而这个秘密的知识世界很快就会吸引一群新的流亡者，其中许多人非常乐意继续培尔的事业：在各式各样更流行的论坛上挥舞着良知这把剑，力图颠覆普通人对世界的认知、他们秉持和捍卫那些信仰的方式，甚至他们用于表达那些观念的语言。在这里，我们主要讨论的已经不再是胡格诺派，而是一群各式各样的变节的前法国天主教徒，他们普遍受过教育，也充满改变现状的冒险精神（很多人是孤注一掷），专制制度的国土上那些指导行为和自我表达的主导规则总是让他们恼怒不已。

18 世纪的前几十年，荷兰文人中鼓吹良知的人更有可能是被免去圣职的僧侣，奢侈糜烂的贵族，军事冒险家或债台高筑还巡游四方、有秘密逮捕令（lettres de cachet）悬在头上的花花公子。[44] 他们都是法国国民，因为生活太放荡不羁而最终——往往在远游到加拿大或君士坦丁堡之后——不得不到荷兰共和国的城市里寻求避难。因为他们发现可以在海牙或阿姆斯特丹为地下书籍制作世界充当雇佣作家（broodschrivers），东山再起。这样的地位让其中许多人对自己母国的主流文化充满愤怒和敌意。但他们的流亡似乎也给了他们一种疏离感，或者至少是边缘感，从社会批评的角度来看这种感觉是有用的。虽然有些人至少在表面上与官方的荷兰新教教会建立了持久联系，但每当要落笔撰文时，许多人也同样会站在自己所拥护的哲学立场上，以反抗现状为己任，也就是不但鄙夷法国的一切，也质疑荷兰文化的宗教、道德和性爱见解。很难区分这样做是出于个人倾向（像世界各地的流离之人一样，大多数人都对他们离开的地方的统治者充满憎恶）、出于原则、为了赚取收入，或以上皆有。这些人都算不上革命者。他们试图规避整个欧洲北部各国的书警，更不用说教宗索引①，目标一般都是让读者在娱乐之余惊诧一番。但最终，这些流亡者希望说服某些读者，道德和知识权威根本不存在于他们通常诉诸这些权威的地方。

和贝蒂的情况一样，整个计划始于重塑作者的职能。他与其说是专业知识的教授，不如说干脆就是一个务实的良知的特使。然而这一次，他们并没有（像苏格兰常识哲学家那样）让他站在人民的立场上，而是把他重塑为较为原始的过去时空中的人民的代言人。这位新作者在高贵的野蛮人这个想象出来的角色中找到了自己的第二自我：一个尚未被文明（即欧洲）的虚假方式荼毒过，且只拥有一切人类天生的那种解释周遭世界的基本心智工具的典型的普通人。每次与主流文化的代表或公认的权威人物对话或通信时，这位拥有外部视角的野蛮人都肩负着双重任务。他会充满天真地说出素来不可说的话，暴露

---

① 即禁书索引（Index Librorum Prohibitorum），一度被罗马天主教当局因为威胁罗马天主教的信仰或道德而禁止出版和流通的书单。该书单于1966年停止出版，从那以后被视为历史文件。

主流文化的虚伪性，还会（与先前的对话形式相反）就人们轻信的任何关于善恶是非的分界线提出疑问。[45]

关于这是如何做到的，拉翁唐男爵阿尔芒·德·洛姆·德阿尔斯（Armand de Lom d'Arce, Baron de Lahontan）18世纪初在海牙撰写的著述为我们提供了一个特别好的早期实例，但在整个18世纪的欧洲印刷文化中，都可以看到这一技巧的各种不同用法。拉翁唐的故事值得一讲，哪怕只是为了突出他与里德或贝蒂的生活经历的差异。和许多最终在荷兰避难的天主教激进分子一样，拉翁唐男爵也来自一个古老但已没落的法国贵族家庭。有传闻说1680年代，也就是男爵的青年时代，他的母亲在巴黎经营一家赌场。可以肯定的是，他青少年时期就离开法国，远赴加拿大参加与易洛魁人的战斗，试图在战场上建立一番功勋。他在那里度过了十多个漫长严酷的寒冬，与一群阿尔冈昆人十分熟络，经常和他们一起聊天打猎。与此同时，他因功勋卓著被晋升为国王中尉（lieutenant du roi）。但拉翁唐27岁时，与普莱桑斯（Plaisance）总督大吵一架之后，乘坐一艘前往欧洲的渔船逃离了加拿大，放弃了他在国外的军队生涯。1693年在葡萄牙登陆后，他身无分文，既无衣食饭碗，也无国家可归，作为逃兵，他回不了国。拉翁唐终日四处游走，起初靠为英国人和荷兰人做间谍谋生。后来在18世纪之初荷兰的政务首都海牙，拉翁唐开始尝试作家角色，出版了一部关于自己在美洲冒险的非凡著作，随后又出版了一部厚厚的文献集，讲述北美的风土、生物、文化和政治生活，这可能是为了说服英国人或西班牙人出钱购买他的知识。[46]但正是这三部曲的第三部，即《本书作者与一位有良知、有阅历的野蛮人之间的奇怪对话》（Dialogues curieuxentre l'auteur et un

108

sauvage de bon sens qui a voyagé），使拉翁唐永远只能生活在天主教世界的边缘，并被列入了宗教裁判所的名单。因为在这一对话中，代表正统天主教价值观的主人公（拉翁唐聪明地用了自己的名字）遇到了一位非同寻常的质疑者。那就是虚构的休伦人阿达里奥（Adario），他在书中被描述为未受污染的自然理性的化身，或者用作者的话说，"良知"的代表。[47]随后便是两人的一场对话，这位侃侃而谈、见多识广的美洲原住民利用了自己的天赋，这一天赋因为远离（如沙朗所见）欧洲的物质诱惑、风俗和学识——他曾作为旅行者目睹过那些，认为它们会掩盖事物的本质，也就是欧洲"文明"世界的各种矛盾和荒谬，论及形而上学和耶稣会会士的道德主张时尤其如此——而变得更加强大。阿达里奥对牧师和假定读者们的价值观居然是毫无逻辑的一派胡言表示惊讶、愤怒甚或惊恐，在欧洲人的常识面前，他自己那自然而古老的良知显露出纯净的光芒。

　　事实上，从这一有利的位置看来，关于基督教欧洲的一切都天翻地覆，所有平淡无奇的东西都看似疯狂，古怪的东西则变得合理。在一个完全平等（与法国人对社会地位和等级的执念相反）、政治自由（与专制主义的君主制文化相反）、性别平等（与法国人的婚姻法以及规矩与行为的差异相反）和摆脱物欲（与以物主代词为标志的文化相反）的世界，休伦人看到了显而易见的良知。最重要的是，他们把良知等同于自然宗教，在那种自然宗教中，为数不多的几个关键信条之一，就是宇宙的创造者为休伦人提供了"能够区分善恶的理性，让它们像天地一般分明"。[48]作者认为在这样的全面倒置中，是欧洲人丧失了良知，证据就是休伦人过着平静无虞的生活，也不像欧洲人那样需要花哨的语言来为自己的立场辩白。因为正如阿达里奥站在自然、客观的良知制高点上指出的那样，就连欧洲人的语言也会误导人：真正看起来像"无稽之谈"的恰是耶稣的教义。拉翁唐的文集的卷首插图上展现了一个高大壮实的男人，手持弓箭，一只脚跨在一把帝王权杖上，另一只脚踩着一部欧洲法典。他既代表了一个18世纪美洲印第安人的标准形象——强壮、平和、雄辩、对物质无欲无求——也是人性轻易打败文明成果的完美化身。伟大的浪漫主义历史学家儒勒·米什莱①只看了一眼，便宣称他看到了18世纪首场智识之战的开端。[49]

　　然而这场对话并非只是一个抽象的说教故事，用自然之人的逻辑反对经院哲学正统的小丑之音。它还是一个关于权威的故事，拉翁唐这位幻灭的殖民地代理人和荷兰共和国的外来者就生活在这权威的中心。这么看来，阿达里奥可能是他的代言人，特别是这位美洲人使用了某种一看便知属于17世纪的理性主义、自由思想乃至绝对怀疑论的观点来反对基督教教条和传统，包括不愿遵从神圣典籍，因为它们看似有太多人性的弱点和错误倾向，经不起仔细推敲。他和作者的另一个共同点是都喜爱旅行和游离于"文明"规则之外的生活。但在这场对话中，拉翁唐给自己安排的角色却是一个完美的基督徒、众人口中的正直之人。或许这不过是一种可以忽略不计的障眼法，一种把某些宗教和性爱价值观诉诸笔端后让自己免于攻击的手

---

①　儒勒·米什莱（Jules Michelet, 1798—1874），法国历史学家，被誉为"法国史学之父"。他以文学风格的语言来撰写历史著作，以历史学家的渊博来写作散文，情理交融，曲尽其妙。"文艺复兴"一词就是他在1855年出版的《法国史》一书中首次提出的。

段。然而作者和他笔下那位耶稣会人物（文本中偶尔可见他的戏仿神学）的这种同一性也可能是在玩一种非常政治化的逆转游戏，他用这种方式把见解与悖论对立起来，留待读者去猜测他的意图。对话双方都指责对方为表象所蒙蔽。但阿达里奥不需要完全正确；他要做的仅仅是把人们通常毫不质疑甚或未曾注意的东西陌生化，从而颠覆读者对自然秩序或权威的信念。归根结底，在 18 世纪初荷兰的秘密世界倡导良知的并不是拥有最明智的学说教义的人，而是那个通过动摇读者的信心，让他们对一切普遍和绝对真理不再那么深信不疑，拓展了论战政治的空间的人。[50]

一位名叫尼古拉·居厄德韦尔（Nicolas Gueudeville）的被解除圣职的僧侣和浪荡子于 1705 年在海牙编辑了《对话》的第二版，更为明显地突出了这一角色所固有的激进潜力。居厄德韦尔骄傲地自称普通人，"既非神学家，也非饱学者，更不是大才子（bel esprit），只不过我这人……是非分明"。[51]但我们还可以从另一种充满私心的自传体写作——他出版于 1689 年的《皈依的动机》（Motives for Conversion）——中了解居厄德韦尔的非凡人生，此书应该与他其他更旗帜鲜明的论战文字一起阅读。书中记述的逃亡生活始于一天夜里，这个出身"破落望族"的年轻人顺着隐修院的墙头爬下，逃离了他少年时加入的本笃会①。[52]我们了解到，一俟洞察到天主教信条的谬误，一有机会与一位新教教徒谈心，居厄德韦尔就下定决心行动，加入了国境线另一侧的胡格诺派流亡社群。在鹿特丹，他

① 本笃会（Benedictine order），又译作本尼狄克派，亦称"黑修士"，是天主教的一个隐修会，由意大利人圣本笃于公元 529 年在意大利中部卡西诺山所创，遵循中世纪初流行于意大利和高卢的隐修活动。

成为当地文学世界的边缘人物，与培尔结交，写一点儿文章，教授拉丁语。后来，随着居厄德韦尔开始远离加尔文教派（他似乎有点太痴迷女人、酒精和培尔的激进思想了），他来到海牙，在那里他的谋生手段是编辑一本恶意反法和反天主教的政治期刊、做翻译、制作地图集，还做些其他工作。居厄德韦尔最有可能在海牙受雇修订拉翁唐的著作，后者到那时也已经离开了。这位前僧侣不但成功地让拉翁唐对欧洲体制的批评更加激进，特别是当对话针对隐修院或压迫人民的国王和反抗权的时候。（那以后不久，他还对伊拉斯谟的《愚人颂》①做了同样的修订，其中良知的所在和逆转的媒介是以更传统的疯人的形式出现的。）在新版《对话》中，作者笔下的良知的功能也变得更加暴烈和挑衅，成为一种发泄愤怒情绪的方式，这最终成为后来各种民粹主义形式的基本元素。正如居厄德韦尔的阿达里奥向他的对话者解释的那样，"良知使我拥有了一举击溃你的回答并把它们彻底粉碎所必需的东西"。[53] "明智的"作者可以进一步揭露最被视为当然的欧洲规范与良知之间的差距。手持同样的工具，他也可以成为一种毁灭的力量。

然而进行中的计划还有第二步，那就是转变读者的功能，至少在理论上做到这一点。不久，这些将荷兰用作基地的先锋法语写作者的目标就变成了让读者明白，他（或她）也可以承担起虚构的印第安人本人的角色。当詹姆斯·贝蒂向他的门徒们保证说他们已经在以一种符合"现实"的方式看待世界了，并敦促他们继续相信自己的感觉，相信他们用于表达自己

111

① 《愚人颂》（*In Praise of Folly*），荷兰神学家、人文主义思想家伊拉斯谟在1509年撰写、1511年出版的拉丁文讽刺作品，全文以第一人称撰写。

对周遭世界看法的语词时，18 世纪初法荷先锋运动的参与者则提出，受到启蒙之人要做的正好相反。换言之，他们必须恢复分辨真假、善恶甚至美丑的绝对可靠的直觉，这种直觉被文明和教育教养荼毒已久。这样一来，读者——普通人，哪怕是刚刚受到启蒙之人，而非学者——就能够自己解决问题，成为自己的权威来源，让官方说法见鬼去吧。正如阿伯丁的情况一样，讨论如何将抵达真理的方法大众化或如何通过认识论开展社会平权并不过时。时人还没有从集体角度思考，但这种呼吁读者动用逆潮流思维之天性的召唤却为最终的民粹主义政治习语的另一个元素埋下了种子。

要考察这种转变是如何实现的，我们必须在时间上稍微向前跳转一些，会会那一大群让 18 世纪上半叶的荷兰城市在思想上如此充满生机的前法国人边缘人群的另外一员。语出惊人的阿尔让侯爵如今最为人津津乐道的，是他很可能是出版于 1748 年的赫赫有名的色情小说《哲学家泰蕾兹》（*Thérèse philosophe*）的作者。[54]但他也是常识早期历史上的一个关键人物。这里，我们再度邂逅一位始终遭到排斥的贵族，一个看似直到中年仍在逃亡的人。阿尔让出身艾克斯（Aix-en-provence）的一个高等法院法官家庭，青壮年时代是一个典型的 18 世纪精英阶层浪荡子：逃避法学学业、赌博、在全欧各地追逐来历不明的女人。只有时断时续的军职生活是他比较专注的兴趣，但一次在莱茵河以东与黎塞留公爵①的军团训练时，他从马上摔了下来，军旅生涯戛然而止。1730 年代中期，

112

---

① 黎塞留公爵（Duke of Richelieu），即第三代黎塞留公爵路易·弗朗索瓦·阿尔芒·迪普莱西（Louis François Armand du Plessis, 1696—1788），法国元帅，枢机主教黎塞留的侄孙。

阿尔让突然开始撰写长篇大论的世俗哲学著作，其性质让他不得不逃离天主教欧洲，在得不到家庭资助的情况下，试图靠写作谋生，成为又一位在荷兰各个中心城市半秘密地活动的雇佣作家。在他的回忆录中，阿尔让把这些归结于他早年的旅行。在君士坦丁堡，他先是遇到了一位心事重重的西班牙犹太医生和前皈依者（converso），然后又邂逅了一位亚美尼亚人（又或许是阿明尼乌派①），后者曾在阿姆斯特丹住过一段时日，发现了斯宾诺莎，因而把这位年轻的贵族旅行者变成了一个富有"哲学"气质的人。[55]不久他登船前往里窝那（Livorno），途中遇到了一场风暴，众人都在祈祷，唯独他在阅读培尔的著作。[56]就此而言，很难说是事实启发了虚构，还是虚构启迪了事实。但阿尔让的很多最成功的早期著作都将依赖异域局外人这个主题——犹太人、埃及人，或是中国人，也有可能是印第安人——去实现同样的效果。与他们的教徒和基督教欧洲人同侪一样，作者创作这些角色既是为了突出信仰的多样性，也要用他们局外人的良知来打击欧洲人"普遍的自欺欺人"。[57]

然而，随着他的畅销书《良知的哲学，或称关于人类知识的不确定性的哲学思考》（*Philosophie du bon sens, ou Réflexions philosophiques sur l'incertitude des connoissances humaines*，简称《良知的哲学》）的出版，这本书很可能是在马斯特里赫特（Maestricht）制作并与他那些多卷本的虚构信札同一时期在海

---

① 阿明尼乌派（Aminians），信奉荷兰新教改革家、神学家 J. 阿明尼乌学说的荷兰新教派别。认为人可以凭借自己的自由意志选择接受或拒绝上帝的恩典，而否认荷兰国教会长老宗的"预定论"主张。又称荷兰抗议派。

113　牙出版的，阿尔让与拉翁唐，甚至与撰写《波斯人信札》的孟德斯鸠之间的相似性就终结了。[58]这位著名的浪荡子以伏尔泰欣赏的简单活泼的散文语言，试图把良知从一个颠覆无根据事实陈述的虚构角色使用的修辞立场，变成一种哲学方法的基础，让读者，或任何普通人，能够凭借最少的再教育，用它来反驳任何权威。就连作者本人也准备好接受反驳了。

　　《良知的哲学》的前提是，每个人都能够，也应该拥有哲学思维，也包括女人，即所有社会阶层中被普遍认为没见识的、轻信盲从的一方。阿尔让选用的表达方式是"最普通的头脑"。[59]所需的仅仅是脱除语言的神秘性，他声称，语言已经被急于混淆视听的迂腐学究和"半吊子学者"偷走了，继而就需要证明用理性来解释周遭世界的所有方面有其局限性。到目前为止，我们与前文提到的阿伯丁人尚未相去甚远。但为此目的，阿尔让给自己布置了一个或许是虚构但看似傲慢的任务，但与贝蒂的任务背道而驰，即便二人都呈现出经院哲学及其象牙塔顶实践者的残余。阿尔让开始说服一位夫人（因此这也是一位对哲学一无所知的人，虽然她曾经阅读过蒙田、拉莫特·勒瓦耶和培尔，这些只能为她创造条件）相信她的牧师是个无知的人，而他的英雄亚里士多德也好不到哪儿去。此外，他还用一种典型的反智方式对这位夫人说，只要能够随意支配自己的"自然之光"，她仅需八天时间就能了解一切真正必要的知识，比大多数所谓的博学之士更博学、肯定能超过所有巴黎中学校长（*collèges*）的头脑。然后，阿尔让又用那种故意为之的轻松愉快、毫不卖弄的文风解释了如何做到这一点，那种文风显然就是针对名士（骑士）和名媛（女性）们的，他们早该烦透了那些冒充哲学的枯燥晦涩的鸿篇巨制。因为他真正希望向这位代表读者群体的虚构的夫人证明的，是"事实上，我们对那些自己常常信以为真的东西并无多少把握"，无论它们源于学术观点、逻辑、传统还是普遍观念。[60]他逐个颠覆了每一个人类知识领域中的真理主张，从历史到形而上学到占星术到快乐的艺术。他甚至通过审慎地使用相反的引语、错误的相互参照和注释以及其他形式的风趣才思，颠覆了他自己。事实上，阿尔让是试图阻止他的女主人公——以及以此类推的任何读者——接受任何既有的知识，并阻止他们轻信盲从。完全读懂了《良知的哲学》的读者就会变成一个独立思考的、有趣的怀疑论者。阿尔让暗示说，哲学应该引导我们嘲笑一切，甚至包括我们自己。

到《良知的哲学》出版的时代，发笑与常识之间的密切联系由来已久。早在18世纪初，人文主义神学家弗朗索瓦·德·萨利尼亚克·德·拉莫特·费奈隆（François de Salignac de La Mothe Fénelon）就曾这样回答他自己提出的"何为常识"的问题，说它是这样一种直觉，一旦受到冲击，会使人发笑。费奈隆指出，如果去问一个四岁的孩子他房间里的桌子能否自己行走，能否像他一样玩耍，孩子就会笑起来。或者问一位"蒙昧的劳工"，他田里的树木是不是他的朋友，或者他的母牛能否指导他做家务事，他会回答说你在开他玩笑。费奈隆说，那是因为就算对最无知的劳工和最天真的孩子来说，这些粗鲁无礼的问题也构成了冒犯。它们违反了那个男人或孩子的常识，那种常识"会阻挠一切考察，使得对某些问题的考察事实上变得很荒谬，会使人忍俊不禁而不是去考察，会使人无论怎么让自己充满怀疑精神，都仍然无法怀疑"，那种常识"一目了然，立即就能看出一个问题不证自明或荒诞不经"。

费奈隆继续写道，因为正是这种常识创造了某些常见的原初观念，包括所有人显而易见的上帝的存在。[61]里德和贝蒂不会同他唱反调。要记住里什莱引用的那句古老谚语："只要人有良知，他必然会承认有上帝。"然而阿尔让侯爵几乎直说良知与幽默是背道而驰的。只有基本的感觉才可信。异端与正统、正派与奸邪之间的边界变动不居。真理与主体间性无关，社群始终都是暂时的。是发笑让我们在哲学上保持警觉，对任何看似不证自明但事实上根本看不到的事物没什么把握，其中或许甚至包括上帝的存在。[62]

这会导出什么样的结论呢？最近，历史学家乔纳森·伊斯雷尔（Jonathan Israel）提出，在斯宾诺莎的荷兰共和国根基深厚的真正的"激进启蒙运动"在那以后不久就结束了。我们所指称的启蒙运动的其余部分，包括 1750 年以后以巴黎为中心的思想运动，只不过是新背景下的相形见绌的仿制品。他认为，"上层"启蒙应该被赋予一个新的概念，即"此前三代人的哲学、科学和政治激进主义的集大成者"，是荷兰共和国的文化从它最初的中心向外的延伸，但并没有多少创新可言。[63]

诚然，传统学界并未对拉翁唐和阿尔让等乖僻贵族给予足够的认可，这些徘徊在文坛的阴暗边缘、同时在法国以外的清教徒飞地寻求庇护和收入的人对奥尔巴赫男爵的世界产生过巨大的影响，更不要提伏尔泰、狄德罗等人了。他们的事业、他们的技巧、他们的认识论、他们的言辞，甚至包括他们专注地使用一种批判性的良知，继续在其后受到启蒙的法语文化的著名场所回响着，从奥尔巴赫男爵的巴黎府邸到腓特烈大帝①的波茨坦——从 1742 年开始，阿尔让一直在那里寻求资助和保护。1767 年，阿尔让和腓特烈大帝合作编辑了一个新版的培尔辞典，在前言中称该辞典为"良知的摘要"，因为它有助于对始于怀疑的问题做出判断。[64]与此同时，奥尔巴赫着手重新翻译和出版那部最著名的荷兰秘密手稿《三个冒牌货的协定》（The Treaty of the Three Impostors），其中称上帝是人类创造出来的，一切宗教都是骗局，靠不道德的牧师和政客才得以继续，那些人急于利用普通人的无知和恐惧牟利。显然，它在庸俗化的斯宾诺莎式世界观中加入了不少自由化的怀疑论，对奥尔巴赫产生了极大影响，尽管他本人也对该文本做出了一些改动，包括把良知一词替换为理性。[65]斯宾诺莎的《神学政治论》（Tractatus Theologico-politicus）的第一个法文译本出版于 1678 年，出版商故意加了一个误导性的标题：《一个客观无私的头脑关于那些对公众和个人救赎至关重要之问题的好奇思考》（Curious Reflections by a Disinterested Mind on the Most Important Matters for Public and Individual Salvation），就连那本书，在近百年后奥尔巴赫等人的《袖珍良知文库》的副标题中，也有明显的呼应。[66]

116

不过从常识的政治史而非纯思想史的角度来看，对 18 世纪后半叶这般不屑一顾也会将读者引入歧途。事实上《袖珍良知文库》问世的时刻恰逢良知的激进观念和使用价值的高

---

① 腓特烈大帝（Frederick the Great, 1712—1786），又称腓特烈二世，普鲁士国王、军事家、政治家。他通过对奥地利等国的一系列外交策略和战争，大大扩张了普鲁士的领土，使普鲁士成为欧洲最大的军事力量。他是一位开明的专制君主，偏爱法语和法国艺术，在波茨坦建造了一座法式洛可可风格的宫殿——无忧宫（Sanssouci）。

潮。首先，1760 年代和 1770 年代是道德说教类出版物集中涌现的时期，它们的风格日益通俗化，出版宗旨就是吸引新的读者接纳一系列可以追溯至培尔的思想。其次，那段时期，这种对良知的理解逐渐开始有了一种新的、更有建设性的社会目标：建立另一种道德秩序来替代那种依附于天主教会的秩序。最后，阿姆斯特丹逐渐成为这一更偏重政治性的规划的中心城市，尽管这座城市在金融和文化上已经开始缓慢衰落了。[67]（伏尔泰本人不是出版商的拥趸，但他也在一篇 1770 年的文章中写道，荷兰已经成为"我们的思想的代理人，正如他们曾经是我们的红酒和盐的代理人"。[68]）正是在 18 世纪中期之后的阿姆斯特丹，一种异端邪说的良知终于建立了自己的机构大本营。

那一"机构"就是马克—米歇尔·雷伊的书商生意，此人投入重金以易于被民众接受的形式在整个法语世界欧洲内外传播激进良知的信仰。到 1760 年代，这位祖上是胡格诺派的前加尔文派教徒已经在阿姆斯特丹的书商群体中建立了稳固的地位，这位中产阶级市民在市中心的运河畔拥有一座多层豪宅。部分原因当然是他拥有庞大的经营完全合法的书籍生意，其中大多数都是近期出版的法语书籍，包括《圣经》、清教和天主教神学著作，甚至还包括抨击启蒙运动的书籍。但也是因为与此同时，雷伊不声不响地委托撰写和出版了大量不敬神的、反教会的，甚至色情的书籍，有些至今仍然很有名，还有些早已被历史遗忘，有些是原创，还有些是重印和汇编，继而把它们出售给从俄罗斯到鲁昂的全欧各地的其他书商和个体读者。他的秘密顾客群甚至扩展到了荷兰在新世界的蔗糖殖民地苏里南。[69]这项复杂的业务既需要迅速反应又需要秘密进行，为了维持这项生意的兴隆，雷伊不仅定期在欧洲大陆旅行，还与印刷商、誊写员、编辑、走私客、运输商、银行家和邮局职员合作或直接雇用他们，更不用说有着危险品味的读者和思想异端的作家了，其中许多人都住在其他国家。[70]他们共同构成的一个国际网络对 1760 年代和 1770 年代激进良知的宣传是不可或缺的。

一方面，对于暂时流放到阿姆斯特丹或时运不济在那里生活的另一代讲法语的人士，雷伊是他们的恩主和老板。典型的例子当属亨利-约瑟夫·洛朗（Henri-Joseph Laurent，人称迪洛朗［DuLaurens］），这又是一位宗教观点极不正统的前法国耶稣会会士，逃到荷兰躲避法律的制裁。1760 年代初，迪洛朗被雷伊雇用，在阿姆斯特丹为他做各种杂事；职责似乎包括为雷伊的一种期刊编写索引、为另一种期刊写剧评、编辑收到的手稿，甚至还有编纂《袖珍良知文库》风格的非正统文集并帮忙安排把它们运往国外。[71]与此同时，在雷伊的支持下，迪洛朗还把他自己的讽刺文章和亵渎神灵的出版物发往欧洲各地——那些出版物全都是匿名出版的，用的是"老好人三松"（Modeste Tranquille Xan-Xung）之类的笔名，三松这位道德高尚的华人冒险家是刻板陈腐的"天生良知"的代表人物。经历了颠沛流离的一生，迪洛朗人生的最后 26 年是被关在一所疯人院里度过的，先是在美因茨（Mayence），后来又转到了马林博恩（Marienborn）。[72]从 1763 年的《终止》（L'Arrétin，副标题是"人心在良知问题上的堕落"［The Debauchery of the Mind as Regards Good Sense］）到 1766 年的《同伴马蒂厄》（Le Compère Mathieu），迪洛朗擅长像坎迪德①那样讲述天真的

---

① 坎迪德（Candide），伏尔泰的同名小说《老实人》（1759 年）中的人物。

年轻人经由一个又一个可怕的幻灭经历了解荒诞世道的故事。这些故事的道德寓意都一样：教士和僧侣们严重损害了人们的认知，特别是年轻人对世界的看法，只有良知才能成为"我们的索邦①"。[73]在雷伊的资助下，迪洛朗曾一度以欧洲首屈一指的教育家自居，向人们宣传各种图书、大学和错误的权威造成的危害。

但雷伊不仅在当地获得资金，他也将赚钱的触角伸向荷兰境外。同一时期，雷伊还成为伏尔泰、卢梭等受到法国审查机构打压的作家的主要作品的海外出版商。就我们讨论的主题而言，意义最为重大的是在 1766 年到 1776 年那十年间，正是雷伊推动了奥尔巴赫男爵远距离出版无神论著作的一连串努力。换句话说，雷伊用奥尔巴赫的资金帮助开阔了男爵的视野，这不啻一场民粹主义运动，时间也正是贝蒂和奥斯瓦尔德发起运动的同一时期，利用下层民众拥有常识或良知的能力来摧毁关于上帝的（错误）观念及其引发的一切谬误。

奥尔巴赫和雷伊的经营事业之所以与众不同，是它们通过抨击大众最根深蒂固的信仰来赢得广大阅读群体这一看似矛盾的做法。在 1750 年以前的荷兰地下市场上主要以艰深难懂的手稿在读者之间偷偷传递（那些充满讽刺的散文以印量极小的版本流传）、以此为人所知的良知，在奥尔巴赫的手中成为一股强大的推动力，促成了一股说教出版物的浪潮，其中很多是用通俗的语言写成的便携本，向一个很大的国际读者群——他们当然首先得是富人，鉴于所有的地下图书成本都极高——

①　索邦（Sorbonne），指巴黎大学的前身索邦学院。

发行。有几个因素联合促成了这一切得以在 1760 年代和 1770 年代实现：被扩大的商业网络能够跨越国境线，规避警察和审查者；法国和欧洲其他地方对异端邪说感兴趣的读者人数增加；以及奥尔巴赫本人的财富。这一世俗化和隐秘性的双重努力在一定程度上取得了成功，证据就是奥尔巴赫的《自然的体系》(*System of Nature*) 一书的合法和盗印版本都取得了极好的销售业绩。[74]

此外，虽然男爵仍然一心支持包括思想界在内的一切生活领域的等级制度，他却继续发出这样的讯息，即他不得不传授的真理至少在理论上是每一个男人或女人都可以获知的。只需每一位读者愿意放弃自己的偏见，倾听奥尔巴赫所谓的"良知"中固有的最低限度的合理性。这是比抽象的理性或逻辑低得多的门槛，因为用他的话说，这更多地关乎毫不费力地接受明显的真理而非想出新的真理，要想消除那些根本无法回答的问题，这是最有用的做法了。奥尔巴赫也未曾公开怀疑这样做的可能性。奥尔巴赫坚称（与 17 世纪那些学究自由派乃至培尔相去天渊），未来有朝一日，随着一个支持真正的教育并急于让真理变得"普遍和普及"的政府的诞生，一个建立在哲学家的良知而非习俗基础上的启蒙"观点"的世界必将成为常态。[75]他展望未来，说："明白事理的温和人士将被启蒙；启蒙会一点点扩散，假以时日，将成功地在人民［*le peuple*］的双眸上留下印记。"[76]一种始于人类天生良知的风气的泛化和普及，引发了这样一种观念，即普通人，无论男人还是女人，最终也能够摆脱专业神职人员的帮助。到那时，良知和常识这两个如今彼此矛盾的概念，将再次合为一体。

119

但另一方面，鉴于神父们大权在握，公众又太过无知，奥尔巴赫不相信这样的转变会很快发生。奥尔巴赫男爵事实上对绝大多数同时代人当前的思想观念都极为鄙视，对平民出身（他称之为庸众［*le vulgaire*］或俗人［*le commun des hommes*］）的同时代人更是不屑一顾，觉得他们迷信、冲动、颟顸而无知。[77]再说，奥尔巴赫式良知旨在揭示的真理与18世纪末的老生常谈判若云泥，即便在启蒙圈子里也是如此。在1760年代末和1770年代初，良知在奥尔巴赫的手中变成了揭露一切宗教信仰和实践的可疑本质并试图改变人们的信仰，不但要对始于"上帝"一词的一切存疑，而且公开宣扬无神论、唯物论和没有什么明显广泛吸引力的与之相关的道德规范。[78]与之相比，就连阿尔让以及后来的伏尔泰的自然神论或卢梭的有神论都显得温和了。难怪在旧制度晚期书商们的"哲学书籍"这一类别中，奥尔巴赫的著述往往被与色情或丑闻报刊混为一谈。

奥尔巴赫隐秘地把一生中的十年时间献给了这种复杂而且归根结底算是政治的事业，雇用了一小群隐身的合作者，包括他那位终日谄媚的秘书雅克-安德烈·奈容（Jacques-André Naigeon），并在此过程中支出（而非赚取）了一大笔钱。和我们讨论的其他几位说法语的良知或常识预言家一样，奥尔巴赫直接面对大众的努力得益于他继承的财富和教育，以及一种国际视野。这位教名为保罗-昂利·蒂里的哲学家于1723年在普法尔茨地区①进入社交界，因为小小年纪便父母双亡，他被一位名叫奥尔巴赫的舅舅收养，那位舅舅做金融家发了大财，有

---

① 普法尔茨地区（Palatinate），德国的一个地理区域，指莱茵兰-普法尔茨的南部地区。

能力给自己的姓氏前面加上一个贵族前缀词"德"，并把这位年轻的被监护人送到莱登大学学习法律。对蒂里来说，那是一种见多识广、游历四方的新生。但在很多方面，奥尔巴赫男爵的故事读来却像是我们那些逃往荷兰的法国流亡者的反面。因为在荷兰共和国度过了五年，频繁出入胡格诺派和英格兰激进人士的圈子之后，有钱又有爵位的年轻的奥尔巴赫放弃了自己的游历生活，在巴黎市中心定居下来。从那以后，他日常生活的行为很少显示出（在当时当地，这是必要的）冒险家的做派。他也没有扮演放浪形骸的浪荡子角色。相反，奥尔巴赫成功地跻身于巴黎思想文化的中心。不久，他就入籍成了一名法国人。他娶了自己的堂姐（在她死后，他又凭着教宗的豁免娶了他妻子的妹妹）。他甚至给自己买了一间花哨的办公室，还"收买"了不少有趣的朋友，既有文化圈的，也有贵族；有本地的，也有外国的。奥尔巴赫把自己变成了文坛上一位独立的活跃分子，顶着这一头衔，他参与了不少工作，包括当时音乐上的争论，还为狄德罗和达朗贝尔的《百科全书》撰写了 400 多篇文章，其中大部分是关于地质学和化学的。最重要的是，他把自己打造成一位慷慨出色的款待者和摆脱偏见的社交的宣传家，在他位于巴黎的家中以及位于附近格朗瓦勒（Grandval）的乡间别墅里经营着他所谓的"哲学旅馆"，也有人称之为"会堂"和"布朗热集会"（指的当然是在场人士中有反教权主义的尼古拉斯-安托万·布朗热而不是奥尔巴赫的烘焙技巧①）。大量的食物、精酿的美酒、私人藏书和艺术藏

121

---

① "Boulangerie"在法语中意为"面包店"，故有括号内的说法。尼古拉斯—安托万·布朗热（Nicolas-Antoine Boulanger, 1722—1759），法国哲学家，启蒙运动时代的文人。

品、资助门客的可能性、宾客的见多识广（这毕竟主要是移居者的精英圈，既有外国也有外省出身的人士），甚至他的乡间别墅里的家庭牧师：所有这一切都是启蒙时代传奇的素材。他所鼓励的持续的热烈讨论也一样。看起来奥尔巴赫的生活富有、荣耀而相对安逸，其最主要的特征，当属那些众人皆知环绕在他那张巨大的餐桌四周的那些人脉深远的人士之间自由而生机勃勃的交谈。[79]

直到四十四五岁，也只是在最隐蔽的状态下，奥尔巴赫才前往英格兰短途旅行，结识了雷伊的特使们，开始了他的大型地下活动，宣传无神论是新的道德规范的基石。这些出版物不光内容惊世骇俗，体量也触目惊心，其中有些是好论战、思想自由的英语作家托马斯·霍布斯和约翰·托兰德①等人的主要专著的译本。另一些出版物是对早期的法文著作的改写，包括前100年最臭名昭著的宣传异端的手稿。还有一些是全新的著作，要么是独自撰写，要么是在奈容甚或狄德罗的帮助下写成的。最初的手稿以手抄本的形式，从巴黎经由色当（Sedan）和列日（Liège）传到阿姆斯特丹，整个过程得到了一个盟友小圈子的帮助，其中包括一位名叫布龙（Bron）的邮务稽查和一位隆桑夫人（Madame Loncin），后者的工作是把手稿交给雷伊本人。[80]总的算下来，奥尔巴赫要为市场上出现的30多部这类匿名或使用笔名写作的文本负责，它们几乎全都是在1766年到1776年那10年间由雷伊出版并秘密传播到荷兰境外的欧洲大陆的，在整个过程中，这位外国作者压根儿没有引

---

① 约翰·托兰德（John Toland，1670—1722），出生在爱尔兰的英国自由思想家，他的思想引发了很大争议，他的理性主义哲学曾迫使教会历史学家严肃思考关于《圣经》正典的问题。

起过任何人的注意。

　　从某种意义上来说，"良知"这个古老的观念对这一目标的完成功不可没。和此前那些宣传无神论的名声不佳的手稿一样，奥尔巴赫狂热的出版事业之所以大获成功，取决于它们无论在观念上还是在发声者上，都避免了原创性；这是一种不带个人色彩的智慧，代代相传，不问出处。良知这种奥尔巴赫常常主张的认知权威，对这位作者来说，恰似一副有用的面具。它是一种普通但普遍适用的认识论立场，站在这样一个立场上面对一个没有明确说明却可能没有穷尽的群体，本身也就被赋予了利用它自身的良知实现类似效果的潜能。

　　但良知的主要职能可能更加宏大：它被用于颠覆宗教的语言以及那种语言带来的对世界充满笃定的把握。如果是正如法兰西学术院和启蒙思想家们一致认为的那样，对语言的整理编纂是用法或约定俗成的结果，可以用于强调当前普遍的常识的话，那么去除以"上帝"一词为首的宗教语言的指涉性，就能够破坏法国天主教公共生活的关键基础。[81]奥尔巴赫认为，良知首先是分辨表象和实质的手段。良知在他的手中变成了最低限度的理性，有可能会使每个人看穿位于一切宗教之核心的荒谬语言——那些怪物（或者只通过想象和语词被赋予现实的东西）、那些胡言乱语、那些语言游戏——并在其残骸上建立起一种新的、无神论的道德秩序。

　　这里有必要指出，晦涩或深奥的宗教语言有助于混淆事实，这不是奥尔巴赫的新发现。很长时间以来，它一直是反经院哲学修辞的一个关键主题，如果想要质疑任何关于奥尔巴赫与众不同的主张，只需指出关于圣经语言非常含混不清的说法已经有很长的历史了。要记得早在奥尔巴赫甚或卢梭之前很

122

久，拉翁唐就曾经描述过休伦人那个没有"你的"、"我的"的原始世界，如此看来，就连某些基本的法语代词也歪曲了事物的本质。同样，阿尔让在他的《良知的哲学》中也曾嘲笑过经院哲学的论证，抨击那些伪专家使用"几个不知所云的词语来回应理性和自然之光的非议"，他还曾强有力地批评过
123 想当然地把语词当作事物本身的危险。[82]在他同一时期出版的《神秘来信》（*Cabalistic Letters*）中，阿尔让又朝着语言唯物主义迈近了一步，谴责祈祷文是把信仰错误地放置在了说到底不过是一连串消失在空气中的声响里。[83]哪怕是最基本的基督教词语都"很难"定义，更遑论这种不精确性产生的社会和道德"难题"了，这些都是 18 世纪上半叶秘密手稿和印刷文化的核心主题，而那是奥尔巴赫非常熟悉的文学。

　　然而到奥尔巴赫把自己的无神论变成一场公开运动之时，人们对语言的看法已经发生了一些根本性的变化。其主要源头是洛克的感觉主义，特别是经由德·孔狄亚克神父在 18 世纪中期进一步发展之后。洛克提出，一切观念都是通过感觉的方式进入人脑的；没有什么观念是人脑天生就有的。里德等人反对这种论调，但如此体量的认识论转变也同样使得人们有必要重新思考语言的社会功能。在孔狄亚克看来，显然，语言不仅仅是反射性的传递知识的方式，它对那种知识的形成乃至传播也至关重要。换句话说，知识自成一体并持续用语言来宣示自身的存在；此二者是一种彻头彻尾的共生关系。那就意味着语词——人类附加在自己的观念之上并继而用于把观念联系起来的那种任意性符号——可以刺激人们追求真理，也同样会产生并延续谬误和偏见，包括为我们由于心智禀赋有限而无法或只能部分了解的东西赋予错误的存在。而虽说语言可以被用于传

播知识和加强社会团结，但它也可能成为欺骗的工具，尤其是一旦落入有权力者的手中，后者会利用语言与事物之间的差别为自己牟利。因此在孔狄亚克看来，一种有效的哲学方法首先要有语言的自律；每一个词都必须对应一个单一的实体事物。每次有人以一种双关的、含混的或误导性的方式使用语言，无论是出于习惯还是出于恶意，都必须被谴责为洛克及后来的孔狄亚克所谓的"语词的滥用"。[84]那是战胜谬误和揭示真理的唯一途径。

奥尔巴赫鼓吹的是一种几乎一模一样的认识论，并把它牢牢地树立在一幅以恐惧、无知和生动想象为特征的人类心理画面中。更重要的是，和同时代的很多人一样，他也把这种反对将符号与事物本身对立起来的立场用在了一场针对具体"偏见"的圣战中，希望这种方法可以最终引发实际的社会变革。整个计划始于一种完全聚焦于语言的文献形式：一部收录主要宗教词汇的辞典。在某种程度上，奥尔巴赫的这一选择可以看作是他极其渴望触及一大群有文化的读者的产物，因为辞典这种零碎又精练的形式被认为有助于推动世俗化过程。不过，奥尔巴赫出版于 1768 年的《袖珍神学，或简明基督教辞典》（*Théologie portative, ou Dictionnaire abrégé de la religion chrétienne*，简称《袖珍神学》）——后来成为在整合的《袖珍良知文库》中被重印的核心著作之一——主要是作为通过语词的意义、分类和组织等手段引发不稳定和去神圣化的载体。因为奥尔巴赫试图证明的是，在基督教语言的问题上，大多数语词根本无法通过良知这一基本测试。

在这本辞典中，许多关键的宗教名词事实上根本没有任何所指，或只能指代更多的语词，那些语词全都同样与植根于感

124

觉经验的真正的知识无关（这就是为什么奥尔巴赫坚信语言的感觉主义和唯名论必将导向无神论）。以灵魂（*l'âme*）一词为例，它被解释为"能够以一种未知的方式作用于我们所知无几的身体上的未知物质"，奥尔巴赫随后便开玩笑说，牧师和僧侣们似乎太谦虚了，从不向我们展示他们自己的灵魂。更常见的情况是，那些神学名词事实上所指的是与它们广为人知的意义恰恰相反的意思，特别是当作者从基本的人类理性或良知而非与之对立的盲目信仰的立场出发时，尤其如此，其中不无重要的名词就是常识本身。奥尔巴赫在他的《袖珍神学》中是如何定义常识的呢？"它是基督教中最稀有和最无用的东西；根据上帝本人的命令，宗教并不受制于人类的和鄙俗的良知规则。一位良善的基督徒必须要奴役自己的知性，以便使之服从他的信仰，如果他的牧师告诉他三就是一［即三位一体］或者上帝就是面包［即圣餐变体论］，他必须放弃常识，相信这一切。"[85]

125

　　的确，奥尔巴赫在自己的词典中一而再地把宗教的语言与良知的语言对立起来；所谓宗教的语言，就是神职人员长期以来用于迷惑和误导无知者和轻信者的那些新造词和晦涩含混的措辞。按照一切沉湎于宗教之人的理解，何为唯物论？"一种荒谬的观点，也就是与神学相反的，被那些没有足够的心智了解何谓心智的不信教之人当作理论支柱。"这就引发了又一个问题，奥尔巴赫认为宗教的"谬论"概念又是什么。答案是"它们不可能存在于宗教中，宗教是语词和神圣理性的成果，我们知道，神圣理性与人类理性毫无共性。……一个事物在人类理性的眼中越是荒谬，它就越适合神圣理性或宗教"。奥尔巴赫提出这些定义的终极目标不是试图弥合语词与事物之间的鸿沟，而是要曝光和扩大那一鸿沟，强调通常被驳斥摒弃之事的合理性，以及据说据信之事的荒谬性。

　　几乎在同一时期，伏尔泰和爱尔维修两人都曾同样指出过腐败的社会秩序与神父和高级教师们的误导性语言之间的这种联系。但两人也都探讨了常识与良知之间的差异，以及根据个人的视角不同，这两者显示出来的不同（和多样的）方式。众所周知，伏尔泰在他自己所编辞典的第二版，也就是1765年版《袖珍哲学辞典》（*Portable Philosophical Dictionary*）中已经收录了对常识的定义，在故意揭露性地解释了现代世界中常识的各种不同意义之后，他也明确说明了它与真正的理性还有差距。[86]同样，爱尔维修在他死后才得以出版的《论人》（*Of Man*，1773年）中也诠释了这样的准则，即宗教"禁止人们运用自己的理性，同时使他们变得野蛮、阴郁而残酷"，重演了菲尔丁的《巴斯昆》中的一幕，提出了新的观点，那就是尽管神职人员必须依赖虚假地诉诸良知才能存续，但真正的良知始终是宗教的对立面。[87]良知与常识之间的博弈正在变成一种批判性的反体制工具，至少在精英知识分子们的著作和言谈中如此。我们甚至可以说，1770年前后，奥尔巴赫、伏尔泰和爱尔维修共同为一种新型的知识分子煽动者建立了典范（20世纪或21世纪的社会学家不过是那种典范在当代的代表而已）。不管当前讨论的是金钱、信仰还是任何其他话题，他或她都致力于揭露现有的常识是阻止人们获得真正知识的不同文化假象之集合，且认为这是自己的公益职责。

　　但仅仅几年后，随着《良知》的出版，奥尔巴赫的目标扩大了。这个用作书名的词语既有肯定又有否定的定义，前者是"那一部分足以了解最简单的真相的判断力"，后者是"那一部分否定最显著的荒谬之事并震惊于明显的自相矛盾所必需

126

的判断力"。[88]关于语词和意义的怀疑态度让位给了一种净化思想的特殊语言的发明,这种语言与良知的上述肯定性定义是一致的。我们发现,一个无神论社会的(未来的)语言必将是简单的、具体的、客观的、能够被每个人所理解的——与充满修饰和杜撰的基督教语言,以及充满典型的奥秘主义、隐晦讯息和伪装的早期精英阶层异端的语言都判若云泥。这一新语言能够让人们更加准确地看到现实;因为排除了让情况复杂化的上帝,真正的清晰最终完全可以变成现实。这种简化的特殊语言还会使精准表达良知的公理本身成为可能,这将为新的无神论伦理和政治体系奠定基础,奥尔巴赫在其后接二连三出版的匿名巨著中长篇累牍地论述了那种体系,包括 1773 年的《自然政治论》(*Natural Politics*)和《社会体系》(*The Social System*),以及 1776 年问世的《道德政治:或建立在道德基础上的国家治理》(*Ethocratie Ou Le Gouvernement Fonde Sur La Morale*)题献给法王路易十六。奥尔巴赫反复论证说,一旦我们把目光聚焦在人间而非天上,不被偏见蒙蔽双眼,也不受伪预言家们的教义的阻碍,"真正的政治原则就会变得清晰、[不证]自明……像人类知识的任何其他领域一样确定无疑"。[89]它们如今只需要"被简化,直到可以被人群中最平庸的个体感受到"。[90]

与阿尔让不同,归根结底,除了在宗教领域,奥尔巴赫并127 不怀疑获得知识的可能性。他的认识论后来变成了 1770 年代的主流,其特点是既谦虚又不乏傲慢,对人类可以认知的事物虚怀若谷,又对他们所能知道的东西的确定性视远步高;和贝蒂一样,奥尔巴赫认为自己的理论也是建立在自然科学模型的基础上的。奥尔巴赫真正的激进之处,以及他对于常识的政治史的重要意义,就源于这样一个事实,那就是在试图否定上帝时，他重新设想了政治的本质，认为它不是一种深奥的科学，而是一个完全来自日常生活和具体事物的平常的知识领域。然后他又试图通过出版触及一个全欧范围内的、广泛的读者群，并说服后者相信这种简单的世俗社会秩序的愿景完全符合他们与生俱来的常识。这样的和谐一致可能实现，这成了后来历次革命运动的一个基本信条。

但在 1770 年代初中期，真的有人倾听他的观点吗？这才是故事真正的讽刺意味所在。虽然奥尔巴赫投入了大量金钱和精力，他皈依无神论的良知以及建立相关道德规范的努力或许始终都是一个边缘实践，是只有少数能够（且有兴趣）读到地下书籍的读者参与的一场假定的交谈。奥尔巴赫本人对公开与大群民众对峙或实际融入其中毫无信心；民主是他的另一个"空想"，主要原因是当时"低能的群氓"如此"缺乏常识"。[91]即便在卢梭看来，一场真正的叛乱，"一场让人类回归常识的……革命"，也只能在讨论围绕着语言学行话进行时成为一种可能性，而非可以付诸实践的政治。[92]不过奥尔巴赫那些格调高雅的对手——这样的人有很多——选择用旗鼓相当的论著、不相上下的辞典乃至各有千秋的对话和小说尽可能公开地予以回应，两方都声称真正的良知属于自己一方。就这样，他的对手们无意中恰恰完成了奥尔巴赫和他的少数秘密追随者们无法独自完成的任务。他们把一场想象中的战斗变成了一场真正的战斗，并在革命时代到来的前夕，永久性地破坏了关于良知意味着什么以及谁拥有它的一切观念体系。奥尔巴赫的论战或许一开始只是游走在公共意识的外缘。但到 1770 年代末，良知与常识之间的关系就变得如此含混，以至于人们再也无法回答这个问题，如一篇反奥尔巴赫的冗长文章的作者所提出

128

的，"良知站在哪一边？"[93]

就算在后来那些年，上层启蒙已经发展成为欧洲体制中一种貌似十分稳固的文化，奥尔巴赫的《良知》也引发了不小的警觉。正如法国编年史家路易·珀蒂·德·巴绍蒙（Louis Petit de Bachaumont）在谈及这部著作时所说，"这是关于无神论的真正的要义问答，但它是人人都能理解的：女人、孩子、最无知和愚蠢的人；出于这个原因，人们害怕它会让许多人改变宗教信仰，要比关于同一主题的学术论文危险得多"。[94]格林男爵①更加言简意赅："这是掌握在女仆和假发商人手里的无神论。"[95]何况它只需"十苏②"就能买到，达朗贝尔在一封写给伏尔泰的信中附和说，托马斯·杰斐逊后来把这封信抄录在了他自己那本奥尔巴赫巨著的注释版上。[96]奥尔巴赫更加晦涩难懂的《自然的体系》一书已经让正统天主教徒、清教徒甚至自然神论者们惊恐万状了。[97]奥尔巴赫的同时代人焦躁不安地认为，《良知》这本著作颇具威胁性，会把这位男爵的教义和方法传播到更广阔也可能更轻信的人群，包括那个对自己的家庭影响深远的日益扩大的读者群体：女人。

那一焦虑情绪最为明显的地方，当属天主教会。和以前针对不虔诚的公开表态所做的反应一样，教会代表们以两种方式发起了反击。一是正式谴责，同时伴随着实际销毁那些有罪的文本。另一个是在文字上拨乱反正——即便参与这场谈话是有

---

① 冯·格林男爵（Baron von Grimm）弗里德里希·梅尔基奥（Friedrich Melchior，1723—1807），德国血统的评论家，为18世纪法国文化在全欧洲的传播做出了重要贡献。

② 苏（sou），旧制度时期的一种法国货币单位。

风险的，因为会引发人们关注奥尔巴赫的鼓动性主张。

神职人员和政府两方面的书籍审查员们先是尝试遏制那种把良知变成传统常识的对立面的新哲学的"蔓延"。在18世纪中期，时常会有针对主要的新哲学著作的官方行动，特别是在法国，绝大多数这类非法文献虽然是在境外出版的，却都是在国内传播的。1759年年初，巴黎高等法院下令将爱尔维修的《论精神》（*Of the Mind*）的全部副本，加上狄德罗和达朗贝尔伟大的《百科全书》、阿尔让那部如今严格来说已经过时的《良知的哲学》，还有其他几部大不敬的知名著作，全部当众焚烧。传播和继续印刷这些著作也被宣布为非法。按照审查员们的说法，需要严禁公众消费的是这些长篇大论中包含的危险的错误观念——无论是无神论、自然神论、唯物论还是单纯的反基督教。但除此之外，被提出来证明这些观念的那种错误的认识论也应受到公开的谴责。正如审查员们在报告中解释的那样，所有这些著作都有错误倾向，因为它们依赖的是"仅以人类智慧和感觉印象为原则的体系"，而非"由造物主亲手镌刻在我们的心灵之上的第一真理"和源于"圣光"的"特定原则"。[98]

自从1768年伏尔泰的《袖珍哲学辞典》、1770年奥尔巴赫的《自然的体系》、1774年奥尔巴赫的《良知》加上爱尔维修死后出版的《论人》基于类似的指控被定罪以来，这种说法几乎没有什么变化。在法国，各种审查者，从巴黎高等法院到教士大会（Assembly of the Clergy）再到索邦学院的博士们，一直致力于以几乎一模一样的理由根除和驳斥同样陈旧的不虔诚主张和方法，然后便把那些有罪的书籍撕毁或焚烧。到旧制度快要结束的那些年，这样的公开谴责似乎已经变成了在

129

一个以松弛（包括没有任何真正的调查工作查出作者是谁）、随意乃至串谋为特征的体系中所做的生硬反应。不过抛开法律效力不谈，这些案例使天主教会获得了它垂涎已久的机会，试图重申它对见解的控制权。[99]审查者们在报告中明确指出，这是质疑《良知》的部分动机，其匿名作者挪用良知"来抨击团结社会和安慰人心的真理，混淆一切是非观念，撕裂了区分善恶的永恒界限，把上帝当作一种空想"，也就是说，破坏了站在教会的立场上构成常识的一切，这些成为他的首罪大恶。此外，在针对《良知》等巨著的官方回应中，越来越重的绝望感也清晰可辨：作为它们新近世俗化的教旨的结果，反宗教已经像"可怕的毒素"一样扩散开来，渗透到社会各处，从富有的都市夫人们的沙龙（这很可能是真的）到脆弱的农夫的田间小屋（这就不大可能了）。[100]按照1785年教士大会的危言耸听的说法，新哲学的教义如今"甚至已经［传播到了］手工业者的作坊和农民简陋的小屋"。[101]看起来从此以后，天下已没有安全之所。如果不加遏制，一种怀疑论的、反专制的良知似乎正准备为公众提供一种新的、完全颠倒的常识，那些轻信的人将成为它的首批受害者。

130

鉴于形势如此危急，天主教会也很清楚光是在一篇接一篇的报告中谴责不敬神的著作或继续焚烧有罪书籍仍是不够的（尽管《良知》在1774年上了教会禁书目录，第二年，《袖珍神学》与迪洛朗的《终止》一起在科隆被焚烧了）。[102]本该不证自明的真理——例如，关于上帝的存在和一切思想的非物质性等显而易见的假设——需要得到强有力的支持。同样重要的是，需要抓住"良知"概念本身，重新占用它，为合法的基督教目的服务。毕竟直到最近，良知一直被认为是清教徒和天

主教徒用于捍卫信仰和现状的工具。1769 年，"牧师"路易·
迪唐斯（Louis Dutens）在一篇关于如何驳斥当代伪哲学家的
无神论、有神论和自然神论的法语论文中，建议用简单而令人
安心的"我们每个人与生俱来的良知"反对他们牵强的观
点。[103]就连波兰国王、路易十五的岳父斯坦尼斯瓦夫·莱什琴
斯基①也在他发表于 1760 年的《用简单的良知驳斥怀疑论，
一位国王的哲学论文》（*Incredulity Combated by Simple Good
Sense, a Philosophical Essay by a King*）中尝试使用了这一战
术，此人一生中的大部分时间都在小小的洛兰公国流亡执政，
其间撰写一些无关紧要的哲学短文。[104]全欧洲各国长期以来一
直控制着这个时髦的词语，和启示与教会教义一起用来捍卫基
督教。然而，阿尔让和后来的奥尔巴赫却把这个词语附着在不
敬神的观念之上，又让它变得越来越大众化，从而改变了利害
关系。作为回应，无论是出于金钱目的还是手握道德之剑的作
家们在挑战当前的反宗教思潮时，都深感必须改变战术了。许
多天主教卫道士继续直接利用教会代言人或政府审查员的权威
来论证自己的观点。但要想触及包括女人在内的一个庞大非专
业读者群体，他们也越来越多地以最优秀的非正统作家（包
括奥尔巴赫和伏尔泰）的形式、风格和修辞来表达他们自己
的观点。

　　早在 1750 年代，加布里埃尔·戈谢（Gabriel Gauchet）神
父就创办了一份月刊，专门从细节上驳斥当时流行的反宗教著

131

---

① 斯坦尼斯瓦夫·莱什琴斯基（Stanislas Leszczynski，1677—1766）曾是波
　兰立陶宛联邦国王（二立二废）、洛林公爵（1738—1766）和神圣罗马
　帝国伯爵（皇帝腓特烈三世授权给莱什琴斯基家族），路易十五的岳父。
　原文作者写成了 brother in law，应该是笔误。

作，目标就是非专业读者。例如，针对阿尔让侯爵的《良知的哲学》，戈谢用了一整本刊物来证明阿尔让的这本书事实上是"良知的反面"，因为它把这一基本的认识论范畴与基督教信仰截然分开了。[105]然而，直到 1760 年代末和 1770 年代初，这一新的宗教写作体裁才迎来了真正的繁荣期，巴吕埃尔（Barruel）神父、德·让利斯（de Genlis）夫人和贝尔吉耶（Bergier）神父等文笔娴熟的作家开始对与激进的法语区启蒙运动相关的新的世俗化哲学发出针锋相对的回应，他们的文字简单易懂，有时还诙谐风趣。和它旨在反对的非正统法语文本一样，这类文字也大多是在巴黎以外创作和出版的，包括被一位学者称为"耶稣会的阿姆斯特丹"的阿维尼翁（Avignon），以及其他东部城市。[106]这些文本中还出现了一种新的共同目标。那就是恢复遭到奥尔巴赫等人破坏的法语语言与常识之间传统上的和谐统一，使世界的参照标准重归稳定。

　　从最普遍的意义上来说，反启蒙思想的人士力求证明，某些类型的真理是在语言中固定下来的，那一证据，或曰确然性，的确体现在语词约定俗成的意义中，无论讨论的话题是宗教还是面包的价格。前耶稣会会士诺诺特（Nonnotte）神父编纂了一部宗教辞典作为对伏尔泰的辞典的拨乱反正，他在一篇关于确然性的讨论中解释道："当我说二加二等于四时，我认为情况不可能不是这样；因为我为'二加二'这些语词所赋予的概念在我看来恰恰就是我为'四'这个词所赋予的概念。我对以下主张的真理性的看法相同：上帝不可能欺骗我们，因为欺骗代表着一种恶行，而上帝的观念本身就排除了一切恶行和一切不完美。"[107]和许多其他意气相投的作家一样，诺诺特随后便试图恢复启蒙思想家们似乎已经为自己的目的而随意操纵的某些语词的传统的、约定俗成的意义——这将是 1790 年代初的反革命辞典作家所广泛实施的计划。那些被争夺的名词就包括常识、良知乃至哲学本身。

自伏尔泰，以及后来奥尔巴赫更加频繁的抨击文章以来，常识这个因为与陈词滥调关系密切而貌似最为显而易见的观念，似乎需要被重新定义了。最简单的答案出自耶稣会会士作家和物理学家艾梅-亨利·波利安（Aimé-Henri Paulian）的笔下：恢复亚里士多德提出的意义，即常识是一种内部感觉。[108] 更为常见的情况——例如在另一位前耶稣会会士巴吕埃尔神父的笔下——是常识和良知都被重新定义为非常接近于笛卡尔的自然之光的东西。正如《反良知》（L'Anti-bon-sens）一书不具名的作者所说，当它"真正的"或精神的意义摆脱了现代理性主义者傲慢的"推理"，良知就变成了一种天赋，使人类能够发现那些永恒的和固有的真理，包括与上帝本身有关的真理。[109] 反启蒙运动人士也再度把良知和更具社会建构性的常识想象成同一事物，尽管理由与奥尔巴赫全然不同。按照巴吕埃尔的说法，常识官能或许会受到它的"仇敌"，即现代哲学及其一小撮附庸者的攻击。然而某些基本假设，主要是关于上帝真实存在的假设，仍然是他（讽刺地）称为"人所共有的悲哀的一致性"的源头。正如他 1781—1788 年出版的一部大部头反启蒙运动小说《厄尔维人，或外省哲学信札》（Les Helviennes, ou Lettres provinciales philosophiques）中的人物指出的那样，你去问哪怕最不信教的乡巴佬真的有上帝吗，他们都会满脸狐疑地反驳你，"真的有太阳吗？既然有光照耀，那光芒定有源头……或者更简单地说，你有一块手表，会质疑表匠的存在吗？"[110] 换句话说，答案再明显不过了，简直就是每个人该有的常识，　133

只要此人没有被时尚冲昏头脑或陷入疯狂。（与阿尔让的成长道路相反，小说中虚构的那位迷恋新哲学的外省男爵夫人在小说写了足足五卷之后才学到的这一关于常识的教训。）

然而在这场争夺代表权的战争中，成为战场的那个主要词语却是启蒙思想家本身。指控是多重的。首先，启蒙思想家的错误在于，他是一个个人主义者。正如巴吕埃尔带着他典型的冷嘲热讽所说，新哲学中没有奴隶；每个人都能随心所欲，信口开河。[111] 诺诺特的抨击更为猛烈。新哲学的特征是"头脑和心灵的放荡堕落"，加之以"一种［关于自己心智能力的］傲慢推论，丝毫不进行研究和考察，就敢决定一切"。[112] 高傲的启蒙思想家认为，没有什么比他自己独立的推理过程更有力量。

仿佛这还不够，启蒙思想家还被抹黑为精英分子，尽管他可能要吸引大众的注意力，但他对普通人的普通观点却极为鄙视。迪唐斯解释说，"他发表在他看来很新的观点，或者质疑那些既有的广泛共识，无非就是自以为比庸众高明；这样一位作者既然无法凭借知识或天分与众不同，就企图以标新立异的观点让心智软弱的人惊叹不已，而无法满足于安然接受自己只是普通人中的一员，那些普通人可从没有过获得这等荣耀作为奖赏的虚荣心"。[113] 巴吕埃尔把同样的立场变成了一个嘲讽的问题：历史上有没有过"一个因为不那么服从大众意见而沾沾自喜的流派？"[114]

的确，与这一自满和对构成普通人之常识的现有的共识性真理不屑一顾的倾向一致，启蒙思想家也常常被视为反启蒙主义者。他急于故意混淆实质与表象的差异，致力于各种诡辩和悖论，摒弃了真理的朴素和直接的特质。路易—梅耶勒·肖东（Louis-Mayeul Chaudon）在他自己的反伏尔泰辞典中反问道，

如今要想获得启蒙思想家的名头，需要做些什么呢？紧接着回 134
答说："他只需要认定人们迄今为止认为好的东西是坏的，讥
笑古老的真理，代之以新的或现代化的悖论就可以了。"[115]换
句话说，启蒙思想家总是会选择令人不安的文字游戏而非恢复
语词与事物之间直接的、建立已久的对应关系。他对矛盾的热
爱，以及他拒不顺从既有权威或民意，都会把社会推向两个方
向：一是全面怀疑一切本该确切无疑之事，二是支持那些打着
真理的幌子横行于世的危险的新谬论。

　　不必在意这些指控没有哪一项真正站得住脚，这一战斗表
面上的"双方"——奥尔巴赫一派和他们的对手——事实上
相当不稳定，共有许多相同的文学技巧、相同的触及公众的方
法、相同的读者，甚至某些相同的成员。举例而言，贝尔吉耶
神父一直是奥尔巴赫社交圈中的活跃成员，同时他又忙于公开
抨击奥尔巴赫的唯物论（他并不知道其源头）是对常识的冲
击。[116]也不必在意两个阵营内部都有着巨大的分歧。损害已经
造成了。非正统、新教和天主教作家们联合成一股力量，成功
地破坏了所谓的常识。到1770年代中期，人们只能就一点达
成明确的一致：构成良知或常识的基础，以及它的适用范围，
都陷入了极大的分裂。鉴于欧洲大陆人此时目睹的许多对现状
的冲击，从放宽监管经济的试验到热气球的升天，没有谁还有
把握再度恢复某种单一的共识。正如一位评论1777年美术沙
龙的小册子作者所指出的，在关于大众判断的问题上，哪怕是
品味，都已经"没有常识"可言了。[117]并非常识女王已被永久
消灭了。各色人等滑稽地宣布常识"学院"和常识"课程"
就表明，常识的观念，或者更确切地说，建立常识的雄心，在
旧制度的最后几十年仍然十分活跃。[118]只不过如今，谁也没法

确切地知道这位传说中的女王到底住在哪里，她所代表的又是

135 什么。即便这场冲突中还没有几个人会提议由人民来接手这些事务、编造属于它自己的常识解决方案，但良知的修辞力量的提升，加上其意义的不再稳定确凿，都未令它解决它本该消除的冲突，反而火上浇油，使之愈演愈烈。

18 世纪中期，阿伯丁那一群联系密切的清教徒文人指出，哲学家应该像普通人那样思考，主张一种稳定的集体的见解，为上帝留有空间。几乎在同一时刻，一小群不认同主流思想的作家与阿姆斯特丹等欧陆城市的图书业也保持着松散的、在很大程度上是秘密联系的关系，他们提出，普通人应该（从个人层面上）学习像新哲学家那样思考，也就是说，更像没有受过基督教教育的理性野蛮人而非传统的文人学者。就这样，他们站在对现状不满之人一方，促成了非专业人士对于现有权威的质疑。最终，他们的正统天主教对手们无意中帮助他们实现了这一目标。所有这一切都将推动一种快速发展的民粹主义世界观的认识论基础的形成。的确，我们如今称之为民粹主义的那种鼓动性现代政治风格，就是要更依赖这些启蒙运动文化的不同支流的融合，而非当时政治理论内部的任何明确发展。唯一真正令人惊讶的，是崩溃竟然首先发生在大西洋对岸的一个传说已久但鲜为人知的城市——费城。

第四章 建立一个常识共和国

费城，1776 年

我们有能力赋予世界一个全新的开始。

——托马斯·潘恩，《常识》[①]

1776 年，在偏远的费城殖民地，"常识"成了一声战斗的号角。在过去这 235 年里，那个故事的主体早已成了历史的陈词滥调。那年 1 月，就在革命战争最初的小规模冲突爆发后 9 个月，北美主要殖民地城市的大街小巷上辩论的主题还不是脱离不列颠。由于恐惧，再加上对母国残存的忠诚和眷恋，这样的想法基本上被排除在外了。但在私下里，在那些激进的小圈子——诸如破产的前紧身内衣作坊主和流亡者、如今人们耳熟能详的汤姆·潘恩常去的那些小圈子——里，关于独立的谈话已经开始了。潘恩 1774 年年底才刚刚到达古老的贵格会城市费城，他到达时身无分文，因而在新世界的第一年大部分时间都在为《宾夕法尼亚杂志》（*Pennsylvania Magazine*）撰文谋生，用的是"民众之声"（Vox Populi）或"正义与人性"（Justice, and

---

① 〔美〕托马斯·潘恩：《常识》，蒋漫译，上海译文出版社，2015，第 133 页。

Humanity）之类的笔名；与本杰明·拉什①、本杰明·富兰克林和殖民地的其他激进派过从甚密；也日益被英国对殖民地不满的回应所激怒。最终，在他的某些很有影响的费城新朋友的支持下，潘恩开始撰写一本小册子，劝服殖民地的广大读者不但皈依了独立事业，还接受了更为极端的观念：自治的、统一的美国应该是一个没有国王或贵族统治的共和国。那年1月，当这本革命檄文的第一版出现在殖民地的大小书摊时，它的标题暗示了这位移民作者的主要证据形式之一。那当然就是常识。[1]

潘恩声称他的匿名小册子有着"自文字使用以来一切文本所能达到的最大销量"，或许多少有些自大。但就算以现代标准来看，《常识》也是一本现象级畅销书，潘恩声称，它单在第一年就销售了10万多册。[2]"只需18便士就能买到的常识"成为18世纪末期最伟大的销售话术之一。[3]出席第二届大陆会议的代表之一约翰·佩恩②在1776年春南下旅行之后说，他"在这趟旅行的路上除了歌颂《常识》和独立的赞歌之外，什么也没有听到。这就是响彻弗吉尼亚的呼声"。[4]波士顿激进派人士萨姆·亚当斯更是简明扼要，尽管他的话模棱两可："常识在人民中间蔚然成风。"[5]

实际上，潘恩的成功是双重的。大多数人认为，潘恩用他那本薄薄的、廉价印刷的小册子，在大西洋殖民地各处掀起了

---

① 本杰明·拉什（Benjamin Rush，1746—1813），美国医生和政治领袖，大陆会议成员和美国《独立宣言》的签署人。

② 约翰·佩恩（John Penn，1741—1788），美国弗吉尼亚州律师。他曾作为北卡罗来纳州的代表，是美国《独立宣言》和《联邦条例》的签署者之一。

一场突如其来的巨大的观念转变。按照标准历史课本的说法，《常识》问世后不久，美国独立就看似不但可行，也是必要的了——而且接受这种看法的公众包括整个社会的各个阶层，从新英格兰牧师到费城的手工业者和商人。短时间内，关于人生来不平等，所有的人都应该对国王效忠的观念也在很大程度上被一种新的世界观所取代，它的前提不再是天然正确的，人民既是被治理者，同时也是治理者。这一巨大的观念转变继而改变了英国及其北美殖民地之间斗争的走向，迫使前不久在潘恩的第二故乡召开的大陆会议转而在第二年夏天起草了一部《独立宣言》。就这样，潘恩为一场革命搭建了舞台，那场革命将最终产生一个独立的新世界民主国家，即所谓的"美利坚合众国"——起码众所周知的故事是这样。

然而，对潘恩的成就还有一种考察方法，它不需要全盘接受这个严丝合缝的绝妙故事。那就是关注他是如何把这个崭新的政治愿景与世俗的、隐性的，但日益重要的真理标准联系在一起的 。潘恩的另一项伟大成就源于他决定呼吁将"常识"既作为基本原理，也作为他希望灌输的、当时十分激进的政治情感的名称。这位英国紧身内衣作坊主移民还发明了一个神话，那就是始于常识的政府形式是拥有常识的，这个神话在后来的现代民主政治中显现出很长的生命力。潘恩实际上没有在他那本开拓性的小册子中多次使用这个词语。除了标题之外，他只用了三次，而根据本杰明·拉什的说法，这个标题是这位费城医生本人提供的，他否定了潘恩原有的那个更直接的标题建议："实话"（Plain Truth）。[6]另外，有些同时代人认为，潘恩采用这个名词的做法是充满矛盾的。正如一篇充满敌意的回应文章《近期一部专著的真正价值》（*The True Merits of a Late Treatise*）

138

的作者指出的那样，人们甚至不清楚这位歌颂常识的吟游诗人使用这个词的意思到底是"他的观点就是全北美的常识，还是一切与他想法不同的人都缺乏常识"。[7]从一个角度来看，潘恩似乎援引了一套老生常谈的、集体持有的假设来为自己辩护，也就是一个既有的普通人群体的寻常智慧。从另一个角度来看，他似乎又是指一个基本的人类官能，这一官能能使个人对基本问题做出基本判断——那些判断有时与传统观念一致，但也往往会与之相悖。

不过也可以说，潘恩的这套文本把戏的核心，恰恰是对"常识"这个谦卑的、在语义上十分棘手的观念的运用——他在新世界的新形势下把苏格兰人的"常识"和欧陆激进哲学家的良知混搭起来，可谓标新立异。潘恩时髦而含混地声称自己手握常识或不言而喻的真理，如此便能够在费城这个偏远的启蒙城市，把自己从一个待价而沽的边缘化外国作家变成了一个无形的"北美"公众的合法代言人。然后他就能够说服大量的新同胞，让他们坚信自己的实际期待与设想的全然相反。他们真正期待的不仅仅是自身国民身份的转变，也是他们自己的集体常识应该成为当今世界的法则。

这一政治视角的影响的最直接也最具体的体现，是在同年晚些时候由潘恩在费城的小群体盟友起草的宾夕法尼亚州的新宪法。这一法律文本开启了为独立于任何国王的人民主权的共和观念进行辩护和实施的重大实验。虽说它并没有作为实际的政府框架留存下来，这一提案程序的深远影响却一直延续至今。将一种矛盾的常识概念绑定在一种民主政治愿景中，为其赋予权威的因果关系，这必须被算作是潘恩及其支持者主要的，也是最为长久的遗产之一。这当然不是菲尔丁心中所想的那个幽灵，尽管主权仍然是最基本的问题。需要解释的是不言而喻与自治这两者在 1776 年的费城出乎意料地结合起来，其起源与后果是什么——如今，这一组合已经在很大程度上不为我们所见，因为它已经被彻底内化和内嵌到所谓的"民主常识"中了。

潘恩的小册子最初问世时，它当然不是唯一一本把名不见经传的小人物的政治观点提供给大众消费的出版物。它显眼的标题或许是 1776 年之前的北美出版史上的独一份。但它所参与的，却是（以 18 世纪的标准来看）十分拥挤的城市公共领域，在该领域中，受到英格兰式出版自由保护的信息流向四面八方。1770 年代，费城人已经能够看到五份定期发行的报纸、从巴黎和阿姆斯特丹到费城自己的前街（Front Street）等各处出版的书籍和檄文，得知来自世界各地的港口的传闻。该城市的居民还拥有一所顶级学院、公共图书馆、致力于验证新科学的哲学俱乐部、因清谈而闻名的客栈和咖啡屋，以及一系列各种类型的教会，这些都反映出殖民地早期致力于宗教宽容和福音传道的蓬勃发展。1774 年大陆会议在独立厅（Independence Hall）集会进一步加速了其后各种消息和观点在全城大街小巷的流传。与西印度群岛、不列颠和欧洲大陆的定期贸易；被奴役的非洲人的存在；以及大约 3.3 万名城市居民中有相当大比例的新移民，则使得这些信息也带上了国际化的色彩。[8]

在这样的背景下，没有一种关于任何话题的"常识"能够轻易占得上风，特别是与遥远的英国王室之间的紧张关系日渐升级时，尤其如此。法国精英们将 18 世纪的费城理想化地描绘成体现贵格会的质朴纯真和经济平等的乐土。但到 1776

140

年，这个秩序井然的砖砌的偏远闹市已经成为在伦理、种族和宗教等方面极其多元化的城市，一个充满了阶级紧张和政治分歧的地方，这些紧张和分歧有些是近期的，有些则历史久远，都已经通过报纸、地方议会、抵制行动和偶尔发生的暴乱凸显出来。在那一代殖民地居民的眼中，费城是英属北美最前卫和多元的城市空间，是一个社会和文化发明之地。

那么如此说来，潘恩提出的观点又怎么可能让费城的任何人觉得是不可抗拒、不可辩驳的真理或常识呢？在那个城市最为激烈的公共生活中生活了一年多之后，他何德何能，认为自己能够做到这一点？潘恩毕竟不是个学养很深厚的人，他所受的正式或非正式教育都不多，但他显然从伦敦和后来的第二故乡的报纸上和酒吧里的时事讨论中学到了不少。[9] 他一贯声称自己在动笔之前很少阅读资料，这也符合他后来自称常识化身的定位。[10] 此外回想起来，潘恩对常识的兴趣从很多方面来看也是一个常识性要点，是一种超越了研究和分析需求的承诺，而如今的学者通常要花那么多时间去做那种研究和分析，恰是因为随着时间的流逝，它的很大一部分内容已经变成了我们的常识。

但就算把潘恩本人的贡献撇在一边，如今我们也能一眼看到，他的个人发展轨迹恰逢历史上考察常识及其意义和功能的伟大时代之一。到 1770 年代初，这个概念和表述都已经成为各种论战文字的必要元素。潘恩那本著名的小册子问世前六个月在费城发表的《当前正在费城召开大会的北美联合殖民地的代表们阐述他们拿起武器的原因和必要性的宣言》（*A Declaration by the Representatives of the United Colonies of North-America, now met in General Congress at Philadelphia, Setting forth the Cause and Necessity of their taking up Arms*）开篇的套话就召唤"对我们伟大的造物主、人性的原则以及常识的律令的敬畏"，就是这方面的典型范例。[11]从修辞的角度来看，费城与伦敦、爱丁堡和欧洲大陆的那些城市并无差异。

因此，有一个可能性就是，1770年代中期的潘恩正是顺应了那个时代的风格，从最不意外的几个地方借鉴了常识的概念：当代阿伯丁的思想。这一论点尤其能够取悦那些迫切希望看到苏格兰人（而非洛克思想或共和派）在每一个关键时刻对革命中的北美的影响的人。而且事实上，一切证据都可以被用来支持这样一个观点：不列颠长期以来反怀疑论思想的高潮就是里德和贝蒂钟爱的智者俱乐部提出的广泛传播的常识主张，而那恰是潘恩1776年在政治上利用这一概念的主要来源。[12]

在最没有想象力的个人经历的层面上，需要指出，潘恩忙于撰写自己那篇支持独立及共和政府的常识的短小檄文的那几个月，他还是书商、《宾夕法尼亚杂志》的出版人罗伯特·艾特肯（Robert Aitken）的雇员。艾特肯本人不久前刚刚从阿伯丁来到殖民地，而阿伯丁正是常识哲学的主要信条发展成形之地。支持潘恩的事业、后来还声称是自己把标题从"实话"改成了"常识"的费城医生和长老会共和派本杰明·拉什成长的年代也是在苏格兰度过的，他在爱丁堡、巴黎和费城接受医学培训，一直浸淫于苏格兰思想。正是拉什出面请约翰·威瑟斯庞①来到新泽西学院，威瑟斯庞后来做了很多工作，把里

---

① 约翰·威瑟斯庞（John Witherspoon，1723—1794），苏格兰裔美国长老会牧师，新泽西学院（College of New Jersey，今普林斯顿大学）院长，是《美国独立宣言》的签署者中唯一的一位牧师。

德及其信徒的哲学带到这个新国家。[13]此外，拉什因常识这个
142 话题，特别是里德和贝蒂的主张所获的既得利益，促使这位费
城人在多年后把这个话题纳入了他的医学教学的主题，并撰写
了他自己的反思性论文，题名就叫《关于常识的一些想法》
（Thoughts on Common Sense）。[14]瞥一眼 18 世纪该市主要图书馆
的书目，或者 1783 年查尔斯·威尔森·皮尔（Charles Willson
Peale）所画的拉什肖像上，他身后成排的书籍，就能非常清
楚地看到，在殖民地时代后期的费城，苏格兰的认识论有多流
行了。

　　但更笼统地说，不强调任何个人中转链或智识方面的影响，
读一下潘恩本人的文字，就可以识别出这种传播广泛的不列颠
常识哲学和文学传统的几大标志。《常识》中第一次提到"常
识"一词是在第三章"我看北美目前的形势"的开头，作者第
一次引入北美殖民地的命运的话题。"我在下面几页，"潘恩说，
"只罗列简单事实、陈述明确观点，并普及一些常识。"①[15]

　　这里的"常识"显然是沿用了 18 世纪中期不列颠的用
法，意指人类天生所共有的那种基本的、本能的、直接的和无
可辩驳的感知和判断方式。它还指这种全人类所共有的能力所
衍生的基本公理或格言。但更重要的是，潘恩这里提出的三者
组合表明，潘恩和他同时代的阿伯丁人一样，都认为常识是不
容置疑和不言而喻的知识的一个重要来源，是一切证据中确凿
无疑的。当然，贝蒂曾经强烈建议，在危急时刻可以提出这些
基本的真理作为工具，防御现代世界的社会失败和道德沦丧
（例如由重商主义、放任自流和轻视宗教所带来的堕落）。通

----

① 〔美〕托马斯·潘恩：《常识》，蒋漫译，上海译文出版社，2015，第 44 页。

过这里首次提到"常识",潘恩表示他的基本看法和原则也将以同样的方式发挥作用:作为建立共有的、不容置疑的社群认识的基础。只有在这种情况下,它们才能够在明显的政治危机之时发挥效能。

潘恩的"常识",连同"简单的事实"和"明显的论据",也意在表明他致力于一种简单直接、绝无歧义甚至毫不掩饰的表达方式,这种表达方式符合这些看法及其衍生之原则的基本特质。这是里德和贝蒂对普通日常语言的一种变体,这些语言体现了常识,也体现了与皇家学院和 17 世纪某些新教说教相关的"朴素风格"。只是在这个例子中,潘恩还决心用常识的主要特质之一来支持一个政治纲领,而非仅仅作为一种抽象的道德哲学。

正是这种阐明自身立场的努力构成了潘恩这本小册子的一个最为与众不同的方面,无论他的立场事实上有多标新立异和夸大其词、形式上有多简单、内容上有多直白,因而影响又有多广泛和无可辩驳。[16]潘恩为自己辩护时没有使用符合逻辑的陈述或经仔细推理过的论述,甚至没有说他的观点是欢迎辩论的。他同样避免依赖专业知识或掉书袋地引用历史或政治理论来证明自己的主张。相反,他交替使用朴实的、讥讽的、先知的、隐喻的和雷霆暴怒的但绝不乏味的语言,精心准备了一份党派宣言,它本身就阐释了所有的人仅凭自己的生活经验就能完全理解的不言而喻的道理是什么,或者应该是什么。

从一开始,潘恩就一直在提醒他的读者,《常识》中提出的观点不过是"直率地说出"的"昭然若揭的真理"。它常常使用《圣经》的比喻,在他的叙述中,这部经书也是"清楚而肯定的……不容有任何模棱两可的解释"。其他时候,他以仅凭直觉就能判断对错的"自然的坦率之声"为例。潘恩一次又一次地谴责推理或表达中的复杂和含混，认为它们就是说谎或操纵的证据。相反，正如在大多数新教传统中一样，率直和简单被等同于无可辩驳的真实。[17]

继而在论证时，潘恩投入全副精力，将自己的小册子变成了把常识判断和原则应用于当前时事的一个案例研究。在这本小册子的后半部分，应用这一策略的结果无非就是坚称他的国家独立信条可以带来道德和金钱方面的利益；常识主要是一种务实和审慎的形式。但在开头几节，潘恩试图通过俗语、命令、规范性格言或与自然的现实世界的具体类比，把政治考量变成了将常识的准则应用于社会程序和权力关系的问题。他的目标就是要提出自己的"基本原则"，使得脱离英国的必要性，尤其是在整个北美疆土上推行共和制政府，变得既显而易见，又确凿无疑。

这本小册子中许多最为著名的句子都阐明了可以根据普遍公认的基本原则推导出来的政治真理。有时它们是以肯定的方式陈述的。"青年时代是良好习惯的播种季节，"潘恩直白地指出，"于个人如此，于国家也是如此。"在谈到英国宪制时，又说它是"一项无法推翻的自然原理，也就是说，任何事物愈是简单，它愈不容易发生紊乱"；以及"较重的秤砣总会称起分量较小的东西"。不过他的名言也同样阐释了遵循自然法则无法适用于政治的东西，它们必然会违背或颠覆基本的常识原则。例如，在谈到维持与英国的关系时："认为一个大陆可以永远受一个岛屿的统治，那就不免有些荒谬。"在这里，小的事物不该被大的事物统治的原则无论在自然还是社会生活中都是普遍和无可辩驳的；毕竟，大陆必然比岛屿大，而大的东西当然要支配小的东西。同样，在反对世袭君主制时他写道：
"按正当的和正常的道理来讲，一个二十一岁的青年（往往有
过这种事情）居然可以对几百万比他年长和聪明的人说，'我
禁止你们的某一决议变成法律'，这是十分可笑的。"在潘恩
看来，要证明相反的或宣称任何与这类主张相悖的观点都是
"违反事物常规的"。[18]

潘恩在书中的语气很像与他同时代的苏格兰人贝蒂，后者
指出，我们不可能说"人用脚掌来看世界"或"部分大于整
体"，就是因为这么说违背了常识。[19]综观《常识》全书，所有
违背潘恩所谓不言而喻之道理的命题都被加上了这样的标签：
即便不是荒谬或荒诞，起码也是违背自然、毫无价值、幼稚、
可笑，或者多少有些愚笨。潘恩利用这类道德或认知义愤的表
达方式，试图消除进一步论证或甚至进一步证明的必要性
（他在小册子的一处写道，"现在论战已经结束了"）[20]，哪怕
他的出版行为本身显然也是在邀约响应。从小册子开篇讲述的
社会与政府的区别到潘恩无数的亲民俗语，政治在这里被简化
为看到事物的真实面目并如实陈述。潘恩或许提出了一个又一
个未经证实的观点或"虚构"的事，[21]但他从修辞和观念两方
面将它们表达成为关于大小、数量、力量或审慎的同样无可辩
驳和不言而喻原则的显而易见的延伸。

然而，这一观点还不足以概括潘恩与 18 世纪中期阿伯丁
认识论的全部表面联系。在潘恩的用法中，里德关于"每个
人通过天生的原则就能理解"的辩论为看似阶级对立的政治，
或者至少为捍卫沉默的大多数反对权力在握的少数人的斗争做
好了准备。[22]向里德所谓"明白事理的普通人"的那种天生的
判断力、未经训练便获得的逻辑和简单的风格致意，可以用来

145

反对一切地位较高或享有特权之人，后者的行动和语言看起来已经不再受制于显而易见的常识。[23]潘恩正是这么做的。他粗俗的句法和词汇总是让人想到大众布道或通俗媒体，他不断提及自己的观点没有什么高深的基础，他咄咄逼人地鄙视等级制度和浮夸之词（尽管他本人对其应用裕如），潘恩凭借着这一切，把平等主义认识论和社会偏见的一种非常现代的混合物引入了关于北美殖民地未来的辩论之中。他反复试图使自己与哲学家、贵族、牧师和过去的思想家拉开距离，声称这些人用他们那令人糊涂、浮夸傲慢的语言取代了常识（他已经在早期的一篇题为《关于标题的思考》［Reflections on Titles］的文章中讨论过这一话题了，那篇文章用的笔名是"人民之声"）。[24]然后，凭借着存有争议的真诚，潘恩又把自己这个贵格会英国移民粉饰成群众中的一员而非外人。在他的叙述中，他是一个能够站在他们内部看到和说出普通北美人的集体设想和观点的人。这一立场与其说具备一种地理功能，不如说是一种共有的、彼此强化的社会和认知立场。他的目标读者正是像他一样的人，也就是每一位普通的、头脑清楚的殖民者，他们凭借日常经验而不是财富或正规的知识，能够认识到很大程度上已经不言而喻的真理。潘恩以许多种方式，包括他最爱的集体代词"我们"（例如："因此，我们还需要什么呢？我们为什么犹豫不决呢？"），[25]暗示他的使命就是从这一处于萌芽状态的普遍常识群体出发并为之代言，将它与当前的两大事业——独立和共和制度——联系起来。

虽说在 1776 年 1 月英国与其殖民地关系的辩论中，常识尚未归属于辩论的任何一方，但它已经获得了一种在智识上反精英的内涵。想想在潘恩之前大量使用这一概念的两本关于北美问题的政治宣传册吧。亲殖民者的小册子《为北美议会的决议和致辞辩护》（*A Defense of the Resolutions and Address of the American Congress*，1775）的佚名作者明确从"常识和经验"而非任何阳春白雪的源头提出论证。他继而认为商人，"那个无论在情感上还是行为上都非常慷慨大方的阶层"，要比"学院里的小丑和顽固派"更有资格就公共事务发表看法。这后一种人就包括"情感高雅细腻，满嘴'何不食肉糜'的领退休金的文人［即《税收并非暴政》的作者塞缪尔·约翰逊］"。[26] 这里再次重申，常识立场和语言的代表人物是饱经世故之人——而不是花里胡哨的学究或贵族，这一世俗的常识最终将被证明特别适合政治判断和决策领域。同样，乔纳斯·汉韦（Jonas Hanway）的亲英著作《常识：一个英国商人与一位坦诚的北美商人的九次对话》（*Common Sense：In Nine Conferences*，*between a British Merchant and a Candid Merchant of America*，1775）中那位直言不讳的英国商人对话者也坚称，从袜商或铁匠的"诚实的简朴"中道出的"有用知识"和"常识"中可以学到太多的真理和事物本来的逻辑，远远多于从"有学问的辩论者"那里学到的，后者充满了"精心设计的推理"、"不诚实的傲慢"和扭曲事实的动机。此外，这位为作者代言的商人还宣称，平民的常识一旦承担起"一个强大国家的光荣和利益"，就是战无不胜的。[27]

如此说来，潘恩只用了一小段时间，就在这一系列联系的基础上，加上他本人在英国和北美城市生活的经验，为一种尚未变成现实的政治文化奠定了社群主义的和民主制度的基础。正如罗伯特·A. 弗格森（Robert A. Ferguson）一针见血地指出的那样，《常识》"赞美了一场精心策划的、正义者在一种新型的参与式共和政体中的大团结"（这或许能够解释为什么其中根本没提任何制造分裂的话题，例如投票或潜在的意见分歧）。[28]可以说，潘恩使用了一种修辞和哲学上的反怀疑主义常识传统，帮助结成了一个想象中的"平民"（普通人）社群，它即将在他们的"共有"观念、判断和设想的坚实基础上，建立新型的政治秩序。

然而这一套谱系也有非常片面之处。这本政治小册子的与众不同之处，说到底就是潘恩如何成功地通过这些诉诸大众情感和大众语言的方式，反对他所在的那个时空中占据主导地位的假设。归根结底，里德和他那些长老会温和派学者和牧师同伴呼唤常识，把它当作一个平稳势态但本质上保守的工具，用它来反对当时时髦的怀疑主义和明显的道德堕落，18世纪初期的沙夫茨伯里和艾迪生，乃至更久以前，17世纪中期的开明派圣公会牧师们也是一样。总的来说，常识被用来捍卫在英国精英们看来已经被广泛接受的关于是非真假的观点的合法性。潘恩的文字则恰恰相反：常识被用来为一个激进的，甚至反偶像崇拜的目标服务，作者本人对自己的定位是一个高瞻远瞩的反体制煽动者。在潘恩敏锐犀利的笔下，常识成为一种武器，可以用来反对在18世纪末的大西洋世界事实上很平常的认识，持有这些认识的人数量众多、阶级地位也十分广泛。

《常识》开篇的几句话就阐明了这一愿望。这篇檄文一开头就宣称一个事实，即作者必须写下的这些话几乎没有哪一句符合当前主导的意见或传统观念："下文提及的种种观点也许目前尚未盛行，因而普罗大众未必对之赞同。长久以来未曾遭受质疑的事物会戴上正义的面具；揭开面具时必将掀起一波保卫传统的可怕呼声。"① 很快我们就会看到，在潘恩看来，常识思维的目的正是穿透习惯、习俗和通常被认为是常识语言和信念的"不假思索"的迷雾，以便为了更美好的未来，揭示出它们下面潜藏的、赤裸的现实。紧接着第一次提到"简单事实、明确观点和常识"之后的句子就表明，读者应该运用他基本的、天生的对真和善的感知，粉碎他自鸣得意的关于现状的假设。读者还应该"放下偏知执见和先入观念，用自己的理性与情感自行定夺"，从而"将视野从现如今拓展至无限的未来"。② 后面两次提到常识的地方也延续了这一主题。是否应该独立的问题必须"根据自然原理和常识"来进行考察，而不能根据习惯、传统或目前被赋予权威的人那些令人困惑的言辞。最后，"常识"，也就是天赋，而不是通常集体使用这一天赋导致的那一套基本假设，"会告诉我们，曾试图征服我们的政权是最没有可能保护我们的政权"。③[29]

因此，小册子的正文部分根本不是为现状辩护，甚至不是提出改革纲领，它发出严厉的、往往冷嘲热讽的抨击的，恰恰是潘恩假设的读者们通常因为错误地坚信历史和语言的正义性而认为理所当然的那些信念。他声称人类并未充分利用自己能够凭直觉判断行为或用于描述行为的语言中的谬误和表里不一，以此名义展开了论证。潘恩与常识结盟，颠覆了许多最基本的假设、思维习惯，甚至支配着本地殖民地政治生活的表达方式，包括他的读者们自以为是英国臣民的直观理解。他指出始于君主制的主要概念不过是传统和恐惧的产物。当前对话中

---

① 〔美〕托马斯·潘恩：《常识》，蒋漫译，上海译文出版社，2015，第3页。
② 同上。
③ 同上，第99页。

的主要语词，例如"母国"，事实上是误称或空洞的词语，被
权力者"阴险地采用"作为支持其权威的手段，除发音之外
毫无意义，特别是应用到一个名为英格兰的地方时尤其如此。
文本中常常以颠覆的方式提及圣经故事，潘恩给它们赋予的意
义与通常的意义全然相反。就连延续的观念也被一个似是而非
的俗语类比破坏了："按照这个观点，我们可以说：有鉴于婴
孩的健康成长得益于牛奶，其长大后就不必吃肉了；或者说，
我们在人生前二十年的生活方式决定了我们会继续以一模一样
的方式再生活二十年。"① 以常识的名义，潘恩把以前几乎不
可想象的事情变成了自然而然，把前人认为邪恶甚至可笑的东
西变得看似显而易见。[30]

也正是在这里，潘恩的常识在最基本的问题上与苏格兰人
背道而驰。和阿伯丁的常识哲学家一样，潘恩显然把常识描绘
成了一种普遍的天赋，说真正的常识原则是不受历史变迁的影
响的。但在潘恩看来，在特定时刻被称为常识的东西在内容上
却很少是超越历史或举世皆然的；只有随着时间的流逝，在大
量偏见、错误信息和不平等逐渐消失之后，真正的常识的律令
才能被广泛采用甚至大白于天下。如他所解释的那样，此一时
"看似陌生怪异、困难重重"的事物——例如王权的消亡——
"假以时日，便会为人熟知且被欣然接受"。② 潘恩的常识归根
结底既不是扎根于群众的行为，也不是扎根于普遍用法或普遍
共识。虽然他以虚伪的谦虚承诺自己所写的"不过是"简单
的事实，虽然他那么热爱"我们"这个代词，潘恩给自己的

---

① 〔美〕托马斯·潘恩：《常识》，蒋漫译，上海译文出版社，2015，第
48—49 页。
② 同上，第 115 页。

149

定位却是一个不接受主流政治文化价值观的人，而且还是个先知似的人物。潘恩清楚地看到了其他人还没有看到的未来。他以唤醒读者的理性为己任，不但是关于当前（与英国相对）的空间，还有关于时间和进步的理性。冲击本身不是目的，而只是一个工具，是用来鞭策他的读者和新同胞，让他们走出偏见和习惯的迷雾的手段。因为这位义愤填膺的作者似乎坚信，一旦普通的北美人"接触到了"潘恩本人已经看到的东西（包括他们此前如何促成自己被迷惑乃至最终被压迫），他们就一定愿意走出来改变历史进程，使之符合一种新的、现在还不是不言而喻的常识。或者正如潘恩所说，"赋予世界一个全新的开始"。在《常识》中，常识变成了一场面对未来的革命中使用的武器。[31]

150

这些就是潘恩的二元性的秘方原料。在潘恩的论战文章中，我们看到，常识的功能不光是某些知识的基础，还是一种颠覆当前被当作无懈可击的事实的观念的方式。我们看到，常识成了套话的必然结果，与此同时也是穿透语词——特别是那些被用来混淆或粉饰现实的语词——滤镜的手段。我们看到，常识是作为整体的人民的声音，也是这位头脑清楚的先知的声音，他凭直觉感受到人民应该能够掌握却无法自行掌握的事物。我们也看到，常识不光意味着此时此地为平民所共有的认识，还是在未来的某个时间节点之前，与这种共有意识背道而驰的认识。

同样，我们也可以在不列颠激进的辉格党政治、讽刺文学和新教异见的漫长传统中寻找到先例。但本杰明·拉什在他1791年关于常识的文章中，把我们的关注点转到了一个截然相反的方向：回到了17世纪末期法国新教怀疑论者皮埃尔·培尔所用的语词。在为他自己揭穿关于常识一般而言不过是集体谬误的观点辩护时，拉什写道："培尔先生说，人类总是被他们的偏见牵着鼻子走，而不是被他们的原则所引导。"倚仗着美国独立战争的坚实支柱，拉什指出，否则的话，就无法解释如今在整个世界被认为是不言而喻的各种观点。例如，无法解释"在好几个欧洲国家，发声或撰文支持共和制度是违背常识的；而在美国，发声或撰文支持君主制同样是违背常识的"；或者还有，"牙买加种植园主的常识是支持对非洲人的买卖和奴役；在宾夕法尼亚，理性、人性和常识全都普遍公开反对那些"。只有在某种知识已臻完美并得到普及的乌托邦内部，真理和常识的重合才能成为惯例。目前，他指出，它们在很大程度上是对立的。与里德的主张相反，这位费城医师沉思道，那些像伽利略一样能够让世界变得更美好的人别无选择，只能站在他们所在时空的主导观念的对立面，努力克服重重困难，建立一种与当前不同的未来的常识。[32]

我们不知道潘恩甚或拉什到底有没有读过培尔的著作，不过培尔的确在他的同时代读者中非常有名，无论在费城还是伦敦和爱丁堡都是如此。[33]但拉什这里借鉴培尔的话也暴露出一种两重性，直到 1776 年的互撞点到来之前，整个 18 世纪关于常识的讨论都围绕着这种两重性。那就是，拉什唯一一次提到培尔，指出了一条备选方案或第二条道路，其中的常识变成了北大西洋世界民主变革背后的认识论和政治转变的联结点。这里我们必须再次看向几乎对立（也远没有那么团结）的欧陆启蒙运动轨迹，它的一个核心概念是法语同源词良知。前文中已经提到，这种哲学论述风格的高潮也出现在 1770 年代，最为突出的是培尔所在的荷兰，同样游历广泛的潘恩本人也曾在《常识》中赞美荷兰避免了君主制和战争。但在 18 世纪的最后 25 年，随着激进的启蒙运动延伸到欧洲北部的大部分地区，从荷兰到法国到英格兰最后再到英格兰的海外领地，良知开始代表一种无论什么样的教育、经济、性别和地位差异，每个人所共有的、在每一个领域看穿当前的有害"共"识及与之相应的误导性语言的能力。这显然正是潘恩努力的方向——即便他坚称自己只是在为常识辩护而已。

此外不妨说，潘恩也大量借鉴了当地的传统。毕竟潘恩写作所在的公共领域早已经由本杰明·富兰克林的伟大创造——穷理查的那种坦率的、务实的和反贵族的智慧和道德所定义了，更不用说还有富兰克林本人的光辉榜样。[34] 到 1776 年，富兰克林已经得到了偶像地位，在费城的劳工阶级中间尤其如此。他也大大促进了他本人和他与潘恩两人的第二故乡协同作战的神话，那座城市不光是新世界务实精神的中心，还是贵格会式朴素和反权威（这也是经久不衰的想象，实际上贵格会不支持独立）的所在。在这样的背景下，致敬常识看起来就不再是一个不和谐音了。

如此说来，潘恩伟大的革命姿态也是一种合成的行为。潘恩作为善辩者的成功，就源于他把个人主义与集体主义合而为一，把北大西洋两岸流行的常识——或者有时是良知——思想和表达的保守与颠覆特性融为一体。[35] 这是英国的常识与激进的欧洲大陆的良知——前者不乏伪平等主义的协议性，后者是精英阶层对一切假定普遍真理的抨击——被融入了一个在当地发生变化的杰作中：一篇为尚未经历过考验的政府形式辩论的文字，在这种政府形式中，对人民主权的激进诠释将成为基本原则。潘恩所写下的，是在认识论和社会层面为一种民粹主义民主辩护的开篇。北美——或者更具体地说，费城——不过是这种民主的第一个试验场。

那以后没过多久，托马斯·潘恩就因为卷入了一系列丑闻而声名日衰。然而这本出版于1776年1月的匆匆写就的廉价小册子里充分体现的常识的两重性却历久弥新。这本题为《常识》的小册子对常识的政治史产生了几乎立竿见影和显而易见的影响。出版后仅仅几周时间，它就为人们广泛接受脱离英国、在北美殖民地内部建立务实的共和制政府提供了一种叙事和一种语言。紧接着，随着为新的宾夕法尼亚"州"建立一个新政府的工作在那个春天开始，它又为建立一个完全民主但又自给自足的政体提供了民粹主义基础。应注意不要夸大潘恩本人的预先策划甚或影响。但在1776年结束之前，常识已经成为一种新的（且注定影响十分深远的）民治形式的重要支柱，在那一政体形式中，人民，或公民，因为他们能够做出实用而合理的判断的天赋能力而成为自己的主人，但那些判断同时也受到了常识的限定和约束。

153　　转变是立即发生的。在其后那段时期，潘恩对于直觉的共通性和不可辩驳性的自负言辞，对于塑造美国的政治理想以及美国人谈论那些理想的方式取得了惊人的成功。无论潘恩的小册子是否真的在一夜间改变了人们的思维，它确实很快就被潘恩本人（他很快就不再匿名，还给自己加上一个表示父名的"常识"）以及那些意气相投的或著名或没有名气的评论家神化成了这样。当代叙述表明，民众一下子就转变了。例如，弗吉尼亚的埃德蒙·伦道夫[①]声称，"几周前还一想到独立面临的巨大障碍就会瑟瑟发抖的公众的态度"在《常识》面世后就"跨越了一切障碍"；[36]乔治·华盛顿也说这本小册子"彻底改变了许多人的思想"。[37]这是真正的"思想革命"的证据，按照18世纪历史进步理论家的说法，人们思维方式的彻底转变必将导致同等规模的社会和制度领域的革命。

然而潘恩并非总能因为个人的远见卓识而得到赞美。相反，许多早期评论家指出，这位移民论辩者绝不是先知或（历来是常识的对立面的）"奇迹"的创造者，而是成功地召唤起了北美殖民者尚未意识到他们已经感受到的那种愤怒和渴望。[38]他们必须战胜自己残存的偏见，才能暴露出真正的情感。一位康涅狄格人的反应十分普遍："你公开了自己的情绪，也就公开了数百万人的情绪：你的成果可比作一场扫荡此前一切的内涝。我们本是盲目的，但阅读这些富有启发性的文字，无异于擦亮了我们的双眼。"[39]人们认为，这种全国性的反谦恭、反历史的，最终宣扬民主的常识不单是篇幅仅为46页的《常识》的结果，也是它所产生的一个根本原因。

革命时代的首批历史学家，包括拉什曾在费城学院（College of Philadelphia）教过的学生戴维·拉姆齐（David Ramsay），复制了这一启发性工具，急于表明独立战争绝非背离了延续性和共识，而是它们的结果，是所有北美人已经共同拥有的价值观的必然后果。拉姆齐解释说："这个新的制度不是［在1776年］靠武力强加的或有所预谋的，而是必然性导

154

---

① 　埃德蒙·伦道夫（Edmund Randolph, 1753—1813），美国律师、政治家，曾任弗吉尼亚州州长（1786—1788）、美国司法部部长（1789—1794）和美国国务卿（1794—1795）。

致的，是在一种无差别地笼罩于公众头脑上的共同危险的无法察觉的作用之下产生的。"在他的笔下，潘恩的小册子被转变为促进这一过程发展的一种工具："它［《常识》］符合民众的情感和情绪，所以才产生了惊人的效果。"绝大多数人以"惊人的整齐划一"转而支持独立，是"人民的声音"，而不是少数野心勃勃的政客，迫使起义领袖发动了一场名副其实的革命。[40]

回溯起来，就连《独立宣言》也被这个故事同化了，它赞美"不言而喻的真理"，坚持民治。按照托马斯·杰斐逊的说法，《独立宣言》绝不是他自己的发明，而更应被看作"美国人思想的表达"。在很多年后写给亨利·李①的一封著名信件中，杰斐逊指出，1776 年《独立宣言》的本意就是要表达"关于这个主题的常识"。[41]此外，虽然一群不知姓名的公众的常识被理解为这一自治实验的根源所在，但民主也在理论和实践中被赞美为常识的孵化器。在早期的共和国，它成为一个宝贵的美国价值观，在各种布道、年鉴，以及谚语、俗语和实用格言语录中受到吹捧（尽管它宣称自己是不言而喻的）。[42]它还成为一个成功的商业口号。[43]可以说，依赖常识一直是现代西方民主国家的理想形象的一部分，那些国家通常会宣称自己扎根于普通人的智慧。

当然，这很难说是 1776 年的发展走向。毕竟这样的危险一直存在：总有人太过从字面上理解声称代表常识的主张。一

① 理查德·亨利·李（Richard Henry Lee，1732—1794），弗吉尼亚殖民地的政治家和美国开国元勋，最著名的功绩是 1776 年 6 月的《李决议》（Lee Resolution），就是第二次大陆会议上呼吁各殖民地独立于大不列颠的动议。

方面，声称代表或证明常识始终需要一定程度的欺骗——良知的早期支持者对此心知肚明。无论这个名词代表什么，它很少会在真正意义上为大众所接受，从来就不是普遍或广泛共识，通常只是一种抽象概念而已，和它旨在取代的某种辞藻华丽的抽象观念毫无差别。召唤常识的努力总是有利于社会的某一部分人群，但会牺牲另一部分人群的利益。尤其是，那些努力始终是会挑起论战的，换句话说，是政治的。常识绝非毋庸置疑甚至无可辩驳，而通常是反应性的，是从它被取代的地方重新带回到谈判桌上，因而需要一种逆反应。就连 18 世纪中期阿伯丁的长老会思想家们也利用常识的概念争取党派优势，希望将中间派的公众舆论引向某个特殊的方向而偏离另一个方向，特别是在宗教和道德问题上。激进的欧陆启蒙运动把常识锻造成了被启蒙的少数人手中的一件公共武器。它听起来客观公正、无可辩驳，又能为广大公众所认知，这正是它成功地变成一种主观的、党派的、总有可能蛊惑公众开展政治行动的宣传工具的原因。有常识在手，任何处在有利地位的个人或集体，无论持有哪一种特定的观点，都可以假装代表整个社会的看法，并因此而承诺终结一切争端。

可以预见，随之而来的就是一场争夺常识确切归属的非常公开的斗争。富有创新精神而批判传统思想的潘恩在写作自己的小册子时，实际上没有为任何既有的常识信条代言。事实上，在这本小册子 1776 年年初问世时，无论在英国还是在北美殖民地，没有任何关于独立或共和制政府的大众共识能够直接占据主导。即便潘恩的《常识》以及关于它的大量评论说服了很多骑墙派，它也产生了与这个标题看似承诺的东西截然相反的观点。第一版刚刚出现在北美殖民地的书店和其他公共

155

场所，就产生了一个公开对其发表评论的跨大西洋微型行当，很多评论都是反对意见。从都柏林到纽约，效忠派和持反对意见的爱国者们撰写文章、小册子和信件批评这本小册子的语言，更遑论它的论调。约翰·亚当斯预言说，《常识》提出的"由一个议会统治国家的那种粗鲁、无知的观念对'自由之友'造成的分裂和损害，将比所有托利党的言论加起来还要严重"。[44]此外，既然每一方都声称自己代表的是真正的、唯一诚实可靠的人民之声——拒绝承认对方的同样的主张——北美殖民地关于常识归属的斗争就无助于缓解一种新型的高调的意识形态对抗，后者继而进一步加强了已经壁垒分明且日益两极化的政治较量。证据就是后来出现了不少亲英的，因而也就是反对潘恩的抨击文章，如托马斯·布尔（Thomas Bull）的《常识关于共同权利的决议》（*Resolutions of Common Sense about Common Rights*）以及匿名作者的《纪念常识，关于大不列颠和北美当前的危机》（*Memorial of Common-Sense, upon the Present Crisis between Great-Britain and America*），这些远在伦敦的作者代表一套全然不同的主张，夺回了常识。[45]这里的论点是，潘恩是违反者，滥用语词，利用公众的轻信，把世界带入了歧途。的确，常识不久就会被用来诋毁潘恩了，他在事业生涯的后期都把自己包裹在这个通俗认识论价值观的斗篷下面，此种行为事实上鼓励了这种对待他的方式。

这种势态在潘恩的新家乡尤其如此。就在潘恩的《常识》初版于1776年年初问世后几周，圣公会牧师和纽约效忠派查尔斯·英格利斯（Charles Inglis）以"一个北美人"为笔名撰写的《公正地说，北美的真正利益所在》（*The True Interest of America Impartially Stated*）出现在费城的报刊亭中，确立了这

The outward and XLII. *Senſus externi &*
inward Senſes.   *interni.*

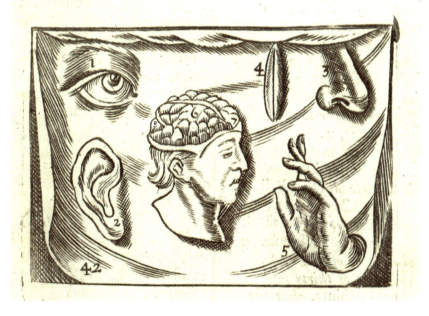

约翰·阿摩司·夸美纽斯在《世界图解》中描绘的"外部和内部感官",见 Johann Amos Comenius,*The World Seen through Pictures*,trans. Charles Hoole,London:1685,86,Plate 42。编号1到5为后亚里士多德时代心理学所认为的"外部感官"的通常顺序。编号6到8为包括常识(编号7)在内的三个"内部感官"在人脑中的位置,"它们负责理解通过外部感官所感知的事物"。

A. Ciuitas VERI siue MORVM.

B. Quinq. vrbis huiusce portæ significationem habentes quinq.
        sensuum exteriorum.

C. Tres sensus interni. Nempe sensus communis, Vis imaginandi,
        Memoria.

D. Valles in quib. atria vitiorum.

P. del taure

B

D

TRAMONTANA

E

B   P. de Madre

巴尔托洛梅奥·德尔贝内
在《真理之城；或伦理学》
中描绘的"灵魂之城"，见
Bartolommeo Del Bene,*Civitas Veri
sive Morum*,Paris:1609,28–29。这里
用比喻的方式把灵魂，也就是
头脑，描绘成一座城，它被五
个感官大门包围。每道城门通
过一条轴心路与城市中心相连，
城市中心矗立着五座被抬高的
庙宇（分别供奉着"科学""艺
术""审慎""理性""智慧"）。
进入这些庙宇可借助三架梯子，
它们分别代表三个"内部感官"，
用于接受、指挥和保留感官印
象。道路之间的谷地是邪恶之
所在，周围环绕着谬误之迷雾。

福尔杰莎士比亚图书馆
授权使用

tutum moralium, per eaq. tranfitus in arcem & templa
um mentis.

ra vitæ humanæ. Voluptarium, Actuofum fiue Politi-
& contemplationis fiue philofophicum.

uli, quorum decem, habent fignificationem volupta-
ecem alij dolorum.

D iij

《共通感》，第三代沙夫茨伯里伯爵安东尼·阿什利·库珀于1711年前后设计的寓意画，由亨利·特伦奇（Henry Trench）绘制、西蒙·格里伯兰（Simon Gribelin）雕刻，见 Shaftesbury,*Characteristicks of Men,Manners,Opinions,Times*,2nd ed.,London:1714,1:312。这幅三联画本是为抨击霍布斯的怀疑主义所绘，将其与沙夫茨伯里自己的哲学及其标志性的坚持宽容和讥讽乃获得真理之途径的观念并置。中间的椭圆形图案呈现的是《共通感》一文中的一个段落，沙夫茨伯里想象一位"埃塞俄比亚原住民"亲眼看见巴黎或威尼斯发生的大屠杀，然后思考谁会"带着更清醒的理性嘲笑"谁的问题。这幅三联画两侧的场景描绘着两种不同的看待人类的方式：左边是沙夫茨伯里的视角，右边是霍布斯的视角。

乔治·贝克莱《海拉斯和斐洛诺斯的对话》中的"第三场对话片段",见 *Dialogues entre Hylas et Philonous*, trans. Jean-Paul de Gua de Malves, Amsterdam:1750[1713],175。这幅描绘在竖起的喷泉前面对话的插图表现了想法(thought)从怀疑论到常识的转换(这里是指贝克莱的非物质主义哲学的常识)。与这幅雕版插图相匹配的原文段落是这样的:"您瞧,海拉斯,这个喷泉的水先是形成一个圆柱,向上喷涌到一定的高度;它在那个高度分裂,落回最初升起的位置,而它的升起和下落遵循的是同样一致的引力原理。正是如此,同样的原理起初引发了怀疑态度,后来到了一定的节点,又把人们带回到了常识。"

《常识女王的判决。致亨利·菲尔丁阁下。一幅关于哑剧,以及神学、法学和医学教授们的讽刺画》(1736年)。这幅匿名版画展现的是跪着的菲尔丁把自己的剧作《巴斯昆》献给常识女王,后者抛了一些金币给这位成功的剧作家的故事。该画下方的诗句写道,"风趣、幽默、讽刺为自己辩护,全都来侍奉起了常识女王"。

《常识》作者设计的《金臀庆典》（*The Festival of the Golden Rump*），根据1737年《议会法案》发表。这幅匿名版画描绘的是1737年3月伦敦的政治期刊《常识》中讲述的一个同名场景。在这篇着实令人作呕的嘲讽文章中，卡洛琳王后正在向她的丈夫乔治二世的"臀部"注射一种神奇的镇静剂，而沃波尔手持一根魔杖在旁指导。

上：詹姆斯·贝蒂的肖像，由詹姆斯·沃森（James Watson）根据乔舒亚·雷诺兹爵士1773年的作品《真理的胜利》（*The Triumph of Truth*）所制作的雕版画，于1775年由伦敦的约翰·博伊德尔（John Boydell）发行。贝蒂在他1773年的《伦敦日记》中写道："乔舒亚［·雷诺兹］爵士提议画一幅寓言画，表现我和另外一两个人把不虔诚打入无底深渊的场面"（80）。但在雷诺兹最终的成品中，贝蒂腋下夹着他的《论真理的本质和不变性》（画中干脆被标示为"真理"）。在他身后盘旋的是一个女性的真理化身，她把分别代表诡辩、怀疑态度和愚蠢的三个男人的脸按在地上。那几个男人被广泛解读为伏尔泰、吉本和休谟，但雷诺兹只确认了第一个人的身份。

右：拉翁唐男爵阿尔芒·德·洛姆·德阿尔斯所著《本书作者与一位有良知、有阅历的野蛮人之间的奇怪对话》（The Hague:chez les frères l'Honoré,1703）的卷首插图。在这幅著名的图画中，一个几乎赤身裸体的休伦人，也就是良知的化身，一只脚踩在一根权杖上，另一只脚踩在一部法典上，而权杖和法典是欧洲文明的两大象征。

ET LEGES ET SCEPTRA TERIT

托马斯·潘恩所写的畅销小册子《常识:写给北美居民》(*Common Sense:Addressed to the Inhabitants of America*,Philadelphia:Printed and sold by R.Bell,in Third Street,1776)第一版的标题页。

《被围城和攻陷的锡安》（*Zion Besieg'd and Attack'd*），由"人民之友"所绘的匿名蚀刻画，1787年由费城的威廉·波因特尔（William Poyntell）搭配一篇解释文章一同出售，整套图文旨在诠释围绕着1776年宾夕法尼亚宪法展开的争论。在这幅精美的寓言画中，这份争议重重的文献被表现为一座建在石头上的城池。它由工匠组成的队伍守卫，他们手持大旗，旗上面写着"富兰克林与自由"。这些守卫也被"围城者"从四面进攻，包括（最左边的）"一群贵族，领头的是吹奏着'拉什'单簧管的本杰明医生"以及（右边的）一群银行家，他们觉得宪法"太民主了"。潘恩（被描述为"理智的雅努斯，前宪法护卫队军官，但最近升职成了银行家利润站的保镖"）四肢摊开坐在由另一个营地竖起的基座下面的地上。他也被描绘成一只高唱的"智慧之鸟……表现着自己的高位和影响力"，呼喊着"我丧失了自己的好名声，此刻多么难过啊"。这切实地证明了，在这样的年代，即便是支持第一部州宪法的人们，对潘恩的看法也发生了转变。

La Nation
presentant la Co
au Roi

法国匿名画家创作的水彩版画《自然与人工光学，或愤怒的显微镜、傲慢的望远镜与理性和常识之眼》（*L'Optigue naturelle et artificielle,ou le microscope de la rage,le telescope de l'orgeuil et les yeux de la raison et du sens commun*，1791 年 9 月）。这幅倾向于支持革命的画作通过描绘不同的观看方式或光学手段，展示出人们对新宪法的不同观点，当时新宪法正由国民提交给国王。借助他们的人工仪器，画中被描绘成神职人员和贵族的人物实实在在地被愤怒和傲慢蒙蔽了双眼，他们只能以偏斜的方式看待宪法（神父说："噢！那个魔鬼要吞噬一切。"贵族说："噢！噢！它还没有我们想的那么近在眼前。"）只有代表人民的那个人没有利用任何仪器，只凭借着自己的常识和理性，看到了显而易见的真相（"噢！它真美，它将为人民带来幸福"）。

法国国家图书馆

ah il est temps que chaqu'un fasse son métier,
et les Vaches seront bien gardées

法国匿名画家创作的飞尘腐蚀版画《啊！从现在起每个人都该管好自己的事，那样一切都会好》(*Ah!Il est temps que chaqu'un fasse son métier, et les Vaches seront bien gardées*, 1792 年 4 月)。根据 1792 年 5 月 9 日《法庭及城市报》(*Journal de la cour et de la ville*) 的报道，这幅反革命漫画中表现的是：一个诚实的修鞋匠因满脑子革命观念而忽略了自己的工作，直到各种事件终于使得"雅各宾派爱国主义创造的翳障从他的眼睛里脱落了"；然后，他"回归了自己的良知，愤怒地脱下军装，扔掉了假发和辫子，安静地回到了自己的小作坊，这让那些听说他动静的人，尤其是他的妻子和孩子们开心至极"(引自 Claude Langlois, *La Caricature contre-révolutionnaire* [Paris,1988],199)。

《托马斯·潘恩每晚的噩梦》（*Tom Paine's Nightly Pest*），詹姆斯·吉尔雷创作的飞尘腐蚀版画，1792年下半年于伦敦由汉娜·汉弗莱（Hannah Humphrey）发行，这幅画预见了潘恩因《人的权利，第二部分》在英格兰出版而受到煽动诽谤罪的审判。在一间阴郁、残破的木屋子里，潘恩躺在一张破旧的木床上，头上戴着写着"自由"的帽子，身上仅盖着他的大衣。在这个噩梦般的场景中，即将到来的对他的审判和惩罚，包括土牢和镣铐的景象，出现在他的上方。我们可以看到他的大衣口袋里插着的那本小册子的标题——《摧毁自由政府的常识或理性》（在后来的版本中，标题被改成了《英国人变成无套裤汉的常识或令人信服的理由》）。这是1792—1793年在不列颠问世的许多反潘恩漫画中的一幅，其中很多在嘲讽他此前与常识的关联。

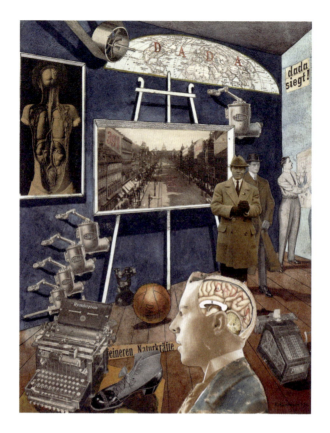

拉乌尔·豪斯曼，《一个资产阶级的精确大脑引发了一场世界运动》（*Ein bürgerliches Präcisionsgehirn ruft eine Weltbewegung hevor*），后改名为《达达的胜利》[*Dada siegt* or *Dada Triumphs*]），拼接水彩画，1920年。这幅画既务实又充满嘲讽，彰显了达达主义作为一场雄心勃勃的反主流全球政治运动的观念。通过突出展示一个人脑解剖模型，它确认了人类永恒的感知系统是这场运动的源头和主题。但《达达的胜利》正式以图像方式明确指出，将机械化的"精确大脑"尊奉为神并不会带来秩序、条理和常识。豪斯曼使用了各种不同的先锋派美学技巧——画中画、不同比例的古怪并置，以及把现代生活中的无关碎片（足球、打字机、大规模生产的门锁）联系起来——表明把不同视角和知识暂时搭配混合在一起就是达达主义事实上主张的政治。

一类反对派论战的基调。英格利斯指责"英国人"（潘恩）处处违反常识；贩卖"荒谬和错误"；他的写作沿袭了"极端者"、"狂热分子"和"空想的悖论主张者（他们很清楚人类的共同情感必然会反对他们的体制）"的传统。这些都是 18 世纪初期英国新教政论中经常会用的陈词滥调，是革命前殖民地时期所珍视的常识的反义词。英格利斯继而在结尾批评了潘恩的标题中使用的语词："为了让他的小册子大卖，他运用修辞手段在前面加了'常识'作为标题，它事实上应被称为'用词错误'，换一句平实的英语就是，语词滥用。……我在这本小册子中没有看到任何'常识'，只看到了很多格外狂乱之词。这是对北美人的常识的极大侮辱；是阴险地企图毒害他们的思想，引诱他们背叛自己的真诚和真正的利益。"[46]

其他人，其中大多是费城人，在 1776 年也采用了相同的路线：潘恩的常识最好被理解为它的反面："彻底颠倒认知"，一位自称理性人的反对者如是说。[47] 或者用加图（Cato，后来被透露是一位祖籍苏格兰的费城人，真名叫威廉·史密斯［William Smith］）的话说，它根本就是"胡言乱语"。[48] "顶着'常识'这个似是而非的名号，"加图怒斥道，"［这本小册子的作者］不断抛出悖论，不但把自己放在了最智慧之人的清醒情感的对立面，也常常自相矛盾。"[49] 所有这些化名评论家最终想要做的，都是把这个名词从潘恩那里夺回来，证明他们自己与这一理想的合法关系。他们努力证明自己才是为北美人真正的情绪代言的人——或者用加图的话说，至少是为"十分之九的宾夕法尼亚人"代言的人。[50] 他们谨慎地指出，他们所说的这一切才应该是不言而喻的，而潘恩却鼓励了新的荒谬和偏见的产生。例如，英格利斯在试图证明他自己的立场不但源于《圣经》、英格兰宪法和 1688 年光荣革命的原则，还体现了"常识、理性和真理"，因而他无法抗拒地使用了已被潘恩证明行之有效的同样直白、通俗、类比的推理方式。在为统一和谨慎辩护时，这位反对者指出："［脱离母国］这剂猛药要比我们的病糟糕得多，就像是因为脚趾偶尔疼痛，居然把一条腿截肢了。"[51]

与潘恩的小册子本身一样，在这场辩论中，宣称拥有常识的主张成了一种政治推理和表达风格——这种风格将在北美民主政治的发明中发挥关键作用——的主要特点，再次强化了它的救赎和务实两个面向。这让我们很难不去回想将近半个世纪以前的伦敦往事，于是我们亲眼见到了 1730 年代议会外政治斗争中典型的对常识归属权的争夺再度重演。我们在前文中看到，在英格兰，冲突各方为了彼此对立的意识形态主张自己代表人民的理性，但谁也不认为英格兰会着手制定一个像民主制度那样愚蠢的政府计划。但在 1776 年结束之前，加图和他的支持者们就已经处于不利局面了。如今的斗争围绕着为前殖民地争取独立。它还涉及建立一个新的政府制度框架，那个框架将成为北大西洋各国革命的试金石，且最终结果表明，南大西洋各地的革命也是一样。潘恩提出的常识治国——1776 年 5 月在《宾夕法尼亚消息》（*Pennsylvania Packet*）上撰文的一位作家解释说，那是一种权力保留在"这个殖民地上每一位拥有自身的意愿和理解力，能够管好自己的事情的个体居民手中"的政府[52]——不久就会成为美国对欧洲政治发展的伟大贡献。说到底，它会为未来遍及全球的大众民主提供一个模板，更不用说大众对于民主的质疑和挑战了。

《独立宣言》墨迹未干、尚未签署时，变革就开始了。因

为就在潘恩提出一种让跨大西洋帝国秩序彻底改变方向的
"常识"的同一时间、同一地点，宾夕法尼亚殖民地内部的城
市政治也到达了一个危急时刻。1776年前几个月，与英国的
争端变成了一场争夺本土统治权的竞争。一场内部革命，反对
地方当局的斗争，于同一时间在英国的北美殖民地上爆发
了。[53]此外，费城这个虽说偏远却已然国际化的中心城市既是
潘恩的小册子首次面世之地，也成为这第二场革命产生最深远
影响的地方。一种被用于促成常识的新定义的新的政治形式，
很快就形成了一套理论并被付诸实践。在为一个即将在那伟大
的一年里变成宾夕法尼亚州的地方制定宪法的过程中，潘恩及
其支持者提出的这个新生的民粹主义促成了将对人民主权的激
进解读转化为制度条款的第一次尝试。也就是说，一小群费城
人试图为一种最终将被称为"民主"的统治形式创立一个法
律框架——当然这里的"民主"不含任何贬义。

　　异常激进的政治观念之所以能在1776年的宾夕法尼亚，
特别是在它的主要城市费城扎根，有好几个深层原因。当然，
很长时间以来，源于贵格会的宗教自由传统，更不用说摆脱王
室特权的传统，都使得新思想在这个殖民地的传播畅通无阻。
同样重要的还有前20年经济领域的重大变化，包括"七年战
争"① 之后长时间的萧条，改变了费城旧的阶级结构。工人
阶级和穷苦劳动者受到的打击尤其严重，他们在城市财富中
所占的份额自18世纪中期以来不断下降。但在1760年代和
1770年代初，就连很多手工业者和"机械工"也很难维持生

159

───────────

① "七年战争"（Seven Years' War）发生在1754—1763年，主要冲突集中
　　于1756—1763年。当时世界上的主要强国均参与了这场战争，它的影响
　　覆盖欧洲、北美、中美洲、西非海岸、印度及菲律宾。

活水平了。大陆会议时代的费城是一个在文化和经济上日益两极化的城市。此外"中产阶级"各种结社活动和委员会的成立，以及围绕着新的民兵体系，穷苦手工业者和劳工的政治化，引发了为大陆军输送志愿者的情况：这些进展也在一定程度上改变了战时费城政治的性质，主要是让各方都能够表达共同的愤怒。商人、手工业者、劳工和农民日益倾向于不但脱离王权控制，还要参与到他们一直都没有什么话语权的政治进程中。[54]

然而，为宾夕法尼亚制订新的政府计划的最直接动力，是该殖民地的议会拒绝支持独立运动。与英属北美其他城市的殖民地精英不同，费城的富裕地主和当前的政治领袖——该城市各类伟大的启蒙机构（包括图书馆、学校、消防公司和学术社团）的主要支持者，在1776年仍然拒不接受潘恩提出的完全独立的共和制北美的愿景。如此不愿意支持爱国事业就为新的政治发言人的兴起（这让大多数随便地自称"思想者"的人十分沮丧）[55]提供了机会，他们通过新的法外组织集结起来，祭出一种新型修辞风格和新的政治议程。这些政坛新星的原则最终将无法为新的美利坚合众国提供占支配地位的制度框架。但这种与众不同的政治方式的突出特点就是民粹主义，它会被写入宾夕法尼亚的第一部宪法，并在其后的岁月为美国和外国的其他革命民主运动和挑战统治阶级政权的运动提供灵感。

1776年5月最终成为转捩点。那个月的第一天，大量反对独立的候选人再次在费城的特别补缺选举中赢得了议会席位。看到英国军队大军压境，本地统治精英也不想出手援助，少数激进的共和派人士把限制殖民地议会和宾夕法尼亚政府的权力确定为自己的目标。共和派的很多人都与手工业者或军队的利益有着密切联系，这些人（他们似乎全都是男人）中有一些——如拉什和数学教师詹姆斯·坎农（James Cannon），后者祖籍苏格兰，1765年移民北美，已经担任了代表民兵利益的费城士兵委员会（Committee of Privates）秘书的职位——他们本人就是受过大学教育的专业人士。还有些人，包括画家查尔斯·威尔森·皮尔、制表匠转行天文学家的戴维·里滕豪斯（David Rittenhouse）、活跃的医师托马斯·杨（Thomas Young）以及店主和斗鸡专家蒂莫西·马特拉克（Timothy Matlack），都和潘恩一样，基本上是自学成才。同样，有些人——像杨和马特拉克——是思想自由的人，还有些是虔诚的贵格会教徒或者更常见的是圣公会新教徒，尤其是长老会那一派的。他们的共同特点是都在智识上认定政府应该基于几个基本的、不变的、易于掌握的原则，这是他们大多数人沉浸在其中的后期启蒙运动文化的典型特征。他们还雄心勃勃地希望吸引到一个极大的、受教育程度低得多的公众群体，将这一群体既作为实际的支持力量，也作为理论上的合法性源头。

不过，这些人也十分务实，知道仅仅依靠据说是潘恩一夜间创造出来的新的共和制"常识"的盛行，是无法为宾夕法尼亚政治的彻底变革辩护的。他们当然意识到在当前的形势下这是不够的，特别是作为一个单独的社会群体或政治力量的"人民"几乎根本不存在。因此，他们转而向正在市中心开会的大陆会议寻求帮助。两周后，约翰·亚当斯回应了他们的希望，他的雄心是继续更大范围地推进独立事业，而不是实现潘恩及其支持者激进的政治观念。部分是为了强迫宾夕法尼亚议会支持，大陆会议在亚当斯的敦促下通过了一项决议，该决议建议在所有"至今尚未建立满足各项事务的迫切要求的政府"

161

的地区，代表们都应该建立起他们自己构想出来的政府。用决议序言里的话说，关键问题是所有这类政府的合法性都只来源于"殖民地人民的权力"。[56]

约翰·亚当斯的豪言壮语正好为马特拉克、马歇尔、里滕豪斯和坎农等议会以外的激进辉格党人和委员提供了求之不得的机会。他们随即开始号召创建一个特别会议取代当前的立法机构，这个特别会议专门负责为宾夕法尼亚新政府撰写书面宪法的事务。根据那年 5 月出版的一本题为《警报》（The Alarm）的煽动性小册子的匿名作者的说法，议会被取消了这一资格，原因是这样两个事实：议会的权力并非像大陆会议要求的那样源于"人民的权力"，而且作为一个单一的机构，它迄今的表现既无"明断"也无"智慧"，这当然是任何立法机构的基本特征，围绕独立的问题尤其如此。需要取代它的是一个可以首先对人民和它的集体智慧做出回应的新的代表机构——或者用《警报》作者的话说，可以和不到 100 年前发生在英国国土上的革命相提并论的一场政府"革命"。[57]

令人惊奇的是（因为我们知道美国革命最终的发展走向全然不同），这样激进的逻辑确实是 1776 年费城的主流思想。虽然有过几次紧急关头的反转，但到 6 月中旬，宾夕法尼亚议会就已不复存在。除了如今已成传奇人物的本杰明·富兰克林之外，它主要的成员的权力都随之逐渐消失了。到 7 月中旬，来自全州各地的当选议员召开了一届制宪会议，那些议员清一色地支持就在几天前刚刚由大陆会议官方宣布的独立事业，准备开始为自由独立的宾夕法尼亚州创建一个共和制框架。[58]

但是亚当斯和其他爱国者领袖们反复提及渐成陈词滥调的

人民主权原则和"人民"的权力，无异于捅开了真正的马蜂窝，他们自己后来也不堪回首。[59]的确，他们开启的那一场争议最终使得宾夕法尼亚的辉格党，也就是独立的支持者们，分裂成不同派别，在此过程中，还给古老的常识观念赋予了一种新的政治特色。早在 5 月 20 日，《警报》出版的第二天，与宾夕法尼亚的观察和检察委员会（Committee of Observation and Inspection）有关的激进政客就成功地策划了一场大型户外会议，就亚当斯在会议决议中提出的人民主权的观念应该如何解读"听取人民的意见"。[60]其他镇民大会、游行、委员会谈判以及一连串小册子、抨击文章、专栏文章和请愿书踵趾而至。激进派使出浑身解数利用这些工具动员"人民"形成一股实际的力量——他们渴望以后者的名义制定一种新的政治愿景。6 月召开的议会目的是确定召开制宪会议的规则，结果却进一步夸大了当前利益攸关的问题。对 1776 年下半年的形势发展，最确切的概括就是一场公开的战斗，各方争夺的不仅仅是共和制宪法应该做出怎样的承诺，还有比那更重要的，新的宪法应该代表谁的意见以及如何代表。

纵观北美东部海岸，各地撰写州宪法的过程揭示了关于原则上基于民意的政府的性质、起源和权力分配等问题的极大分歧。[61]但起初只是在宾夕法尼亚一地，这些问题就引发了支持直接民治的争论，最终导致全体人民四分五裂。表面上，让出席 6 月举行的议会代表们头痛的问题与选举权要求有关：在宾夕法尼亚居民中，谁应该有能力选出撰写该州新宪法的人？但这个问题很快就变成了更笼统的谁能参加制宪会议的问题：在有着至高无上权力的公众中，哪部分人应该最终治理宾夕法尼亚，无论是作为选举人间接治理，还是作为官员直接治理？或

163

者换句话说，"人民"将在何种意义上治理国家？在宾夕法尼亚激进的政治煽动者的领导下，1776 年提出的答案标志着与传统上关于代表权问题的思考方式的一次决裂——关于有效的、负责任的政治决策所需的判断力从何而来，出现了一种令人惊讶的新观点。

在一部关于潘恩的经典书籍中，历史学家埃里克·方纳（Eric Foner）发现了《常识》的作者对宾夕法尼亚激进分子立场的影响。方纳指出，宾夕法尼亚议会以及后来的制宪会议中最为过激的成员们在争取扩大选举权的过程中展示出对"社会平均"的渴望，而正是这些过激派牵头制订的 1776 年宪法，最终将潘恩的政治理想中内嵌的平均主义社会理论乃至阶级敌意付诸实践。[62]那的确有可能是事实。然而那并不是这些人看似从潘恩那里继承的唯一影响。关于选举权的争论再度把我们带入了认识论范畴，也就是说，让我们再次将目光转向关于普通人的判断能力（或者缺乏该能力）的一整套主张。从潘恩到马特拉克、托马斯·杨和坎农，我们还目睹了一个支持民众政治参与和包容的新论点的形成，它不能彻底被简化为源于经济和社会竞争的花言巧语。正是这样的联结，把我们带回到另一个抽象概念——常识，相比于独立战争时代的任何其他殖民地城市，它在费城发挥了最为举足轻重的作用。

在殖民地的辉格党和任何其他人看来，传统的答案都是不管作为选举人还是作为官员，参与政治决策的特权取决于私人财富。[63]在英格兰人关于臣民的思考中，只有那些拥有能够产生收益的土地的人才能真正被称为独立的人。而只有独立的人，才能指望他们在关乎社群利益的事务中做出正确的判断。没有私人财产或依靠他人获得生计的人——这一类别不仅包括

女人，还包括儿童、奴隶、佃农、仆人、熟练工和学徒——绝 164
不会拥有独立思想，而在北美或英国辉格党人看来，独立思想
是做出自己的理性政治决定的必要条件，特别是关乎市政事务
时更是如此。他们太容易受到其他人的影响（或胁迫）。正如
众所周知，约翰·亚当斯在 1776 年 5 月的一封信中指出的那
样，"在每个社会中，大多数人，当他们被彻底剥夺了财产，
也就不会对公共事务有什么了解，因而无法做出正确的判断，
同时他们过于依赖他人，不会有个人的意志。……人类心灵的
脆弱之处就在于，很少有几个无产之人能够拥有自己的判断
力。他们会按照某位有产之人的指示谈论和投票，后者用他们
的头脑来为自己的利益服务"。[64]事实上，在这个新生国家的许
多最坚定的人民主权支持者（包括亚当斯）看来，财产有限
的人还是被那些不愁生计的人代表为好。普通人应该在政治上
顺从社会上层，因为实际情况是，后者按理说在教育、智慧和
判断力上都优于前者，而这一切都被认为是从他们作为富人的
特殊经验转化而来的。

　　但 1776 年春夏，一群激进的少数派政治家——其中最著
名的当数马特拉克、坎农和里滕豪斯——带头颠覆了这一逻
辑。他们的论据大多是在民间社团的倡议工作中准备的，例如
该州的民兵社团早在宾夕法尼亚议会开会很久以前就一直在积
极努力扩大选举权，使之包括所有纳税的社团成员（即预备
役军人），无论他们有无财产。[65]他们在政治上对社群效忠且致
力于社群利益，被认为为他们赢得了这一权利。然而这样的新
思路并没有被充分提出，直到最终宾夕法尼亚议会和制宪会议
无法回避这一问题了。在制宪会议的选举代表集结的过程中，
一种关于普通人与政府之间关系的全新愿景横空出世，在从

1776 年仲夏到 9 月底的宪法制定过程中更加充分地表现出来。这一愿景标志着人们与当前普遍的关于选举权以及政治本身之性质的假设彻底决裂。其核心是这样一种观念，即最好的决策源于立法过程中所有成年男性充分、平等和直接的参与；因为只有那样，法律才能反映出那些男性关于是非真伪之性质的基本共识。

这一论点的充分表达需要回溯过往，回到遥远的盎格鲁-撒克逊时代的英格兰。在这个大致基于想象的时空中，英格兰人——很像大致同一时代苏格兰人和欧陆政治理论家们唤起的"高贵的野蛮人"的形象——曾经一律是自由和平等的。男人们积极合作，制订他们自己的政府方针和法律。正如 1776 年夏天在选举权争议中出现在费城的一本题为《古代撒克逊人，或英格兰宪章的真正原则》（*The Genuine Principles of the Ancient Saxon, or English Constitution*，简称《真正原则》）的小册子的匿名作者解释的那样，今天的殖民者的祖先曾经定期开会，彼此交流思想和情感。他们还定期投票选举，无须任何上层人物的帮助（因为在这个世界，就连不会写字也不影响投票）。这些人之所以成为自己政府的参与者，不是因为他们有多少财产，而是他们在统治中的强烈参与，而后者的根据在于他们作为能够与彼此交谈的人，拥有基本的认识能力。根据《真正原则》（它本身就是几乎同时代的一本激进的英国小册子的仿作）的作者所言，盎格鲁-撒克逊时代的参与式治理体系所产生的集体智慧甚至会令今天的人们叹为观止：

> 在那个小小的共和国中，他们常常就共同关心的问题召开协商会议；而由于在每一个可以提交讨论的问题上，

他们的权益都是平等的，他们当然会参与决议过程，在许多事项中表达自己的情感。正是由于野蛮人中盛行这一习俗，他们才能以自己展示出的绝妙政策，令我们那些受托去与他们打交道的伟大的律师、法官和总督们拍案惊奇。[66]

这一形象距离（最初由社团成员提出、后来又由议会领袖提出的）所有对共和制国家表现出忠诚并参与其中的男性公民都应该有权通过投票方式参与对自己的未来做出决策的论调只有一步之遥了。[67]地位卑微者与经济地位高于他们的人士在政治上是平等的，平等的基础不是金钱，而是他们的信念。

的确，那个夏天，有些激进的辉格党政治家甚至废除了基于思想顺从与社会经济地位差别之间存在密切联系的政治理论。已经因支持民兵利益而闻名遐迩的詹姆斯·坎农于1776年6月以社团成员的士兵委员会的名义发表了一篇匿名抨击文章，彻底逆转了这种联结。他那一页纸的传单的目的就是指出，代表们最好在制宪会议上代表人民的利益。坎农没有探讨顺从甚或公平的问题，而是明确论证了潘恩对于世袭特权与专业知识这一组合的反感，以及他坚信一种源于"基本原则"的政治的重要性。[68]坎农提出的观点正是在政治判断领域，普通人的能力要高于专家和精英人士。

这篇短小但犀利的抨击文章指出，拥有财富、权力和人脉的人恰恰是不可靠的。在坎农的叙述中，他们丧失了像普通人那样思考和感受并因而与集体利益共情的能力；他们天生的智力冲动已经受损，而那正是握有特权的结果。这位数学教师警告说，学养深厚的人更加靠不住，因为他们可能会进行错误的

166

推理："有学问的绅士通常都充满了学校的怪癖和牢骚；虽然我们中间也有几位可靠的学者，但由于他们很容易纵容自己优雅的天性到让人难以容忍的地步，我们觉得最好还是不要让他们过多地占据会议议席。"[69]同样，"头衔和高贵身份的觊觎者们"也在一篇同时期的文章中遭到怀疑，作者可能也是坎农，指出他们的粗鄙在其"心灵"而非"行止"。[70]还有那些有着特殊利益的、贪婪的人：他们也触发了警报。坎农说，目前需要的恰恰相反：是那些像他们的选民一样思考、感受和生活的立法者，对世界的判断主要源于日常生活的经验性知识的人。因为既然治理本身是一门实践科学，那么按照这篇抨击文章的作者的说法，撰写宪法的必要条件非常简单："诚实、常识，以及朴素的认知，只要没有因为邪恶的动机而有所偏颇，就完全能够胜任。"[71]坎农仅凭短平快的几个动作，就把一个长时间以来一直与坦率、务实、反贵族、反专家的看待世界的方式相关的概念——常识——变成了一个美国特色的新政治秩序的理想基石。

对这种看法的最佳理解，是不是激进的平均主义或鼓动性言论？严格地说都不对，尽管1776年宾夕法尼亚宪法的热心支持者和诋毁者已经争论了两个多世纪，提出了各种不同的主张。或者更确切地说，它两者同时兼有。[72]因为在这里，在革命时期的宾夕法尼亚激进的辉格党修辞中，我们可以看到一种崭新的、绝对现代的政治合法化形式被奉上神坛，那就是民粹主义。坎农和他的伙伴通过他们的雄辩和行动两个方面，启动了一种政治风格和形式，它取决于为自己包裹上常人的集体常识的道德和认识论观念的外衣而非任何经济论调。那样一来，本来是一种地位低下的标志的东西——不够优雅，对政治的运作甚或语言缺乏经验——却反过来象征着人民的尊严及其从未切断与善和真的联系。的确，它最终变成了美利坚合众国的建国纲领的一部分。人民关于易于掌握的真理的基本共识的观念——就像个体权利的观念对于洛克的信徒们如此重要，或者古典共和派如此依赖的共同利益——终将在 1770 年代为所谓民主的一种新型政治秩序奠定框架。

许多历史学家认为，民粹主义是 19 世纪晚期的一种劝服与合法性方式，但事实上，我们今天所谓民粹主义的全部特征，都已经出现在了 1776 年的费城。[73] 那年春天的那篇激进文本的与众不同之处，就在于它反复直接呼吁"人民"这一抽象群体及其对形势一贯正确的理解，包括只能被称为"不言而喻的真理"的东西。举例而言，听听《警报》的作者在激动地为事实上是他自己的论点辩护时发出的宣言："我的同胞们，每一位诚实的、思考着的人必然会全身心地坚信，被授予适当的权力去制定政府纲领的人士应该拥有人民的全部信任。"[74] 在此，既然呼吁集体的人民动用常识去了解政府需要全体人民的支持这一事实，那么被动用的常识就既是一种劝服方式，也成为拟议的解决方案。

其次，这类呼吁"人民"的文字一般都会附带着为这一抽象概念的权威辩护的声音——更确切地说，这里的人民是指集体的人民中仍然拥有社群精神且对何为正义、公正和真实有着绝对可靠的直觉的那一部分人群。（当然，正是秉持着这一逻辑，他们才一面支持人民主权，一面排除了傲慢的精英、专家、财阀、资深政治家、背景非凡之人，以及所有丧失了人民根据日常生活经验和与他人交流而获得的自发的"真正的"知识之人，以及忘记了自己也是"人民"的一部分的人。）正

168

如坎农的抨击文章所显示的那样，对于处于多数派之外的其他人的动机和价值观的怨恨、愤怒和深切怀疑，只是抽象的人民和与它同样抽象的常识的和谐统一的一体两面。几乎没有空间可以容纳真正的异议或分歧。"普通人"——一般是指从事普通工作，不属于任何特殊阶级的、资质平庸的基督教白人男性——只在象征意义上构成了不可靠、"不普通"之人的对立面。[75]

1776 年的激进论调的另一个典型特征是主张决裂，就是与不久前的过去彻底分割，从此，那些疏远人民、忽视一切意义上的常识的人，无论是王公贵胄还是立法官员，他们的剥削统治彻底结束了。从坎农和托马斯·杨的视角来看，暴政和奴役，更遑论智慧的缺乏，都在当前受到了国内制度和外来势力的威胁。新的"州"宪法之所以必要，就是因为现有的议会未能回应真正的人民真正关心的问题。

最后，现代的城市支持者将一个原始的黄金时代的回归作为终极目标，认为在 18 世纪末不断扩张的商业社会中，再也看不到那个时代的辉煌，这也是典型的民粹主义做法。1776年，这个幻想——披上了前诺曼征服时代的外衣，带着它对政治方案而非经济补偿的信仰——还有两个元素，也是后来的民粹主义论调的典型特征。怀旧的支持者们想象着一个纯粹的、没有任何中介的自治世界的回归，在那里，被统治者和统治者之间就像这些文本中的读者和作者一样，没有任何区隔或距离。而这些最崇高的人民只需认识到一小部分本该对每个人不言而喻的"根本的"和"原始的基本原则"并依照它们来生活，就必然能够找到出路。[76]当然，这些原则在历史上频频受到威胁，以至于它们如今需要以书面形式被正式记录下来，以便在未来保护人民。而一旦它们变得可操作，对抗式的政治就会最后终结，而由绝大多数人定义的良善的、自然的、共识性的东西，就会最终普遍存在。[77]

经过了几个月反反复复的争论、修订和妥协，制宪会议最终在 1776 年 9 月颁布了一部新的书面形式的州宪法，记下了这些"基本原则"，可算是标志着有史以来第一次民粹主义政府制度化实践的努力。得此名号，主要原因不是它的制定者的地位（他们大多认为自己是知识分子，当然，他们也怀着不少社会怨愤）；也不是因为它的观念得到了广泛的支持；归根结底，虽然有一版草稿被提交给公众，刊登在报纸上供大众评论，但宾夕法尼亚人民甚至都没有机会批准这份文件。[78]正如历史学家埃德蒙·摩根（Edmund Morgan）简洁有力地指出的那样，18 世纪人民主权观念在北美的成功与其说是民众的需要，不如说是"少数派中的某些人争取多数民众反对少数派中的其他人的问题"。[79]1776 年宾夕法尼亚宪法的民粹主义光环正是坎农、马特拉克和杨等人试图代表宾夕法尼亚各种各样的居民打造的那种政治体系中所固有的，那是以单一声音说话的虚构的人民及其想象中的常识主宰一切的政治体系。[80]

1776 年那个炎热的夏季在费城的州议会大厦开会的宾夕法尼亚宪法的制定者们摒弃了一个有否决权的强力执行官的做法。该宪法的有力支持者之一乔治·布赖恩（George Bryan）争辩说，"把一个人的判断置于所有人民之上"不"合乎道理"。[81]相反，几乎所有的权威都被异乎寻常地转归于一个一院制立法机构，由它来代表"人民"的单一的、共同的、不可分割的利益。[82]一位自称"人民中的一员"的评论者解释说，"［在宾夕法尼亚］没有为拥有指挥和控制平民的高贵权力的上院预留空间，那些人几乎不容许平民拥有常识"。[83]此外，这一单一机构的选举将是一年一度的。立法机构成员的不断轮换，我们或可称之为"严格的任期限制"，旨在遏制一个可能会滥用其权力的统治阶级出现，或遏制被治理者和治理者之间出现永久的分歧。出于同样的原因，宣传（而非保密）将成为惯例。要开放所有立法辩论，每周公开记名投票，所有法案在通过之前都将印刷发表，提请公众注意和讨论，维护出版自由：这些政策制定的目的就是要保障当时被认为是为了保护会议大厅之外的人民的利益所必需的沟通便捷和职能透明。唯一一种审查将是公众自身的审查；一个名为"审查委员会"（Council of Censors）的监察机构将确保始终秉持宪法的"基本原则"以及，正如宪法的序言中所写的，政府要始终为"人民、国家或社会"，而非为了其中的任何一小部分人而存在。[84]

171　　然后就是投票权和投胜资格的问题。根据新宪法，宾夕法尼亚州的选举权既有扩大也有缩小。也就是说，投票资格是由新的方式确定的。为所有纳税的社团成员赋予选举权的全州会议刚刚结束，宾夕法尼亚宪法就把参与选举的机会赋予了所有成年男性，其中包括在该州生活满一年并缴纳了一些税款的自由黑人，无论他们是不是有产者或能否独立谋求生计。官员也是一样。在理论上，临时工、鞋匠、裁缝、水手和该州所有其他从事普通工作的男性居民，甚至还没有纳税的自由农之子，从此都有权参与政治上的国家治理。这一决定或许没有大大改变实际的选举人身份。但它的重要性在于，它打破了支持财务独立、判断能力和政治权力三者间密切关系的旧论调。它标志着推论出全体"人民的认识"乃法律和政策之基石的一项更大的努力。

然而与此同时，宪法的制定者们也以宣誓效忠的形式制造了从主权政治实体中排除异己的新做法。新宪法要求每一位议会成员赞成一项誓言，宣称他坚信一个上帝，"宇宙的创造者和主宰者，善的奖励者和恶的惩罚者"，以及《圣经》所获的神的启示，一些代表随即感到惊恐不安。官员们也必须对自己所在的州宣誓效忠并宣誓支持它的新宪法，没过多久，选民们也必须这么做了。最后，1777 年 6 月的《宣誓法》（Test Act）要求所有白人男性居民公开放弃对不列颠国王的忠诚，宣誓对宾夕法尼亚效忠，甚至承诺举报叛国者——否则就会丧失一系列民权，还有可能被当作间谍逮捕。[85]

换句话说，政治决策发生的常识领域本身也要受到约束，仅限于那些接受支配性"原则"的人方能入内，包括《旧约》和《新约》列出的宗教原则以及共和制治理的原则。为了把握优势，宾夕法尼亚宪法既扩大了全体人民的范围，同时又缩小了人民内部的分歧：一面拉进新的选民，其中有些人仍未被说服放弃他们过去的效忠，一面又把那些拒绝改变心意、顺应新常识的人拒之门外。结果，贵格会成员、效忠派、中立派和自然神论者以及其他各种异见人士都被正式排除在了该州的政治实体之外。而且大多数既有的选举限制仍然有效，包括法律禁止不自由的劳工、孩童和妇女参政，在 1776 年民粹主义共和制的大众化语言的语境下，这些群体的可见性可以说大大降低了。在美国革命发生的时代，对异见的不宽容和不同社会群体的彼此隔离与人民团结的主张并行不悖，从小客栈到宾夕法尼亚州最大城市的会议厅都是如此。潘恩的《常识》为民治的正当化创造了一种民粹主义语言。宾夕法尼亚宪法的制定者们成功地为这种社群民粹主义赋予了制度外形，在其创建的政府纲领中，常识既是为更广泛、复杂的多数选民辩护的理由，也成为抑制个人自由表达并划定辩论边界的手段。[86]

毫不奇怪，和潘恩的《常识》一样，这一奠基性文件也立即遭到了强烈抵制，在努力创建团结局面的同时，也在各个阶级、宗教乃至不同的职业群体之间制造了新的分歧。[87]许多温和派和保守派干脆拒绝参与新宪法所创造的那种政府，既不参与选举，也不担任公职。实际上，反对派使它从一开始就无法实施。在此期间，费城的报纸和公共空间充斥着对这一框架文件更不寻常方面的批评指责。质疑者强调它不符合当前的假设和习惯，指责那些"奇怪的创新"和"异常的原则"，而那些似乎正是宾夕法尼亚宪法撰写实验的特征。[88]和短短几个月前潘恩的批评者们一样，"荒谬"成了所有常识主张的陪衬。

173　　但这些敌意大多是针对负责宪法制定过程本身（或最终被它赋权）之人的。按照许多反对者的说法，该宪法反映了其制定者低下的知识水平和社会阶层。这种看法认为，他们既没有过去在政府中工作的经验，也没有接受过政治观念的正式教育，这才造成了灾难性的后果。这种无知，更何况对"声名"的深切渴望，继而导致他们认为专业性和知识不仅无关紧要，而且实际上还有害于新政府的组建。[89]无论在原则上还是在人群中，当前盛行的反而是"见鬼的简单易行"。[90]正如制定过程的参与者和后来的反对者托马斯·史密斯（Thomas Smith）在1776年8月写给朋友的信中所说，"我们的原则似乎变成了：任何人，哪怕是一字不识的文盲，也能够和一个拥有教育背景的人一样在任何机构任职；教育妨碍了认知、消灭了朴素的诚实，是世界上发生的一切邪恶的源头。……因对着发霉的旧书苦思冥想而歪曲了认知的你们这些知识渊博的同胞，或许还会嘲笑我们；但你们知道吗，我们鄙视你们。"[91]

据说，这种反对正规教育的偏见以各种不同的方式出现在该纲领中。但最惊人的是，那个秋天提出反对的许多批评者认为，制定者的反智主义已经被制度化了：他们坚决主张成立单一的立法会议厅，由男性普通人组成，那些普通人由和他们一样的人投票就职，并定期被其他同样的人所替换。1776 年 9 月，《宾夕法尼亚杂志》的一位撰稿人指出了这种做法的深远意义。他承认，农民、机械工、商人——这些对法律、历史或政治一无所知，每天"忙于处理农人或商贸生活的普通事务"的人——完全可能是诚实的，或许也拥有那种名为"常识"的分辨是非的能力。但在立法中，这些人无法"慎重地权衡任何拟议举措的可能原因或后果"，或者如加图在那年的早些时候所说，他们无法"更冷静地思考"。[92]为完成这一任务，正如辉格党的理论一直以来所指出的那样，他们需要另一个机构，一个代表"本州最有学问、最有经验之人的全部智慧"（也就是最富裕、最德高望重的人士）的上院，来对人民加以约束。[93]批评者们认为，两院制的解决方案——而不是更改投票权要求——才能"确保本州免受草率、错误、狂热和偏颇的决定的致命影响"，并保护其不受"人性的软弱和堕落"的影响。[94]否则，结果可能是极其严重的错误乃至多数人的暴政。

在方纳看来，这同样是一种阶级对立的话术，其中的关键是财产及其命运。[95]然而这里让我们感兴趣的，是这一关于人民主权之含义的争论如何渗透到了一场关于谁配拥有思想观念、关于杰出人士（因为教育、理性和闲暇而获得）的专业知识的相对价值和普通人的集体常识的斗争中——的确，该争论也是这样被解读的。最终，宾夕法尼亚宪法的实施导致了激进派革命者和更温和的革命者之间的一场文化战争，事关在具体的政治领域，头衔与判断力之间到底有何关系。

在这方面，本杰明·拉什的著述尤其意味深刻。因为在批准了新的州宪法之后没过几天，拉什似乎改变了心意——不光是对这份文件的看法发生了变化，他对于民粹主义诉诸常识并视之为有效的共和制治理之基础的观念也不再笃信。毕竟在1775年年底，是这位容易激动的费城医生敦促潘恩为自己的论调裹上了常识的外衣，还为那份即将发表的长篇大论更改了题目。拉什显然明白，常识观念是潘恩呼吁民主的一个完美补充；它表明集体的人民与无可辩驳、不言而喻的原则之间存在联系，而此二者是新的政治逻辑出现的两大必不可少的支柱。[96]而在那非同寻常的一年，从人们呼吁必须建立新的州政府到宾夕法尼亚新宪法的问世，拉什还是坎农、杨等激进派辉格党人的亲密伙伴。他被费城的观察和检察委员会选为代表出席那年6月的议会，后来又被宾夕法尼亚制宪会议的成员们任命为议会代表。

175　　但在拉什1777年及后来的通信中，以及更公开地，在他为《宾夕法尼亚杂志》匿名撰写的文章中，我们可以看到，他对于前一年本地政治发展的方向感到日益沮丧和失望。[97]很可能是由于最近跟约翰·亚当斯往来较密并受其影响，拉什动摇了，[98]开始谴责他所在州的新宪法中在他看来可能蛊惑人心的内容。他指名道姓地说坎农是个"狂热的教师"（这可能意在指出坎农的阶级地位不高，也可能是拉什在暗自讽刺一位教育者居然采取了一种反智立场），还不留情面地批评了他和坎农曾参与制定的新宪法。拉什在写给朋友们的信中说，新宪法的原则是"荒谬"而非贴近常识的。更有甚者，政府运作的社会脉络是"镇民大会"和"小酒馆"而非抽象的人民或公众。[99]并非他突然变成了贵族制度的卫道士。而是在拉什看来，正如他对费城的读者们解释的那样，从抽象的人民那里获得的权力与人民实际获得的权力是有差别的。和亚当斯一样，他也坚信为保护自由和财产，立法机构必须分为两院或两会，为平衡起见，其中一个必须留给有着令人敬畏的智力、教育和财富的人。关键是要找到为这些立场辩护的方法，又不显得背叛了人民主权。

这样的雄心迫使拉什不得不正面回答智慧与社会地位的问题。他指出："让人民大众作为法官去判断执政官所必要的资质，是基于这样一个假设，那就是全人类都一样明智、公正，一样有着大量的闲暇。"但拉什认为，这一假设大错特错。"地位的天然差别"产生于财产的不平等，以及其所带来的知识、经验、德行甚至智力的不平等，即便是在一个共和国里，这也是生活中必须面对的现实。拉什坚称，政府最好能够反映实际存在的世界，把决策的指导角色让予精英，也就是"有着［特殊］智慧和正义"的人。因为即便大多数人能够对基本原则做出判断，他们却无法判断政治形式，而这（请加农先生原谅）始终是"难解而复杂的"——1776年宪法的制定者们似乎忘记了这一点。[100]

到拉什引用培尔的话为自己辩解，重提常识的概念之时，他已经非常怀疑这一观念能否作为任何可行的政治，更遑论科学或道德的基础了。拉什本人在1790年代初曾提到，明智的人"服从"常识，往往是"因为可以从中获得优势提升他们的利益或名望"，这或许是在含蓄地评论他从前的好友潘恩。[101]在拉什这么一个福音派基督徒和启蒙科学家看来，常识只不过是习俗的另一个叫法，因而有可能是一个蛊惑人心的叫法。相反，在一切领域中，领袖的职责都是要重构、偶尔还要打破普通人的普通观念，因为那些观念合乎真理的情况实在是寥寥无几。

就连最以坚信常识的理想乃共和制政府之基石而闻名的"开国元勋"詹姆斯·威尔逊（James Wilson）也拒绝接受宾夕法尼亚宪法支持者们提出的对常识的解读。这位出生在苏格兰的费城律师和"共和派"人士（不久人们会看到反对这部宪法的一院制的人也是共和派）坚持定期民选政府的观念要比拉什公开得多。在那个世纪接下来的时间里，威尔逊也同样坚持认为常识概念——"那种受过普通教育和拥有普通认知的人本该有的判断力"——足以确定基本原则，或不言而喻的真理、对包括法律在内的一切领域的推理都至关重要；理性有可能会误导，因而只有当问题变得极为复杂时才是必要的。[102]他甫一加入新国家的第一届最高法院，这些观念就反复出现在他的政治著作、教学讲义甚至判决意见中。1770年代和1780年代，它们甚至为他提供依据，让他指出自己反对宾夕法尼亚新宪法的理由是这一政府框架不够民主：它对人民的回应不够，而且从效忠誓词到审查委员会，都未能给人民足够的机会在每一个环节"声明自己自由的且毫无偏见的情感"。[103]然而与直到19世纪的许多保守共和派和虔诚新教徒一样，1790年代中期，威尔逊解决语言、证据和人性等问题的可靠试金石仍然是托马斯·里德的反怀疑论观点。威尔逊认为它们不但是民主治理的支柱，也是社会秩序的可靠保证。换句话说，威尔逊梦想的那个始于常识原则的集体理性政治制度的根基，仍然是他年轻时代苏格兰哲学俱乐部中的那种松散共识的、富有的、秩序井然的社交活动，而非费城小酒馆和大规模集会上喧嚣的骚动场面。[104]归根结底，在这位日益德高望重的费城人看来，只有在立法机构的两院的礼貌对话中，以及在一些正式的远离民众的场合，不同的声音才能防止（如亚当斯警告的那样）"轻率、仓促、狂热或狡猾的程序"，确保"对公共事务的审议更为成熟"。[105]

美国革命的历史，特别是由左翼撰写的历史，往往会把建国的下一阶段的故事说成拉什和威尔逊那种更为排除异己的民主形式最终获得了胜利，而激进派未能保住那个在 1776 年的费城议会大厦中如此强烈表达的乌托邦理想，即人民主权体现为一定程度的直接统治。[106]的确，在许多叙述中，首部宾夕法尼亚宪法却为它的反面当道起到了关键作用：在后来的各部州宪法中更强有力地遏制立法权力，以及最终 1787 年新的美利坚合众国宪法中典型的对人民政治参与的制衡和限制。1776 年的宾夕法尼亚宪法最终于 1790 年被废，它在美国国内的名声在很大程度上只是早期国家政治和立法辩论中的一个理论对照。它也让它的主要反对者——包括拉什和威尔逊——的权威性得到了很大的提升。

然而故事还不止于此，这正是让我们回到了常识的原因。事实上，宾夕法尼亚的首部宪法带着它反精英阶层的认识论和道德重点，标志着一种政治风格和一套理想的首次亮相，它有着漫长的来世，在整个美国政治的历史上频频戴着不同的面具重新出现。正如潘恩的《常识》推动普及的常识概念让美国革命及其后的《独立宣言》获得一致支持的传说故事持续了

178

多年，一个完全可以被描述为民主-民粹的另类政治形式也得以反复转世回魂，正是通过诉诸和赞美公众的常识，就像激进的辉格党人最初在制定 1776 年宾夕法尼亚宪法时试图成就的那样。[107]1780 年代和 1790 年代，反联邦派在反对新的联邦宪法（他们认为它公然背叛了首批州宪法中包含的原则）的复杂性，反对它的支持者明显希望让那些拥有较高的德行、智慧、成就和财富之人保留权力地位时，用同样的方式复兴了很多同样的主题。反联邦派领袖的著述中充斥着熟悉的反派形象：政府"只需简单的理性就能看懂，像字母表中的字母一样简单明了"；被训练主要从实用角度思考问题的铁板一块的人口；统治者和被统治者之间、政治领袖的判断与人民的常识之间最为密切的关系。[108]19 世纪的反抗或抗议运动也将反复到这里来领取弹药，用它来质疑一切试图将天平倾向于技术统治、制宪主义和代议制政府而非直接的人民统治的努力。

当然，这种鼓吹天生智慧比专业技能或正式教育更加重要、简单比复杂更值得重视的政治活动的形式如今的确独立于其源头而存在于世间。如今，它被每一个主要政党和官员候选人，以及那些试图从外部推进变革的人所利用。它被与经济公平的要求相结合，也被作为一种备选方案，与各种社会或经济公平或阶级政治的努力等量齐观。它既加速了国家团结，也同样促成了地方基层的运动。但这种可变性之所以存在，只是因为人们坚信一种无可辩驳的、直白易懂的大众的常识，以及与之相伴的平等主义冲动，仍然和它最初在北美扎根一样，与民主的观念确切无疑地联系在一起。它隶属于一个民主风格，那种风格自始至终都能被用于推动"人民"反对现有秩序的事业，即便那一秩序已经以新的方式有所发展了。两百多年后，虽然已经很少有人提及，但它仍然是美国政治想象中内在的一部分，始终促进着美国社会更大的包容性，又紧接着促成了新型的服从和排外。

不仅如此，观念的流动很快就成为大西洋两岸的双向交流。潘恩让不无分歧的欧洲常识观念在美国的背景下发生了作用，与某些本地元素混合之后，又把它们精心制作成一种全新的事物。同样而且几乎同时，一种实践中的美国常识政治为大西洋彼岸即将发生的革命树立了榜样。早在1776年，就有批评者警告说"全欧洲和北美的目光"都盯着新世界最著名的城市费城的选举人。[109]宾夕法尼亚宪法在欧洲成就了奇迹，实现了这一预言，无论好坏。它被一连串法国哲学家出版、再出版，反复论述，一再评说。本杰明·富兰克林这位自强自立的普通美国人的伟大象征，虽然没有积极参与围绕其制定或通过的一系列程序，却成了它的海外传播者，也成为它的名誉领袖。到1780年代，法国作家和未来的革命者雅克·皮埃尔·布里索·德·瓦维勒（Jacques Pierre Brissot de Warville）已经坚信，这一基础文本也同样适用于欧洲。[110]（与此相反，《美利坚合众国宪法》在那个十年结束之时也最终传到了大洋彼岸，但它没有显示出任何这方面的影响；同时代人觉得它的民主性要弱得多。）直到19世纪，潘恩本人的发明，以民治的常识的名义上演的革命，在欧洲和后来的拉丁美洲被采纳、修改，被用于煽风点火，也被拿来息事宁人。《常识》的内容也通过法国、德国、英国、西班牙甚至波兰版本而举世皆知，为急切的读者提供了可以相对容易地适应新形势的范例。[111]紧接着潘恩的《常识》，宾夕法尼亚宪法的问世表明，从此以后，人民主权所需要的不仅是相信理性的个体及其权利的存在，还

180

要相信被视为整体的人民的常识的存在。此外，现代世界面临的主要公共问题完美地适合通过这一做出实用判断和区别的共有能力得出的解决方案，因为它们的确全然不同于私人生活中面对的日常问题。它所带来的民粹主义至今仍然是我们最主要的原则的一部分。

第五章　向革命理性宣战

巴黎，1790—1792 年

> 迪歇纳大娘……您的良知比我们所谓的启蒙思想家们所有的才智都要珍贵。
>
> ——比埃（Buée）神父，《迪歇纳大娘的红旗》
> (*Le Drapeau rouge de la Mère Duchesne*)

然而我们不能忘记，常识始终属于反击的语言，也就是说，它道出的是反对的意见。那就意味着它既然可以用来支持民主化，当形势发生了变化，它一样可以被用于反击民主化潮流。这一讽刺最为鲜明的体现，当属法国大革命爆发后的那几年，当时整个国家，特别是法国最大的城市，正以排山倒海之势击溃它持续数世纪的权力结构。令人惊讶的是，1790 年代初，常识概念在巴黎的命运居然是被重塑为另一场政治运动的基础，它希望逆转潘恩、坎农及其法国同道者想象的秩序。它的首要任务是强化一种自觉地捍卫革命前现状的努力，那正是革命者们急于推翻的旧世界。

和区区几年前的费城一样，在法国，人民主权意识形态加上新兴的法律对个人言论的保护，促成和助长了公共生活的民主化，促使一个名为"常识"的抽象概念在 18 世纪的最后几十年拥有了日益权威的地位。但 1789 年法国大革命的初潮刚刚退去，诉诸农村普通男人（最终也包括普通女人）的简单质朴、坚不可摧的智慧的努力就变成了反击新制度的强大支柱，新制度显然是扎根城市、扎根哲学的。矛盾的是，这一支持传统生活方式的运动起初的基地也是这个国家的首都，那是欧陆最大的城市和大革命的权力基地。法国大革命之初，巴黎制造了第一批针对民主的民粹主义批判，它们顶着人民的常识的名号，自那以后一直在西方民主政治的底部暗流涌动。[1]这一反革命冲动对于我们理解法国大革命的动力必不可少，特别是作为雅各宾主义的陪衬。如今，它应该被视为那场革命乃至整个启蒙运动的主要遗产之一（至今仍被相对忽视）。

先来回顾一下美国革命和法国大革命之间那举足轻重的几年，那段时间，费城作为榜样在大西洋对岸的影响日渐凸显。但随后我们就需要将全部的注意力转向常识如何转变为另一个国际民粹主义用语的核心，这一次事关政治权利。因为以这种反民主的方式呼吁民众也一样将成为北美和欧洲未来政治态势的关键。

欧洲大陆对常识的改造一开始既不是保守的姿态，也不是阻碍工具理性的发展。它的起点甚至不是巴黎。1776 年以后，一种普遍的常识政治立即再度横跨大西洋，在西欧最重要的城镇和都市以多种不同的、经过修改的形式扎下根来。在那里，常识的概念与（在很大程度上是由跨大西洋贸易促成的）新的非贵族精英阶层的崛起、识字率的提高以及关于人性和人类心理的更广泛的重新思考一起，极大地推动了平民或普通人卷入始于 18 世纪最后几十年的政治冲突，这种冲突成为当时各大中心城市的典型特征，从伦敦到阿姆斯特丹再到布鲁塞尔，最终到巴黎，无一例外。和在费城一样，在所有这些城市中，常识的创新起初都是为了证明这同一群普通人在本地扩大政治权力的正当性，以及重新思考政治本身的性质的必要性。

　　传统上，个体作为自主的理性存在的抽象观念被视为推进这一事业的基本社会认识论手段，特别是在围绕着"权利"问题时尤其如此。但如今出现了一个统一的人民群体，拥有来自它的集体日常经验的无可辩驳的共识性民间智慧，这一神话没少为反抗性的印刷文化、骚乱，乃至最终在美国《独立宣言》发表后到 18 世纪结束之间那些年欧洲城市街头的战斗拾柴添薪。那种代议制政治、制宪主义和人民主权的奇怪混合体（就是我们后来所谓的"民主"）的缓慢成长，将要求人民的集体常识和个人理性成为它的两个支柱。[2]

　　独立的加尔文教徒城市日内瓦是一个重要的革命前范例。1770 年代末和 1780 年代初，当一场围绕宪法问题的浩浩荡荡的宣传战役打响之时，匿名评论者们立即利用常识，宣称他们代表的是常识和真理、客观、公众的心声，以及无关个人、无关历史的权威的其他各种不容置疑的源头。[3] 这些新的代言人这么做的目的，是证明可以在一个将众人拒之门外的语境下使用"我"——在这个语境中，参与正式的政府事务在很大程度上仍然仅限于一个人数很少的统治阶级，而表达非正统的政治观点往往会导致作者和书商锒铛入狱，文本则被付之一炬。公共演说家至少要十分稳妥地把自己装扮成集体价值观的匿名代表人物。此外，诉诸常识这类共有的认识论范畴也使这个城市的市民们为扩大化的公共政治辩护有据可依。那将是一种真正的

"共和精神"必将胜利、人民（实际上仅限于成年男性资产阶级或在年龄、性别、教育、财富和开明等任何方面出类拔萃的人士）必将在寡头政治的城邦内部发出铿锵之声的政治形态。[4]

184　　然而，革命前主张常识的支持者并非全然否认历史。虽然他们深深厌恶任何暗示"推动民主的纯粹革命"的说法，这些日内瓦作家选择在许多时候，不仅用本地英雄让-雅克·卢梭的契约论和他的公意理论，也用一种与费城兄弟共有的使命感作为自己的论据。[5]很难有十足把握说艾蒂安-萨洛蒙·雷巴（Etienne-Salomon Reybaz）1777 年匿名出版的《诉诸常识》（*Appel au sens commun*）一书是不是在效仿潘恩，雷巴这位新教牧师对物理学和诗歌很感兴趣，也是代议制（*représentant*）或公民事业的强力支持者。和潘恩一样，他也在修辞上充分利用了谨慎、节制、清晰和共识等伟大的新教德行，更不用说良知这一"最高法律"，来批评他所在城市的政治现状背后通行的逻辑和它的诡辩家卫道士们。[6]正如雷巴在后来的一篇檄文中所说，"我们应该信仰原则，而不是人"。[7]但雷巴的不少同事都认为代议制对新成立的美利坚合众国，特别是革命城市费城的事态发展负有直接责任。[8]与费城同一立场无异于同时为贵格会的简朴、美国制宪主义和自由以及民众的常识这一切招魂。不管写作者本人位于日内瓦还是欧洲大陆的其他任何地方，费城都让他看到了一种实践政治的新的愿景，这种政治摆脱了旧权威的枷锁，在它所支持的安排中，民众的认识至少作为一种抽象概念获得了至高无上的地位。

的确，1789 年夏，当革命在巴黎爆发时，这种模式还将继续，不过潘恩那时尚未离开英国前往法国或者让自己投身于另一场波澜壮阔的海外政治斗争。在 1789 年或 1790 年谈及常识，就是支持复兴 20 年前始于北美大陆的那场（温和的）民主化运动。在法文语境下中提及常识（*le sens commun*）很少是为了援引英国人的范例，后者的社会分裂和贵族两院制并不是法国人所愿效仿的。通常，参照标准要么是潘恩，要么是费城的注重实效的另一位伟大代表人物本杰明·富兰克林，或者他们的某一位直言不讳的化身。在法国大革命刚刚爆发那几年，有几本小册子和期刊的作者都浮夸地自称"理查小子"（即富兰克林的穷理查），他们在笔下捧出了人民中简单质朴的一员，拥有自由、荣誉和常识，与对当前时事看法一致的读者展开对话。[9]这个人物与主张一院制的宾夕法尼亚宪法的联系如此紧密，更加突出了他的美国价值观与一部美国宪法合集的法文编辑所谓的"有史以来最为纯粹的民主"之间的联系。[10]1790 年年初的一本只出版了一期的讽刺期刊《常识》（*Le Sens commun*）更加直白地凸显了这一联系。与期刊同名的主人公"常识"以潘恩为向导，承诺将为法国人做到潘恩为美国人所做的一切，也就是恢复"朴素真理"以及遭到新闻记者和其他各种"知识分子"破坏的关于善恶的清晰观念；促进"观念、理想和手段的统一"；并最终给予公众一个团结在其周围的名字——他的名字：常识。[11]在法国，常识观念与伟大的政治实验的结合一直持续到革命第一阶段的结束，而美国那场政治实验始于潘恩充满鼓动性的檄文，并通过各州宪法的撰写获得了一定的法律地位。[12]

　　然而在 1789—1790 年的巴黎援引"这一把全人类团结起来的常识"[13]并承诺随后达成新的共识所隐含的意义，与 1776 年的费城甚至 1777—1778 年的日内瓦判若霄壤。这不仅仅是占压倒优势的天主教不同于新教社会的问题。在巴黎，挪用常

185

识作为政治盟友隶属于一次政治言论的突然迸发——它本身之所以能够发生，是因为延续数世纪的正式审查机构在 1788 年夏突然缩减了——就图书数量之多、内容之广和发生之突然而言，这次迸发都让其他几个地点相形见绌。而且在巴黎和法国其他主要城市，披上常识的外衣有助于一种新型的代言人（*porte-parole*）既能实践这一发表言论而无须害怕官方报复的抽象权利，又能让其他人聆听自己。[14]

正如昆廷·斯金纳（Quentin Skinner）言简意赅地指出的，"通常，政治行动的边界就是合法性的边界"。[15]在最主流的声音仍然由已经拥有极高声望之人发出的时代，常识雄辩地使得某些人试图动员同胞的努力有了合法性，那些人比日内瓦的资产阶级或费城的民兵更远离呼风唤雨的权力走廊。这包括因为出身和受教育较少而长期被排除在文坛乃至任何立法机构之外的人。至少常识（或良知，鉴于在 1790 年以后，人们也已经不再那么明确地以美国人作为参照点了）提供了一个不算高不可攀的立足点，在那里，无法因为崇高的社会地位、特殊的知识甚至理性（因为它意味着正式的教育和闲暇）而从更为优越的制高点向公民同胞发出呐喊的平民（*les gens du peuple*）可以理直气壮地挥舞另一个名为"舆论"的新兴权威。

但还不仅如此，声称能够遵循常识被证明对"倒转的不平等主义"发展至关重要，即普通人与他们的统治者或地位更高者虽然不平等，而实际上却优于他们，这种期待的逆转注定会成为现代民粹主义政治的主要内容。[16]因为在法国大革命爆发后的最初几年，掌握常识成为一项特殊资本，成为强调自己所说话语有特定价值及其适用于当前特定问题的方式。援引常识表明，这并非串通一气的知情人的智慧，而是真正的理查小子的智慧，他是神秘的高贵野蛮人的后代，只不过由于正式的审查机制和一个等级制、社团制、分层制的社会赖以运作的各种非正式程序，他那质朴坦率而绝对可靠的宣言直到最近才大白于天下。这是关乎事物（les choses）本身而非语词（les mots）的呼声；是关乎感觉经验而非哲学、神学或正式书本学问的；是关乎共性而非私利或个体的。和以爱国者的名义发出呐喊一样，以"代表公众心声和良知的声音"[17]与其他普通人对话，已经是在暗示：一方面，此人贩卖的是整个社会所共有的价值观；另一方面，他使用的是未经腐化的真理的语言。

　　一个自称"良知的老人"、出身马赛的低微平民阶级的人就是一个例子，说明了这种认识论的自我转化是如何发挥作用的。[18]和1790—1791年渴望对广大公众发声的其他人一样，这位革命者在向读者介绍自己时，先对自己的不足之处发表了一个免责声明，一开始就强调这样一个事实，即他所知的一切都源于日常经验而非饱学多闻。但在他的叙述中，他远离文化或资本，加上拥有丰富的经验知识，很快就成为他最强大力量的源头：十足的认知能力，尤其是极佳的眼光。这位来自法国南部的八旬老人以自己所谓的"良知之眼"，保证说他拥有如今已经非常稀有的能力，能够透过事态或个人的物质或言辞表象，看到事物的本质。这一时期的民众形象常常会通过对视力本身的描写表达同一观点。因为正是这种明察秋毫的能力，尤其是当它与劳工阶层结合之时，作者能够把自己描述成为理想的目击者、不存偏见的小人物，能够客观地洞见到总是被社会内部的大人物所忽略的（政治）真理。他就是人们能够真正地透过他去一窥背后的现实的那个人。[19]

187

用来传递这种经验知识的表达方式与这种透明模式也十分一致。与职业新闻记者（从这往后，他们也是民粹主义者长期攻击的目标）不同，"我，我不会骗你"，那位"良知的老人"对自己的听众说。[20]因为用同一时期的另一位作家的话说，一个拥有良知的人"有一说一"。[21]他或许没有什么语言天分。他或许无法准确地表达，他或许完全可以把自己的想法口述给某个更善于写字作文的第三方，我们这位来自马赛的老人就是如此。但正如 1789 年的一本题为《向国民议会宣告的可靠良知》（*Le Gros bon sens, adressé à l'Assemblée Nationale*）的小册子的作者所解释的那样，要让这一品质为世人所知，既不需要口才，也不需要学问。[22]普通人不装腔作势本身就让他拥有了一种特殊能力，可以把自己的认知转化为朴素而不加修饰的语言，那种语言不会背离那些认知观念的基本特质，或逐渐演变成谎言或曲解。这开创了一种尖声反对修辞（和反贵族）立场，后来成为大量革命著述的特征；风格和辞藻被以人民和真理的名义放逐了。[23]但是随后几乎每一次，目的都变成了表达每个人都应该凭借本能和经验已经知晓的东西，如果他们没有被偏见（也就是仅仅数月之前在许多情况下还被误以为是常识的东西）蒙蔽的话。我们那些匿名的民众代言人——与潘恩或杰斐逊并无不同——视为己任的，是表述简单的、在理论上不言而喻的原则，它们要被视为真理，既无须逻辑论证，也不需要任何外部的宗教、政治、知识或社会权威赋予其合法性。那是因为它们如此完美地契合它们与之对话的社会群体的基本认知能力和经验。正如另一个自称"良知的老人"之人在 1790 年前后的一本小册子里对读者发出的自问自答所说，"良知和理性在你们中间像日常举止一样简单纯粹，难道它们没有上千次地告诉你们，［教士的］虐待令人作呕，他们玷污和羞辱了你们最为真诚地笃信的宗教……?"[24] 他暗示读者只需回想一下自己的良知，这些简单的、恒久不变的原则便不会再晦暗不明。在 1790—1791 年凭良知说话，就是在为既关乎自身也关乎整个社会的共同拥有并因而无可辩驳的一套原则代言。

而且这一次，女人也在最大的受益者之列。常识的观念和情绪为处在各个阶层和地理位置的女人提供了一种特别的优势，因为她们也试图让自己成为公民（虽说她们很少能够投票或担任公职）。当然，女人尤其需要为自己进入这个政治辩论和直接对任何一部分人民发出呼吁的新世界的正当性辩护。无论她们出身哪个阶层，她们作为代言人的可信度都是有限的。她们的文化程度也往往极其有限，哪怕来自最富贵的家庭也是一样，因此她们甚至比外省的八旬老人更难声称自己站在更高的理性角度说话，而她们持续思考或概括的能力也常常遭到怀疑。[25] 更何况，她们一旦公开自己的想法或自我身份，还有可能会违背女性的谦卑品质。但在革命的语境下，加之革命对语言的怀疑，与朴素、平常、直觉的东西相关也会变成一种优势。一种听起来很卑微的良知成为革命早期女性代言人（porte-paroles）的一张王牌，一种使她们得以建构新身份的认识论范畴，在那种身份下，像女人那样思考和写作成了一项实际的优势。

这里的诀窍是，不要去否认自己的局外人身份或局限，而是正如那位来自马赛的老人那样，凭借着那些意味着与常识的对立面有一定距离的（东西）来吸引人们的注意，那些对立面包括虚伪、玄学和晦涩。想想那些在三级会议（Estates-

General）开会前，在以她们的名义撰写的《陈情书》（cahier de doléance）中宣称"我们的欢呼好过所有对国王本人所说的华丽词句"的没文化的洗衣妇吧。[26]或者想想荷兰女性主义者埃塔·帕尔姆·德埃尔德斯（Etta Palm d'Aelders），1790 年，她在巴黎的一次演讲中，一张口便掷地有声地说："如果我的词句不符合法兰西学术院的规矩，那是因为我遵从的是我的心，而不是他们的词典。"[27]通过强调自己不讲究修辞，女人们同时突出了自己的真实可信。这一品质继而表明她们拥有对和她们一样的其他人传递真理和德行的出色能力。《爱国女人或实在的良知》（Le Femme patriote, ou le gros bon sens）的作者想象有人质疑她的作家身份，用一句果断的"为什么不呢？"回答了自己的问题，并继而证明她，一个不掌握多少艰深词汇、没有什么华丽辞藻或诱人学历，只有基本良知的"简单的女人"，拥有独一无二的优势"让人们看到事物的本来面目"，并在伦理道德方面掌握革命的优势。[28]她声称，随之而来的常识政治理论最终应该让她的读者中最为卑微的人也能一目了然：国王之所以能够统治国家，只是因为他们通过武力攫取了政权；世袭特权是不公正的；每个人都需要面包。这正是1920 年代在意大利的监狱中写作的安东尼奥·葛兰西[1]所认为的高效率的革命者为自身辩护的方式。革命者并不鄙视一种往往矛盾的后来者（retardataire）的常识（他称之为"非哲学家的哲学"），而是需要像拥有"基本良知"的女人那样：与普通人共情，直接建立在民众智慧的准则之上，那些智慧是新生

---

① 安东尼奥·葛兰西（Antonio Gramsci，1891—1937），意大利共产主义思想家，也是意大利共产党的创始人和领导人之一。他创立的"文化霸权"理论对后世影响深远。

的，听起来也是真理，但目前遭到了蒙蔽，被集体心灵中的其他基本观念困在那里动弹不得。如此一来，一种新的实用意识或常识就应该为全体人民诞生了。[29]

就连君主立宪时代最著名的女性发声者奥兰普·德·古热也是按照这一台本表演的，通过看似贬低自己的正式资质，将自己提升到舆论领袖的高位。1790 年代初，在她（通过对秘书口述）撰写并自费在整个巴黎分发的大量传单和小册子中，她也把自己——这个女人——变成了核心问题。她这么做，在很大程度上是因为她的问题大多涉及女人有无可能成为积极的公民；在她的文字中，她就是自己的证据。但她也能够利用这一立场通过对比的方式否定她（往往位居高位）的对手们的这一资质。

试举一例，她著名的《女权宣言》（*Declaration of the Rights of Woman*）发表六个月后，在一篇发表于 1792 年春的题为《法国的良知》（*Le bon sens françois*）的小册子中，德·古热反复宣称，她所做的仅仅是重复她在一位失踪多年的名为"良知"的"守护天使"的帮助下所发现的东西。但虽说在政治思想上她仍然狂热地坚信等级制度和头衔，但她也十分乐于指出她在那些理所当然的处所寻找这一地标时所遇到的麻烦：那些处所的大人物无非是索邦的博士、僧侣、议员（*parlementaires*）、所谓的贵族、学者、新闻记者和其他专业精英等。[30]奥兰普·德·古热一次次地利用她所谓的毫无技巧、口语化的方式为自己塑造出一个普通却更加稀有的美好形象，也就是"一个公正理性的女人的声音"，特别是"在一切激烈动荡 [*le bouleversement*] 的党派统治时期"。[31]她在屡屡以第一人称插入谈话时，常常暗示自己没有很高的教养，更加贴近自然和良知，简言之，她通身鲜明的女性特质使她成为国王及其臣民（她交替称之为"人民"、"法国人"和"公民"）之间极为有效的中间人，特别是在谈到女性的事业和扩大选举权，使之为不分性别的任何人无差别拥有时，尤其如此。[32]

191　　当然，很可能许多在 1790 年代初期声称以半文盲妇女的身份写作的人，更不用说声称自己是穷苦的农夫或人微言轻的八旬老人的人，实际上既不是他们公然宣称的身份，也并非像他们佯装的那样不擅舞文弄墨。有些人显然只是在尝试这些角色，希望这样更有可能把革命的价值观强加给这些作者事实上假扮的人群，特别是在许多宣传都自觉地（而且矛盾地）针对当前意识形态的语境下。举例而言，与热拉尔老爹（这是实际上靠务农为生的极少数代言人之一）有关的年鉴的作者是雅各宾派领袖让-马里·科洛·德布瓦①，这是个公开的秘密，德布瓦想出了用这位"可敬的"农民的口气写作的策略，希望能有助于赢得外省舆论支持危机四伏的 1791 年宪法。[33]这部以农村男女为目标读者的构思精巧的文本甫一问世便成为畅销书，其负责教化的代言人回答了在他的花园里聚集的一群村民提出的天真但始终不无道理的问题，通过使用一种他们认同的语言，逐渐让他们转而支持自己的事业：那种语言就是民众的良知（*le bon sens populaire*）。

　　这种说教式宣传围绕着各种格言和类比建立，专门针对"农村居民"，它本身就有先例可循，那就是一群启蒙精英于 1790 年创办的革命周刊《村报》（*La Feuille villageoise*）。即便

---

①　让-马里·科洛·德布瓦（Jean-Marie Collot d'Herbois, 1749—1796），法国演员、剧作家、散文作家和革命者。他是雅各宾派专政时期公安委员会（Committee of Public Safety）的成员，其间从断头台上救下了杜莎夫人。

总体上农民仍然被认为是落后和迷信的，即便这本刊物从未显示出任何增加其农村读者的政治参与的兴趣，它的编辑们却一直积极传播这样一种重农主义观念，即"良知是人民的精神……［它］是用来抵御病毒式空想、抵御堕落的骗术、抵御破坏性叛乱的唯一一座堡垒"。[34]编辑们希望把村野良知（le bon sens villageoise）变成一个可以永远宣讲开明革命价值观的阵地，而所谓的村野良知，是对法国腹地的农业人口的单纯质朴、天生的道德和实践经验的恭维的理想化表达。《村报》的编辑们赞许《热拉尔老爹年鉴》（Almanac of Père Gérard）所依赖的令人信服的（虚假的）天真，将其与富兰克林的《穷理查年鉴》（Poor Richard's Almanac）相提并论，显然是希望富兰克林的文学发明，也就是为常识代言的普通人的沉思，如今能够像它们不久前在美国那样，在法国实现同样的效果。[35]

因此从我们的角度来看，呼吁良知或民众的良知或村野良知并把自己的话语建立在这些基础上的人民的代表，未能作为一种社会学现实存在于发出这一作者之声的每一部文本背后，也就没什么大不了的了。真实性并不是我们最主要的关注焦点。（即便到了今天，"人民"的代言人也常常算不上任何真正有意义的"民有"。）我们真正要关注的，是被认为比旧的统治精英更接近自然的农民或妇女或任何社会群体拥有的明显的常识，如何促成了一种新的民粹主义理想，这一刻板形象与贵族、语言大师、诡辩家等人形成了鲜明对比，后者因为博学或自我利益而忽视了那些表面上能够团结大多数其他人类的质朴道理。新的等级制度和新型的包容和排外也正是以这种方式，在这一发明问世之后被创造出来。

在最基本的层面上，简单质朴的"良知之人"这一修辞

192

形象提供了一种手段，通过这种手段，普通人和上等人都可以接触到其他普通人，这是革命宣传的关键的第一步。注意所有这些小册子的重要特点都是直接呼吁拥有良知的男人和女人："自由的人们，有理智、有智慧的人们——现在是时候觉醒了"或者"你们，良知和理性如举手投足一样简单纯粹的人"。[36]随后，作者与读者之间一旦建立起这种联系，它就变成了向同一群读者灌输民粹主义原则和最终的民粹主义政策的媒介。这些包括一种集体的民众否决权和出版自由，二者都可以被描绘成纠正过去的不公正（也就是让普通人消声和处于从属地位）的机制，以及将常识，或普遍理性，甚或公共精神转化成正式法律的机制。因为归根结底，常识这种介质几乎永远都承诺听从他或她的意志的结果就是达成共识，就是把一群分裂的人民团结在少数几个普遍观念和价值观的周围，谁也没有理由反对那些观念和价值观，因为在所有理智和诚实的人看来，它们都是无可辩驳和不言而喻的。常识的代言人最终既宣传了革命，也推动了革命的成功。

193

　　然而这种姿态仍然为敌人留有余地，也就是那些拒绝承认对良知的这种具体解读，坚持另一个版本的人，因为他们坚信党派或私利或者这些东西落入两面派的教士、贵族和骗子手中的可塑性。我们一而再地看到，和所有民粹主义的一唱三叹一样，常识也为有所企图的阴谋家留有大量空间，他们的社会阶层既有可能高于也有可能低于（表面看来十分团结的）大多数有德行的人。然而在革命的代言人看来，一个自始至终的公理就是共识对政治秩序至关重要；良知或常识的胜利让人们看到了一种可能，即最终有可能战胜意见的分歧、激烈的辩论，甚或对立或论战形式的政治本身——这种观念后来成为民粹主义思想的另一个陈词滥调。1789 爱国社（Society of 1789）的一位成员在攻占巴士底狱一周年纪念日上解释了那一理想，听起来与 14 年前大洋彼岸的詹姆斯·坎农的说法如出一辙："从根本上说，社会需要法律以同样的效力约束它的全部成员，那些法律既然要遵从良知的律令并且让哪怕最质朴单纯的人了解，也就能把他们团结在这个社会国家的目标周围：个体和大多数人的最大的幸福。"[37]看到了良知治国的可能性，认识论、社会结构和政治秩序之间的一种新的可能关系也就在法国拉开了序幕。

然而最终，常识在巴黎未能重复它在费城的发展轨迹。无论是常识还是良知，也都没能像理性、自由、真理或国族那样，变成法国大革命意识形态的关键词。1790 年代的革命先锋越来越显示出突出的理性主义乌托邦思想或语词膨胀倾向，而常识无法表达这两个特征中的任意一个。特别是对革命的雅各宾派领袖而言，常识说到底还是听起来太过温和家常，无法作为一种修辞理想得到广泛应用。罗伯斯庇尔显然认为，政治最好建立在"基本的良知原则"而非"空洞的形而上的抽象概念"之上；从国民议会[①]初期开始，那是革命文化的一个自始至终的主题。[38]然而他也坚信，在当前的法国，这类原则尚且无法对所有的人不言而喻。而虽说罗伯斯庇尔偶尔也会重复那些耳熟能详的老调，什么人民比起社会阶层高于他们的人拥有更

194

----

① 国民议会（National Assembly），法国三级会议第三等级代表们组成的革命性集会，存在于 1789 年 6 月 17 日到 7 月 9 日；后来（1791 年 9 月 30 日改名为国民立法议会之前），它的正式名称是"国民制宪会议"（National Constituent Assembly），但国民议会的简称仍然保留。

多的良知，他也强调了光有良知是无法透过表面，洞察当前虚伪的政治的，尤其是如此众多的人口还在为无知和迷信所障目。[39]

这一观点与当时的议员领袖西哀士①神父的政治主张并不像有时看上去那样天差地别，后者早在 1789 年夏季就很有说服力地论证，虽说新秩序的原则可能易于每个人理解，但公民必然会分为被动的和主动的，这取决于他们对公共设施的贡献（也就是财富）以及与此相关的、判断如何才能符合国家的最佳集体利益的能力。[40]就连早期高举共和制和选举权大旗的支持者，如孔多塞侯爵②，也无法摆脱他们素有的焦虑，那就是乡村生活中盛行的到底是良知还是非理性的无知。在人民主权的语境下，孔多塞急于设法把一定程度的决策权把握在像他本人这样的受过启蒙的少数人手中，至少等到迷信和狂热开始消退时再出让这部分权力，这在当时并不罕见。[41]政治意义上的"人民"与涌向法国街头和市场上的形形色色的个人之间到底有何关系，是那个十年贯穿始终的重大问题。理性披着它高高在上的文化和社会外衣又如此远离活生生的经验，堂而皇之地替代了常识本来可能占据的地位，即作为革命后续进展的认识论基础，这一点又有什么稀奇的呢？

---

① 埃马纽埃尔—约瑟夫·西哀士（Emmanuel-Joseph Sieyès，1748—1836），法国罗马天主教神父、教士和政治作家。他是法国大革命的主要政治理论家，还曾在执政府时期（1799—1804）和法兰西第一帝国时期（1804—1815）担任官员。

② 孔多塞侯爵马里·让·安托万·尼古拉·德·卡里塔托（Marie Jean Antoine Nicolas de Caritat, Marquis de Condorcet，1743—1794），法国哲学家和数学家。他的观点包括支持自由经济、自由平等的民众教育、立宪制政府和女性及各个种族的平等权利，据说代表了启蒙运动时代和启蒙理性主义的理想。

然而常识之所以未能领导法国人民集体走向革命，最主要的原因显然是它早期的创新，从将法国分裂为几个几何区块到一部国家宪法的撰写，在同时代人眼中，似乎没有一个与不言而喻的真理范畴有多大关系。在北美，包括新的州宪法在内的战争年代的若干发明也被认为是现有规范的崩坏。不过这些改变并没有像革命中的法国那样深入到日常生活中，而且无论北美人如何激烈地谈论决裂，过去仍然是大多数北美革命领袖的一个自觉的参照标准。相反，从 1789 年夏季革命爆发之初，新的国民议会和其他法国革命机构引发的变革就被认为是大胆的创新。就连那些欢迎它们带来的诸多裨益的人，也为它们彻底摧毁了旧的思维习惯而深感不安，这与变革鼓吹者的宣传截然相反。根据同时代人的叙述，在那年夏天那几个月引发的所有情绪中，始终突出存在的就是迷惘——对何为存在、何为善，还有什么可能和不可能的迷惘。无论在农村还是中心城市，关于秩序、等级、行为举止、时空区隔、公私边界甚至自我本质的平常假设都被彻底动摇或颠倒了。[42]何况区区几个月时间，国王作为政治权力的主要象征，爵爷（*seigneur*）作为贵族权力的主要象征，其地位都被自下而上地颠覆了。就连用于唤起普通的日常关系的语词的意义也开始发生变化。显然，常识无法轻易在这样的环境中得到安顿。

同样，随着一种新型的观念控制手段被采纳，问题变得愈发严重了，正如在 1776 年的费城，那种观念控制最初被支持者当作制造团结的关键一步：国家支持的宣誓效忠。只是这一次，目标不是新当选的立法者甚或选民，而是法国的神职人员，他们很快就被逼入绝境，要在对革命国家效忠还是对天主教会效忠之间做出选择。《神职人员民事组织法》（Civil Constitution of the Clergy，又译作《教士公民组织法》）最初是由国民议会于 1790 年夏季投票通过的法律，目的是不必取缔天主教会，而是使它和它的神职人员变成新制度的忠实组成部分；因此他们也应该由民众选出。但《神职人员民事组织法》很快就揭开了效忠的新问题，因而扰乱了一直以来信仰者及其精神领袖们生活中的又一重确定权威来源。因为当把神父变成公职人员的决定遭到了大部分法国神职人员的抵制时，从一个缺乏耐心（而且大多不信宗教）的国民议会内部又冒出了一个新主意，即《神职人员民事组织法》的另一个规定应该是要求法国的每一位神父立即宣誓效忠。到 1791 年 1 月，经过王室不情不愿的批准之后，这一效忠新的国家宪法的誓言成了国法。从那以后，它常常被描述为法国大革命最大的误判之一。

其结果不仅是把神职人员分裂为对立阵营，根据单个神父是否愿意藐视教宗（后者已经在那年春天正式谴责了这项立法）和宣誓对整个宪法效忠，分为服从宪法者和抗法者。它还将把大部分法国农村人口同革命领导层割裂开来（后者显然更反教权，大多来自城市，受到过启蒙运动的影响）并因而把整个国家分裂成两个新的阵营：教会的支持者和国家的支持者。《神职人员民事组织法》不经意间变成了一场关于新的"革命"教会的全民公投，当然也就变成了逐个地区和逐个教区关于整个革命的全民公投。[43]

在大部分法国农村地区，许多村庄突然就失去了他们敬爱的神父，只因后者拒绝宣誓效忠，《神职人员民事组织法》很快就激起了强烈的抵制。意味深长的是，这一抵制为逆革

命洪流的斗争给予了一种民众的、省级的，最终不成比例的
女性色彩。从 1791 年开始，农村妇女尤其突出地站在了抗议
的前沿，有时和他们家庭中的男性成员统一阵线，有时则各
守一方。[44]许多农村妇女对那些因接受宣誓派教会而看似背叛
了教区民众的本地神父十分愤怒。许多人还责备革命领袖，
后者似乎把他们对于私人意识和日常乡村生活仪式的抨击强
加给了一群不情不愿的民众，而他们自己远在大大世俗化的
城市空间。在法国的各个角落，普通妇女在地方一级采取了
直接的、集体的，常常是非法的行动来表达不满。具体战术
包括拒绝为婴儿洗礼或拒绝把去世的家族成员埋葬在宣誓派
教会之内，也包括保护拒绝效忠的神父免于被逮捕，以及回
避或骚扰那些前来填补新空缺的宣誓派神职人员。例如在
1792 年 1 月初，瑟兰河畔利勒①的宣誓派神父就堪堪躲过了被
一群暴民沉到本村泉水下的命运，这些暴民由本地拒绝效忠或
抗法派神父的妇女领导。[45]这足以引起宣誓派神父抱怨农村妇
女的新的社会角色了，虽然女人一直是某些形式的民众抗议活
动的领导者。[46]它也足以引起 1791 年年初的一场逆转：一场以
法国真正的人民的常识的名义发起的抵制革命洪流（被认为
是为了拥有抽象理性、科学和哲学等武器的巴黎律师的利益而
发起的）的运动。

　　这场运动的智识动力本身并非源于农村。和其他革命洪流
一样，1790 年代初的反革命意识形态——目标是产生一种右
翼民粹主义，对象是被《神职人员民事组织法》祛魅且忠于

①　瑟兰河畔利勒（Isle-sur-Serein）是法国勃艮第一弗朗什一孔泰大区约讷
　　省（Yonne）的一个市镇，位于该省东南部，属于阿瓦隆区。

197

教会和国王的普通男女——的大本营也在巴黎这个政治和文学中心。而且这场反革命运动在很大程度上是由身处精英阶层的宣传者制造的，他们认为有可能在农村抵制运动中发展一个反革命群众基础，因此从城市革命话语中借鉴了许多主题，包括常识的观念，即整个普通人群体特有的对世界的更好的认识。然而这套反革命语言的巴黎设计师们最终却把这一观念附着在另一群人民——来自农村而非城市——的愿景之上，与那一文化的另一类代表联系起来，即虔诚而品行端正的妇女而非她们有可能轻易动摇的丈夫。凭借着更小的民众基础却是同样的吸引民众的本意，这些活动家作家把这一形象引向了全然不同的目标：抵制与革命政治相伴而来的效忠誓言，同时也抵制任何形式的民主。

一个出身良好的温和派小圈子在 1790—1791 年冬天首次试手把良知重新塑造成一个集体反应的名词，他们致力于君主立宪，看到《神职人员民事组织法》颁布之后源于巴黎雅各宾派俱乐部的过度夸张的华丽言辞而愤怒不已。这些君主派（*monarchien*）代言人及其支持者试图把这个名词重新定义为绝大多数（在很大程度上是沉默的）法国民众的情绪的同义词，这种方式让人想到了光荣革命爆发之后辉格党人的做法。[47]他们的意图是把良知塑造成反对一小群少数派的堡垒，这一群体当然包括贵族，但也包括雅各宾派、俱乐部成员、街头预言家以及其他各种散布混乱无序或更青睐夸张、狂热或抽象的语词而非简单的真理，并利用放宽言论管制之机把"大多数可敬的"农夫、财产主和户主引向歧途的人。[48]如果这些浮夸的声音已经不再能够通过古老的国家镇压机制直接消灭的话，或许可以说服普通人不要倾听那些声音，也就是集体拒绝大众政治当前的面目。这是温和派从 1791 年上半年开始在全巴黎各处免费分发的大量匿名的（用一位历史学家的话说）"伪民粹主义"短命杂志、小册子和传单中传递的一个自相矛盾的主旨，它们的名称大多类似于《理智和爱国的街头公告员》(The Sensible and Patriotic Town Crier)、《良知：对时事的自由思考》(Good Sense：Free Thoughts on Current Events) 以及《我的耐心已经耗尽：良知之语》(My Patience Is at Its End：A Word of Good Sense)。[49]与 80 年前的艾迪生和斯蒂尔一样，一本 1791 年的反雅各宾派小册子的尖刻作者详细列出了一个虚构的地下俱乐部"良知之友学社"（Society of Friends of Good Sense）的章程，显然不全是玩笑，该学社的政治话语仅限于"下层"的基本事实，那是真实的生活发生的地方，那里使用的语言全无任何夸张和技巧。[50]这个纲领的目标是一种积极革命，一种把理智的各方团结在一种共同的共识基础周围的法外方式，在那一基础上，可以产生一种界限异常分明的讨论。其目标是通过一种扎根于常识的非正式审查来逆转革命的潮流甚至其公民自由论的收获，那种审查将有利于一种代表（温和的精英派）社会规范的全国一致的声音重新响起。

这样一种修辞高压充其量也只能和"真实的"审查一样有效，而且它将最终产生某种自我审查，也就是对那些服从主流社会规范的价值观的内化。但和 18 世纪初的英格兰一样，我们在这里也能瞥见一种在言论管制和全面言论自由二者之间划出一块中间地带的愿望，既非由国家或教会对思想进行控制，也绝非彻底的思想和言论自由。这里提出良知或常识的初衷是要在管制法律的机制之外为可以和不可以合理表达的内容设定界限，定义哪些是合乎理性的领域，哪些纯粹、绝对应该被划定为胡言乱语（*le non-sens*）。如果应用在政治领域，良知将有望使全体人民（除了那些愚蠢、疯狂、不通情理或上当受骗之人）集体达成一致，共同支持业已开始成形的新正统观念的基本前提，而不是被流行风潮和不可信赖的代言人们带离正轨。

然而无论君主派宣传家们有多努力，良知作为节制的同义词也没有获得持久的胜利。在《神职人员民事组织法》颁布以及国王出逃瓦雷纳①之后，已经没有多少可能在革命纲要中形成一个共识的中间地带，而"良知"也无法单独完成这一任务，特别是当两派的革命言辞都日趋激烈之时。此外，由于中心未能守住或寻找到任何民众基础，从英国的君主立宪制度、议会，甚或英语文学文化的现成剧本中借鉴的解决方案的价值日益降低。不过，也许这恰恰是诉诸常识的正途。正如在光荣革命之后的英格兰一样，这类诉诸常识的做法作为非正式的中间派监管发挥的作用，还不如作为对敌方发动焦土圣战的基础。

在革命的最初几年，在捍卫常识的斗争中的最大胜利者事实上是革命最坚定的反对者，那些拒绝始于 1789 年中期的哪怕在法律上摧毁旧制度的人。毕竟过去几十年，旧制度晚期那些反对启蒙运动的论战者已经在利用人们对这一价值观的呼吁，最初是他们在 1760 年代和 1770 年代的杂文，咄咄逼人地

---

① 法国国王路易十六出逃，或称瓦雷纳（Varennes）出逃，是法国大革命中最具戏剧化的事件之一。1791 年 6 月 20 日至 21 日夜间，法王路易十六带着王后玛丽·安托瓦内特及其亲眷逃离巴黎，企图发动一场由聚集在蒙梅迪（Montmédy）的保王派军官领导下的王室军队的反革命行动。一行人只走到瓦雷纳-昂纳戈讷（Varennes-en-Argonne）就被认出和阻止了，此事对大革命的发展和法国王室的命运产生了深远影响。

采纳了当时风靡一时的新哲学。被专门用于与反教权论、自然神论、无神论、唯物论、思想自由和其他各类自由思想对战的讽刺风格以及致力于这些战斗的作家和恩主圈子可以、也的确把枪头指向了那个名为"革命"的活生生的敌人，那似乎正是他们长期以来所恐惧的一切的化身。此外，比起君主立宪制的支持者，反革命一方的保王派和天主教代言人利用与雅各宾派一样的二元论逻辑（只不过他们是反向使用这一逻辑）更容易挪用常识为自己服务，特别是《神职人员民事组织法》在农村地区引发愤怒之后尤其如此。到 1791 年春，常识已经紧紧地依附于这样一个怀旧想法：恢复那个围绕着教会、国王和乡村精神的失落的世界，常识本身也成为捍卫传统价值观和生活方式的关键元素。它同时也成为一场愤怒的民粹主义宣传运动的认识论焦点，这场运动是由创业天主教出版商、抗法的牧师、不满的贵族和穷酸文人在巴黎发起的，旨在让以平民为主的巴黎东部郊区（*faubourgs*）和全法国的乡村反戈一击，与新的统治阶级势不两立。

反革命（这个词在此处不是指某一场单一连贯的运动）很难获得民众基础甚或迎合民众的目标。它首先是作为一种哲学和文学潮流问世的。[51] 从 1789 年年中开始，一小撮反对国民议会、其突然发迹的代表们及其《人权和公民权宣言》的人就开展了一致却总体缺乏协调的行动，力图挫败整个革命。除了策划少数几个注定失败的阴谋之外，反革命人士主要就是利用他们中许多人鄙视的那种言论自由，以及通过撰写小册子和期刊来宣扬他们对事态发展和掌权者的不满，这一点与他们的意识形态仇敌别无二致。[52] 在巴黎那个反启蒙运动的旧制度当权派看来，国王及其家人在一群武装群众（其中大部分是女性）的胁迫下回到巴黎的 1789 年的十月事件①尤其是这方面的催化剂，远在英吉利海峡的另一端隔岸观火的埃德蒙·柏克也所见略同。国王路易十六被正式囚禁在杜伊勒里花园仅仅几天之后，早期的原型反革命期刊《使徒行传》（*Actes des Apôtres*）就面世了，这是几十位联系密切的保王派作家共同努力的成果，他们已经开始在皇家宫殿的咖啡馆和餐厅，以及被称为"高贵的使徒书商"的盖蒂（Gattey）在同一广场内开办的书店内定期聚会，参加和谐友好却气氛阴郁的宴会了。[53]

其结果——大部分都随手涂写在桌布上，被印刷商们抄走出版去了——在方法论和意识形态两方面都是反动的，只不过起初战线还没有那么泾渭分明。那也是后来所谓为了恢复传统的良知所进行的反革命智识圣战的第一篇战斗檄文。从一个角度来看，《使徒行传》是又一份异军突起的革命报纸，紧跟时事，只不过采纳了敌对的观点。举例而言，当时宾夕法尼亚正在召开一届新的会议重新审议其以错误观点为指导的、依附于一院制议会一事，在 1790 年冬被进行了实时报道，当时《使徒行传》的某些作者还认为王室与革命之间有可能达成妥协。[54]但正如其名称所示，这份期刊的大部分内容致力于讽刺和全然无关的滑稽模仿——模仿议会、俱乐部、法令、宪法、节庆甚至写给编辑的信件——大部分还都充满了带有性意味的双关语。[55]它早早就决心让大笑成为右翼恢复备受侵害的常识

① 十月事件（the October Days），1789 年 10 月 5 日，几百名妇女在巴黎市政厅发起了一场反对面包涨价的抗议运动。由妇女带头，人数很快增加到一万名，在革命者的煽动下，她们决定步行前往凡尔赛宫，向议会和国王本人提交诉求。第二天，国王及其家人在示威者的逼迫下回到了巴黎。

的入场券。

在让-加布里埃尔·佩尔蒂埃（Jean-Gabriel Peltier）和那位法国语言之常识结构的伟大捍卫者安托万·里瓦罗尔（Antoine Rivarol）的领导下，这份期刊的出身高贵的作者们通过多种方式制造出自己贵族风范且往往十分隐晦的独特的幽默风格。他们把神圣的词语与有关粪便的词语并置，还用革命的行话作为反攻革命的武器，以作者和读者共同的更大的良知的名义间接证明革命的逻辑错误。这是一种古老的技巧，伏尔泰和后来的奥尔巴赫（他本人就曾写过一本讽刺性的《使徒行传》），以及他们最犀利的诋毁者，都曾广泛使用过的。的确，它的世系可以从吕西安延伸到沙夫茨伯里再到前一个世纪在伟大的巴黎沙龙里进行的交谈。一份待售的伪书名单中包括"《人权宣言》的作者"所著的《论形而上学为何比常识优越》，有何稀奇?[56]或者一份伪法律清单中包括如下这般立法取缔常识的伪理性努力："从明年 7 月 14 日起，将在整个地球表面实现昼夜平等"，以及"白昼一旦结束，月光将开始普照大地，满月一直持续到太阳升起"?[57]这些嘲弄的笑声本来意欲实现的效果是泄气——让那种以虚张声势和伪装形而上的胡言乱语为特点的虚假哲学和支持这一哲学的人（该范畴逐渐扩大，除启蒙思想家外还包括演说家、立法者和新闻记者）那种蛊惑人心和自我宣传的雄心壮志泄气。当时的每一个新奇的"民主化"词语、价值观、机构或政治实践都有可能遭到讥笑、嘲弄并被说成是一派胡言。受过教育的读者将成为同谋，共同致力于一种本质上算是温和的贬低行为，相信他（或者她，因为那种高格调的反革命讽刺文章的读者中有很大比例是女性）[58]将为其后恢复正常的、熟悉的思维方式做出贡献。虽

202

然到 1790 年年底，在巴黎街头狂欢已经被视为非法，但以未来恢复秩序为名暂时扰乱现状的冲动在巴黎仍然留存在反革命报纸的页面上。

不过长期来看，这种贵族式的颠覆性政治写作（就连天主教的礼拜仪式也难免遭到滑稽模仿）在舆论法庭上受欢迎的程度也并不比脆弱的保守派文学期刊《文学年鉴》（*Année littéraire*）强多少，后者未能在 1789—1790 年的新的商业市场上生存下来。其主要读者——外省贵族、军官、高级教士和上层中产阶级的部分人士，包括地主和国家官员——的人数太少，特别是移居外国又大大减少了全法国的读者人数。[59] 这些期刊还指望靠订阅赚钱，因而只有一开始就有一整年闲钱的人才能读到它们。此外在《神职人员民事组织法》颁布之后，住在巴黎的反革命者的内部需求开始改变了。在 1789 年夏天的大恐慌之后，许多身份卑微的农村人就已经开始将革命看成都市对他们视之为传统的本地生活方式的攻击，并开始疏远国民议会的政治了。但《神职人员民事组织法》的规定却加剧、也的确正式形成了这一分裂——并为巴黎的革命反对者们提供了一次良机。到 1790 年秋，从巴黎的视角来看，在法国农村居民和城市反革命运动的参加者之间结成某种意识形态的团结似乎有了日益增大的概率，1791 年则愈演愈烈。他们需要的是一种针对受教育较少的群众的新型宣传，旨在让他们皈依抗法教会及其拒绝服从的神职人员，让他们拥有对抗其会友之革命观念的论调，甚或只是支持他们在基层发动变革的努力。一小群善辩者（其中许多人本人就是神职人员）想出的解决方案，是让良知或常识的古老观念服务于新的目的，这些目的只是与《使徒行传》或君主主义报纸的技巧有着松散的关联。

在巴黎雇佣文人的笔下，怨愤仍未消除。但常识成了赞美专制政府以及普通人的传统生活方式、价值观和语言的保守主义的民粹主义风格的一个关键元素。这个词语的生命力将要比反革命本身还要长久得多。

如今，这一文类的大部分创作者的名字仍然不为人知，与1790 年年底和 1791 年的情况无异。一个伟大的例外是比埃兄弟（Buée brothers）。无论是阿德里安–康坦（Adrien-Quentin）还是他的哥哥比埃尔–路易（Pierre-Louis）都不曾在他们所写的论战文字上签名，即便在他们如日中天之时，他们的名字也绝对不曾在那个天主教保王派巴黎作家的小圈子外引起过任何反响。然而比埃兄弟应该被归属于一个类似匿名的 18 世纪常识预言家的漫长的跨大西洋传统，该传统可以追溯至菲尔丁、贝蒂和奥尔巴赫，以及托马斯·潘恩、詹姆斯·坎农和奥兰普·德·古热。出生在巴黎的比埃三兄弟所受的都是神职人员培训，但只有两位看似发展了写作的副业。比埃尔—路易更投入地致力于他的使命，成为巴黎圣母院全体教士大会的书记官，后来又成为好几座其他巴黎教会的座堂的法政牧师。[60]阿德里安–康坦是牛顿的崇拜者，也是个虔诚而正统的天主教徒，事后看来，他对政治、音乐和科学的兴趣似乎一直高于神学。他在图尔（Tours）短期从事过教堂管风琴手的工作，还曾做过巴黎圣母院全体教士大会的秘书，后来在 1792 年移居英格兰巴斯（Bath）后，把自己重塑为名不见经传的键盘音乐作曲家和数学书籍作家。[61]他在 22 年后才重返巴黎，担任另一个教士职位。

1790 年代初把比埃兄弟和政治联系起来的，是克拉帕尔印刷厂（Imprimerie de Crapart），它的位置不在皇家宫殿，而在河对岸的圣米歇尔广场 129 号。[62]让-巴蒂斯特·尼古拉·克拉帕尔（Jean-Baptiste Nicolas Crapart）是一位出版商和书商之子，几乎在 1789 年 12 月刚刚得到印刷执照之后便一战成名。在参与政治和盈利的双重刺激下，他很快就成为巴黎首屈一指的保王派、天主教和反革命期刊、小册子和其他文本的出版人和发行人，是出版反组织法①教会资料的创业企业家，通过邮寄方式把这类资料发送至法国各地。对不再抱有幻想的贵族和地位较高的神职人员而言，克拉帕尔是高贵的反启蒙运动宣传工具《文学年鉴》的出版方，该杂志停刊后，同一批编辑还创办了一份新的右翼政治期刊《国王、法国人、秩序尤其是真理之友》（Ami du Roi, du français, de l'ordre et surtout de la vérité）。克拉帕尔还因印刷和发行许多小册子、期刊和出身贵族的前耶稣会会士巴吕埃尔神父的反组织法教会文集而著名。巴吕埃尔神父修改了他早年间在自己的畅销书《埃尔维安人》（The Helviens）中提出的主旨，如今在克拉帕尔的支持下，专心致志地谴责国民议会的运作，谴责《神职人员民事组织法》根本就是不道德的无神论启蒙思想家们阴谋的结果。[63]法国各地的神父甚至教宗都跟风效仿，把发行传播他们谴责《神职人员民事组织法》及其效忠宣誓的著述的业务委托给克拉帕尔。阿德里安-康坦·比埃最初于 1790 年年底加入了这些高尚人士的行列，受雇成为克拉帕尔的作者之一。但克拉帕尔本人也是一位革命活动家，用自己的部分收益支持反组织法教会事业，[64]显然不满足于只接触到一小群教士和贵族，也就是《使徒行传》这类杂志面向的都市读者。1790 年下半年，当要求

---

① 指前文提到的《神职人员民事组织法》。

教士们进行宣誓效忠开始成为整个国家政治对话的一大主题之时，克拉帕尔一定看到了创造和发行一种形式更加通俗的政治宣传的经济利益和政治回报，这种政治宣传把目标不偏不倚地确定为巴黎较穷街区和农村地区的居民，在那些小册子和图片中，代表常识的不再是巴黎人甚或牧师或为城市生活方式代言的市政检察官（*procureur de la commune*），而变成了农民本人。这正是阿德里安-康坦能够发挥专长的领域。

　　巴黎的每一位出版商都知道，对话是打动一大群读者的特别有效的文类。从革命爆发之初开始，革命的对手们，以及君主主义中间派和激进的左翼人士早已经发现了这一点。（就连科洛·德布瓦的《热拉尔老爹年鉴》也完全可以被说成一位议员和他的选民之间的一场对话。）实际上，贴上对话、谈话或面谈标签的短篇小册子可以以便宜的价格单册售卖，而无须订阅。此外，它们的标题、往往整篇内容都需要被街头小贩高声叫卖，其后在全法国各地的城市和乡村高声朗读，无论是在政治俱乐部中还是在教会的弥撒之后。和通俗戏剧一样，这些对话通常都会在开头点出对话者相遇的背景（厨房、花园、卡巴莱餐厅、市场、俱乐部）并给出角色名单。革命时代初期明确的政治对话的与众不同之处，是它们的固定角色往往自称代表各种不同的世界观、不同的社会地位或职业、不同的出生地、不同的说话方式甚至推理方式。对话形式使得作者有机会推进这些差异所产生的一系列二元对立：神父的观念与革命代理人的想法两相对照，受过教育者的语言与巴黎市场上或村庄里不合语法的通俗语言天差地别，城市或上层的风俗与农村的习惯截然不同。然而不同于早期怀疑主义者们所写的作品，这些新式的对话最终总是以共识与和解收尾。对话的情节可能

205

206　会引发混淆或误解，通常涉及革命及其新奇的语言。但最终，通过提问、回答、观察和辩论，理智的一个或多个人物都能成功地说服他人皈依作者认为符合良知的立场。[65]

　　问题是应该由谁来领路，对此阿德里安-康坦·比埃最终提出了一个富有创新精神的答案。在最初的保王派和反革命小册子中，无论出版商是克拉帕尔还是他位于圣马歇尔广场的众多竞争对手之一，代表反革命良知（与革命代表所拥护的荒谬观念和语言截然相反）的任务往往都很实在地落在了某一位贵族、爵爷、神职人员或传统的权威人物肩上。有一次，"良知先生"事实上就是神父的名字，他引领对话者得出这样的结论："没有了我们合法的神职人员，我们同时也就丢弃了《福音书》，丧失了人类良心的法则，失去了我们在世上最好的朋友。"[66]因为在这些最初的实例中，对话的另一方往往是一个无知的佃农或其他地位较低的典型，他被告知应该相信什么，并最终为对方阐明了道理而表示感谢。举例而言，在《唯一的良知：律师弗兰肯先生、高级木匠皮卡尔和葡萄园主让—贝尔多罗》（*The Only Good Sense*：*M. Franckin*，*Barrister*；*Piccard*，*Master Carpenter*；*and Jean Berdaulou*，*Winegrower*，1790 年或 1791 年）中，律师就说服了一个没有受过教育也不是很聪明的高级木匠（向他解释说"你被你自己因为不了解而崇拜的浮夸言辞弄得晕头转向了"），使他转而相信了宣誓是蒙蔽平民的玩弄阴谋的做法。对话结束时，木匠希望回归自己的地位，和律师一样"永远拥有良知"。[67]这样的结果与早期大多数反革命的保王派论战传递的精英主义论调和支持等级制度的主旨完全一致。在《使徒行传》和《巴黎月刊》（*Gazette de Paris*）等期刊中，"人民"以暴民（*canaille*）

或施暴匪徒的身份出场，情况最好的只是受到欺骗或容易被蒙蔽，最终经由地位更高的人指点获知了真相，最差则比野兽好不了多少。[68]当然，由于缺乏后天培养的判断力或政治经验，他们被认为无法靠自己的力量意识到什么是符合他们最佳利益的，也无法直接参与公共生活。这一要点与教会或国家关于维护等级制度对于道德和社会秩序均至关重要的观点高度契合。

然而早在 1790 年，有些反革命的对话作者就开始在谴责人民主权甚或神职人员由人民选举这些荒诞想法的同时逆转这一修辞模式了，那些作者往往像比埃一样，本人就是神职人员。在一定程度上，他们这么做是在效法巴吕埃尔神父，后者在《埃尔维安人》中启用一个无知的外省男爵夫人对她那位聪明的巴黎对话者时髦的新哲学提出了天真但符合常识的反驳，最终重新发现了她那位本地好牧师（*bon curé*）的教义的价值。不过备受欢迎的反革命论战者也同样采纳了旧制度晚期滑稽小册子作者们专用的一种套路，其中无知之人的判断（*le jugement des ignorants*）（出自女人、孩子、农民和残疾人，他们说话往往使用一种没有水平、不合语法的预言）揭示了严肃的真理，特别是就品味而言尤其如此。[69]当然，我们也可以从中发现同时代根据常识进行写作的革命传统的影响，其中那些远离权力而只拥有初级的逻辑、民间智慧和日常生活经验和洞察力的人，最是充满智慧。撰写低劣廉价的反革命、天主教和保王派对话小册子的巴黎作者们发现，进行类似的角色反转，让平庸甚至不善言辞、没有文化、出身低微的农村居民代表真正的法国人民的（反革命的）良知出现在出身地位高于他的人面前，有一种新的魔力。这里的把戏是发明一种更讨好的、没

207

有那么傲慢或家长作风的群众形象，哪怕他们要传递的终极讯息仍然是恢复等级制度、专家权威以及社会和政治生活中古老的顺从和权威形式都是至关重要的。

在更精明的版本中，被确定为"农村男人"的角色没有受到巴黎风尚的玷污，或者作为外人仍然能够透过那些风尚看到本质，在许多情况下，他们最终都能比城市革命的代理人或新的法国法律制度的代表（即检察官）对周遭世界做出更加准确的判断。在一个此类对话中，"良知"不再是一位神父的名字而是一个国民自卫军士兵的名字，作者说他"充满良知"，关于自己在大城市所看到的一切"无法［对村民］撒谎"。[70] 在另一个对话中，一位名叫"皮埃尔·拉·雷松"（直译为"皮埃尔·理性"）的村民用简单的类比进行推理远比大城市的检察官高明，后者"［错误地］以为自己拥有村里的一切常识"。[71] 像《村里的良知，一次拜访及一位国民自卫军军官与一位女性村民之间的口语对话》（*The Good Sense of the Village, a Visit and Colloquial Conversation between an Officer of the National Guard and a Female Villager*，1790 年）之类的小册子又加入了一层转折，进一步发展了这一文类：那位女性村民（巴吕埃尔的男爵夫人的一个卑微版本）成了舆论的替身。她的首要功能是让她的男性亲戚、一位一时间被城市生活方式冲昏了头脑的国民自卫队士兵"睁开双眼"，并用她关于诸如"自由"和"平等"等语焉不详的词语到底是何意的天真问题，让他回归到真正的良知和村野良知的立场上来。[72] 这里传达的信息有两重，比埃很快就利用它们为自己服务了。淳朴的农村人应该警觉一切来自巴黎的误导和神秘的话语，因为说到底，它丝毫无助于满足他们最基本的需求：缓解饥饿。那些距离这场革命的城市方位最远、表达能力最有限的人——有着具体的焦虑需要解决的默默无闻、籍籍无名的农村女性——往往能够一眼看破什么才符合"人民的"利益。

迪歇纳大娘就是阿德里安-康坦·比埃为这一通俗文类所做的文学贡献。满嘴脏话、非常暴力又深爱祖国的劳工阶级巴黎人迪歇纳老爹这个人物的灵感来源于露天剧场，他在 1790 年已经成为左翼新闻记者笔下的标志性人物，在好几个彼此竞争的版本中，吐露着自己嬉笑怒骂的革命情绪。[73]比埃给了他一个妻子——一个卖旧帽子的小商贩，她用从巴黎大堂的卖货女人那里借用的有伤风化的方言，时不时还要威胁用扫帚打几下子，"让他睁开了双眼"，让丈夫恢复了（反革命的）清醒意识。[74]

在一篇很可能是阿德里安-康坦·比埃创作的长四页的对话中，迪歇纳大娘似乎一出场就把自己塑造成了一个女性榜样，她在文中还呼吁使用十分粗鲁、不合语法且充满意象、充满谚语的文风来谋求政治加分。[75]1791 年年初又出现了四篇这样的对话，松散地集结成一个类似期刊的文本，后来在 1792—1793 年又偶尔出现了几篇对话，全都是克拉帕尔出版的，作者很可能也是比埃。每一篇都可以看成是一次独立的唇枪舌战——很可能也是作为一种手段，鼓励持同情立场的读者使用真正的暴力。一方是一群不断变化的虚构的支持革命的人物，他们把持着一套自己根本没有充分理解就无知地全盘接受的新奇的政治术语。另一方则是一连串反对革命且仇恨地反组织法的教会人物，他们代表着历史悠久的良知。[76]

然而随之而来的却不仅仅是一场意识形态之争，它还是一

209

个性别问题。现实主义的女性角色往往都站在自己丈夫的对立面，为抗法的神父辩护。迪歇纳大娘就是前一种人的代表，在这些对话中，她往往能够得到一位男性中间人的帮助，这是一个有教养的人（有好几次都是书商雷克托先生［M. Recto］，直译为"奇数页先生"［Mr. Right Hand Page］），在对话中用更为正式的语言重新诠释她的话。但这个人物也始终如一地赞扬大娘与生俱来的良知（"您一个人的推理能力比整个教士委员会的加起来还要高"，"说真的，大娘，您就像一位传道者"或者"真的，大娘，有些学者的推理能力都不如您"）[77] 或者她清晰有力的表达能力（"真是，说得太好了"）[78]——特别是与尽信书的那些（男性）有学问的白痴所说的话并列起来的时候。归根结底，迪歇纳大娘的话与巴吕埃尔神父的没有多大差别：革命及其各种"愚蠢发明"（*bougre d'inventions*），是新的政治精英领导的一起针对良善的法国人民的阴谋，那些精英包括哲学家、律师和新闻记者，但也包括共济会会员、新教徒、犹太人以及见利忘义、沉湎酒色的神职人员，所有这些人都遭到了谩骂。[79] 其他作者还把法国殖民地的黑人也加入了这一名单。[80] 在这些对话中，我们会看到后来成为针对一切传统社会等级制度或传统风尚的局外人的民粹主义仇恨说辞的早期端倪，在这里是用来针对被视为铁板一块的"人民"这个错误观念的。正如迪歇纳大娘指出的，必须恢复旧的社会和宗教秩序，恢复它高度差别化的各个类别，而不是虚构出一个"国族"（或者她说的"国民族"），才能让人们好好地活下去。[81] 然而需要强调的是，迪歇纳大娘的作用可不光是承载这些观念的空瓶子。塑造这个人物的本意是一个识别模型，特别是对下层阶级的女性而言，她是一个民粹主义女英雄，支持普通人的常识，反对以革命的形式颠覆她们熟知和珍视的一切。[82]在这里，菲尔丁寓言中的常识女王戴着一副极端粗俗的半文盲面具复活了。

典型场景出自 1792 年年初的《迪歇纳大娘的红旗》(*Le Drapeau rouge de la Mère Duchesne*)，堪称民间反革命情绪表达的高潮。[83]比埃的固定角色之一，一位勒弗朗先生，宣称一切问题皆源于"这部可怜的宪法没有常识"，以及"自鸿蒙初辟以来，任何民族都不曾有过这样一套胡言乱语"（正如我们看到的那样，这是用于表述"与常识对立"之意的经典词语，反复出现在这些反动派对话以及革命前启蒙思想家的著述中）。[84]可以预测，这些说法立即引发了另一位被革命冲昏头脑的人物发表了完全相反的观点，这个人物在此过程中不经意地指出了语言和事实之间的另一个矛盾："但很奇怪啊，因为当下人人都在说，我们生活在一个发蒙启蔽［或者所谓的启蒙］的世纪啊。"接下来往往就要由迪歇纳大娘出场了，她用自己处处是拼错的同义词和错误动词搭配的粗俗土话直接绕过官方说法，纠正错误，解释她作为一介女流，如何获得了超凡的理解力：

　　哦，如果真是那样的话，执掌明灯的就是魔鬼……显然如此，因为就算他们高举火把，我们只看到哪儿都是灾难不断，而且我要说，造出他们的可不是良善的上帝。我只是个穷苦女人，没文化，啥都不懂，［而且］没读过啥大厚书；但我的脑子让我知道如今哪儿都是一团糟，全都是魔鬼和那些流氓搞出来的。

担心有读者或听者不得要领，勒弗朗先生回答道，"您说得太
对了，迪歇纳大娘"，还说她的良知比我们"所谓的启蒙思想
家"那一切知识分子的故作姿态加起来还要值钱。在勒弗朗
先生看来，革命总有一天会给人们一个大大的教训，让他们知
道被没有信仰、宗教、教养或常识的虚伪的哲学家统治意味着
什么。但在战斗中打头阵的却是迪歇纳大娘。[85]

这一模式的有效性的证据，是它不乏模仿者。君主派和天
主教右翼不仅在 1791 年，而且在 1792 年年初也一定程度上着手
出版了他们自己的迪歇纳老爹的版本，其中有些是和面包一起
免费发放的，以便送到尽可能多的读者手里。[86]迪歇纳大娘也成
了右翼的英雄人物，甚至出现在《使徒行传》中，同时也被激
进的左翼挪用，从 1791 年 2 月开始为她配备了一把枪和一套新
的革命词汇。[87]其他受欢迎的反革命女性形象，如在市场上摸爬
滚打数十年的女前辈索蒙大娘（Mère Saumon）也沿袭了这一模
板，从根本上逆转了奥兰普·德·古热的范式。就连人民中的
那位半真实人物热拉尔老爹，也在 1792 年被匹配了一位保王
派、天主教的妻子热拉尔大娘。她不仅热衷于从乡下的常识的
角度证明革命的语言标志着一个黑白颠倒的世界，从那位雅各
宾派市长的名字就能看出来："布吕莱多"（Brûletout），直译就
是"烧毁一切"。她还被赋予了另一个任务，就是敦促其他农村
女人通过简单的类比、谚语和定义等方式，效仿她，纠正她们
丈夫的观念，通过恢复旧秩序重建"家庭幸福"。[88]右翼的民粹
主义的社会基础和左翼一样广泛，它在法国大革命时期有所扩
大，将政治上持同情态度的女人和农村居民全都囊括在内了。
在建立被排斥的类别方面，它也十分绝对。

但比埃兄弟在与革命的制度、法律和语言（从《神职人

员民事组织法》到雅各宾派俱乐部）对峙，且将常识作为民粹主义反抗的工具发起运动时，并没有止步于迪歇纳大娘。相反，他们反复重提这一主旨，同时对它进行改造，使它适合各种现成的、现存的论战文类，挪用并逆转了四分之一个世纪前奥尔巴赫、伏尔泰等人（更不用说他们同时代的反对者们）祭出并广泛应用的往往充满讥讽或讽刺的形式。到 18 世纪末，就连急于彻底改变社会和文化的变革的右翼活动家们也希望能够为自己的事业争取到民众支持了。他们发现，常识是一种特别有效的合法化手段。

212

　　和他的前人，事实上，还有他的许多同时代的反革命人士一样，阿德里安-康坦·比埃在极端简化版的辞典形式中看到了不容错失的巨大机遇。1792 年年初，他在继续谴责新闻自由是最危险的一种自由的同时，着手撰写一部题献给"宗教、国王和常识之友"的讽刺性词典，将之用作进攻的武器。比埃的首要目标是证明在革命者的手中，语言本身已经被翻黄倒皂，违背了正确的使用法则，留下了处处可见的矛盾和荒谬。他（和其他怀有恶意的保王派甚至君主派辞典作者一样）为了证明这一点，沿袭了伏尔泰或奥尔巴赫的精神，使用了一连串在逻辑上不合理的、冷幽默的定义。例如，在当前的秩序中，抗法者（*Refractaires*）是"人们给予那些为了遵守所有的法律而仅仅拒绝宣誓的神父的名称"；启蒙思想家是"那个名为革命的悲壮的-凶残的-荒谬的-喜剧的—大游行的鼓动者"；俱乐部是"孕育了根本不想要任何［社团］的新宪法的社团"。[89]

　　比埃随后的第二个目标是证明接受那些胡言乱语和颠倒黑白的名词在当代生活中造成的不道德的后果。在整部辞典中，他指控构成语词（从"贵族"到"一切都会好起来的"［*ça ira*〕）的"音节本身"无一能够免除"制造了革命"、"改变了 2500 万人的习惯、偏见、用法、情感〔和〕举止并颠覆了他们在其下繁荣发展了 14 个世纪的帝国"的罪行。[90]换句话说，他把语义的分裂与日常生活中实际的常识的崩溃联系起来。比埃认为，错误不在于"人民"而在于革命领袖，他们对待社会生活的方式就好像在解一个抽象的谜题。正如他自己的辞典中对"平等"这个词条的解释那样，"国民议会为了领导我们实现完美的平等而模仿拉莫特（Lamotte）的猴子，为了让两口奶酪平等，它们总是多吃一口，以便让前一口与后一口匹配，因此永远也不可能有完美的平等"。[91]这与埃德蒙·柏克或任何法国信徒的批评差别不大，后者反复强调，打着理性或其他抽象名词的旗号进行的革新只会产生对包括常识在内的每一种规则的冒犯。[92]

同样为正式和习俗的或语言的规范丧失而进行的抗辩，也构成了阿德里安-康坦·比埃的弟弟比埃尔—路易在同一年冬天直接向巴黎教友们发出呼吁的基础。在一个让人们自己来选择由谁来统治他们、由无神论者和不信教者来复兴宗教以及其他众多荒诞事件的黑白颠倒的世界中，他问读者，他该做些什么？他作为一个神父，怎么才能调和二者间的关系：一方面是"皈依"需要宣誓维护《神职人员民事组织法》，从而为这个新世界背书；另一方面是自己深深信仰"〔哪怕〕在最微不足道的时间跨度，你们也必须小心遵循的常识法则〔*une règle de sens commun*〕"？[93]当然，答案是他无法调和。

比埃兄弟的许多论辩文字的终极目标，是敦促普通男人和女人在最稳固、最寻常的所在找到一种新的权威和约束来源：不单单是传统或历史，其或信仰，还有"良知"，用比埃尔-

路易·比埃的话说，即便在人民错误地被认为拥有主权时，良知也仍然"在我们的头顶上"，"必须由它来统治你们"。[94]因为两兄弟都认为，说到底，良知或常识是人们在正式法律体系缺失之时所能够信仰的法则的同义词。在阿德里安-康坦的反革命辞典中，"法则"这个词条最好的解释是对一切可见的、连贯的、长期被信仰并广泛被接受而没有异议的价值观的致敬；换句话说，是对常识本身的致敬。这就是他的兄弟和他敦促在每一条战线上做决策的标准。的确，短短几年后阿德里安-康坦在他的一篇科学论文中坚持了一模一样的标准，如此才能够得出合理的结论：一个事实紧接着另一个事实从而接近必然的某种或然率，类似于太阳明天还会升起的假设。[95]比埃兄弟每一部著述的主旨都是，当正式的规范不再正常发挥功能，当自我表达甚或语言本身不再有法律约束，常识的自我监管规则就成为仅有的希望，成为唯一能够恢复不容置疑的规范和常态感的途径，而那正是常识应当支持的。1790年代初，当革命的车轮朝着意料之外的方向滚滚向前，已经触及日常生活和信仰之时，常识成为最后的权宜之计，成为在更为传统的王权或教权甚或习俗的监管形式缺失之时，对由社会强加的民众反应机制的请求的一声呼吁。

214

　　然而归根结底，整个故事充满了讽刺。反革命对等级制度和既定权威乃不言而喻之真理的有力辩护，从一开始就必然包含了一个不可避免的让步，即这些价值已经变得一无是处。这些观念不仅要明确捍卫，它们也绝对不需要提交给广大公众审议和批准，尤其是由于其本来希望传达的就是普通人不适合参与政治生活所要求的判断过程。更何况，为这些原则的毋庸置疑性辩护不需要以英格兰清教徒、反教会启蒙思想家、美国革命者以及最糟糕的恐怖分子的方式进行：以人民的常识作为支柱和主要权威。从这个意义上说，可以说反革命人士成了自己的掘墓人。

因为更深刻的讽刺是，右翼报纸，尤其是它作为民粹主义的化身，长期以来一直支持对不得人心的观念进行正式法律审查，但很快它自己就成了受害者。在国家的支持下，保王派报纸的解体始于 1792 年 8 月，当时战神广场上的大屠杀让巴黎公社①抓住时机，关闭了激进的左翼报纸和保王派报纸。就在那个月，克拉帕尔的报社被洗劫一空，他的出版社也被关闭了，克拉帕尔不日也锒铛入狱（但他总算平安度过了恐怖时期，那以后不久就再度从事起反革命出版事业）。[96]比埃兄弟、巴吕埃尔等许多右翼新闻记者逃往国外，重复了伏尔泰和在他们之前的激进作家在旧制度的审查机制下的命运。其后几年里，反革命出版活动越来越成为隐秘事务，转入地下或海外，尤其是伦敦。

如此一来，有人忍不住会得出这样的结论，认为巴黎右翼常识民粹主义甚至比 15 年前费城的左翼常识民粹主义还要短命。民粹主义毕竟始终是一种抗议姿态，因而可能会在其成功之后消失或被取代。然而事实上，这两个民粹主义版本都产生了持久影响，而且并非仅限于它们发端的城市。费城那种为劳工阶层的判断力发动的论战被加上了一整套本该对每个人不言

① 法国大革命期间的巴黎公社（Paris Commune）是指 1789 年到 1795 年期间的巴黎市政府。它在攻占巴士底狱之后于巴黎市政厅设立，当时包括全市 60 个分区选出的 144 位代表。到 1792 年，公社由雅各宾派占主导地位。1794 年热月政变之后，雅各宾派政府倒台，巴黎公社于 1795 年解散。

而喻的原则，一直是欧洲在后来 1830 年、1848 年及其后的人民主权和投票权运动中的基本元素。右翼民粹主义也一样适用于新的场合，先是成为大西洋世界民主化倡议的结果，后来又被用于对那些倡议提出挑战。法国大革命被认为是不顾常识地将理性用于政治的终极典范，也将在其后几十年里建起这一道国际鸿沟。

比方说在英格兰，柏克已经对脱离传统的过度理性主义发出了尖锐的批评，相继指责它那些"热心的"传播者和随之而来的一套黑话，但英国人的常识在 1790 年代再次成为与之截然相反的一唱三叹。那个偏好通情达理的国家先是把矛头指向了托马斯·潘恩，他刚刚在 1792 年年初出版了《人的权利，第二部分》（*Rights of Man*, *Part II*）。一本接一本的小册子呼吁英格兰人民集体奋起反抗那些像潘恩一样"拒绝［他们与生俱来的］平实朴素的常识语言"，"在让他们自己和读者陷入抽象定理的黑暗迷宫和形而上学的长篇演讲的狡狯网络中"，执着于搞法国式"大破坏"的人。[97]在一系列骇人的人物漫画和卡通画中，英格兰最好的图像艺术家艾萨克·克鲁克香克（Isaac Cruickshank）、詹姆斯·吉尔雷（James Gillroy）和托马斯·罗兰森（Thomas Rowlandson）等人呼应这一观点，反复将《人的权利，第二部分》的那位备受折磨的作者描绘成与他钟爱的常识抗衡或曲解常识，而不是拥护常识的人。

随后，得到了一直上溯至不列颠政府高层的支持，这一攻击战线被归纳为一种劝阻英语世界的每一位可能会捍卫法国革命，或者未能看到与之相反的不列颠的当前政治和法律体系才是常识之化身的人。1792 年 11 月，前纽芬兰首席法官约翰·里夫斯（John Reeves）在一家亲政府的伦敦报纸上刊登了一则广告，宣布成立听起来十分笨拙的"保护自由和财产免受共和派及平权派侵害协会"（Association for the Preservation of Liberty and Property against Republicans and Levellers）。其后那一年，在高层的支持下，这一反雅各宾派运动不再是一群志同道合之人在一家伦敦小酒馆的集会，而变成了英格兰最大的政治组织，先是在西部，后来在中西部诸郡、北部和东部都设立了分支机构，大批民众竟然争相加入。追随者的社会组成日趋多样，它的（主要由中产阶级组成的）领导层敦促他们组织参与一定数量的直接行动——毕竟无论对革命组织还是反革命组织，那些早已成为常态了：暴乱、恐吓行为、焚烧潘恩之流不良分子的模拟像。但里夫斯及其合作者们依附印刷品的威力主要是为了在世俗世界劝人改宗。从 1792—1793 年冬天开始，保护自由和财产免受共和派及平权派侵害协会就成为大批廉价小册子的主要赞助人、印刷方和发行者，那些小册子的目标读者定位包括大不列颠的机械师、临时工和熟练工，其中的常识代表着忠诚、民族自豪感和保守主义——与法国人的"胡言乱语"判若霄壤。[98]

在这些鼓吹常识的大众读物中，最有影响力的当数在对路易十六的审判正在海峡的另一端进行之时，一个真实的女人汉娜·莫尔匿名撰写的《乡村政治》（Village Politics）。这本被伦敦主教称为"比迄今任何出版物更容易为下层人民所理解的"小册子的内容很像是比埃策划的东西。[99]先找两个固定的农村角色：一个是亲法的村民，他对自己从读过的"一本书"上选取的潘恩风格的语言似懂非懂；另一个是明理的英格兰工人，他能看穿另一个人物所支持的一切的滑稽可笑之处，从追求抽象平等到哲学的价值再到完美世界的理想本身。[100]然后再让他们就政治展开最简单的对话，直到最后两人都被说服了，转向那位明理之人的立场。（例如，"汤姆：一个被启蒙的人民会怎样？杰克：熄灭福音之光，混淆时分，在一片黑暗中摸索。"）这段对话中没有女性人物。但莫尔在 18 世纪剩下的时间里一直没有放弃追求自己的理念，那就是通过日常的语言和逻辑，在女性资助人蒙塔古夫人和其他地位较高的女性朋友的一点帮助下，说服大众坚信现状——包括社会等级差异的存在——完全符合它自己与生俱来的常识。[101]

里夫斯在自己的著述中重复了许多同样的观点，包括他后来的《关于英格兰政府的思考》（*Thoughts on English Government*），是他在 1795 年写给"英格兰人民沉静的良知"的。常识而非理性，是英格兰人民的伟大品质，为全社会各个阶层所拥有。他们之所以幸福，显而易见的解释就是他们所有的制度，包括混合政体和社会不平等，都是依照常识形成的。如今，常识以其典型的不事张扬的风格，必然成为他们抵制法国方式和观念的武器，后者建立在荒谬的原则之上，造成了毁灭性的后果。[102]和莫尔一样，里夫斯的目标也是要发展出一种直接与"人民"对接的新的政治风格。普通的英国男女一方面受到恭维，坚信"文盲的［经验］智慧"（套用柏克的说法，虽然他厌恶他在其他场合称之为"乌合之众"的那群人），同时又在政治上处于失能状态，坚信就管理国家这一艰难事务而言，由社会和经济地位高于自己的人来代表他们是正确的。[103]最终的结果是 1790 年代，这一观念赢得的拥护者数量既高于精英主义者柏克的浮夸修辞，又高于潘恩通俗的激进政治宣传。[104]

与此同时，在新成立的美利坚合众国，法国大革命同样导致政治话语升温，将公众分为敌对的阵营，联邦主义者公开抨击他们的对手是启蒙思想家，这是对那些对法国式抽象理论深

218　感兴趣、不顾它对实际运作有害的人的简称。杰斐逊就是这类咒骂的一个具体对象。按照马萨诸塞州议员费舍尔·艾姆斯（Fischer Ames）的说法，杰斐逊——与他之前的孔多塞、马拉和潘恩一样——被制度建设和泛化热情冲昏了头脑。这位蒙蒂塞洛①哲学家没有"像务实思维的普通人那样［行事］，那种思维看似低微，却是事实问题的实在基础"，他还错误地把"笨拙呆板的政治事务"当作艺术品那样处理。一切再次归结为一个光学问题：富有远见的杰斐逊观察世界的视点跟普通人的差距太大，因而与常识脱节了。艾姆斯解释说："［杰斐逊］能看到天上的星星，却看不到身边的地球；他乘坐着自己的热气球腾云驾雾，从天上俯瞰自己的工作和职责，如果他偶尔瞥一眼这个广阔的世界，它看起来一定是一片平地，一切都按比例缩小了。……他过多地把目光投注在周边之外的世界，去思考那些隐形的事物，以至于他觉得其他一切都不是真实的。"[105]换句话说，杰斐逊最大的错误就在于他未能认识到最好还是把政治看成一个简单的、应用日常感官和判断的事务。

　　如此这般攻击公然亲法的杰斐逊，其大框架是此前由年轻的约翰·昆西·亚当斯（John Quincy Adams）发展成形的。早在1791年，约翰·昆西·亚当斯就以"Publicola"（直译为"人民之友"）为笔名，在波士顿的《哥伦比亚哨兵报》（*Columbian Centinel*）上发表了一系列信件，其中不但指责那些"富有远见的政治家"，还暗示当时在任的国务卿（杰斐逊）是一个狂野的法国风格的革命家，因为他似乎支持潘恩

———————————

　　①　蒙蒂塞洛（Monticello），位于美国弗吉尼亚州阿尔伯马尔县的夏洛茨维尔，曾经是美国第三任总统托马斯·杰斐逊的住所。

过于民主和无视宗教的《人的权利，第二部分》。[106]这些文章在美国和欧洲都广为转载。

　　然而天道好轮回。正是从这种反法的联邦主义者演讲中，一种新的传统诞生了。几十年后在 1828 年的总统大选中，作为美国历史上第一个深谙民粹主义语言风格的大师，安德鲁·杰克逊（Andrew Jackson）便自称人民的领袖——抨击他的对手约翰·昆西·亚当斯与他相反，是一个始终看不到日常生活的实用理性的知识分子。在杰克逊的支持者们看来，那位著名的波士顿家族出身的外交官、教授和前联邦主义者已经变成了一个过于学究气和缺乏男子气概的世界公民，最好还是去当哈佛校长而不是美国总统。来自西部的杰克逊则正好相反，他把自己打造成了当代阿达里奥（拉翁唐笔下理想化的休伦人酋长），所拥有的唯有经验和直觉，丝毫不受绅士、专家和专业人士基于金钱和学问的扭曲理性的影响。而且杰克逊和他的支持者们还成功地声辩，归根结底，他那种通过常识获得认知的"美国式"路径才最适合解决这个年轻的国家当前面临的问题。正如共和党纽约城市和农村年轻人总委员会（Republican General Committee of the Young Men of the City and Country of New York）在 1828 年的竞选文案中所说，"杰克逊是凭借自己的能力……得到推荐的。他为一切实用的目的［即政治］而拥有那种与生俱来的思维强度、那种实用的常识、那种判断力和识别力达到了惊人的地步，比一位圣贤习得的一切学问加起来还要珍贵"。[107]

　　因此在某种意义上，杰克逊在那年年底击败约翰·昆西·亚当斯赢得了大选，这个结果就代表了历史学家肖恩·威伦茨（Sean Wilentz）所谓的"三十多年美国民主发展的高潮"。[108]杰克逊当选总统似乎表明，潘恩和宾夕法尼亚宪法制定者们宣扬的平等主义风气最终瓜熟蒂落了。然而可以说，1828 年的总统大选还标志着另一件事：一种在法国大革命的阴影下诞生、针对日益增加的选民的新的保守民粹主义政治风格得到巩固并取得了胜利。

19 世纪初，这一右翼的常识模式在欧洲也获得了新的势能，往往是那些发明了它的人，如巴吕埃尔神父，从流亡地回国之后，重新拿起了笔，赋予了它新的生命力。如果说美国革命（如它之前的英国光荣革命一样）的主要神话在于它是一场常识的革命的话，那么在英裔美国人看来——19 世纪初的许多欧洲人也一样——法国革命的主要神话就是它是反对常识的，而复兴这一重要的知识和传统社会凝聚力源头就成为子孙后代的首要任务。正如一位保守派荷兰"常识之友"在 1809 年解释的那样，问题的根源要追溯到斯宾诺莎和培尔的诡辩和悖论，而战斗还没有结束。[109]那将成为后来许多民粹主义政治的主旨所在。

的确，不妨说在 18、19 世纪之交以后依靠一系列象征性的全民公决积聚权力的拿破仑·波拿巴就代表着产生于革命时代的第三种或者混成的民粹主义支流。拿破仑从未曾背离过争取人民的支持或代表他们的名义的革命传统；必要时，他的话听起来也像是当代潘恩。在 1790 年代的意大利，他甚至还采纳了当时仍充满争议的"民主"一词来描述自己的倡议。[110]但与此同时，他拒绝普通人直接参与甚或派代表参与政治判断的事务，这符合许多反革命人士长期以来的心愿。而他即便在争取人民的支持时，也是这么做的。正如阿历克西·德·托克维尔后来强调的那样，拿破仑的伟大创新就在于他调和了这两个冲动，也就是在保持无限人民主权这个观念的同时，非但遏制了个体自由并为他个人夺取权力，而且还让人民主权观念为他服务。[111]他成功地动员了"人民"支持那些导致他们失能的政策。而且和所有早期民粹主义政权一样，拿破仑的政权虽然常有专制倾向，却对民主的长期发展功不可没，因为它使得常识与专业之间，或"人民"与国家之间的适当关系的问题始终位于公众意识的前沿。这些问题将屡屡冒出水面，让 19 世纪剩下的时间动荡不安。

第六章 从柯尼斯堡到纽约

常识在现代世界的命运

常识［是］最卓越的政治意识。

——汉娜·阿伦特《理解与政治》

(Understanding and Politics)

1789 年，就在风起云涌的法国大革命爆发之时，柯尼斯堡（Königsberg，如今的加里宁格勒［Kaliningrad］）大学的一位著名的逻辑学和形而上学教授正在忙着为他的第三部大作进行最后的润色。那位教授就是伊曼努尔·康德。那本 1790 年复活节在柏林的一家出版社问世的图书就是《判断力批判》(Critique of Judgment)。从一定程度上说，这部晦涩难懂的哲学巨著与远处传来的革命的隆隆炮声的联系就在于，康德试图让共通感这个古老的概念回归本源，近些年来，这个词已经过度偏离了本意。在位于波罗的海之滨的家乡为数千英里外的巴黎革命激动不已的康德，发现这个拉丁语概念有助于解释判断行为的社会意义。然而这位著名哲学家也极为明确地指出，这一共有见识的功能只适用于审美趣味的问题，在道德或政治决断中没有任何作用。就此而言，可以说康德引领了一个时代的结束。果真如此吗？在本书的最后一章，让我们沿着从 1790

年代至今时有发生的常识的故事脉络，试图解答一下这个问题。

　　在康德看来，常识当时已然十分普通的意义要么是普通人基本的共同假设，要么是普通人基本的智识能力，但它还不能作为一个哲学原则。虽然同在地处偏远的新教大学城担任教授，虽然在过去短短几十年里，里德、贝蒂和奥斯瓦尔德的常识哲学已经在德意志各地广为人知了，但康德还是反驳了他的苏格兰同行们在对休谟做出回应时将常识奉为权威的做法。[1]在1780年代初阅读了贝蒂著作的译本之后，康德写了《未来形而上学导论》（*Prolegomena to Any Future Metaphysics*），批评转向普通的常识（*gemeinen Menschenverstand*）是孤注一掷地诉诸群众的判断力，令"大受欢迎的骗子们欢呼雀跃"。[2]在他看来，常识绝不是真理的裁判所，而不过是一种修辞上的权宜之计，旨在切除知识主张中的批判性研究；它在能够直接作用于经验的判断方面或许还有些用场，但在形而上学中却毫无建树可言。同样，在他的《判断力批判》中，康德抱怨说"人间的普通认知，这个极为微末单纯的健全（尚未受到培养）认知，这个人既唤作人就必须具备的东西"[①] 如今有了"一个常识之名授予的可疑的荣誉"。更糟的是，他继续尖锐地指出，我们给予"普通（不仅在我们的文字里真正含有双重意义，就在别国也是这样）这一词的意义……常常被理解为庸俗……占有着这种品质可绝不是什么功劳或优点"。[3]在康德看来，哲学是一位东普鲁士大师精心打磨的成果，绝不是建立在

─────────────

　　① 译文参考康德的《判断力批判》，宗白华译，北京：商务印书馆，2011。本书译者根据这里的英译文做了一些微调，下同。

222

什么通俗原则之上的东西。它本身也绝对不是人人皆懂的通俗事业。[4]

然而 1780 年代末，当这位名声如日中天的普鲁士学者准备应对挑战，为他著名的《纯粹理性批判》和《实践理性批判》撰写一部姐妹篇时，他为那个古老的概念找到了一个重要用途，他一直坚持使用它的拉丁语，共通感（sensus communis），以便与它那些他认为是俗语的最相近的德语同义词的意义区分开来。回到沙夫茨伯里，他在 18 世纪初期对这个课题的思考已经让包括托马斯·阿伯特（Thomas Abbt）和摩西·门德尔松（Moses Mendelssohn）在内的上一代德国思想家产生了极大的兴趣，康德认为，共通感只有当它为人所共有时，才是一种"常"识。[5]康德以各种方式颇为费解地把它解释为"自由发挥我们的认知能力的结果"以及"一种批判机能的理念，这种批判机能在作为反思行为时（先验地［a priori］）顾及所有其他人的表征方式，以便把它的判断看似紧密地靠拢人类的集体理性"。[6]在康德看来，所有审美趣味的判断既有赖于、又在事实上等同于这种常识。

一方面，康德自始至终关注着个体，坚信审美趣味决然是一件私事。康德认为，对美的判断有它们独一无二的基础；它们无法被归入理解或理性。在决定关于美或崇高的问题，或者所谓的审美问题时，个体很清楚他或她相对于外部物质世界的自由度，以及他或她在此不受任何规则约束。那恰恰是因为对审美趣味的判断始终是高度个人化的，是个体感知和情感经验与周遭环境的产物。它们彰显了我们的主观性、我们与他人的差异。

不过另一方面，如果没有他人，这些判断也可能毫无意义

223

或有效性。的确，在康德看来，判断审美问题时，我们会对自身与他人的联系出奇地敏感。因为我们必然会把自己的判断与（推测出来的）全人类的"集体理性"做一比较。虽然审美趣味的判断必然是主观的，但它们始终预设并参考一种普遍认同的理想，即所有人达成共识的可能性（哪怕不是事实）。归根结底，共通感是康德为这种引领我们不经思考便进行这一比较或者从某种普遍立足点进行思考的判断力所取的名字。因而它也是一种社会情感、一种与他人共享之感的来源，康德称之为"我们的知识的普遍传达性的必要条件"。[7] 它的重要性正在于这里：共通感，或曰品味，表明我们有可能与他人达成建立在情感认同基础上的共识，或主体间性。它是一种没有任何理性基础的独特的认知途径。因此，它暗示有可能存在一个非教条的公共领域，一个自由讨论的空间，它无须任何规则加以调和，而达成一致的可能性却至少始终存在于视线所及的未来。康德的共通感可以被解读为一种创造性的努力，试图想象当法国大革命的礼炮齐鸣时，有什么可以把一个自治的社群团结起来。

　　不过康德也旗帜鲜明地指出：共通感聚焦的是对美的判断和欣赏。它只能通过参与关于美学问题的讨论时才能被激活，与真理或道德感情的决策没有关系。虽然政治乃至法律隐喻频频出现在他关于品味的讨论中，但康德在《判断力批判》中并没有基于这一原则提出一种相应的政治哲学。即便在柯尼斯堡的"贵族餐桌"（如一位康德的同时代人震惊地指出的那样）上，普鲁士国家公务人员"带着极大的坦诚和无畏"迫不及待地谈论的人权革命也从未曾堂而皇之地进入这一哲学讨论。[8] 相反，康德在《判断力批判》中明确指出，他意在把共通感或常识的范围限制在审美领域之内。

然而从历史的有利角度回望过去，还是能够明显地看出，无论在实践中还是在理论上，他都没能成功地守住这些界限。（而这最终将把我们带回到 20 世纪常识政治最伟大的理论家汉娜·阿伦特那里。）从根本上说，已经太迟了：即便康德最终将以无数种方式质疑他所在时代的哲学正统，他所参与的这场战斗也已经输掉了。法国大革命为欧洲思想的每一个维度赋予了政治意义，包括康德本人的思想，就算他始终拒绝承认人民有革命的权利，他也很快就转向了明确的政治课题，并支持革命强调言论自由的智识议程。[9]何况在他的得意门生的著述中，66 岁的康德的那种与审美相关的判断力被逐渐推向政治领域，随之而来的是对常识的各种不同的解读。

225　　举一个重要的例子来说明常识和政治重新发现彼此的速度有多快：就在《判断力批判》问世短短几年之后，当时在耶拿大学（University of Jena）担任教授的著名剧作家弗里德里希·席勒（Friedrich Schiller）就发表了一系列关于审美教育的信件。他在书中的论点直接建立在康德关于共通感既是艺术鉴赏的基础，也是它的产物的观念之上。但席勒重新改造了这一概念，以便在其基础上解决在他看来由法国大革命提出的关键政治问题，也就是如何在不沦为暴力斗争的前提下实现人民主权和社会平等。[10]席勒出版于 1795 年的《审美教育书简》（*Brief über die aesthetische Erziehung des Menschen*）有时被解读为德国人归隐审美领域的突出实例，认为他们放弃了自己的政治责任而去关注少数人的教养。说到底，席勒绝不是个民主主义者；和大多数启蒙运动思想家一样，普通人的行动和态度让他警觉，特别是在法国大革命经过了最早期阶段，事态的发展变得不可控之后。然而从 1793 年夏天开始，在给一位丹麦王子（也是席勒的恩主）所写的一系列信件之中，这位德国剧作家和诗人试图为现代世界的艺术构想出一种新的职能：作为转变个人的一种手段，使他们最终能够做好准备，创建一个真正平等的共和国。在席勒的手中，对美的对象的思考不再是一种与道德或政治思考全然无关的思维活动，而是一条通往自由的路径，一种把人民团结起来，重建社会秩序的方式。事实上，到这些信件的出版至尾声时，艺术在席勒那里已经既是目的，又是手段了。最后一封"信"的结尾提出了一个"审美国家"的乌托邦愿景，这是一个由趣味统治的社会，通过让每一个个人实现理性与感性之间的和谐，为整个社会带来和谐与平等，使常识最终获得胜利。正如席勒慷慨激昂地解释的那样，

> 若是趣味在管辖……就不能容忍任何优先权、任何独霸权。……趣味把认识从科学［即经院哲学］的玄妙中带到常识［Gemeinsinn］的光天化日之下，把各个学派的私有财产转变成整个人类社会的共同财产。在趣味的领域内，即使是最伟大的天才也必须放弃他那至高无上的威严，亲切地俯就儿童的童心。……在审美王国中，一切东西，甚至供使用的工具，都是自由的公民，他同最高贵者具有平等的权利。①[11]

226

---

① 〔德〕弗里德里希·席勒：《审美教育书简》，冯至、范大灿译，上海：上海人民出版社，2003，第 238—239 页。

席勒随即指出，那一天尚未来到，甚至不会在近期成为现实。当前，它只和人口中很小的一部分稀有的人群有关。但在这里，在这些信件中，常识而非"各个学派的"玄妙知识，为一个更加平等、更加公正的未来铺平了道路。

而在远离哲学或诗学领域的其他地方，席勒关于常识终有一天会成为新的社会秩序的支柱的预感最终被证明是正确的，不过显然不是以他预言的那种方式。事实上，无论在基本的共同假设或普通人的智识能力这些口语意义上，还是在假设的任何社群的原始纽带这个哲学意义上，常识的发展都注定与康德试图推动它的方向相反。换句话说，它将日益进入政治领域，直到最终成为政治生活中高频出现的泛泛之词，以至于评论家们已经不屑再谈论它了。常识先是后亚里士多德时代认识论的一个元素，继而变成旨在恭维多数人自身的认知能力和重新想象世界能力的劝服方式，在后革命时代变成了一种政治信仰。19 世纪，它将有助于重新描绘西方政治生活的社会基础，同时又在重新定义政治本身的性质方面发挥关键作用。菲尔丁事实上没有说错，他在 1736 年便坚持认为，虽然常识女王可能会在历史的特定时刻以各种惊人的方式被消灭，但她作为一种理想，注定会搅得现代世界不得安宁。最初存在于 18 世纪欧洲和殖民地各个城市的想象中的常识概念将继续影响民主政治的本质，时而刺激它的发展，时而成为它的阻碍。与此同时，民主政治的实践也永久地改变了我们自己的常识。

后来被称为民粹主义的模板早在 19 世纪初就已经成形了，它（时而明确、时而隐晦）的标志性特征就是诉诸"真正的"人民的集体常识。不久，它还将被各种不同的政治支持者竞相采用，尽管他们各自的行动计划和词汇互不相容。[12]之所以在经历了两个多世纪的科学和哲学割裂以及宗教、意识形态、国族、语言和社会群体的显而易见的差异之后，我们还能够讨论一种特定的"常识"式政治的存续，是因为有几个基本推论持续存在，而早在前一个世纪的革命和反革命巨浪中，那些推论的前提条件就已经奠定了。

这些推论之一是集体的"人民"或"公民"拥有一种所谓的常识，它来自他们作为人类的共同经验和共有技能，那不应当与个人的理性混淆，但两者偶尔可能会重叠。（这种常识的模糊性甚至假定性，使得它并不像人们通常以为的那样，与康德的共通感迥乎不同。）另一个推论是，政治或治理领域如果得到合适的界定，那么它就能够完美地符合人们的常识判断及其所衍生的基本公理。换个说法就是，对真实存在的政治问题提出好的和普遍适用的解决方案，往往只需要倾听集体的常识，忽视那些无关的意见。一位保守派英格兰评论家曾在19世纪末想象是否有可能成立一个实际的"常识党"，他直言不讳地说："总的来说，蠢人都是正确的；即便聪明人现在也开始发现，玩政治只要一点点小聪明就够了，因为政治无非就是把对人性的理解应用于国家安全和福利而已。"[13]

这些关于人性和政治性质的乐观假设一般都会以一种对未来的乐观信心作为高潮，哪怕是当人们在愤怒时慷慨激昂地援 228 引常识来探讨为什么在当今世界会有人认识不到这些自明之理时。最后一个推论是当这些关于"真正的"人民的敏锐头脑的（仍然没有得到重视的）事实最终被认识到，政治冲突就会结束。那时除了党派、信仰或阶级利益之外，人们还会开始看到普遍共识和社会和谐。本书讲述到这里，读者对以上任何一个主张想必已经不再陌生了。

然而，在 19 世纪的北大西洋世界，这一政治方针所处的社会环境将会发生巨大的变化。结果，自 1830 年代的美国和 1840 年代的欧洲以来，关于扎根于常识的未来政治的新兴神话变得越来越有用。有两个一般性的发展在这个故事中起到了关键作用，它们都不是呈直线持续发生的，二者也都同时有赖于且也促成了常识政治被拔高。

其一是公民权利界定范围的扩大，以及随之发生的选举权或选举机会的扩大。在逐渐被称为"西方"的区域，19 世纪的一大议题有时被说成民主及其危险，或者更具体地说，是劳动阶级的白人男子，更不用说女人、有色人种、贫困者及其他各类在法律上处于依存地位的人，是否适合参与政治判断。[14] 早期理解一个个体到底需要展示何种知识、经验和认知能力才能投票甚至满足投票的最低资质时，伴随着不少绝望焦虑。人们最恐惧的是，如果大量无知无识、稀里糊涂、颠顸轻信甚至冷酷无情的人，也就是人口中的绝大多数，决定参与当前的关键事务或者更经常的、选择代表对当前的关键事务做出决策，会发生怎样可怕的情况。就连那些表面上同情民主观念的人也无法摆脱这样的焦虑：唯一的结果可能就是无政府状态、人身伤害和私有财产遭到破坏。正如亚历克西·德·托克维尔在一份 1841 年的手稿片段中所说，"我在理智上偏爱民主制度，但……我痛恨哗众取宠、讨厌庸众毫无秩序的行动、厌恶他们以暴力和毫无教养的方式参与［公共］事务"，至今仍有许多反民粹主义者持有同样的看法。[15] 不过久而久之——在某些地方是由于民怨鼎沸，在另一些地方是尊奉圣旨——成年男子普遍选举权的观念占了上风。它发生在 1830 年的美国（如果我们忽略某些人群基于种族身份而被排除在外，这种情况一直持续到 1965 年的《选举权法》），1852 年的法国（在几次早期尝试失败之后），1832 年、1867 年和 1884 年以及进入 20 世纪之后通过了一系列法案的英国，1867 年的德国，1890 年的西班牙，1912 年的意大利和 1918 年之后的荷兰。换句话说，在法国大革命之后的那一个世纪，一个又一个国家的"人民"不再仅仅作为政治修辞的客体，而变成了政治行为的主体，无论是在集体还是个体层面上都是如此。[16]曾经的一项革命条件——对群众的政治动员——变成了日常生活的一项内容。此外，构成所谓"公民"的那个人民的子集本身最终也逐渐扩大，囊括了以前被排除在外的各个类别的个体。斗转星移，那一子集开始包括穷人或没有财产的人、非白人，以及最终（在很多国家这一点直到 20 世纪中期才最终实现）女人——即便各种新的和固有的等级制度仍然是投票亭之外的世界的基本组成要素。

第二种对常识的政治史极为重要的发展是机构发展，它并非与第一种无关。19 世纪，各种新兴机构在整个美洲和欧洲崛起，其首要职能是要赢得这些因为被赋予了公民权而从旁观者变成潜在政治参与者的个人的效忠。这些机构包括各类政党、社会俱乐部和工人组织，以及公立学校。它还包括越来越不受约束的商业媒体。19 世纪的通信、交通和消费者革命，更不用说与之相关的闲暇时间的发明，都离不开政治领域在民众和空间这两个方面的拓展。想想群众集会和示威、散发传单，以及配备了游行、握手和亲吻婴儿的竞选活动，都已经成为城市日常生活的一部分。许多精英，包括自由派和保守派阵营的人，自然都会厌烦不得不如此费尽全力去动员他们根本不

230

怎么信任的选民。然而早在 19 世纪结束之前，各方早已经就此做出了让步，为了接触到这一日益扩大的读者和选民群体，教会他们如何行使自己新的政治权力，继而说服他们支持这样那样的政治观点，有必要制定新的策略，同时还要承诺公众整体最终的和谐。

最初在 18 世纪的大西洋世界得到阐述的诉诸常识的做法，为无论何种阶级出身的政治领袖或专家提供了一种可能非常有效的方式，在选举政治这个消费主义新世界，他们不得不去吸引一群无组织的大众选民。[17]在始于 18 世纪的方兴未艾的人权革命的危机时刻，尤其如此，因为人权问题立即会在两个层面上开启认识论的问题。第一个与思维能力有关：构成被视为有资格进入政治国家的"人民"之子集的个人（农民、穷苦工人、黑人、女人或其他从属身份群体）能否自行做出判断？也就是说，他们有没有能力做出对积极参与政治过程和产生良好结果至关重要的常识性决定？第二个与知识的性质有关：既然我们讨论的是一个涉及人性和是非的基本问题，前一个问题的答案本身难道不是不言而喻的，至少对所有清醒理智的人而言？

1848 年作为 1790 年代之后跨国家的、可能实现民主的欧洲革命的下一个伟大时刻，就是一个恰当的例子。从巴黎到那不勒斯再到柏林，在每一个地方，利益攸关的都是应该赋予普通人（大致就是指城市男性劳工和男性农民）多少政治权利这个抽象的问题。保守派和自由派都认为有必要限制选举权，主要是以稳定为由；人们仍然秉持约翰·亚当斯的精神，认为最好还是将政府交托给那些经济条件优渥、社会地位高、有专业经验或学习时间（一般来说，所有这些都是同一回事）的

人。但此时的激进人士除了共和派之外还包括社会主义者，他 231
们要求成年男性普选权，这可是一个需要明确辩护的立场，鉴
于民主（在北美以外）的名声始终不好，有人说它就是无政
府状态或暴民统治的代名词。而在这个左翼的雄心壮志最终实
现并成为国法的地方——法国，起初是在 1848 年的动荡之
中——则必须要吸引、哄骗并最终说服这些新选民到底什么才
符合他们的最佳利益。良知或常识在两条阵线上都发挥了作
用，为一种新型的大众劝服语言提供支持。

　　与 1776 年和 1789 年的情况一样，在 19 世纪中期的法国，
当人们祭出良知或常识时，是把它作为特定政治立场的权威来
源，以及如果目标受众投票选出正确的一方，还作为同样的政
治立场所承诺的结果。声称继承此衣钵的作者们继续把自己描
绘为公正客观、人微言轻、籍籍无名的群众中的成员。"我卑
不足道"，没有受过教育也没有财富，《人民的良知》（*Le Bon
Sens du Peuple*，1849）一书传递出这样的信息，继而指出他虽
然深受其苦，仍然拥有讨论"国家事务"所必需的"他［上
帝］的智慧之光"。[18]从这一共同视点（无论是上帝还是自然赋
予的）出发，这些作者就能合理地恳求同类人——用《面对大
众良知的社会主义》（*Le Socialisme devant le bon sens populaire*，
1849）一书作者的话说，就是那些"没有时间阅读大部头的书"
却能够在不停止劳作的同时，"分辨真假"的人——的关系。[19]
最终的承诺是产生一种扎根于朴实的语言和他们一致同意的理
想基础上的政治。一本题为《社会主义与常识》（*Socialisme et
sens commun*，1849）的小册子的作者在坚称当前种种麻烦的
解决方案是遵纪守法、努力工作和不屈不挠而非社会主义之
前，只带着一点点屈尊的口气宣称："我发现只需要借助一点

常识，头脑最简单的劳工和几乎没有受过教育的工人也能和我有一样的发现，他只是没有闲暇进行同样的调查研究。"[20]在那个充满政治宣传和竞争的新世界，对常识（这一人民的论坛）的崇拜正日益凸显出来，与之直接相对的，是人们越来越不信任专业的政客。[21]因为无论良知意味着扩大选举权，以达到"普遍和解"，[22]还是摒弃新的胡言乱语、支持各个阶层之间现存的团结，常识显而易见的敌人都没有改变：花里胡哨的人、圈内人、骗子、新闻记者，也包括党派、小圈子、意见群体、过多的印刷品、金钱的诱惑力、生僻的词汇、复杂之处、言过其实以及新奇却不切实际的理论。考察了政治的最新发展状况之后，1849 年出版的《一丝良知》（*Un grain de bon sens*）的作者非常典型地指出："看看如今这铺天盖地的宣言、席卷而来的公告、晦涩复杂却无足轻重的遣词造句吧，要知道我们的身心健康需要的是清晰、公正和真诚！"[23]最终，即便各类选举已经明确了政治的竞争基础，阶级斗争的危险越来越迫在眉睫，这一承诺仍然没有发生改变。

颇受欢迎的巴黎新闻记者埃米尔·德·吉拉尔丹（Emile de Girardin）1848 年年初在批评了过去那种建立在欺骗和个人天才基础上的政治之后，这样说道："没有什么比良知更激进，也没有什么比它更保守。良知之所以激进，在于它希望改革一切恶习，摒弃一切错误。良知之所以保守，在于它希望保持社会的存续、人民的幸福以及文明的进步所必需的一切。"[24]换句话说，良知代表着左翼和右翼、进步与保守、富有与贫穷的交会点，这些词语都将在这个交会点变得毫无意义。对应着铁路、蒸汽引擎、改进的邮局、电报和新闻媒体及其广告，吉拉尔丹声称，政治正在变得更简单、更容易——也越来越适合

人民的良知和善意。所谓新事物实际上仅仅是常识可能统治的
疆域到底有多大。即便整个法国仍然因把传说中的"常识国
王"逐出政治领域而弥漫着绝望，它也越来越不言而喻，即
使对于那些反民主的人也是一样，以至于只有他的回归方能拯
救国家，终结当前冲突的政治局势。[25]籍籍无名的大众正在成
为一切合法和有效的政治解决方案的臆想的源头，这不仅有利
于眼前的民主浪潮，也符合一切民粹主义政治的最终利益。到
19 世纪中叶，常识成为决定民主制度能否建立的先决条件，
同时也在理论上成为民主的产物。

　　但那以后不久，实践政治领域就出现了新的问题：集体常
识背后那个万能之人究竟是谁？[26]这一政治群体多大才合适？
在新成立的美利坚合众国，这些问题尤其难以回答。因为在那
里，建国纲领中的共和制与人权原则是一方面，动产奴隶制的
持续存在是另一方面，二者的冲突不久就要求人们对于是什么
赋予或不赋予公民特权甚或人的特权的问题展开新的思考。尤
其是，这些问题要求那些决心证明这种古怪制度存续的合理性
的人必须寻找新的智识资料。正是在这里，常识再次在两个层
面上发挥了重要作用。

　　关于奴隶制的合法性，或者说得更具体一些，关于有色人
种是否应该被排除在与公民权相关的权利和特权之外的斗争，
几乎立即聚焦在了人性或心理学的问题上。在大力寻找为奴隶
制辩护的论据的过程中，总有可能回顾传统权威：例如历史或
经典书籍。然而，奴隶制捍卫者这一方的一个关键策略，是考
察黑人男人或女人的情感和认知能力，正如 1780 年代杰斐逊
在他的《弗吉尼亚州笔记》（*Notes on the State of Virginia*）中
研究的那样。[27]到 19 世纪中期，这种做法一般都要重申传统的

233

依存观念，也就是把经济上的附庸归因于智识和道德能力不足。同样的逻辑也适用于女人、孩子和家仆；否认他们拥有完整的人格属性就能有效地把他们排除出全体人民之外，让他们无权投票选举。但在美国内战前期，无论是在大众讨论还是科学讨论中，依存主张日益被内化并变成了常识，声称这是有色人种拥有的一种所谓"种族"的特性，无论他们被奴役与否。[28]这就意味着19世纪上半叶，白人以及黑人废奴主义者往往要花费大量精力提出与当前盛行的（白人）民情相反的主张：人类智力和道德能力的普遍性以及，随着物质和教育条件的改善，以前的奴隶也有可能加入拥有民权和政治权利的男人中间。[29]

234

然而，19世纪的又一波英裔美国废奴主义者在福音派清教主义和苏格兰常识哲学的影响下，至少在修辞上对这一整套推理提出了挑战。他们并非只是在逻辑上论证有色人种动用常识的能力，而且还宣称奴隶制的问题只有事实上遵循常识的准则方能解决：他们的以及所有其他公民的常识，只需把蒙蔽双眼的眼罩移开即可看清。因为奴隶制的道德错误归属于真理范畴，那应该是每一个理智的人不言而喻或者凭直觉就能感受到其正确性，以至于根本无须证明。

詹姆斯·贝蒂本人整个职业生涯曾反复论证过这一点。他在后期的《道德科学的元素》（*Elements of Moral Science*, 1793）中坚称："思虑周全而全无偏见的人一想到奴隶制，不可能不感到恐怖。……要我反对奴隶制，恐怕人们会以为在这场争论中我根本没有对手。"[30]自1830年代以降，整个英语世界的废奴主义者都借鉴了苏格兰人的这种思路，从圣经格言和《独立宣言》中所谓的"不言而喻"的原则中获得支持，力求达到同样的目的。从美国黑人废奴主义者（及前奴隶）J. W. C. 彭宁顿（J. W. C. Pennington，他在1843年对一群欢呼的英国群众说"选举权［被白人男人］垄断是对常识的羞辱"），到马萨诸塞州《菲奇堡日报》（*Fitchburg Daily*）的编辑（他在1850年代初把该报的座右铭改成了"没有哪个有常识的人会否认奴隶制是世上最大的诅咒，仅次于天主教"），在19世纪中期，蓄奴制度的未来转变成为又一个只需动用人民的常识就能解决的重大政治问题。[31] 南方废奴主义牧师约翰·菲（John Fee）的《反奴隶制手册》（*Anti-Slavery Manual*，1848）就是这方面的典型例子；他先是在该书的扉页写上一句摘自《以赛亚书》（5：20）的格言，看似谴责那些试图混淆常识范畴的人（"祸哉，那些称恶为善，称善为恶，以暗为光，以光为暗，以苦为甜，以甜为苦的人"），然后又在正文开头用了一句"格拉斯哥的米勒［原文如此］教授"的引语。那句引语看似缓和了其后篇幅很长的讨论，它是这样写的："人心无比憎恶关于奴隶制这个话题的严肃讨论。每个人，无论他的祖国在哪、肤色如何，都有权获得自由。"[32] 更有影响力的是，传奇人物、废奴主义者威廉·劳埃德·加里森（William Lloyd Garrison）从言辞激烈的废奴主义期刊《解放者》（*Liberator*，1831—1865）的第一期引用了同一句话，并把《独立宣言》作为自己的试金石，公开赞赏它的制定者坚信有些错误在他们看来"如此明显，以至于为之辩论都令人嗤之以鼻"，哪怕他们（和他）都支持自由思考和自由辩论。正如加里森在后来的一篇文章中所说，"无论有些问题在诡辩中看起来多么复杂，必然存在着'不言而喻的真理'；有些全人类共同的责任显而易见，根本无法被无视。奴隶也是人！"[33]

235

当然，这类宣言提出了迫在眉睫的问题：为什么这么多人感觉和行为上的差异如此之大，为什么奴隶制的话题迄今仍在大量制造冲突。菲和加里森等人的回答把责任推给了显而易见的常识之敌：并非人性或大众行为，而是"人民"的外部情势，包括腐败的制度（其中也有学校和法庭）、社会和政治精英的自私自利，尤其是奴隶制辩护者们使用的委婉的、迷惑性的语言。[34] 如此一来，这些废奴主义者又回到了那个古老的主张，即一个国家的政治话语，法律也一样，必须源于那个简单的、不言而喻的、共识性的道德-智识领域，也就是他们所谓的常识。只有这样，和谐和正义才能占上风。问题在于奴隶制的辩护者们也能毫不费力地提出同样的主张，请求美国公众抓住显而易见的常识要点，即"除非豹子能够改变豹纹、埃塞俄比亚人能改变他的肤色，白人和黑人必须在不同的领域行动，除非一种人从属于另一种人"。[35]

236　　美国妇女运动——其根源在组织上和修辞上都深植在废奴运动中——到 19 世纪末期那段时间，也出现了类似的特征。1894 年，著名女权活动家托马斯·温特沃思·希金森（Thomas Wentworth Higginson）试图回应反对赋予女性投票权的每一项理由——包括"女人缺乏足够的理性，无法投票"的传统观念——并逐一进行反驳。他继而给自己的文集命名《关于女人的常识》（*Common Sense about Women*），提出这些理由根本没有一项是（或应该是）充满争议的。[36] 同一年，著名的纽约医师玛丽·帕特南·雅各比（Mary Putnam Jacobi）指出，妇女的目标与美国革命爆发的目标齐头并进；一方是天真地认为"只要我们看到了女人获得选举权是正确的，过不了多久人人都会看到这一点"的少数女人，而对立的另一方是"从历史之初直到 1848 年［第一个妇女权利公约诞生以及欧洲各国革命发生的年份］一直存在的由传统、信仰、偏见、信念、习惯、法律和风俗组成的整个组织系统"。为了有助于消弭这种分歧，她撰写了重要的妇女参政主义檄文《适用于妇女参政权的"常识"；一份为赋予妇女选举权的要求辩护的理性宣言》（"*Common Sense*" *Applied to Woman Suffrage；a Statement of the Reasons Which Justify the Demand to Extend the Suffrage to Women*），整篇都在自觉地呼应和引用潘恩的想法。[37]正如该书第二版的编辑在 1915 年所指出的，这篇文章重申了"关于妇女要求获得选举权主张的一切普遍和永恒的真理"。[38]然而把这样的主张搁置不提，妇女参政权的反对者们也锁定了女性规范性文献中的这一传统劝服理由，在他们看来，让女性和男性读者动用自己的常识，看到把选举权赋予和她们一样冲动的、高度情绪化的人有多危险，与此毫不矛盾。[39]（正如我们看到的那样，保守的民粹主义形式往往会一方面在实践中扩大妇女在公共领域中的作用，与此同时又在理论上强化传统的性别差异和分歧。）同关于奴隶制的辩论一样，关于妇女参政权的斗争表明，常识既能支持日益高涨的民主化努力，又能破坏它们；既能突出全体人类的共同特性（尤其是拥有常识），又能重申基于种族、性别、宗教或民族的看似不言而喻的差异。

的确，到 19、20 世纪之交，民族主义的高涨似乎标志着一种多变的民粹主义常识的政治达到了高潮。在一定程度上，这种把"国族"的事业附着于常识规则的冲动源于那些仍然觉得自己没有被统治势力听到和看到的人。美国中部地带为财富和权力集中于东部海岸城市而愤愤不平，这促成了 1890 年

237

代初的一场前所未有的第三政党抗议运动，带上了"人民党"（People's or Populist Party）的噱头。该党领袖们祭出的承诺是国家团结或建立在"全体人民［跨越阶级和宗教乃至种族和宗教的分歧］热爱彼此并热爱国家"基础上的政府不再遥不可及。各种形式的压迫也将在不久以后终结。和后来带有爱国主义色彩的所有民粹主义运动一样，它提出的解决方案无非就是重建国民常识与政府工作之间的同构性。根据该党纲领的序言——在 1892 年 7 月 4 日这个极富象征意义的日子里在美国中西部城市奥马哈（Omaha）面向千万群众宣读——所说，需要展开两个方面的努力。政治必须被"归还"到"处于阶级源头的'普通人'的手中"，即隐晦地表示各个阶层的勤奋工作的新教徒，但一方面排除了外国人和有色人种，一方面排除了东海岸的"百万富翁们"。其次，联邦政府的权力必须"尽快且按照一个聪明人的良知和习得的经验所应获得的维度"予以扩大。[40]按照他们的宣传，其结果将缔造一种新型的后政治时代政治，一种全民和解的政治。

　　然而到 19、20 世纪之交，人民（越来越被等同于国族）的常识这一观念也正在被已经掌权的政治领袖们挪用，而不仅仅是那些力求进入政治领域或者希望获得更大关注的人。而归根结底，国族的常识的价值观也成为现代国家本身的信条的一部分，无论那些现代国家是更倾向于专制还是民主，它们都迫切地试图提高刚刚政治化的大众的忠诚度和社会凝聚力。正如我们看到的那样，常识可以被呼唤并被用作概念工具，从而为陌生人创造社群；如此一来，它就对那些急于打破旧的左右翼分歧、把民族团结打造成一个普遍政治计划的政府公务人员格外有用。但它也能够行使一种受限制的、约束性的功能，突出

238

特定民族的常识，将其与其他民族显而易见的荒唐愚蠢对立起来。[41] 回想一下，英国人、美国人甚至德国人都曾声称自己因为据称拥有一种特别能紧紧把握常识的民族倾向（通常是指更重视实用性和活生生的经验而非"理论"的倾向，但这也表明他们更偏爱自己的而不是对立国族的规则）而有别于其他民族。[42] 因为呼唤常识始终意味着存在一个"他者"，一种游离于这一意识边界之外的共同对立面——无论其支持者是菲尔丁、潘恩、汉娜·莫尔还是近年来的萨拉·佩林①。毕竟，民粹主义思想反复重复的主题之一，就是世界分裂为两个对立的阵营，即便其中一方声称自己就是全体。[43] 19 世纪末，被排除在外的群体干脆就以更仇外的方式被界定，把外国人（无论是作为移民还是殖民地臣民或种族少数群体）加入常识的敌对阵营中成为银行家、哲学家以及对立党派政客的新伙伴，连已经在那个阵营内部的人也这样认为。

随着第一次世界大战的临近，我们可以看到整个西欧和美国的国家首脑和政府发言人都在利用、鼓励、肯定甚至赞美共同的情感、习惯和偏见，以及明显的习俗和传统，从而界定特定国家民族的特殊性和共同性。早在民族主义的时代到来之前很久，维柯就已经把共通感描述成为在政治出现之前凝聚国族或人群的力量。这种团结感恰是战争前夕在正式和非正式政治领域同时取得的成果，因为普通公民非常痴迷于把自己想象成为单一民族的一部分、某一套共同国族价值观的持有人、为使周遭世界合理化而共同归属某些范畴。只需回想一下对 1914

---

① 莎拉·佩林（Sarah Palin, 1964—），美国共和党政治人物，曾担任阿拉斯加州州长，2008 年成为美国总统大选共和党候选人约翰·麦凯恩的竞选搭档，最终失败。

年"八月舆情"（August Days）的著名描写就能清楚地了解这一切，德国民众一听说对塞尔维亚和俄国，继而又对法国和英国宣战的消息，就立刻涌上德国各大城市的街头，用一位历史学家的话说，"大众民族主义情绪高涨……阶级、信仰和宗教差异似乎一下子消失了，人民，民众（Volk），似乎变成了铁板一块"。[44]到 20 世纪初，民族主义国家及其拓展机构，从大众政党到公立学校，纷纷把通过修辞、象征和仪式等方式打造一种新的民族整体意识视为己任。[45]而随着这些做法在第一次世界大战爆发前几年逐渐被内化，拥有不同文化的不同国族的存在，如同不同种族和性别的存在一样，成了一个无可辩驳的事实，被其他存在分歧的各方广泛接受，成为新兴的民主常识的一个关键特征。

然而第一次世界大战是我们这个故事的一个转捩点。它为欧洲和美国人的意识带来了许多重大冲击，主要是对政治与常识之间存在着重要关联这种观念的冲击。当伏尔泰笔下的老实人坎迪德在 18 世纪中叶环游世界时，他逐渐从自己获知的陈词滥调中醒悟过来，不再相信世界上发生的一切都有一个合理的、可以理解的理性源头。他看到的是一个贪婪、卑鄙、低劣的动机、信条以及被粉饰为真理的偏见当道的世界。许多人也是一样，早在第一次世界大战结束之前，他们就已经得知一切全无意义而深受打击。现代性，包括它能够取悦大众的政客、大众政党、先进的技术、对娱乐和广告的沉迷、对消费的热爱以及复杂的金融业，似乎除了大破坏和大屠杀之外什么也没有留下。这样的幻灭产生了一种同时属于道德和认识论范畴的危机，那是坎迪德经验的一种集体版本：他们痛心地发现，隐藏在资产阶级的理性和监管体系背后的，是巨大的虚伪和虚假。

那么，一战的硝烟散去之后，常识作为现代"启蒙"政治和道德的伟大基础，又是如何死灰复燃的呢？最重要的集体性回答之一，是它已经无法起死回生，这在部分程度上是德国人的回答，但事实上是从全世界获得的启迪。被称为"达达"的艺术和文学运动就诞生于幻灭和对现代世界现状的愤怒。然而从一战年代发展到 1920 年代的达达运动的艺术家和作家们没有提议退出大众政治，进入康德和席勒的私人的、主观的甚或审美的共通感中，而是积极追求一种另类的道路。他们直面现代世界，倡导极力混淆艺术与政治的边界，共同努力摧毁主流文化的规则、价值和语言，直接消解用"常识"一词来描述上述任何一种品质的做法。

达达运动的问世是一群多语种反战难民和侨居海外的艺术家和知识分子的发明，一战期间，他们住在政治中立的城市苏黎世，那是一个隐遁和政治避难之所，很像两个世纪前的阿姆斯特丹。不过他们的联络地点不再是印刷厂，而是位于肮脏的娱乐区的一家酒吧，并为它重新命名，以纪念 19 世纪最伟大的滑稽模仿作品的作者和使得宗教虔诚气焰受挫的伏尔泰。作家雨果·鲍尔（Hugo Ball）后来说那家夜总会是"我们自己对抗时代的坎迪德"。[46]正是在那里，在所谓的伏尔泰夜总会，鲍尔与诗人特里斯唐·查拉（Tristan Tzara）、埃米·亨宁斯（Emmy Hennings）和理查德·许尔森贝克（Richard Huelsenbeck）以及艺术家汉斯·阿尔谱（Hans Arp）和马塞尔·扬科（Marcel Janco）一起，为一个另类演员和观众群体的组成创造了一个空间。然而，他们集体努力的动力却几乎与集体主义精神无

240

关。达达运动对一切集体价值观或集体规范发出了火力十足的抨击，他们甚至不认为在当前的世界有可能进行任何有意义的沟通或社群建设。通过难以理解的表演和身体动作、古怪的戏服以及朗诵因同时使用三种语言或只有胡言乱语的声音，或者偶尔写成而没有明确意义的诗歌，达达运动的先驱们喜形于色地质疑现有的表达方式和交流方式（马克斯·恩斯特［Max Ernst］后来在科隆写到达达运动时，说这一切，包括"语言、句法、逻辑"，都是"作为战争罪魁祸首的文明的基础"[47]）。把这些现象联系起来的是这样一种观念：对"意义"的颠覆和对理解的破坏是打破包括主流的常识在内的一切权力结构的出发点，一个半世纪以前，奥尔巴赫和伏尔泰也是这样看待它们的。这并不能被简单地（*tout court*）归结为苏黎世达达运动的创始人重视启蒙运动。最初的达达运动参与者以自己非模仿的语言和意象，力图把他们面对的那一小群受到战争重创的公众从20世纪初期那种压迫的、继承的、资产阶级的概念世界（*Begriffswelt*）以及随之发生的一切中解放出来。那包括它虚伪的道德滥调，它过时的社会规范，它误导性的语词、意象和姿态，以及它关于事物本质的日常的、习惯性的假设，它们与真实的经验恰恰相反。[48]

和康德一样，达达运动的创始人也不信任民粹主义的煽动。他们认为自己是局外人，被淹没在现代世界中，与神秘的"人民"同一立场却也批判性地疏远他们，扮演着曾经属于疯子、傻子、野蛮人或小丑，在更近的年代则隶属于先锋派的角色。和康德不同，他们对任何集体判断，无论是道德的、政治的还是审美的，都表示深切的怀疑，对社会秩序则只有鄙视。就连"达达"这个词的魅力也源于它所暗示的无指涉性和荒诞性，代表着集体达成一致的意义和共识性真理的终结。按照罗马尼亚移民和达达派剧院经理特里斯唐·查拉的说法，"达达"一词"没有任何意义"。正如查拉在他的《达达宣言》（他最初于 1918 年 7 月在伏尔泰夜总会宣读了这份充满矛盾和语义不明的使命陈述宣言）中进一步阐明（或拒绝阐明）的那样："我自己绝不会解释，因为我厌恶常识［gesunden Menschenverstand］。"[49]

查拉的文本一经发表在达达主义众多萌芽的宣传载体《达达 3》（Dada 3）上，便成为提前宣告一场新文化运动即将爆发的通知。第一次世界大战后，达达主义传播到苏黎世和后来的纽约这类侨民中心以外，进入欧洲城市的中心，它所思虑的主题和使用的技巧也将和地理边界一样逐步扩张。在曾经是康德所在国普鲁士的主要城市——当时的德意志魏玛共和国首都柏林，达达主义的戏仿技巧和反权威意识也将离开夜总会的封闭空间，开始消除艺术与生活之间的边界，包括已经一度变成常识大本营的大众媒体和议会政治。查拉和奥地利无政府主义者瓦尔特·塞纳（Walter Serner）在苏黎世时已经利用了媒体的轻信，不断给它灌输错误的、耸人听闻的消息。如今柏林的达达运动主要依靠从政党、广告和报纸世界借用的技巧，却没有像素常那样吸引或代表"人民"，而是显然把艺术变成政治、把政治变成艺术，它对现代人脑的感觉直觉和判断能力的质疑直接激怒了更大规模的城市群众。

1918 年年初，伴随着魏玛共和国的诞生，在革命爆发和街头战斗的背景下，拉乌尔·豪斯曼（Raoul Hausmann）和许尔森贝克在柏林媒体上宣布成立"达达俱乐部"，向不分民族并跨越任何其他分歧的所有人开放。所需要的仅仅是必须致力

242

于某种"思想状态"。这很可能会让我们想起 18 世纪初伦敦的《旁观者》中在类似的冲突时刻所想象的"常识俱乐部",或 18 世纪末巴黎的革命媒体。然而这一次,共同的目标并非克服分歧和冲突,而是"粉碎一切伦理、文化和精神的陈词滥调,它们不过是为了掩饰肌无力",许尔森贝克在同一年的《集体达达主义宣言》(Collective Dada Manifesto)中如是说。[50]达达俱乐部的主要目标之一就是摧毁现代大众政治和资本主义公共生活的一切耳熟能详、老生常谈的修辞、象征、机构和仪轨,主要是通过戏仿或颠覆的方式。为此目的,无论是绘画、诗歌还是表演本身都无法足够有效。政治常识需要迎头一击。

与达达俱乐部有关的一个策略是为公务机构、权诈的官僚机构和政党、矫饰的集会以及虚伪的政治宣传(其中很多都投稿给了毫无戒备的主流媒体)制造虚假的候选人。达达俱乐部的一个关键会员约翰内斯·巴德尔(Johannes Baader)把自己重塑成一个冒牌政客,取了一个绝妙的名字"奥博达达",自称世界总统和灵魂帝国的指挥官(有时候还自称耶稣或声称自己应该获得诺贝尔达达奖)。接下来便是嘲笑真实的资产阶级机构的伪机构公告:包括达达性事中心和达达国家解散机构,等等。另一个方法是复制公共生活中那些陈腐乏味的民族主义仪式,同时把它们与不协调的元素混合起来,达到消解它们的目的。否则的话,自称德国国会大厦候选人的巴德尔又为什么要把一幅席勒的大幅照片献给国民议会,并在其上题词,预言魏玛共和国必将灭亡呢?瓦尔特·梅林(Walter Mehring)为什么要为自己的"新德意志国歌"取一个副标题:"三少女之家的性交"(Coitus in the House of Three Lasses)?就

243

连革命的共和主义也未能幸免。或许最引人注目的就是，1919年4月1日，豪斯曼和巴德尔宣布在柏林的富裕郊区尼古拉湖（Nikolassee）成立"达达共和国"，以此来表明建立共和国可能"只需要一台打字机"，这一行为促使市长召集了200位士兵来保卫市政厅。[51]

这一切可能干脆被看成由一个反民族主义者进行的一系列可疑的表演，此人或许多少是个信仰共产主义的先锋派，喜欢发明多重人格、虚假仪式以及各种讽刺幽默，主要为打动资产阶级（*épater le bourgeois*）而设计的一种早期表演艺术。然而通过引入一种胡言乱语的政治，也就是一种不但咄咄逼人地戏剧化表现当代政治生活的荒诞虚伪，而且通过不合理的行为和语言积极努力颠覆现有的思想和行为结构，达达主义者们第一次联合起来，对前200年不断发展的常识政治发出了挑战。的确，达达主义可以被看成在民主时代对整个政治的本质发出的强有力的一击。20世纪初，没有哪一次实际发生的右翼或左翼政治运动像这样彻底地反对任何主流信条，反对它的民粹主义标志和可能沦为虚伪的对"人民"、进步和集体意识的坚信不疑。（还要记住，在20世纪上半叶，民粹主义意象和喻义附着于专制主义制度与附着于民主制度同样容易，往往会造成灾难性的后果。[52]）可以说，达达主义为所有后来的先锋派反抗运动设置了一套术语，那些运动在倾向上既是政治运动也是审美运动，它们将发展到第二次世界大战之后很久，在20世纪后半叶继续回响，拒绝群众支持和诉诸大众理性，而转向荒诞性、无理性或超现实的反制策略。

不过尽管如此，在第二次世界大战的恐怖以及原子时代开

启的阴影下，还是发生了人们始料未及的事。北美和西欧人的
兴趣引发了常识的复兴，那个"真正的"人民的产物已经越
来越陈腐。他们这是在直面来自法西斯主义的邪恶之后，为代
议制民主提供支持的自觉做法。这次复兴发生在修辞和政治实
践两个层面上。它也发生在理论层面上。

　　20 世纪下半叶，常识已经变成了一种售卖产品和政治的
方式，比以往任何时候更甚。正如迈克尔·卡津在他关于美国
民粹主义的历史著作中所指出的，"长期以来，找到人民想要
什么然后再卖给他们一直是商人和政客这两类人的专长"。[53] 第
二次世界大战之后，这个经验也被欧洲人学会了。[54] 常识成为
民粹主义修辞武库中一个持久的重要工具，从主要街道到首都
城市，所有大众消费社会都可以使用。（曾经作为法国革命政
治口号的"常识"变成了一个人物，在推销材料中被描述为
"一个典型的消费者"，此人"没有虚张声势"，拥有"显而易
见的自然逻辑"，他的工作就是在魁北克地区卖给你一辆日产
汽车。我所在的弗尼吉亚州当地电话公司的货车车厢上画着大
大的箭头和一句毫无意义的话："此路通往常识。"）这些绝
非新鲜事。我们已经被完全淹没在陈词滥调的王国里了。起初
在另一个伟大的政治转折点——光荣革命——结束之后在伦敦
被发现的，在语言管制放松的背景下诉诸常识的做法，如今变
成了推销某一个特别的观点或商品而贬损另一种观点或商品的
看似无害、无关党派的现代方式。到如今，常识已经成了一种
做出选择的虚假的规范标准，无论被选择的是肥皂还是公务
人员。

245　　更有趣的是，同样在这几十年，依赖于自觉地回归 18 世
纪的概念创新和实验，一种新的常识政治理论成为复兴的民主

政治的一个支柱。它的战后支持者们担心法西斯主义可能死灰复燃。但他们拒绝一种将公民视为自治的理性行为者的自由主义，认为那还不够，也拒绝民主，认为它不过是满足自私自利的个人主义目的的手段。他们还违背了康德著名的将审美判断与伦理或政治判断分开的原则。相反，在他们看来，那种在本质上属于启蒙运动范畴的常识或共通感，是一种复兴民主的方式，这种民主带着一种以社群为导向的、参与性的，说到底是人文主义的面向。他们的第一份商业订单就是曝光这一审美化概念的政治前史，用文学评论家约埃尔·魏因斯海默（Joel Weinsheimer）的著名隐喻来说，那种前史"像一个无法驱散的鬼魂一样"继续"纠缠着"这一领域。[55]

魏因斯海默此话所指的是汉斯－格奥尔格·伽达默尔[①]伟大的阐释计划。1960 年，当《真理与方法》（*Wahrheit und Methode*）问世时，伽达默尔还是另一座德国大学城海德堡的一位哲学教授。他也一直是近距离细看德国 60 年制度变化的观察者，其中包括第三帝国的兴亡。然而表面看来，他的课题与政治没有什么直接关系。《真理与方法》密切关注理解的经验，特别是当那些真理无法被"科学的系统方法"验证之时。[56]这位马丁·海德格尔曾经的学生开始这一任务时，回到了起初由康德在他的《判断力批判》中所提出的审美领域。

然而伽达默尔根本没有支持康德把艺术判断围挡在辨明知

---

① 汉斯－格奥尔格·伽达默尔（Hans-Georg Gadamer，1900—2002），著名德国哲学家，诠释学大师，20 世纪最具影响力的哲学家之一。1960 年出版的著作《真理与方法》闻名于世。他对诠释学做出了巨大贡献，他的哲学精神和人生实践统一在这样一个问题上：对话和理解如何可能是此在的一种存在方式。他的一生都在研究对话和理解，他的教学和著述也都是在与听众的对话中展开的。

识或真理的其他形式之外的做法——伽达默尔认为这一举动对自那以后的所谓人文学科造成了致命的结果——而是把它变成了他恢复康德撰写《判断力批判》所基于的人文主义概念的更古老意义的计划。提出的顺序先是培养（*Bildung*），然后很快就是常识、判断和品味。伽达默尔感兴趣的不仅仅是这些心理运作有一种重要的认知要求（他指出，由于科学的智识方法的胜利，我们已经很难识别那一认知要求了）。对伽达默尔的工作至关重要的，是恢复它们（丧失已久的）伦理和政治特征。

伽达默尔觉得相应的德语名词（与英语的"常识"或法语的"良知"相反）缺乏道德共鸣，这令他感到沮丧，因而也称之为共通感，他的共通感意味着恢复一种另类的智识传统。这一传统始于罗马时代，却在最后几位伟大的人文主义思想家维柯和沙夫茨伯里的著作中形成了可用的样态，维柯和沙夫茨伯里已经改造了这一遗产，使之适应现代世界新的智识和社会形势了。[57]自笛卡尔以来，科学的轨迹一直在诋毁社群情感或"偏见"，认为它阻碍了个人追求客观真理，这一点令伽达默尔不满。伽达默尔认为，康德延续了这一获得知识的错误做法：让共通感在传达主观审美判断时发挥作用，却又否定了它能够在确定与社会生活息息相关的那些真理的过程中发挥任何作用。而维柯在对现代科学的理性提出疑问时，曾正确地注意到道德和政治的存在本身要依靠一种常识，他所说的常识不仅是指所有人共有的一种官能，还是指对是非对错以及最终与历史共同发展的共同利益的"见识"。按照伽达默尔对维柯的诠释，这种共通感不同于普遍理性、理论或逻辑，它是在实际的、具体的社群中生活的产物。它也

246

是"建立社群的意识"。的确，它从根本上塑造了"人类的道德和历史存在，因为它是在我们的行为和工作中产生的"。[58]伽达默尔指出，维柯虽然在他的时代无人知晓，却不是唯一一个为常识赋予这种共振的人。这位战后德国哲学家认为自己的首要任务之一，就是建构一个现代思想家的谱系，那些思想家像维柯一样，看到了在现代世界对于科学的执念背后被遮掩的东西：共通感，更不用说判断力和品味，在社会和国家事务中的核心地位。

随着我们接近本书的结尾，伽达默尔的叙述中提到的大多数名字听起来都很耳熟了。与维柯相当的人物是沙夫茨伯里，对他来说，常识"与其说是作为自然法的一部分赋予每个人的一种能力，不如说是一种社会品质，一种心灵而非头脑的品质"。[59]在哈奇森和休谟看来，这种"心灵的品质"变成了道德感。但正如伽达默尔指出的那样，沙夫茨伯里挪用共通感也对里德和阿伯丁的常识思想家们产生了影响，后者维护了作为一种认识论范畴的常识与社会关怀的联系："在他们看来，合理理解的哲学、常识的哲学，不仅能够治愈形而上学派的'晕船'，还包含着一种真正能够公平评判社会生活的道德哲学的基础。"[60]在法国这片"良知的经典地盘"也一样，这一道德元素直到 20 世纪仍然毫发无伤；亨利·柏格森（Henri Bergson）只不过是认真对待常识的社会功能这一漫长传统的最近的榜样。[61]只有德国思想家们（有一个重要的例外是弗里德里希·克里斯托夫·奥廷格①和 18 世纪中期的虔信派教徒）始终拒

247

---

① 弗里德里希·克里斯托夫·奥廷格（Friedrich Christoph Oetinger, 1702—1782），德国路德派神学家和通神论者。

绝承认"共通感中包含的政治和社会元素",要"清空［它的］一切政治内容"。为了进一步在共通感与真实世界之间建立联系,伽达默尔提出,人们不可能像在德国历史的大部分时间那样,用"彻底缺失"接纳它的社会和政治条件的人文主义标准来考察常识。[62]

不过,伽达默尔也没有发展出一套完备的解释来说明这类概念的恢复如何能够有效地转化为政治理论,更不用说政治实践了。从战后政治的视角来看,伽达默尔的主要贡献就是竭力主张人类行为在认识论上有必要保持谦逊,这是基于接受这样一个事实:请笛卡尔原谅,我们无法游离于历史、语言或"偏见"(他为了表示我们那些受历史约束的假设而用的挑衅意味的词语)之外,对周遭世界做出判断。在《真理与方法》中,读者只剩下一个模糊的感觉,即常识作为历史和社群传统的产物,应该被认为是促进性而非限制性的,能够保持科学主张之间的积极平衡——这一观点导致有些评论家为伽达默尔贴上了传统主义甚至反动保守派的标签。建立扎根于常识的政治理论的任务落在了海德格尔的另一位前学生的肩上,这是一位女性犹太人,被迫于1930年代末流亡巴黎,后来又到了纽约。那位学生就是汉娜·阿伦特。

和伽达默尔一样,阿伦特最终也追溯到康德的理论,具体说来,是追溯到《判断力批判》中与审美判断或共通感有关的章节,以此来帮助她阐明自己的思考。然而阿伦特没有指责康德为常识这个古老观念去政治化,而是宣称在他的美学理论中找到了一种政治判断模式,这后来成为她大部分事业生涯研究的课题。而且阿伦特笔下的这一意识并非带有政治内涵的阐释原则。相反,她希望它能够为一种政治提供基础和目标,那就是"人民"从一开始就积极参与社群形成的政治。[63]在阿伦特看来,她也称之为常识的那种意识的培养,至少有可能为真正的民主做好准备。

阿伦特在二战后学术生涯早期的大部分时间思考的问题,是那个时代的一个至关重要的问题:到底是怎样具体的现代境况促成了极权主义?或者把问题倒过来,在20世纪代表民主的一方为什么失败了?阿伦特对这一两难困境的看法别具一格。她在研究现代性本质的时候,总是回头看向历史,特别是18世纪的历史。从一开始,她也对政治与思维习惯之间的联系产生了浓厚兴趣,也就是某些思维方式或倾向如何促成了具体的政治架构,反之亦然。(可以说,阿伦特的精神笼罩在后来所有试图撰写认识论政治史的工作之上,本书也不能例外。)

在它们很少被连贯讨论的时代,发生在美国和法国的革命在这一努力中十分突出。1950年代和1960年代初,家住纽约、在新学院(New School)担任教职的阿伦特为她所寻找的那种积极政治生活找到了一个生动实例,她认为那是18世纪北美政治生活的一个核心特征。为一个想象中的过去招魂,以呼应美国革命之初城市激进派曾经利用过的那个盎格鲁–撒克逊神话,阿伦特向新英格兰市镇政府的"地方议会"或"选区"制度致敬,在那些制度中,市民可以聚集在一处探讨他们共同关心的问题,而且正如她引用的杰斐逊的说法,"人民的声音"可以得到"公正、充分、和平的表达、讨论,并由[所有市民]的共同理性来决定"。[64]然而阿伦特也强调,无论在美国还是其他地方,这一理想并没有持续多久。在《论革命》(On Revolution,1963)中,阿伦特明确指出,在起初的

249

一些基层俱乐部和市议会实验之后，法国革命者们很快就放弃
了发展一种参与制和真正共和制的政治文化。饥饿的"人民"
再次入场时，就变成了暴民或群众集会，只关心经济存亡了。
而在后来的每一次革命运动中，直接治理很快就会被革命
"政党"、政客和大型行政机构所替代，其运作疏远了公民，
只给他们留下了投票这一项权利。"大众社会"——它在阿伦
特笔下是个贬义词，指代一个没有任何意义的政治或公共生活
的世界——已经逐渐成为现实。资本主义，加上 19 世纪的工
业革命所创造的市场文化，让人们与公共空间更加疏远了。现
代科学，就它把自然的世界单独当作一切的稳定参照点而言，
也在很大程度上促成了心灵的和社会的纽带的瓦解。在阿伦特
看来，极权主义只不过是逐渐形成的现代境况的一个极端版
本：一个既是政治的同时也是认识论的真空的出现。"群众"
（而非"人民"）面对政府下令的恐怖和意识形态等手段，既
疏远现实也疏远彼此，无法行使他们的判断力，最终停止了共
享哪怕一小部分必要的健康政治生活："常识"这个名词仅存
的一点点有意义的内涵。

　　阿伦特反复论证了这一点。据《极权主义的起源》（*On
the Origins of Totalitarianism*，1951）所述，正是常识与任何社
群意识或与他人之联系的逐渐萎缩，才导致了意识形态思维的
兴起。[65]在最初于 1953 年发表在《巴黎评论》上的一篇题为
《理解与政治》（Understanding and Politics）的文章中，取代常
识的是强制性地依附于看似可以把基本定理套用在一切情景中
而无视现实情景的抽象逻辑，这一点与极权主义的出现密不
可分：

250

如果各种意识形态本身的特性就是把像"适者生存"这样一种生物学中的科学假设或"只有最进步的阶级才能存续"这种历史假设当作可以适用于整个历史发展的一种"观念",那么它们向极权主义转变的特性就是让"观念"走样,变成在一种逻辑意义上的前提,也就是说,变成某种不言而喻的陈述,可以按照严格的逻辑连贯性从中导出其他一切事物。[66]

其结果就是一种行为者们不再能够明辨是非对错、分清现实虚构的背景,回顾地看来,就连历史学家也对其困惑不已。在《人的境况》(*The Human Condition*, 1958)中,阿伦特再次描述了现代情境之痛,她宣称:"让大众社会如此难以忍受的不是它人口数量众多,至少这不是主要原因,而是这个人们生存在其间的世界失去了把他们聚拢在一起、使他们既相互联系又彼此区隔的力量。"她把这种现象归咎于常识的消失,这里的常识可以理解为任何超出基本理性能力之外的能力,也就是可以不考虑他人的判断直接断定二加二等于四的能力。[67]

对问题的这样一种判断就为解决方案确立了大致轮廓,不过阿伦特从来没有声称在当代的境况下有可能恢复真正的政治。面对"野蛮"的政治,阿伦特提议的回应不是强加更多的规则,无论是自我产生的规则还是外部规则。个人需要的是回归一种强迫他们不间断地从他人的视角权衡和考虑问题的公共生活,或者用《人的境况》中的话说,一种真正能够"把他们聚拢在一起、使他们既相互联系又彼此区隔"的公共生活。[68]换句话说,任何有意义的对策都必须始于常识的复兴和

培养。[69]如果说真正的政治可以被想象成为某种像新英格兰镇
251　民大会那样的东西，"人民"在公开和多数的情况下发言、行
动和决策，清楚地揭示自己的发展方向，那是因为其结果——
常识——是与极权主义相关的统一意识形态的对立面。在阿伦
特看来，政治行动与常识同进同退。[70]

　　然而阿伦特论述的常识到底是什么呢？问题在这里就变得
有些复杂了。阿伦特在多年的职业生涯中，用多种不同的方式
定义了这一关键概念——她曾经称之为指引一切思想家穿越其
结果的"迷宫"的"阿里阿德涅的线①"。[71]的确，她似乎在不
同的节点呼应了我们在常识思想史上看到的几乎每一个重要
分支。有时她听起来像一位当代亚里士多德派，重新使用把
常识当作五种外部感官的交会点的初始概念，它是负责把不
同的感觉结合在一起、从而在现实中指导我们并帮助我们对
付世界的"内在感官"。在《精神生活》（*Life of the Mind*,
最初是 1973 年的演讲稿）关于思维的讨论中，阿伦特的常
识概念与阿奎那的直接相关，称之为"为了让我的五种感
觉集中在一起，并确保我看到、摸到、尝到、闻到和听到的
都是同一种东西的第六感"。[72]在这一叙述中，也正是它使得
私人的感觉得以公开，并使我们得以通过语言与他人分享这
些感觉。她在《人的境况》中提出了同样的论点，称常识
是"让我们五种相互独立的感觉和它们接收到的特殊信息
结合成一个整体来适应现实的感觉"，因而向我们揭示了我
们共同面对的世界，更不用说我们自己的共通性了。[73]不过

---

　　①　阿里阿德涅（Ariadne）是古希腊的神话人物，克里特国王米诺斯与帕西
法厄之女。她爱上了雅典英雄忒修斯，并且在代达洛斯给予的一条线的
帮助下，帮助忒修斯杀死了牛头怪并被他遗弃在了纳克索斯岛。

在其他地方，她听起来更像埃德蒙·柏克甚至伽达默尔，提出常识是常民之见，源于经验和风俗，既非无可辩驳，也不是永恒真理，而是与表达它的大众语言一起发展的。在《理解与政治》这篇文章中，常识成了"任何伟大的文明中为所有人所共有的那种继承的传统智慧的一部分"或者更像是无须质疑的日常假设。[74]还有些时候，阿伦特像伽达默尔那样，把自己的观念与历史上法国良知的漫长"古典"传统对接起来，那种传统从孟德斯鸠一直延续到保罗·瓦莱里，后者据称是第一个发现所谓的常识在现代世界失效的人。[75]最后，阿伦特又拾起了康德的共通感观念，称之为判断力在每一种情况下所诉诸的，并继而给予了各种判断其特殊的有效性和公正性的"社群意识"。[76]它既把我们同他人联系在一起，也使得真正的原创性不为人所知。这里，阿伦特把我们带回到了本书开头所讲的常识是"法官和审查员"的隐喻，即便我们如今早已离 17 世纪政治和心理学理论渐行渐远了。

252

　　从一个角度来说，这是一套极为混乱的定义，几乎不可能以其为基础建立任何连贯的理论。然而阿伦特的每一个定义常识的努力都有同一个特点，它解释了这一观念何以在阿伦特的著作中拥有如此长久的生命力。那就是她坚信常识"在政治品质中占有很高的地位"，的确，它是"最卓越的政治意识"。[77]注意，她只反对一种常识的概念：认为常识可以被简化为一种"没有任何世界关系的内在能力"，或者只不过是一种脱离他人的基本逻辑推理能力，那正是"整个现代时期的［悲剧］特征"。[78]阿伦特认为思考（thinking）主要是一种隔离体验，但与思考不同，常识让人们与真实的世界发生关联。

它还让他们与彼此发生关联。常识还为他们的公共生活所能展开的空间设置了边界。在阿伦特看来，常识归根结底是一个多元和健谈的世界所适合的一种非强制性却必不可少的社会凝聚方式。常识对她的重要意义在于这样一个事实，即在它本身的形成过程中，它保卫"人民"免于那种促使极权主义政治和极权主义精神生活繁荣发展的精神上的与世隔绝，同时不会泯灭他们之间的一切差异并使他们变成一群庸众。阿伦特认为，真正的常识只有在健康的公共空间的环境下才能产生，需要言论和交流的自由。但其后，常识在这些条件下的复制和加强也有可能让一种政治的运作远离教条主义、意识形态、过度服从和强制性。换句话说，常识既是手段也是目的，既是真正的民主孕育的土壤，也是真正的民主所创造的成果。

253　　这完全能够解释为什么阿伦特一生都试图理解人类心智活动与政治生活之间的关系，在最后阶段正式回望康德（她与康德是同乡，也都对革命时代十分着迷），认为康德的《判断力批判》绝非远离政治的退缩，而是为我们如何构想政治实践本身提供了最好的蓝本。早在 1957 年，阿伦特就在一封写给卡尔·雅斯贝尔斯①的信中提到，她找到了康德"隐藏"在美学批判研究中的缺失的政治哲学。[79]阿伦特 1975 年去世时留下的未竟事业，是她自己关于她所谓的康德"没有付诸笔端

① 卡尔·雅斯贝尔斯（Karl Jaspers，1883—1969），德国哲学家和精神病学家，基督教存在主义的代表，1967 年成为瑞士公民。他在《论历史的起源与目标》中提出著名的"轴心时代"观点。雅斯贝尔斯被看作存在哲学的杰出代表人物，他将存在哲学与让-保罗·萨特的存在主义进行了严格的区分。

的政治哲学"的叙述：一篇关于康德式判断的文章，原本是阿伦特继《思维》和《意志》之后写的《精神生活》（*The Life of the Mind*）第三部分。[80]可以从阿伦特1970年冬在纽约的新学院发表的一系列关于康德的讲义中看出那本书的大致提纲，那很可能也是第一稿。阿伦特从康德身上学到的一课是，一切判断都是政治的。为什么？答案有三个方面：因为个人是作为社群的一分子进行判断的（既然"人只能'恳求'或'争取'其他每个人的同意"）；判断本身源于一种社群感或常识；以及，判断是可以交流的——这就意味着归根结底，只要判断显示出康德所谓的"扩展的思维方式"，它就有助于重建常识。[81]阿伦特认为，可以毫不夸张地说，康德虽然提出了相反的论调，但他对常识的论述可以被转移到政治领域并在发言和倾听都不受约束的条件下，在普通人面对社会和道德以及审美生活的迫切问题时，用于赋予他们的判断以主体间效力。

因此，阿伦特试图利用这些看似无关的元素证明，民主实践不是一种纯粹自由化的辩白或者一种有赖于规则的框架。不能说阿伦特是个严格的社群主义者或共和派；她对多元性的兴趣让我们不可能给她贴上这样的标签。也不能认为她是个民粹主义者，仿佛这是一个任职要求，一个人要么满足、要么不满足（只需回想一下贝蒂，就该记得任何民粹主义哲学家，哪怕是避开这两个名词的那些，有可能会面对怎样的问题了）。[82]与其说民粹主义是教条的集合，不如说它始终是一种政治劝服的风格。然而，随着阿伦特的思想在第二次世界大战后的发展，以及在她作为一位外国学者在纽约生活之后，我们可以在她的思想中发现好几个关键的民粹主义主题的版本：诉诸早期

254

乐园般的直接民主时刻；对现代政治生活的异化性质不满，包括它的理性主义和技术官僚风气；坚信人民（但不是暴民、群众、大众或任何单个阶层）是历史的伟大参与者的观念；鄙视党派和标签；以及十分重要的，依靠源于自由言论和实际日常经验的人民的集体常识，将其视为健康的政治生活的源头和保障。对这些观点的批判包括从指控它们充满毫无希望的理想主义，到指控它们透着一种危险的政治审美化倾向，而那种倾向事实上可能会把世界推回到法西斯主义的边缘。然而它的吸引力也是显而易见的。在欧洲和美国两地跨越了大半个 20世纪的职业生涯的晚期，阿伦特为她的读者提供了一种参与式民主的愿景，在那种民主制度中，普通人的常识的确能够成就奇迹。

当然，这一切或许与我们如今所经历的现实政治领域没有多大关系，只不过有一件古怪的事近年来频频发生。菲尔丁应该可以放心了，常识的幽灵的确没有消失。事实上，情况恰恰相反。可以说，那些被我们定义为政治的问题一直在越来越复杂和专业。就连高明的经济学家和科学家也很难说清楚为什么金融部门或生物领域变得如此面目全非，对此又该做些什么。在互联网时代，公共领域也日益充斥着回应各种碎片信息的不和谐音。民意调查更进一步彰显了我们的分裂。创造一个共同文化作为公共对话的基础或其成果的想法听起来开始显得古老和怪异。然而既然民主已经变成了唯一得到认同的全球风尚，常识作为概念和修辞也在公共生活中得到了前所未有的重视。

更古怪的是，在西方，自阿伦特的时代以来，诉诸常识作为有效的政治解决方案之基础的做法也越来越成为右翼的看家本领，从让-马里·勒庞①自 1980 年代开始仇外地赞美纯正法国人的"良知"，到 1990 年代末、2000 年代初加拿大安大略省省长迈克·哈里斯（Mike Harris）反对税收和大政府的所谓"常识革命"，再到 2010 年前后美国权威人士萨拉·佩林、麦克·赫卡比（Mike Huckabee）、格伦·贝克（Glenn Beck）及其茶党支持者们鼓吹的"常识保守主义"。近年来，就连常识最伟大的"美国"倡导者、激进的英国人托马斯·潘恩，也被右翼供奉为圣人。在他的《常识》出版之后的前 200 年里，潘恩一直是世界各地的激进派和革命者的守护圣人，从法国和德国的共和派到纽约知识分子群体无不如此，前者在 1848 年呼唤他的精神回归，后者在大萧条最低谷的时期再次打着革命常识的旗帜创办了一份社会主义杂志。然而从罗纳德·里根开始，潘恩和他的"常识"政治观念就开始了它在美国的又一次重生。

自称保守派人士的里根在担任美国总统的那些年发生了一个惊人的变化，他频繁地在 1776 年的原版《常识》中挖掘精练的爱国主义引文来说明有限政府或革命精神的必要性。他还常常加上他那简单易懂的、潘恩式的说教要点，看似能够为他自己的政策辩护并为之提供基础的自明之理。想想这些为他的政治选择做解释的话吧："常识告诉我们，当你对什么东西征收了重税，人民就会减少它的产出"以及"常识还告诉我们，要想保卫和平，我们就必须在多年的软弱和困惑之后再度变得强大起来"。[83]从他 1970 年代担任加州州长的时期（那时他声

---

① 让-马里·勒庞（Jean-Marie Le Pen, 1928—），法国政治家，1972 年创立极右翼政党国民阵线，1972—2011 年担任该党领袖。

255

称依赖"这样一种信念，即政府不是什么高深暗黑的神秘事务，它完全可以利用我们在日常生活、在自己的家里、公司里和私人事务中实践的同一套常识来高效地运作"），到他 1989 年的告别演说（他在其中把所谓的里根革命描述为"伟大的再发现，我们的价值观念与一致公认的常识的再发现"），这位"伟大的沟通者"总会回到这样一种观念，即普通人简单的、共有的、日常的逻辑是他万无一失的政治罗盘。[84] 的确，他总是以一种微妙的民粹主义方式对听众说，他与其说是一位政治家，不如说是人民的一员，他既是政治的局内人，同时又是它的局外人。

一定有人把他的话听进去了。因为在 21 世纪第一个十年的末期，常识仍然是政治保守主义中民粹主义那个分支的一个长盛不衰的主题。潘恩比以往任何时候都更受欢迎，催生了一个录像和书籍的家庭手工业，把他的形式和内容加以更新整理，使之顺应当前形势。其相关性倒不全在于潘恩的观念到底是什么（正如他的 18 世纪和 19 世纪批评家们从未停歇地指出的那样，他毕竟是一个经济上的激进派和无信仰的人）。那首先是一个修辞和风格以及如何思考政治的问题。如今，潘恩代表的是已经受够了当政者的反对派民众的势力。此外，潘恩还代表着对我们这个时代迫在眉睫的政治问题的简单和日常的解决方案，也就是那些银行家、知识分子、外国人、政客、新闻记者、科学家、都市居民、专家、学究和民粹主义者历来恨之入骨的其他仇敌由于一叶障目、语言晦涩而无法看到的答案。左翼必然也要找到一种方式来改造和再度挪用同样的语言，达到它自己的目的。

这里也不无两难困境。民主要想成功，既需要宣扬共同价值观，也需要宣扬所谓的"常识"能够在政治生活中发挥重要作用这一观念。与自由宪制制度和专业技能产生紧张关系的，是民主这枚硬币的另一面，也更为集体主义。与此同时，常识作为一种非正式的规范制度和政治权威，始终包含着破坏民主理想的威胁：阻隔真正创新的观念，妨碍辩论，说服我们相信普通人在饭桌上想出的简单解决方案必然优于复杂的、专业的或科学的解决方案。阿伦特在她关于康德的思考中也承认，"一个人的品味越不独特，它就越容易被传播"。[85]归根结底，常识有助于促进我们与彼此对话，但也限制了我们可以听到的内容和说话者的身份。没有哪一位思想家比社会学家皮埃尔·布迪厄更加兢兢业业地努力呼唤我们注意这一现象，他整个职业生涯都在证明我们的生活、想法和公共话语如何明显地受到了被误以为是常识（他更喜欢称之为惯性或见解）的那些平庸的共同假设的约束。[86]常识无论作为一个概念还是一种表述，都已经变成了当代政治武器库的标配，这在本书故事开始的 18 世纪初是难以想象的。看起来它的生命力至少和再度流行起来的自治观念一样旺盛。不过，从特里斯唐·查拉到皮埃尔·布迪厄，反对者们也以艺术家和社会科学家的截然不同的方式提醒我们注意另一个真相。在现代世界，总有一些个人自觉地站在主流的常识之外，密切地注视着它复杂而强大的运作，这一点至关重要。

257

注 释

引 言

1 关于常识的定义和意义，见 Karl R. Popper, "Two Faces of Common Sense," *Objective Knowledge: An Evolutionary Approach* (Oxford, 1973), 32–105; John Kekes, "A New Defense of Common Sense," *American Philosophical Quarterly* 16, no. 2 (April 1979): 115–122; Mark Kingwell, "The Plain Truth about Common Sense: Skepticism, Metaphysics, and Irony," *Journal of Speculative Philosophy* 9, no. 3 (1995): 169–188; Marion Ledwig, *Common Sense: Its History, Method, and Applicability* (New York, 2007); 特别是 Nicholas Rescher, *Common Sense: A New Look at an Old Philosophical Tradition* (Milwaukee, 2005)。上述所有文本都在某个层面上与 G. E. Moore 的经典论文有关: "A Defense of Common Sense," in *Contemporary British Philosophy*, 2nd ser., ed. J. H. Muirhead (London, 1925), 193–223。

2 关于常识如何"内含在普通语言的结构和用法中"(xxi)，见 Bruce B. Wavell, *Language and Reason* (Berlin, 1986)。关于某些基本假设如何被嵌入了日常生活的基本实践中，见 Peter L. Berger and Thomas Luckmann, *The Social Construction of Reality: A Treatise in the Sociology of Knowledge* (New York, 1966)。

3 关于当代社会科学被引向反常识的倾向，见 Pierre Guenancia and Jean-Pierre Sylvestre, eds., *Le Sens Commun: théories et pratiques: actes du colloque de Dijon* (Dijon, 2004); and Frits von Holthoon and David R. Olsen, eds., *Common Sense: The Foundations for Social Science* (Lanham, MD, 1987)。关于文学评论家对于"日常生活中"被想当然的事物的（同样）吹毛求疵的态度，见 Rita Felski, "The Invention of Everyday Life," *New Formations* 39 (1999–2000): 15–31, 以及更笼统的论述，见 Antoine Compagnon, *Literature, Theory, and Common Sense*, trans. Carol Cosman (Princeton, NJ, 2004

［1998］），esp. 193。

4　Clifford Geertz, "Common Sense as a Cultural System," *Antioch Review* 33, no. 1（1975）：5 - 26, reprinted in *Local Knowledge：Further Essays in Interpretive Anthropology*（New York, 1983）, 73 - 93. 历史学家们一般用其他名词来指代某个文化中基本的、往往无须说明的原则和价值观，包括历史心理学、心理、集体表征、信仰结构和社会想象等。但使用这种格尔茨式框架的一位著名历史学家的实例，见 Robert Darnton, *The Great Cat Massacre and Other Episodes in French Cultural History*（New York, 1985）, 23。1970 年代和 1980 年代，我们这个看似永恒的、自然的常识的历史性也是从 Roland Barthes 到 Stuart Hall 等文化理论家们频繁讨论的主题。

5　John Rawls 在 *A Theory of Justice*（Cambridge, MA, 1971）, 25 - 28, 和 *Political Liberalism*（New York, 1996）, esp. 14 中明确指出，一个稳定的公正概念必须先认同现代民主国家中绝大多数公民所持有的某些隐含的假设或"常识信念"。Nicholas Tampio 把罗尔斯的这一范畴称为"民主的常识"，见 "Rawls and the Kantian Ethos," *Polity* 39, no. 1（January 2007）：72 - 102, quote 88。

6　关于阿伦特，见本书第六章。

7　托马斯·潘恩在 *Rights of Man：Being an Answer to Mr. Burke's Attack on the French Revolution*（London, 1791）, 162 中造出这个词语，为的是表明美国和法国革命应该被视为反对君主制的同类斗争，R. R. Palmer 在 1950 年代对这个观念的论述很有名，他指出18 世纪末整个跨大西洋世界的反抗和革命都是反对特权，争取民主的；见 *The Age of Democratic Revolution：A Political History of Europe and America, 1760 - 1800*（Princeton, NJ, 1959 - 1964）。近年来关于 Palmer 的周期划分、地理，特别是他的民主化主张的评论包括 Wim Klooster, *Revolutions in the Atlantic World：A Comparative History*（New York, 2009）；以及 David Armitage and Sanjay Subrahmanyam, eds., *The Age of Revolutions in Global Context, c. 1760 - 1840*（Basingstoke, UK, 2010）。我个人偏向于认为革命年代的起始远比 Palmer 的（或潘恩的）早得多，就算在北大西洋世界这个有限的范围内，它与民主之间的关系都要更加模棱两可。

8　Immanuel Kant, *Prolegomena to Any Future Metaphysics*, trans. Lewis White Beck（Indianapolis, 1950［1783］）, 7.

9　关于可见经验和日常生活的威信以及归根结底，它们对于一种民主政治想象有何意义，分别见 Yaron Ezrahi, *The Descent of Icarus：Science and the Transformation of Contemporary Democracy*（Cambridge, MA, 1990）, 61 - 68；和 Thomas Dunn, *A Politics of the Ordinary*（New York, 1999）。

10 "认识论权威"一词借用自 Don Herzog, *Poisoning the Minds of the Lower Orders* (Princeton, NJ, 1998), 532。

11 关于民主与民粹主义的关系, 见 Francisco Panizza, ed., *Populism and the Mirror of Democracy* (London, 2005); Yves Mény and Yves Surel, *Par le peuple, pour le peuple: le populisme et les démocraties* (Paris, 2000), and their edited volume *Democracies and the Populist Challenge* (New York, 2002); and Jack Hayward, "The Populist Challenge to Elitist Democracy in Europe," in *Elitism, Populism, and European Politics*, ed. Hayward (Oxford, 2003)。

12 试图定义民粹主义的关键著作, 包括 Ghita Ionescu and Ernest Gellner, eds., *Populism: Its Meanings and Natural Characteristics* (London, 1969); Paul Taggart, *Populism* (Buckingham, UK, 2000); 特别是 Pierre-André Taguieff, *L'Illusion populiste: de l'archaique au médiatique* (Paris, 2002); 以及后续著作 Margaret Canovan: *Populism* (New York, 1981); "Populism for Political Theorists?" *Journal of Political Ideologies* 9, no. 3 (October 2004): 241–252; and *The People* (Cambridge, 2005)。

13 Ernesto Laclau 在他的著作 *On Populist Reason* (London, 2005) 中提出了至关重要的一点, 即民粹主义虽然始终都在呼唤一个统一而团结的"人民", 事实上并无真实的所指, 而"人民"最好被理解为一种远大抱负而非社会现实。"人民"是一个虚构, 一种政治创造而非反面, 这种观点也是以下作者的核心思想: Edmund S. Morgan, *Inventing the People: The Rise of Popular Sovereignty in England and America* (New York, 1988); and Patrick Joyce, *Democratic Subjects: The Self and the Social in Nineteenth-century England* (Cambridge, 1994), 他们也指出, 那一部分呼唤源于这个名词的模糊性: 它是指全人类吗? 一个国家或该国全体公民? 还是某个平民阶层? 它是单数还是复数?

14 Michael Kazin, *The Populist Persuasion: An American History* (New York, 1995).

15 关于概念史, 尤其见 Melvin Richter, *The History of Political and Social Concepts: A Critical Introduction* (Oxford, 1995); Mark Bevir, "Begriffsgeschichte," *History and Theory* 39 (2000); and Reinhart Koselleck, *The Practice of Conceptual History: Timing History, Spacing Concepts* (Stanford, CA, 2002)。

16 关于知识的社会史, 起点是 Peter Burke, *A Social History of Knowledge: From Gutenberg to Diderot* (Cambridge, 2000), 以及他的文章 "A 'Social History of Knowledge' Revisited," *Modern Intellectual History* 4, no. 3 (2007): 521–535。这里与被称为"社会

认识论"的哲学领域存在着密切关系，例如，见 Alvin I. Goldman，*Knowledge in a Social World*（New York，1999）。"共同用法"一词借用自 Antoine de Baecque and Françoise Mélonio，*Lumières et liberté：les dix-huitième et dix-neuvième siècles*，vol. 3 of *Histoire culturelle de la France*，ed. Jean-Pierre Rioux and Jean-François Sirinelli（Paris，1998），或许对这个词的最好理解是一种重述思想和心理的历史，从而反映出存在截然不同的"民众"和"精英"两种文化这种观念的消亡。

17　"历史认识论"一词是由科学历史学家 Lorraine Daston 自造的，见"The Moral Economy of Science，"*Osiris* 10（1995）：3‑24。它被各位学者所采用，从 Mary Poovey 到 Arnold Davidson。Ian Hacking 在 *Historical Ontology*（Cambridge，MA，2002）中追溯了一个关系密切的关注社会科学的议程。

18　关于这个问题见我的"Politics，Epistemology，and Revolution，"*Intellectual News*，no. 11/12（Summer 2003）：64 ‑ 69，和 *A Revolution in Language：The Politics of Signs in Late Eighteenth-Century France*（Stanford，CA，2001）。

19　关于新教尤其关注"日常生活"，见 Charles Taylor，*Sources of the Self：The Making of Modern Identity*（Cambridge，MA，1989），211‑233。

20　关于共同经验在科学革命中不断变化的意义和认识论价值，见 Peter Dear，*Discipline and Experience：The Mathematical Way in the Scientific Revolution*（Chicago，1995）。

21　关于 *doxa* 这个意指共同持有却未经考察的关于世界的假设（相对于我们可以讨论和有所分歧的）的名词，见 Ruth Amossy，"Introduction to the Study of Doxa，"*Poetics Today* 23，no. 3（Fall 2002）：369‑394。关于 Maurice Blanchot 曾写到常识从其固有特性来说就是矛盾的，或者是对 *doxa* 的挑战，只要人把日常生活弄得耸人听闻，把隐含的一面公之于众，见他的"Everyday Speech，"*Yale French Studies*，no. 73（special issue on Everyday Life）（1987）：12‑20。

22　我对大西洋历史（它在大多数时候还仅仅局限于英语世界）的理解可以用 David Armitage 的术语形容为"大西洋一侧"，因为它"研究的是大西洋世界某些独特地理位置的特定场所，试图把那种独特性定义为地方特性与更广泛的联系（和比较）网络之间互动的结果"；见他的"Three Concepts of Atlantic History，"in *The British Atlantic World，1500 ‑ 1800*，ed. David Armitage and Michael J. Braddick（London，2002），11‑27。

23　关于民意作为一个政治变量出现在 18 世纪欧洲的大批文献的总结，

见 James Van Horn Melton, *The Rise of the Public in Enlightenment Europe* (*Cambridge*, 2001)。后面章节将逐个分析各个地方的人对"人民"的态度。

24 关于社会规范, 见 Cass Sunstein, "Social Norms and Social Roles," 96 *Columbia Law Review* 903 (1996); Eric Posner, *Law and Social Norms* (Cambridge, MA, 2000); and Eric Posner, ed., *Social Norms, Nonlegal Sanctions and the Law* (Cheltenham, UK, 2007)。

25 关于布迪厄将常识理解为一种危险的约束形式和中产阶级意识形态骗术, 见 Robert Holton, "Bourdieu and Common Sense," in *Pierre Bourdieu: Fieldwork in Culture*, ed. Nicholas Brown and Imre Szeman (Lanham, MD, 2000), 87 - 99。又见 Bourdieu's own *Pascalian Meditations*, trans. Richard Nice (Oxford, 2000 [1977]), esp. 97 - 98, and *The Logic of Practice*, trans. Richard Nice (Stanford, CA, 1990 [1980])。关于布迪厄著作中提到的非正式审查的观念, 见我的 "Writing the History of Censorship in the Age of Enlightenment," in *Postmodernism and the Enlightenment: New Perspectives in Eighteenth-Century French Intellectual History*, ed. Daniel Gordon (London, 2001), 117-145。

26 See Françoise Gaillard, "The Terror of Consensus," in *Terror and Consensus: Vicissitudes of French Thought*, ed. Jean-Joseph Goux and Philip R. Wood (Stanford, CA, 1998), 其中评论了共识是一种保守派的监管观念, 会导致政治失去活力。一项从相反的政治角度进行的相关论证, 见 Glenn Loury, "Self-Censorship in Public Discourse: A Theory of 'Political Correctness' and Related Phenomena," *Rationality and Society* 6, no. 4 (October 1994): 428-461。

27 关于社会危机与常识之间的关系, 见 Pierre Bourdieu, *Outline of a Theory of Practice*, trans. Richard Nice (Cambridge, 1977)。

28 "哲学史" 这个词借用自 Bruce Mazlish, "Philosophical History," *Intellectual News* 8 (Summer 2000): 117 - 122。按照这里的定义, "哲学史" 是要以哲学问题的方式来表达历史课题, 并通过历史学家的实证方法解决哲学问题。

第一章　常识的幽灵

1 关于历史不可见的一面, 见 Jacques Rancière, *The Names of History: On the Poetics of Knowledge*, trans. Hassan Melehy (Minneapolis, 1994)。

2 Aristotle, *De Anima* 3. 1 - 5. 关于亚里士多德对常识的构想, 见 Deborah K. Modrak, *Aristotle: The Power of Perception* (Chicago, 1987), 55 - 80; J. Brunschwig, "En quel sens le sens commun est-il

commun?" in *Corps et âme. Sur le De anima d'Aristote*, ed. Gilbert Romeyer Dherbey (Paris, 1996); Danielle Lories, *Le Sens commun et le jugement du Phronimos. Aristote et les stoiciens* (Louvain-la-Neuve, 1998); Pavel Gregoric, *Aristotle on the Common Sense* (Oxford, 2007); and Daniel Heller-Roazen, *The Inner Touch: Archeology of a Sensation* (New York, 2007), 31–45。

3　关于中世纪和文艺复兴时期对常识的理解，见 David Summers, *The Judgment of Sense: Renaissance Naturalism and the Rise of Aesthetics* (Cambridge, 1987), esp. 71–109, 以及 Henry Austryn Wolfson, "The Internal Senses in Latin, Arabic and Hebrew Philosophical Texts," *Harvard Theological Review* 28, no. 2 (April 1935): 69–133。

4　关于共通感产生的具体位置，见 Edwin Clarke and Kenneth Dewhurst, *An Illustrated History of Brain Function: Imaging the Brain from Antiquity to the Present*, 2nd ed. (San Francisco, 1996)。

5　André Du Laurens, *Oeuvres de Me André du Laurens* (Paris, 1646), 527 (originally published in Latin as *Opera Anatomica* in 1595); and Helkiah Crooke, *Mikrocosmographia: A Description of the Body of Man*, 2nd ed. (London, 1615), 502, 608, 611, 696, 组合各异，显然都借用自 Du Laurens。在 Robert Burton's *The Anatomy of Melancholy* (Oxford, 1621) 中，常识也被描述为 "其他人的法官或调解人"，后者接收对象 "以进行审查" (pt. I, sec. I, memb. II, subs. 6)。

6　关于身体对政治理论的意义，见 Leonard Barkan, *Nature's Work of Art: The Human Body as Image of the World* (New Haven, CT, 1975), esp. chap. 3。

7　关于法庭或城市范式在解剖学中的应用，见 R. K. French, *Dissection and Vivisection in the European Renaissance* (Aldershot, UK, 1999); and Peter Mitchell, *The Purple Island and Anatomy in Early 17th-century Literature, Philosophy and Theology* (Madison, NJ, 2007)。

8　See Bartolommeo Del Bene, *Civitas Veri sive Morum* (Paris, 1609), esp. 28–29.

9　Crooke, *Mikrocosmographia*, 453, 432.

10　Heller-Roazen, *Inner Touch*, 163–168. 又见 Jean-Robert Armogathe, "Les Sens: inventaires médiévaux et théorie cartésienne," in *Descartes et le Moyen Age*, ed. Joël Biard and Roshdi Rashed (Paris, 1997), 175–184。

11　Nicholas Amhurst, *Terrae-Filius: or, The Secret History of the University of Oxford* (London, 1721), no. XX, 100.

12　关于斯多葛派对共通感的理解，见 Lories, *Le Sens commun*。西塞罗对这个词的理解，见 S. E. W. Bugter, "Sensus Communis in the

Works of M. Tullius Cicero," in *Common Sense: The Foundations for Social Science*, 83-97, 其本身就是一部长篇答复, 回应的是 C. S. Lewis, "Sense," in *Studies in Words*, 2nd ed. (Cambridge, 1996 [1960]), 146-150。

13 Edward Phillips, *A New World of Words: or, Universal English Dictionary*, 6th ed., revised by J. K. Philobibl (London, 1706), 将常识定义为"那些在人脑中产生的笼统观念, 人通过它们获得知识或通过同样的方式理解事物", 是对 Antoine Furetière 在他 1690 年的 *Dictionnaire universel* 中提供的良知定义的直译, 为 18 世纪后期设定了标准。关于英语中常识定义的发展演变, 见 Helga Körver, "Common Sense. Die Entwicklung eines englischen Schlüsselwortes und seine Bedeutung für die englische Geistesgeschichte vornehmlich zur Zeit des Klassizismus und der Romantik" (PhD diss., Bonn, 1967)。

14 关于奥古斯都时代对常识的理解的社会面向, 见 William Bowman Piper, "Common Sense as a Basis of Literary Style," *Texas Studies in Literature and Language* 18, no. 4 (Winter 1977): 624-641。

15 Shaftesbury, "Sensus Communis: An Essay on the Freedom and Wit of Humour" [London, 1709], reprinted in vol. 1 of his *Characteristicks of Men, Manners, Opinions, Times* [London, 1711; 2nd ed. 1714], ed. Lawrence Klein (Cambridge, 1999), 48, 60, and 61, respectively.

16 关于沙夫茨伯里的共通感, 见 Richard Voitle, *The Third Earl of Shaftesbury, 1671-1713* (Baton Rouge, 1984), 330-331; Lawrence E. Klein, *Shaftesbury and the Culture of Politeness: Moral Discourse and Cultural Politics in Early Eighteenth-Century England* (Cambridge, 1994), 96-97, 196; Isabel Rivers, *Reason, Grace and Sentiment: A Study of the Language of Religion and Ethics in England, 1660-1780*, vol. 2, *Shaftesbury to Hume* (Cambridge, 2000), 124-131; and John D. Schaeffer, *Sensus Communis: Vico, Rhetoric, and the Limits of Relativism* (Durham, NC, 1990), 41-46。它在学者的文献中有着不同的定义, 包括对人、对社会、对社群以及对公众或公益的爱。

17 Roy Porter, *London: A Social History* (Cambridge, MA, 1995), 131.

18 经典文本是 J. H. Plumb, *The Growth of Political Stability in England, 1675-1725* (London, 1967)。

19 "The Earl of Manchester's Speech to His Majesty ⋯ at His Arrival at Whitehall [1660]," cited in P. K. Elkin, *The Augustan Defense of Satire* (Oxford, 1973), 7.

20 关于 1695 年《许可法案》的依据, 起点是 Frederick Seaton Siebert, *Freedom of the Press in England, 1476-1776: The Rise and Decline of Government Controls* (Urbana, IL, 1952)。

21 关于城市空间中托利派和辉格派的差别，见 Geoffrey Holmes, *The Making of a Great Power*: *Late Stuart and Early Georgian Britain*, *1660-1722* (London, 1993)。关于党派之争或多元性在话语层面上的问题，见 J. A. W. Gunn, *Factions No More*: *Attitudes to Party in Government and Opposition in Eighteenth-Century England*, *Extracts from Contemporary Sources* (London, 1972); Pasi Ihalainen, *The Discourse on Political Pluralism in Early Eighteenth-Century England* (Helsinki, 1999); and Mark Knights, *Represent at ion and Misrepresentation in Later Stuart Britain*: *Partisanship and Political Culture* (Oxford, 2005)。

22 Klein, *Shaftesbury and the Culture of Politeness*, 12.

23 关于礼貌，见 J. G. A. Pocock, "The Problem of Political Thought in the Eighteenth Century: Patriotism and Politeness," *Theoretische Geschiedenis* 9 (1982): 14 – 17; Paul Langford, *A Polite and Commercial People*: *England*, *1727-1783* (Oxford, 1989); and John Brewer, *The Pleasures of the Imagination*: *English Culture in the Eighteenth Century* (New York, 1997), esp. 99-114。

24 *The Spectator*, ed. Joseph Addison and Richard Steele, no. 126 (July 25, 1711); see the edition prepared by Donald F. Bond (Oxford, 1965), 2: 1-4.

25 *The Spectator*, no. 125 (July 24, 1711), 1: 509-510.

26 Shaftesbury, *Characteristicks*, 53.

27 关于宗派斗争，见 J. D. C. Clark, *The Language of Liberty*, *1660-1832*: *Political Discourse and Social Dynamics in the Anglo-American World* (Cambridge, 1994)。

28 Benjamin Whichcote, *Moral and Religious Aphorisms* (1703), cited in *Enthusiasm and Enlightenment in Europe*, *1650-1850*, ed. Lawrence E. Klein and Anthony L. LaVopa (San Marino, CA, 1998), 159. 关于狂热的问题，又见 Michael Heyd, *"Be Sober and Reasonable"*: *The Critique of Enthusiasm in the Seventeenth and Early Eighteenth Centuries* (Leiden and New York, 1995)。

29 关于 17 世纪圣公会自由主义者的认识论立场，见 Henry Van Leeuwen, *The Problem of Certainty in English Thought*, *1630-1690* (The Hague, 1963); Robert T. Carroll, *The Common-sense Philosophy of Religion of Bishop Edward Stillingfleet*, *1635-1699* (The Hague, 1975); Barbara Shapiro, *Probability and Certainty in Seventeenth-Century England*: *A Study of the Relationships between Natural Science*, *Religion*, *History*, *Law and Literature* (Princeton, NJ, 1983); and Frederick C. Beiser, *The Sovereignty of Reason*: *The Defense of*

Rationality in the Early English Enlightenment (Princeton, NJ, 1996)。

30 See Wilbur Samuel Howell, *Eighteenth-century British Logic and Rhetoric* (Princeton, NJ, 1971), 441−502; Brian Vickers, "The Royal Society and English Prose Style: A Reassessment," in *Rhetoric and the Pursuit of Truth: Language Change in the Seventeenth and Eighteenth Centuries* (Los Angeles, 1985), 1−76; 以及 Richard Foster Jones, "The Attack on Pulpit Eloquence in the Restoration: An Episode in the Development of the Neo-classical Standard for Prose" [1931], in *The Seventeenth-Century: Studies in the History of English Thought and Literature from Bacon to Pope* (Stanford, CA, 1951), 111−142.

31 "有所缓和的怀疑主义" 一词取自 Richard Popkin, *The History of Skepticism: From Savonarola to Bayle*, new ed. (Oxford, 2000), 29−50。

32 Carroll, *The Common-sense Philosophy of Religion*, 11. 关于这一道德确然性观念的产生, 见 Steven Shapin, *A Social History of Truth: Civility and Science in Seventeenth-Century England* (Chicago, 1994), 208−211。

33 Cited in Norman Sykes, *Church and State in England in the XVIIIth Century* (Hamden, CT, 1962 [1934]), 258. 在 17 世纪末的英格兰宗教写作中, "合理性" 的意义与常识一致, 例如, 见 Richard Bentley's first Boyle lecture, reprinted in his *The Folly and Unreasonableness of Atheism* (London, 1693), 16, 他在其中指出, 只要宗教原则 "违背常识", 放弃宗教就是合理的。

34 John Tillotson, "Sermon I: Of the Duties of Natural Religion, with the Ways and Means of Knowing Them," in *Eighteenth-Century English Literature*, ed. Geoffrey Tillotson, Paul Fussell, and Marshall Waingrow (New York, 1969), 209.

35 James Downey, *The Eighteenth-century Pulpit: A Study of the Sermons of Butler, Berkeley, Secker, Sterne, Whitefield and Wesley* (Oxford, 1969), 15.

36 Armhurst, *Terrae-Filius*, 180−181, 听起来很像贝克莱、沙夫茨伯里, 尤其是洛克, 在后者看来, "本地乡下人的道理……更有可能是获得 [知识] 的途径, 为人类的共同知识库添砖加瓦, 而非通过严格的模式规则和数字训练出来的学术程序"; 见 *An Essay Concerning Humane Understanding* (London, 1690), bk. IV, chap. xvii, sec. 6。关于奥古斯都时代文化中反经院哲学的情绪, 又见 Barbara J. Shapiro, *A Culture of Fact: England, 1550 − 1720* (Ithaca, NY, 2000), 160 − 165 and 261, n. 113; 以及 Charles Kerby-Miller 在 *Memoirs of the Extraordinary Life, Works and Discoveries of Martinus*

Scriblerus（New York, 1966）, 243 - 246 中对他的版本的 John Arbuthnot 和亚历山大·蒲柏等人的说明。

37　Joel C. Weinsheimer, *Eighteenth-century Hermeneutics: Philosophy of Interpretation in England from Locke to Burke*（New Haven, CT, 1993）, preface, x.

38　George Berkeley, "Philosophical Commentaries," Notebook, A 751 [1707- 1708], in *The Works of George Berkeley, Bishop of Cloyne*, ed. A. A. Luce and T. E. Jessop（London, 1948）, 91. 在他的 *Three Dialogues between Hylas and Philonous in Opposition to Sceptics and Atheists*（Cleveland, 1963 [1713]）中，贝克莱笔下的人物 Philonous 也同样提到启蒙运动需要 "反对形而上学的观念，转而关注自然和常识的平常律令"（50）。

39　J. L. of Lynn Regis, *The Principles of a Rationalist, Digested into stated Articles, containing the Laws of Reason, and the Elements of Religion, Morals, and Politicks: Together with the Whole Art of Reducing all disputable Cases to Self-evident Propositions ··· Being A Practical Method of Teaching the Use of Common Sense, as the First Principle of all Knowledge, and an effectual Way to prevent the Arbitrary Imposition of Ignorance and Error in Religion and Politicks, and the Introduction and Support of Tyranny and Slavery*（London, 1721）, 30.

40　*The Spectator*, no. 259（December 27, 1711）, 2: 508; and no. 156（August 29, 1711）, 2: 112.

41　*The Spectator*, no. 62（May 11, 1711）, 1: 269.

42　*The Spectator*, no. 124（July 23, 1711）, 1: 508.

43　*The Spectator*, no. 70（May 21, 1711）, 1: 297.

44　关于平民的身份标签不仅仅是无知，也是认知无能，见 Shapin, *A Social History of Truth*, 77。

45　关于 18 世纪初英语中的 "人民" 是一个抽象概念，见 Morgan, *Inventing the People* and Knights, *Representation and Misrepresentation in Later Stuart Britain*。

46　Cited in William Bowman Piper, *Common Courtesy in Eighteenth-Century English Literature*（Newark, DE, 1997）, 187, n. 17.

47　Erin Mackie, *Market à la Mode: Fashion, Commodity, and Gender in* The Tatler *and* The Spectator（Baltimore, 1997）, 21.

48　Rosenfeld, "Writing the History of Censorship in the Age of Enlightenment," in *Postmodernism and Enlightenment*.

49　*The Free-thinker: or, Essays of Wit and Humour*, no. 58（October 10, 1718）in the 3rd ed.（1740）, 2: 10. 这本书再版的三卷本题目是 *The*

Free-thinker: or, Essays on ignorance, superstition, bigotry, enthusiasm, craft, etc: Intermixed with several pieces of wit and humour: Design'd to restore the deluded part of mankind to the use of reason and common sense (London, 1733)。

50　*The Spectator*, no. 253（December 20, 1711）, 2：484.

51　这类批评究其根源，可以追溯至 Thomas Rymer's *Tragedies of the Last Age: Consider' d and Examin'd*（London, 1677），作者在其中指出，艺术必须符合"一切时代的常识"，以及自古有之的规则，才能取悦观者。

52　Mr. Savage, *The Art of Prudence: or, a Companion for a Man of Sense. Written Originally in Spanish by That Celebrated Author, Balthazar Gracian*, 2nd ed.（London, 1705）, esp. "Maxim LX: Good Sense," 64-65. "良知"有时被描述成这个时代的男人特有的属性。但当代写给女人的指南书里也宣扬了同样的观点，例如 Lady Mary Lee Chudleigh, *Essays upon Several Subjects in Prose and Verse*（London, [1710]）；作者在她的介绍辞中宣称"我的宗旨是……劝说与我同性别的人……喜爱智慧胜过美貌、良知胜过财富，对于主权的热情胜过世界的帝国。"

53　例如，见 William Combe, *Plain thoughts of a plain man, addressed to the common sense of the people of Great-Britain*（London, 1727）；John Wilkes, *The North Briton makes his appeal to the good sense, and to the candour of the English nation*（[London], [1763]）；Anon., *An Appeal to the Good Sense of the Inhabitants of Great Britain*（London, 1770）；Anon., *Plain Facts, Submitted to the Common Sense of the People of England*（London, 1785）；Anon., *British Common Sense*（London, 1791）；and John Stewart, *Good Sense: Addressed to the British nation, as their pre-eminent and peculiar characteristic, in the present awful crisis*（London, 1794）。关于外国人提到的"真正属于英格兰人的品质，良好的常识，"见 Oloff Napea, *Letters from London: Observations of a Russian*（1816）, 28, 引自 Paul Langford, *Englishness Identified: Manners and Character, 1650-1850*（Oxford, 2000）, 75。

54　关于普通法思维和风俗，见 J. G. A. Pocock, *The Ancient Constitution and the Feudal Law: A Study of English Historical Thought in the Seventeenth Century*, 2nd ed.（Cambridge, 1987）；Glenn Burgess, *The Politics of the Ancient Constitution: An Introduction to English Political Thought, 1603 - 1642*（Houndsmills, Basingstoke, UK, 1992）；and J. W. Tubbs, *The Common Law Mind: Medieval and Early Modern Conceptions*（Baltimore, 2000）。又见 Gerald J.

Postema, *Bentham and the Common Law Tradition* (Oxford, 1986), esp. 66-77, 其中写到了知识的社会概念在普通法理论中持久的重要性。

55 Thomas Shadwell, "Dedication to Charles, Earl of Dorset and Middlesex," *Bury-Fair* [1689], in *The Complete Works of Thomas Shadwell*, ed. Montague Summers (London, 1927), 4: 294; 该主题也是这部剧的序曲中的核心。

56 Markku Peltonen 有过一个类似的警告，事关人们假设礼貌始终只是（如果它曾经是的话）辉格派关心的问题；见他的 "Politeness and Whiggism, 1688 – 1732," *Historical Journal* 48, no. 2（2005）: 391-414。

57 "Of Common Sense," *Applebee's Journal* (March 11, 1732), reprinted in *Gentleman's Magazine* 2 (March 1732): 647. 我们在这里再度听到了对 *Spectator* 的呼应，大肆赞美 "符合人类常识的观念，它们让一切时代、各个国度的理性之人舒服自在，更不用说有可能提升各个社会或个人的幸福感"。(no. 185 [October 2, 1711], 2: 230.)

58 [Herbert Lawrence], *The Life and Adventures of Common Sense: An Historical Allegory* (London, 1769), 2: 113. 撰写一部常识及其家族的寓言故事的主意很可能也来源于 *Spectator*, no. 35 (April 10, 1711), 2: 145-158, 其中艾迪生为拟人化的真理后裔 "良知" 和拟人化的谬误后裔 "荒谬" 撰写了一个谱系。

59 G. M. Trevelyan, *The English Revolution, 1688 – 1689* (London, 1938), 7. 关于近年来对该论调的重新评价，见 John Morrill, "The Sensible Revolution," in *The Anglo-Dutch Moment: Essays on the Glorious Revolution and Its World Impact*, ed. Jonathan Israel (Cambridge, 1991), 73-104。

60 See Melvin Richter, "Le Concept de despotisme et l'abus des mots," *Dix-huitième siècle*, no. 34 (2002): 373-388.

61 这里的经典文本是 W. B. Gallie, "Essentially Contested Concepts," *Proceedings of the Aristotelian Society* 56, no. 167 (n. s. 1955-1956)。

62 Benjamin Hoadly, *A Preservative against the Principles and Practices of the Nonjurors Both in Church and State. Or, an Appeal to the Consciences and Common Sense of the Christian Laity* (London, 1716), 99, 2.

63 大部分书名列于 "An Account of all the Considerable Pamphlets that have been published on either side in the present controversy," in *The Works of Benjamin Hoadly* (London, 1773), 2: 381 – 401。又见 Rosenfeld, "Before Democracy: The Production and Uses of Common Sense," *Journal of Modern History* 80, no. 1 (March 2008): 1-54。

64　Joseph Smith, *Some Considerations Humbly Offer' d to the Lord Bp. of Bangor* (London, 1717), 1; and Thomas Pyle, *A Second Vindication of the Lord Bishop of Bangor* (London, 1718), 55, respectively.

65　关于反对派成员的相反观点，见 Archibald S. Foord, *His Majesty's Opposition, 1714-1830* (Oxford, 1964); Linda Colley, *In Defiance of Oligarchy: The Tory Party, 1714-60* (Cambridge, 1982); and J. C. D. Clark, *English Society, 1660 - 1832: Religion, Ideology, and Politics during the Ancien Regime*, 2nd ed. (Cambridge, 2000)。

66　John Gay, "Fable IX: The Jackal, Leopard, and Other Beasts. To a Modern Politician" [1728], in *The Poetical Works of John Gay*, ed. G. C. Faber (London, 1926).

67　克洛德·阿德里安·爱尔维修在 *De l'Homme, de ses facultés intellectuelles et de son éducation* (London [The Hague], 1773 [posthum.]), vol. 2, sec. 7, note B 中重述了一部英国喜剧的故事，他为它赋予的法文剧名是 "La Reine de Bon Sens"，但它显然是菲尔丁的《巴斯昆》中的一幕。

68　Henry Fielding, *Pasquin. A Dramatick Satire on the Times: Being the Rehearsal of Two Plays, viz., A Comedy call'd The Election; and a Tragedy, call'd the Life and Death of Common Sense* (London, 1736), prologue to Act I; see the edition of O. M. Brack, William Kupersmith, and Curt A. Zimansky (Iowa City, 1973), 5. 关于这部剧的内涵，又见以下不同解读：Jean Ducrocq, *Le Théâtre de Fielding: 1728 - 1737 et ses prolongements dans l'oeuvre romantique* (Dijon, 1975), 332-378; Bertrand A. Goldgar, *Walpole and the Wits: The Relation of Politics to Literature, 1722 - 1742* (Lincoln, NE, 1976), 150-153; Robert D. Hume, *Henry Fielding and the London Theatre, 1728 - 1737* (Oxford, 1988), 209 - 213; and Martin C. Battestin with Ruth R. Battestin, *Henry Fielding: A Life* (London, 1989), 192-199。Battestin 称 Fielding 在写作这部戏剧时，在政治上同情男孩爱国者与他在宗教上同情霍德利的说教式基督教不无关系；其他人则没有看出他有如此坚定的立场。

69　Fielding, *Pasquin*, act V, 49.

70　Ronald Paulson, *The Life of Henry Fielding: A Critical Biography* (Oxford, 2000), 46, 63.

71　1736 年 4 月《巴斯昆》慈善演出的广告，引自 Thomas R. Cleary, *Henry Fielding: Political Writer* (Waterloo, ON, 1984), 88。

72　*Common Sense: or, The Englishman's Journal*, nos. 1-354 (February 5, 1737-November 16, 1743). 关于这份报纸及其竞争对手，见 George Hilton Jones, "The Jacobites, Charles Molloy, and Common

Sense," *Review of English Studies*, n. s. 4（April 1953）：144－147；
Goldgar, *Walpole and the Wits*, 156－159; and Vincent J. Liesenfeld,
The Licensing Act of 1737（Madison, WI, 1984）, 92－93。

73　Lord Bolingbroke, *A Dissertation upon Parties*（London, 1735）, first
printed serially in the *Craftsman* in 1733－1734. 关于博林布罗克及沃
波尔时代的反对派理论和话语，尤其见 Quentin Skinner, "The
Principles and Practice of Opposition：The Case of Bolingbroke v.
Walpole," in *Historical Perspectives：Studies in English Thought and
Society, in Honour of J. H. Plumb*（London, 1974）, 93－128; H. T.
Dickinson, *Liberty and Property：Political Ideology in Eighteenth-
Century Britain*（New York, 1977）; J. A. W. Gunn, *Beyond Liberty
and Property：The Process of Self-Recognition in Eighteenth-century
Political Thought*（Kingston, 1983）; and Alexander Pettit, *Illusory
Consensus：Bolingbroke and the Polemical Response to Walpole, 1730－
1737*（Newark, DE, 1997）。

74　关于利特尔顿及其圈中人的辉格派异见政治意识形态，见 Christine
Gerrard, *The Patriot Opposition to Walpole：Politics, Poetry, and
National Myth, 1725－1742*（Oxford, 1994）, esp. 34。

75　George Lyttelton, *Letters from a Persian in England, to His Friend at
Ispahan*, 2nd ed.（London, 1735）, 40.

76　*Common Sense*, no. 8（March 26, 1737）：2.

77　常识作为法庭的观念的先例，可在以下内战文本中找到，如 *The
Plain Case of the Common-Weal Neer the Desperate Gulf of the
Common-Woe. Stated and Exhibited, to the People and High Court of
Parliament…Also, the Oath to the Parliament Extricated, and the Case
Resolved to Common Sense*（London, 1648［1649］）。关于这种比喻
与研究得比较好的舆论概念之间的关系，见 Gunn, "Public Spirit to
Public Opinion," in *Beyond Liberty and Property*, 260－315。

78　"Common Sense," *Common Sense*, no. 1（February 5, 1737）：1. 这
篇卷首语的题词是尤维纳利斯的 "Rarus enim fermè sensus
communis"，译为 "没有什么比常识更加珍贵。"

79　Ibid.

80　"A Letter from Common Honesty to Common Sense," *Common Sense*,
no. 87（September 30, 1738）, reprinted in *Gentleman's Magazine* 8
（October 1738）：527, 后来又以同样的标题出现在另一份小册子中
（Boston, c. 1756）。

81　"Common Sense," *Common Sense*, no. 1（February 5, 1737）.

82　分别见 *Common Sense*, issues no. 1（February 5, 1737）和 no. 14
（May 7, 1737）；后一个定义是由一位名叫 "年龄与经验" 的人物

提出的。

83 关于这份广为流传的印刷品，见 Paul Langford, *Walpole and the Robinocracy* (Cambridge, 1986), 130-131。对那场活动的原始描述，见 *Common Sense*, no. 7 (March 19, 1737) and no. 8 (March 26, 1737)。

84 *The Champion: or British Mercury*, nos. 1-63 (November 15, 1739-April 8, 1740), continued as *The Champion: or Evening Advertiser* from April 1740 to 1743, 但没有菲尔丁的参与。

85 Shaftesbury, *Characteristicks*, 59.

86 关于这一立场，以及它在当时引发的激烈辩论，尤见 Elkin, *The Augustan Defense of Satire*; and James A. Herrick, *The Radical Rhetoric of the English Deists: The Discourse of Skepticism, 1680-1750* (Columbia, SC, 1997), esp. 60-65。重印于 *Common Sense*, no. 16 (May 21, 1737), 是一封信，原是写给 *Daily Gazetteer* 的，作者在其中支持了 "荒谬是一种试炼，在这场试炼中，最有可能从冒名者那里发现真理" 的观点（这里认为是 Pierre Bayle 的观点）。

87 *Common Sense*, no. 1 (February 5, 1737).

88 C. John Sommerville, *The News Revolution in England: Cultural Dynamics of Daily Information* (New York, 1996), 155.

89 "To Mr. Common Sense," *Common Sense*, no. 16 (March 22, 1740), reprinted in *Gentleman's Magazine* 10 (March 1740): 132. 正如 Benjamin Norton Defoe 在 1747 年的 *A New English Dictionary* 中说明的那样，"常" 仍然有双重含义："所有人共同的" 和 "普通的"。

90 关于朝野上下所用的 "民众的良知" 或 "国家的良知" 等比喻语词，见 J. A. W. Gunn, "Court Whiggery-Justifying Innovation," in *Politics, Politeness, and Patriotism*, ed. Gordon J. Schochet (Washington, DC, 1993), 125-156; and Kathleen Wilson, *The Sense of the People: Politics, Culture and Imperialism in England, 1715-1785* (Cambridge, 1995)。关于舆论这个更古老的观念，见 George Boas, *Vox Populi: Essays in the History of an Idea* (Baltimore, 1969)。

91 "抗议式" 民粹主义一词借用自 Pierre-André Taguieff, *L'Illusion populiste*，他用这个词来区分上文讨论的民粹主义与后来那种更仇外的 "身份" 民粹主义，前者的特征是批判精英阶层的不合法性，呼吁扩大民主化，赞美人民的直觉的智慧。

92 *Common Sense*, no. 142 (October 20, 1739); 这句话在下文中有简要讨论，见 H. T. Dickinson, "Popular Politics in the Age of Walpole," in *Britain in the Age of Walpole*, ed. Jeremy Black (London, 1984), 57。

93 *Common Sense*, no. 141 (October 13, 1739), 引自 M. M.

Goldsmith, "Faction Detected: Ideological Consequences of Robert Walpole's Decline and Fall," *History* 64 (1979): 7。

94 (常识)的编辑在安排"某些常识规则,[他们]要严格规定和要求每个人[根据各自的性别、年龄、职位和身份]遵守那些关于适当行为举止的规则"(no. 4 [February 26, 1737])时,时常会抛出几句话,意思是这个国家如果还有常识,它们主要为女人(no. 58 [March 11, 1737])或鞋匠而非政治家所掌握(no. 33 [May 6, 1738])。这类陈述的先例可以追溯至 17 世纪的 Rymer 和 Sprat 等人。

95 *Common Sense* (February 24, 1739), reprinted in Anon., *The National Dispute; or, The History of the Convention Treaty: Containing the Substance of All the Proceedings, Debates, Pamphlets, Journals, Daily, and other Papers, published both for and against the late Convention…Shewing the true Sense of the Nation, concerning the same* (London, 1739), 238.

96 关于各家报纸代表民族监督国家的努力,既是普通人政治意识加强的原因也是结果,见 Wilson, *The Sense of the People*, esp. 12, 31, 41-42。

97 *Gentleman's Magazine* 9 (March 1739): 112.

98 关于坚持客观性和国家利益是这个时期党派话语的标志,见 Knights, *Represent at ion and Misrepresent at ion in Later Stuart Britain*。Ditto John Brewer 在 *The Sinews of Power: War, Money, and the English State, 1688-1783* (London, 1989) 中的简要说明指出关于"普遍"或"公共"知识的想法在那些最致力于私人和选择性议程的人中的吸引力。

99 [Lord Hervey], *A Letter to the Author of Common-sense; or The Englishman's Journal, of Saturday, April 16* (London, 1737), 8, 27-28.

100 Jacques Rancière, *Disagreement: Politics and Philosophy*, trans. Julie Rose (Minneapolis, 1999 [1995]), preface, x.

101 Anon., *The Country Correspondent. Being, a letter from a Country Gentleman to a Friend in Town. In Which is contained, a Short Reply to Mr. Common Sense, occasioned by his Paper of Saturday April 7, 1739*, no. 1 (London, 1739), 4.

102 [Hervey], *A Letter*, 10.

103 [Lady Mary Wortley Montagu], *The Nonsense of Common Sense* (December 16, 1737-March 14, 1738); see, in the edition of Robert Halsband (Evanston, IL, 1947), no. 2 (January 17, 1738), 7-8, and no. 1 (December 16, 1737), 1.

104 *London Journal*, no. 784（July 6, 1734）. See Gunn, *Beyond Liberty*, 309–311；and Ihalainen, *Discourse of Political Pluralism*, 80–85, 其中提到了在当前的辉格派话语中，反对派误用语言的情况。但对立面也有同样的指控，见 *Craftsman*, no. 405（April 6, 1734）, and *Common Sense*, no. 24（July 26, 1737）and no. 86（September 23, 1738）, 其中引用洛克关于语词是任意符号的警告作为"在常识的眷顾下"提供"真正"的定义的开场白。

105 关于误解与真正的分歧之间的差别，同样见 Rancière, *Disagreement*, x–xii。

106 ［Montagu］, *The Nonsense of Common Sense*, no. 7（February 14, 1738）, 30. 这类话语呼应了 William Pitt 先前在 *London Journal* 中的抱怨（见 "Thoughts on the Independency and Wealth of the Parliament, and the Sense of the Nation," no. 784［July 6, 1734］, 以及 "The Sense of the People Further Considered," no. 787［July 27, 1734］）, 他抱怨说符合辉格派爱国立场的常识最好被说成是"暴民的常识", 而"［真正］的民众的常识已经被证明与宫廷一致, 如果所谓的意识是指那些对公共事务有任何了解的人的意见的话"。

107 Thomas Newcomb, *A Miscellaneous Collection of Original Poems, Consisting of Epistles, Translations, etc. Written Chiefly on Political and Moral Subjects*（London, 1740）, 34.

108 Marforio［pseud.］, *A Historical View of the Principles, Characters, Persons, etc. of the Political Writers of Great Britain*（London, 1740）；reprinted in an edition by Robert Haig（Los Angeles, 1958）, 10, 23.

109 Letter to the *Daily Gazetteer*, no. 148（March 25, 1740）, reprinted in *Gentleman's Magazine* 10（March 1740）: 133–134.

110 Anon., *The Country Correspondent*, 11.

111 Letter to the *Daily Gazetteer*, no. 148（March 25, 1740）, reprinted in *Gentleman's Magazine* 10（March 1740）: 133–134.

112 ［Montagu］, *The Nonsense of Common Sense*, no. 5（January 17, 1738）: 21. 关于政治作家与市场的实际的关系，见 J. A. Downie, "Walpole, ' the Poet's Foe, ' " in *Britain in the Age of Walpole*, 171–188。

113 Anon., *The Country Correspondent*, 8.

114 "Printer to the Reader," in *Common Sense; or, The Englishman's Journal. Being a Collection of Letters, Political, Humourous, and Moral, publish' d weekly under that title, for the first year*（London, 1738–1739）, vi.

115 众所周知，埃德蒙·柏克宣称这场与西班牙的冲突是那个世纪的第一场战争也是唯一一场战争，它的开始完全是迫于民众的压力。后来有人对这一主张提出异议，但 1730 年代末民众的政治愤慨围绕的都是这个问题却是毫无疑问的；见 Dickinson, "Popular Politics in the Age of Walpole"；Nicholas Rogers, *Whigs and Cities: Popular Politics in the Age of Walpole and Pitt* (Oxford, 1989), esp. 56-61；and Wilson, *The Sense of the People*, 140-165。

116 Anon. , *Common Sense: Its Nature and Use. With the Manner of bringing all disputable Cases in Common Life, to a Trial and Final Detemination* [sic] *by it. Applied to the Spanish affair* (London, 1738), 8；这个小册子的第二部分此前印在 *Daily Gazetteer* of November 21, 1737 中。

117 Ibid. , 8.

118 见 [C. Ferguson], *A Letter Address' d to Every honest Man in Britain… With proper Remarks on a Pamphlet lately published for the Service of the Plunderers of the Subjects of Great Britain* (London, 1738), 3-4, 其中一名反对派作家指责 *Common Sense: Its Nature and Use* 的作者也在扉页上签了名，称"西班牙劫掠"为"西班牙事件"，违背了他自己大肆鼓吹的常识。

119 这一区别借用自 Margaret Canovan, "Trust the People! Populism and the Two Faces of Democracy," *Political Studies* 47, no. 1 (1999): 2-16。

第二章　大众的世界观

1 关于沙夫茨伯里在鹿特丹的岁月，见 Voitle, *The Third Earl of Shaftesbury, 1671-1713*, 86-91 and 220-21, 以及沙夫茨伯里与培尔的通信，见 Rex Barrell, ed. , *Anthony Ashley Cooper, Earl of Shaftesbury (1671-1713), and le "refuge français"* (Lewiston, NY, 1989), 13-39。

2 关于维柯与沙夫茨伯里可能有关系，见 Schaeffer, *Sensus Communis: Vico, Rhetoric, and the Limits of Relativism*, esp. 41-54；and Voitle, *The Third Earl of Shaftesbury*, 393-395。关于《新科学》的时代背景，见 Harold Samuel Stone, *Vico's Cultural History: The Production and Transmission of Ideas in Naples, 1685-1750* (Leiden, 1997)；and John Robertson, *The Case for Enlightenment: Scotland and Naples, 1680-1760* (Cambridge, 2005), esp. 201-255。

3 Giambattista Vico, *The New Science*, 3rd ed. [1744], trans. G. Bergin and Max H. Frisch (Ithaca, NY, 1944), bk. I, axioms XI-XIII, 63-64.

4 Felix Paknadel, "Shaftesbury's Illustrations of Characteristics," *Journal of the Warburg and Courtauld Institute* 37 (1974): 290-312.

5 关于沙夫茨伯里坚持认为有一种独特的心智能力使人能就审美和道德问题做出无可指责的判断这一道德感理论的根源，以及道德感理论对后来的常识理论家们的影响，见 David Fate Norton，"From Moral Sense to Common Sense：An Essay on the Development of Scottish Common Sense Philosophy，1700 – 1765" (PhD diss.，University of California，San Diego，1966)；Laurent Jaffro，ed.，*Le Sens moral. Une histoire de la philosophie morale de Locke à Kant* (Paris，2000)；and Peter Kivy，*The Seventh Sense：Francis Hutcheson and Eighteenth-Century British Aesthetics*，2nd ed. (Oxford，2003)。

6 社群就宽容问题的焦虑成为一个反复出现的主题，见 Roger Crisp，"Communitarianism and Toleration," in *Toleration：Philosophy and Practice*，ed. John Horton and Peter Nicholson (Aldershot，UK，1992)，108–125；and Cary J. Nederman and John Christian Laursen，eds.，dif*ference and Dissent：Theories of Toleration in Medieval and Early Modern Europe* (Lanham，MD，1996)。

7 Thomas Reid，*An Inquiry into the Human Mind，on the Principles of Common Sense* (Edinburgh，London，and Dublin，1764)；这一段和全部后续引文见 4th ed.，edited by Derek R. Brookes (University Park，PA，1997)，68。Reid 还称常识是"我们意见的至高无上的女主人" (93)，并赋予了她自己"统治权" (20)。

8 John Coates，*The Claims of C. S. Moore，Wittgenstein，Keynes，and the Social Sciences* (Cambridge，1996)，17.

9 Roger Emerson 给出的 1700 年阿伯丁的人口数字是 1 万人，18 世纪中期为 2.2 万人，世纪末为 2.7 万人，见 "The Contexts of the Scottish Enlightenment," in *The Cambridge Companion to the Scottish Enlightenment*，ed. Alexander Broadie (Cambridge，2003)，21. Richard B. Sher 在其著作 *The Enlightenment and the Book：Scottish Authors and Their Publishers in Eighteenth-Century Britain，Ireland，and America* (Chicago，2006) 中认为 18 世纪中期阿伯丁的人口数字更低，为 1.5 万人 (118)。

10 关于长老会制总的来说较为温和，见 Richard B. Sher，*Church and University in the Scottish Enlightenment：The Moderate Literati of Edinburgh* (Edinburgh，1985)。关于阿伯丁体现了宗教温和与社会保守的特殊组合，见 Stephen A. Conrad，*Citizenship and Common Sense：The Problem of Authority in the Social Background and Social Philosophy of the Wise Club of Aberdeen* (New York，1987)。

11 关于阿伯丁的大学，见 Jennifer J. Clark and Joan H. Pittock，eds.，*Aberdeen and the Enlightenment：Proceedings of a Conference Held at the University of Aberdeen* (Aberdeen，1987)；Roger Emerson，

Professors, Patronage, and Politics: The Aberdeen Universities in the Eighteenth Century (Aberdeen, 1992); and Paul B. Wood, The Aberdeen Enlightenment: The Arts Curriculum in the Eighteenth Century (Aberdeen, 1993), and "Science and the Pursuit of Virtue in the Aberdeen Enlightenment," in Studies in the Philosophy of the Scottish Enlightenment, ed. M. A. Stewart (Oxford, 1990), 127-149。

12　关于俱乐部和学术社团在 18 世纪苏格兰的重要性，见 David Allan, Scotland in the Eighteenth Century: Union and Enlightenment (New York, 2002), 128-131 (quote from the Spectator, no. 10 [March 12, 1711], 1: 44, on 130)。关于苏格兰哲学更笼统的社交面向，见 John Dwyer and Richard B. Sher, eds., Sociability and Society in Eighteenth-century Scotland (Edinburgh, 1993); and John Dwyer, Virtuous Discourse: Sensibility and Community in Late Eighteenth-Century Scotland (Edinburgh, 1987)。

13　这一叫法，见对伯克的介绍，A Social History of Knowledge。关于"智者俱乐部"，见 Conrad, Citizenship and Common Sense; H. Lewis Ulman, ed. and intro., Minutes of the Aberdeen Philosophical Society, 1753-1773 (Aberdeen, 1990); and Peter J. Diamond, Common Sense and Improvement: Thomas Reid as Social Theorist (Frankfort, 1998), esp. 28-36。许多文章的论述和摘要都被保留在 David Skene Papers, MS 37 and MS 540, 以及 the Thomas Gordon Papers, MS 3107, in the Aberdeen University Library (AUL)。

14　Richard Sher 在 The Enlightenment and the Book, 100-101 中指出，很少有苏格兰启蒙运动作者出身贵族精英阶层；其中很多人都是长老会牧师的孩子，而且大多数人在自己的职业生涯都以专业人士的身份与学术机构有关联——这与英格兰形成了鲜明对比，在那里，作家的社会阶层从贵族到潦倒文人都有，是大学教授的可能性也低得多。

15　MS 539/1 (AUL), "Questions proposed in the Philosophical Society of Aberdeen," is reproduced in Ulman, ed., Minutes, 189-198. This list includes "In What Cases and for What Causes Is Lime a Proper Manure?" (July 24 and August 14, 1759) and "What Is the Origine [sic] of the Blacks?" (March 13, 1764).

16　"Rules of the Philosophical Society of Aberdeen" (written partly by Thomas Reid in 1758), in Ibid., 78.

17　关于阿伯丁的权威问题，见 Conrad, Citizenship and Common Sense。

18　这一段斯基恩的话 (AUL, MS 37, fol. 173r) 抄录于 ibid., 203。

19　Reid, An Inquiry into the Human Mind, 12.

20　See, for example, Anon., The Scheme of Justification by Faith

Agreeable to Common Sense (Edinburgh, 1753).

21   Anon. , *An Appeal to the Common Sense of Scotsmen, especially those of the landed interest, and more especially freeholders, if their own conduct be not the source of their misery? And, if their own vigorous efforts be not the only mean of their relief?* (Edinburgh, 1747) ; Anon. , *Patronage Demolished, and the Rights of Christian People Restored; or, Eight Reasons, drawn from Scripture, common sense, and experience, why the ensuing General Assembly should apply to Parliament for the repeal of the Act restoring patronages in Scotland* (Edinburgh, 1769) ; Citizen, *Common Sense. A Letter to the Fourteen Incorporations of Edinburgh* [Edinburgh, 1777] ; and Anon. , *An Essay on Parliamentary Representation, and the Magistrates of Our Boroughs Royal; shewing, that the abuses at present complained of, respecting both, are late deviations from our constitution, as well as from common sense; and, the necessity of a speedy reform* (Edinburgh, 1784) . Similarly, see [Henry Brooke], *Liberty and Common Sense to the People of Ireland, Greeting* (Dublin, 1759).

22   Humanus, *A Strange and Wonderful Account of an Inhuman Murder Committed in the Canongate* [Theatre] *of Edinburgh, on Monday, March 15th, by James Scoogy on the person of common sense* [Edinburgh, c. 1765].

23   关于里德的教学责任和事业发展轨迹，见 P. B. Wood, *Thomas Reid and the Scottish Enlightenment: An Exhibition to Celebrate the 200th Anniversary of the Publication of Thomas Reid's Essays on the Intellectual Powers of Man, 1785, Thomas Fisher Rare Book Library, University of Toronto, 25 February – 24 April 1985*, esp. 8 - 9; 以及 Alexander Broadie, "Reid in Context," in *The Cambridge Companion to Thomas Reid*, ed. Terence Cuneo and René van Woudenberg (Cambridge, 2004), 31-52. 。

24   Thomas Gordon 关于里德的 1758 年论文 " The Difficulty of a Just Philosophy of the Human Mind" (AUL, MS 3107/1/1, 18) 的说明，部分转载于 Ulman, ed. , *Minutes*, 52。那以后不久，在一封 1763 年 2 月 14 日写给 Lord Kames 的信中，里德提到"有史以来第一次，常识取得了胜利，而没有被微妙的哲学控制"（见 *The Correspondence of Thomas Reid*, ed. Paul Wood [College Park, PA, 2002], 27）。Diamond 在他的著作 *Common Sense and Improvement* 中讨论了里德的常识的用法的演变，见第 103 页，第 112—114 页，但他的重点不是隐喻。

25   John Stewart 从 1759 年到 1766 年反复提起这个话题："The Nature

and Various Kinds of Evidence, and the Proper Subjects of Each"；见 Ulman, ed., *Minutes*, table A‑4；and Conrad, *Common Sense and Authority*, 273‑275。

26　里德的 *Inquiry* 被译为 *Recherches sur l'entendement humain, d'après les principes du sens commun*（Amsterdam, 1768）后来又被译为 *Untersuchung über den menschlichen Geist*（Leipzig, 1782），几乎是在伏尔泰《哲学辞典》（*Dictionnaire philosophique*）中完全相反的关于常识的文章被全文翻译和刊登在英国的 *Monthly Review*（see xxxi [July-December 1764]：503‑515）的同时，与它同时被刊登的还有一篇文章，作者很可能是 William Kenrick，为它的刊登辩护，但也宣传该辞典活该被付之一炬。

27　关于乔治·坎贝尔的《奇迹论》（Edinburgh, 1762），作者在其中试图在某种程度上基于"人类的常识"来为正统宗教辩护，尤其见 Jeffrey M. Suderman, *Orthodoxy and Enlightenment：George Campbell in the Eighteenth Century*（Kingston and Montreal, 2001）。

28　常识哲学家自成"一派"的观念最初是由 18 世纪评论家提出的，包括批评家 Joseph Priestley 和里德的门生 Dugald Stewart。后来以下经典著作也为其辩护：James McCosh, *The Scottish Philosophers, Biographical, Expository, Critical, from Hutcheson to Hamilton*（London, 1875）；S. A. Grave, *The Scottish Philosophy of Common Sense*（Oxford, 1960）；and George Davie, "The Social Significance of the Scottish Philosophy of Common Sense"[1972], reprinted in *The Scottish Enlightenment and Other Essays*（Edinburgh, 1991）, 51‑85；as well as Norton, "From Moral Sense to Common Sense"；and Conrad, *Citizenship and Common Sense*。

29　评论家们尤其抨击了 Hume's *A Treatise of Human Nature*（1739‑1740）and *An Enquiry Concerning Human Understanding*（1748）, esp. sect. I and appendix I。在关于休谟的大量文献中，尤其见 David Fate Norton, *David Hume：Common-Sense Moralist, Sceptical Metaphysician*（Princeton, NJ, 1982），作者认为休谟与那些自称常识道学家的阿伯丁人有着密切联系，接受道德教化的直觉的有效性，即便他认为休谟是认识论上的怀疑论者，不愿在形而上学和神学问题上承认这类情感的有效性。

30　在关于里德的《探究》及其常识概念的大量次要文献中，尤其见 Louise Marcil-Lacoste, *Claude Buffier and Thomas Reid：Two Common-sense Philosophers*（Kingston and Montreal, 1982）；Daniel Schulthess, *Philosophie et sens commun chez Thomas Reid, 1710‑1796*（Bern, 1983）；Melvin Dalgarno and Eric Matthews, eds., *The Philosophy of Thomas Reid*（Dordrecht, 1989）；Keith Lehrer, *Thomas*

Reid (London, 1989); Weinsheimer, *Eighteenth-century Hermeneutics*, chap. 5 ("Reid on Common Sense"); Diamond, *Common Sense and Improvement*; and Nicholas Wolterstorff, *Thomas Reid and the Story of Epistemology* (Cambridge, 2001) and "Reid on Common Sense," in *The Cambridge Companion to Thomas Reid*, 77–100。

31 Thomas Reid, *Essays on the Intellectual Powers of Man* [1785], in *The Works of Thomas Reid*, 7th ed., ed. William Hamilton (Edinburgh, 1872), 1：421. 里德在 1769 年到 1770 年把该文本的一部分提交给了 Glasgow College Literary Society；其他部分后来又在他爱丁堡的教学生涯中有所发展。

32 关于共同语言在揭示常识方面的重要作用，见 Henning Jensen, "Common Sense and Common Language in Thomas Reid's Ethical Theory," *The Monist* 61, no. 2 (April 1978)：299–310。

33 Wolterstorff, "Reid on Common Sense," 90.

34 Reid, *An Inquiry into the Human Mind*, 33.

35 Reid, *Essays on the Intellectual Powers of Man*, 1：234.

36 Reid, *An Inquiry into the Human Mind*, 21.

37 关于里德的普遍性，见 Alexander Broadie, "George Campbell, Thomas Reid, and Universals of Language," in *The Scottish Enlightenment：Essays in Reinterpretation*, ed. Paul Wood (Rochester, 2000), 351–371, esp. 354。

38 关于常识哲学家贝蒂，见 Everard King, *James Beattie* (Boston, 1977); N. T. Phillipson, "James Beattie and the Defense of Common Sense," in *Festschrift für Rainer Gruenter*, ed. Bernhard Fabien (Heidelberg, 1978), 145–154; and Pierre Morère, "James Beattie," in *The Dictionary of Eighteenth-century British Philosophers*, ed. John W. Yolton, John Valdimir Price, and John Stephens (Bristol, 1999), 1：61–67, based on his voluminous *L'Oeuvre de James Beattie：tradition et perspectives nouvelles* (Lille, 1980)。

39 James Beattie, *An Essay on the Nature and Immutability of Truth, in Opposition to Sophistry and Scepticism* (Edinburgh, 1770); 这句引语 (xxiv) 及后续全部引语见第六版。

40 Ibid., 6.

41 Ibid., 11–12.

42 这从一开始就是贝蒂的认识论的一个关键原则，这一点可以通过他 1766 年 1 月 30 日写给 William Forbes 的信中确定，他在其中写道，"我的信条是：既然我们对事物的永恒关系一无所知，那对于我们而言就是且必须是真理，我们觉得我们必须相信"；见 Forbes, *An Account of the Life and Writings of James Beattie, including Many of*

His Original Letters (Edinburgh, 1806), 1：78。

43　Beattie, *An Essay on the Nature and Immutability of Truth*, xxx。

44　同上，分别见 111-112 和 35。

45　Beattie to Thomas Blacklock, January 9, 1769, in Forbes, *An Account of the Life and Writings of James Beattie*, 1：129.

46　See National Library of Scotland (NLS), Fettercairn Papers, acc. 4796, box 100, F5 ("Professor Dugald Stewart on Beattie's Essay on Truth," n. d.).

47　See Phillipson, "James Beattie and the Defense of Common Sense," 145，其中 Phillipson 强烈支持贝蒂作为外乡人对爱丁堡的敌意。传统上认为贝蒂与里德相比更像是个道德学家和善辩者而非认识论家。但 Peter Diamond 在 *Common Sense and Improvement* 中称里德也是一位社会理论家，还有 Knud Haakonssen 在他编辑的里德著作，题为 *Practical Ethics* (Princeton, NJ, 1990) 中，旗帜鲜明地提出里德是一位务实的道德学家，在其事业生涯的后期尤其如此。

48　Beattie to Thomas Blacklock, September 22, 1766, in Forbes, *An Account of the Life and Writing of James Beattie*, 1：88. 贝蒂在 *An Essay on the Nature and Immutability of Truth* 的《后记》（1770 年 11 月）中提出了同样的观点。

49　例如参见 John Gregory to James Beattie, December 26, 1768, Gregory 在信中称怀疑主义为"德行、公心、情感的祸根……人类一切不幸的坚实基础"（NLS, Fettercairn Papers, acc. 4796, box 91）。

50　Beattie to Thomas Blacklock, September 22, 1766, in Forbes, *An Account of the Life and Writing of James Beattie*, 1：88.

51　Beattie, *An Essay on the Nature and Immutability of Truth*, 296.

52　Ibid. , 274.

53　Ibid. , xvi.

54　"Dedication," in Reid, *An Inquiry into the Principles of the Human Mind*, 4.

55　关于詹姆斯·奥斯瓦尔德的《以宗教的名义呼唤常识》(Edinburgh, part I, 1766; part II, 1772)，见 Gavin Ardley, *The Common Sense Philosophy of James Oswald* (Aberdeen, 1980)，Gavin 指出，虽然奥斯瓦尔德从 1765 年开始主持 General Assembly of the Church of Scotland 会议，但他也与格拉斯哥的商人们联系密切，因此作为局内人，能比贝蒂更有力地对现代商业世界展开批评。

56　Beattie, *An Essay on the Nature and Immutability of Truth*, 225-226.

57　Ibid. , postscript, 317. 为探索自由和言论自由辩护是 *An Essay on the Nature and Immutability of Truth* 整个第三部分和后记的主要话题之一。同样的情绪也出现在智者俱乐部其他成员的著述中，比如可

见 在 AUL, Thomas Gordon Papers, MS 3107/2/3 中, Gordon 对第 36 个问题的回答的开场白写道："当代人的快乐就来源于它彻底摆脱了哲学的奴役, 鼓励和支持探索自由。"

58 AUL, David Skene Papers, MS 37, f. 190v – 191v and r: abstract response to question 91.

59 Wolterstorff, "Reid on Common Sense," 77.

60 Reid, *An Inquiry into the Human Mind*, 39, 68.

61 Ibid. , 18.

62 Reid, *Essays on the Intellectual Powers of Man*, 1: 415, 438.

63 Beattie to Forbes, April 19, 1769, in Forbes, *An Account of the Life and Writings of James Beattie*, 1: 139.

64 Beattie, *An Essay on the Nature and Immutability of Truth*, 80.

65 Reid, *Essays on the Intellectual Powers of Man*, 1: 415.

66 See Beattie, *An Essay on the Nature and Immutability of Truth*, 32; and Reid, *Essays on the Intellectual Powers of Man*, 1: 439-440.

67 AUL, David Skene Papers, MS 475, no. 38. 关于早期现代文化中将民意作为一种证据形式的重要意义 (尤其是证明上帝存在), 见 Alan Charles Kors, *Atheism in France, 1650 – 1729*, vol. 1, *The Orthodox Sources of Disbelief* (Princeton, NJ, 1990), esp. 135-262。正如 Kors 指出的那样 (138), 这一论调的根源可以追溯到西塞罗在他的 *Tusculan Disputations* 中主张的,"在每一次探索中, 全世界 [人们] 的一致同意必须被视为一种自然法"。

68 Reid, *Essays on the Intellectual Powers of Man*, 1: 440.

69 Ibid. , 1: 438.

70 Berkeley, *Philosophical Commentaries*, 405, 引自 G. S. Pappas, "Common Sense in Berkeley and Reid," *Revue Internationale de philosophie* (special issue: *Sens Commun/Common Sense*), no. 158 (1986): 298. 关于贝克莱对常识的拥护与里德拥护常识之间的关系, 同样见 Laurent Jaffro, "Le Recours philosophique au sens commun dans les Lumières britanniques," in *Le Sens commun*, ed. Guenancia and Sylvestre, 19-45。

71 关于哈奇森使用的这一比喻, 比如见 Norton, "From Moral Sense to Common Sense"。

72 See AUL, James Beattie Papers, MS 30/16, 其中 Beattie's "Journal of Sessions" (1761-1798) 表明了他的教义如何将心理学与实用伦理学、法学、自然神学、经济学、政治学、逻辑学、修辞学、美学和通用语法结合在一起——以及他请病假的那些日子。

73 Beattie 讨论的话题见表 A-4, in Ulman, ed. , *Minutes*。

74 Beattie 在 Beattie to Forbes, June 23, 1766, NLS, Fettercairn Papers, box 91 中提到了 "An Essay on the Fundamental Principles of

Evidence"; 在 Beattie to Robert Arbuthnot, March 2, 1767 中提到了 "An Essay on Reason and Common Sense", 见 Forbes, *An Account of the Life and Writings of James Beattie*, 1: 100; 在 Beattie to Dr. Blacklocke, December 26, 1767 中提到了"An Essay on the Immutability of Truth, Intellectual, Moral, and Critical", 见 *The Correspondence of James Beattie*, ed. Roger J. Robinson (Bristol, UK, 2004), 2: 57。

75　See Ernest Campbell Mossner, "Beattie's 'The Castle of Scepticism': An Unpublished Allegory against Hume, Voltaire and Hobbes," *Studies in English* 27 (1948): 108-145; and King, *James Beattie*, chap. 5.

76　"醒悟"是在几封信中反复出现的一个修辞, 可见 Beattie to Forbes, January 17, 1768, in Forbes, *An Account of the Life and Writings of James Beattie*, 1: 111; and Beattie to Blacklocke, May 27, 1770, in ibid., 1: 170。关于"真理的标准", 见 Beattie to Dr. Blacklocke, December 26, 1767, in *The Correspondence of James Beattie*, 2: 57。

77　关于 Beattie 的生平, 见 Forbes, *An Account of the Life and Writings of James Beattie*; Margaret Forbes, *Beattie and His Friends* (London, 1904); 以及 Ralph Spence Walkter, ed., *James Beattie's Day Book, 1773-1798* (Aberdeen, 1948)。

78　Beattie to Dr. Blacklocke, December 26, 1767, in *The Correspondence of James Beattie*, 2: 57.

79　关于贝蒂希望苏格兰和英格兰版本同时出版, 见 Beattie to Robert Arbuthnot, August 8, 1769, NLS, Fettercairn Collection, box 91。其他信件关注的是翻译需求, 例如可见 Beattie to William Laing, November 5, 1771, NLS, Fettercairn Collection, box 91, 贝蒂在信中满意地报告说他听说法文、荷兰文和德文的翻译全都在乌德勒支进行中。但 18 世纪问世的唯一一个译本是 *James Beattie's Versuch über die Natur und Unveränderlichkeit der Wahrheit im Gegensatze der Klügeley und der Zweifelsucht* (Copenhagen and Leipzig, 1772)。

80　Beattie to William Forbes, June 19, 1770, in *The Correspondence of James Beattie*, 2: 113.

81　*James Beattie's London Diary, 1773*, ed. Ralph Spense Walker (Aberdeen, 1946) 中详细叙述了贝蒂第三次前往伦敦时设法为自己争取一笔养老年金的努力。前两次探访分别发生在 1763 年夏和 1771 年夏, 第一次探访时他在家乡之外尚无人知晓, 第二次去时, 他已经因为《论真理的本质和不变性》的成功, 能与 Johnson、Reynolds、Garrick、Mrs. Montagu 和 Mrs. Thrale 谈笑风生了。

82　See ibid., 25, 其中有贝蒂的 *Essay* 的出版史的内容。这一历史被作为背景出现在 Sher, *The Enlightenment and the Book*, 226 - 227 and 255。

83 关于这幅肖像，见 Erna Mandowsky, "Reynolds' Conceptions of Truth," *Burlington Magazine* 77（December 1940）：195－201；P. Murray, "The Sources of Reynolds' Triumph of Truth," and Ralph Spense Walker, "The Beattie Portrait," in *Aberdeen University Review* 30（1994）：227－229 and 224－226, respectively; and David Mannings, *Sir Joshua Reynolds: A Complete Catalogue of His Paintings*（New Haven, CT, 2000）, 79–80。

84 Beattie to William Forbes, November 20, 1770, in NLS, Fettercairn Collection, box 94. 贝蒂一直为金钱担忧之事在他的"Daybooks"（AUL, James Beattie Papers, MS 30/14 and 15）也有明显体现，其中列出了好几十年的家务和个人支出，算得上是一种重点关注一个18世纪苏格兰中产阶级家庭的财富生产和消费的自传，包括所有支出的款项（购买勺子、馅菜饼、封蜡、一位侄子的教育、税款、房屋保险、债务、煤、从伦敦买的一口箱子、假发、理发、图书馆账目、邮资和地图，等等）以及所有收取的款项。

85 See, e. g., Beattie to James Williamson, September 8, 1771, in Forbes, *An Account of the Life and Writings of James Beattie*, 1：212; and Beattie to Elizabeth Montagu, March 1, 1772, in *The Correspondence of James Beattie*, 2：161.

86 关于他婉拒爱丁堡的一个职位，可见 Beattie to Elizabeth Montagu, March 3, 1772, in *The Correspondence of James Beattie*, 2：166–167。

87 见对贝蒂的《论真理的本质和不变性》的匿名评论，这篇匿名评论后来被认为是苏格兰作家 William Rose 所写，刊登于 *Monthly Review* 42（June 1770）：450－457, in *Early Responses to Reid, Oswald, Beattie, and Stewart*, ed. James Fieser（Bristol, UK, 2000）, 1：82。

88 关于贝蒂夫人每况愈下的健康状况和贝蒂在他的文章发表之时对她越来越"偏执和荒谬"的叙述，见 Roger Robinson, "The Madness of Mrs. Beattie's Family: The Strange Case of the 'Assassin' of John Wilkes," *British Journal for Eighteenth-Century Studies* 19（1996）：183–197。此时的讽刺性仅仅在于贝蒂及其同事们一再重复疯癫和疯狂正是常识的反面。

89 See Diamond, *Common Sense and Improvement*, 34–35.

90 苏格兰文艺复兴文化的机构基础，尤其作为参与的必要前提条件——高等教育的关注，都意味着女性在很大程度上被排除在外，情况比英格兰或法国更甚，正如 Sher 在 *The Enlightenment and the Book* 所指出的那样。不过贵族女性恩主，尤其是在伦敦，对于为贝蒂这样的人铺平道路起到了非常关键的作用，部分是通过让他们自己不必染指金钱事务的方式。

91 Wood, *The Aberdeen Enlightenment*, 128.

92 关于贝蒂的反奴隶制立场，见 Conrad, *Citizenship and Common Sense*, 392–397; and King, *James Beattie*, 31。又见 Iain Whyte, *Scotland and the Abolition of Black Slavery, 1756–1838* (Edinburgh, 2006)，其将贝蒂基于基督教立场反对奴隶制纳入考察背景。

93 Kant, *Prolegomena to Any Future Metaphysics*, trans. Beck, 7.

94 Joseph Priestley, *An Examination of Dr. Reid's Inquiry into the Human Mind on the Principles of Common Sense; Dr. Beattie's Essay on the Nature and Immutability of Truth; and Dr. Oswald's Appeal to Common Sense in Behalf of Religion* (London, 1774), reprinted in *Early Responses to Reid, Oswald, Beattie, and Stewart*, 330.

95 Ibid., 331.

96 关于19世纪以后苏格兰常识哲学在欧洲的影响，见 Manfred Kuehn, *Scottish Common Sense in Germany, 1768–1800: A Contribution to the History of Critical Philosophy* (Montreal and Kingston, 1987); *Victor Cousin, les Idéologues et les écossais: colloque international* (Paris, 1985); James W. Manns, *Reid and His French Disciples* (Leiden, 1994); and Brian Copenhaver and Rebecca Copenhaver, "The Strange Italian Voyage of Thomas Reid: 1800–1860," *British Journal for the History of Philosophy* 14, no. 4 (2006): 601–626; 在美国的影响，见本书第四章。

第三章 良知的新用法

1 See Anon., *La Bibliothèque du bon sens portatif, ou Recueil d'ouvrages sur differentes matières importantes au salut* (London, 1773).

2 See Laurent Bay, "Notes sur la genèse des dictionnaires portatifs français. L'Exemple du Dictionnaire portatif de la langue françoise, extrait du grand dictionnaire de Pierre Richelet, 1756," in *La Lexicographie française du XVIIIe au XXe siècle*, ed. Barbara von Gemmingen and Manfred Höfler (Paris, 1988), 95–112.

3 René Descartes, *Discourse on Method*, trans. Donald A. Cress (Indianapolis, 1993 [1637]), 1.

4 Pierre Richelet, *Dictionnaire François, contenant les mots et les choses* (Geneva, 1680), 2: 361: "Car le sens commun n'est pas une qualité si commune qu'on pense. Plusieurs en pensent bien avoir qui n'en ont point."

5 随着新经院哲学对常识的定义（灵魂的一个官能，能够判断被外部感官感知的对象）被弃置不用，法国辞典越来越将常识定义为良知的同义词。里什莱（同上）对这两个词的定义一模一样，都是"任何人生来就有的洞见和理性智力"。100 年后，Jean-Francois Féraud 在他的辞典 *Dictionnaire critique, de la langue française*（Marseilles, 1787–1789），3：548 中仍然把良知和常识列为同义词。翻译家似乎也互换使用这两个词语；例如，Hoadly 的 *Preservative against the Principles and Practices of the Non-jurors* 在 1716 年就曾被译为 *Preservatif contre les principles et les pratiques des Non-Jureurs⋯ ou appel à la conscience et au bon sens des Cretiens* [sic] *laiques*，还曾被译为 *Preservatif contre les principles et les pratiques des non-jureurs⋯ ou appel à la conscience et au sens commun des Chretiens* [sic] *laiques*。

6　Charles de Secondat, Baron de Montesquieu, *Mes Pensées*, in *Oeuvres complètes*, ed. Roger Caillois (Paris, 1949), 1：1417.

7　*Le Dictionnaire de l'Académie française*, 1st ed. (Paris, 1694), 459. "天生明理之人" 的观念在 Jean Nicot's *Thresor de la langue françoise* (Paris, 1606), 589 中有描述。

8　Ferdinando Galiani, *Dialogues sur le commerce des bleds* (London [Paris], 1770), 22.

9　Jean-jacques Rousseau, *Emile, ou De l'éducation* [1762], in *Oeuvres complètes* (Paris, 1969), 4：708. 女性有无良知能力的问题使得日益尖锐的对立更加复杂了，在以下著作中被概述为男性的理性与女性的情绪敏感之间的对立：Lieselotte Steinbrügge, *The Moral Sex：Women's Nature in the French Enlightenment*, trans. Pamela E. Selwyn (New York, 1995)。

10　Bernard de Fontenelle, "Discours sur la Nature de l'Eglogue" [1688], in *Poesies pastorales* (Paris, 1968), 180.

11　[Denis Diderot], "Bon sens (Métaphysique)," in *Encyclopédie, ou Dictionnaire raisonné des sciences, des arts et des métiers* (Paris, 1751–1765), 2：328–329.

12　Denis Diderot, *Salon de 1767*, ed. J. Seznec and J. Adhemar (Oxford, 1963), 308；在这里，狄德罗用的是常识一词，伏尔泰在他的《哲学词典》（见本章注释 86）第二版中论及这一主题后，这个词更加流行了。

13　Abbé de Condillac, *Essai sur l'origine des connoissances humaines* [1746], in *Oeuvres philosophiques*, ed. Georges Le Roy (Paris, 1947–1951), 1：34.

14　Rousseau, *Emile*, in *Oeuvres complètes*, 4：512.

15　第一部 *Dictionnaire de l'Académie française* (1694)，第 459 页，以及后来 18 世纪的版本中都出现了这句谚语。

16 这些书的内容在每一套现存的书籍中的顺序不同，包括 1. Saint-Évremond［César Chesneau Du Marsais］, *Examen de la religion dont on cherche l'élaircissement de bonne foy*; 2. *La Nouvelle liberté de penser*; 3.［Voltaire］, *Le Testament de Jean Meslier*; *Le Catéchisme de l'honnet*［sic］*homme*; and *Le Sermon de*［sic］*cinquante*; 4.［Voltaire］, *Les Lettres sur les miracles*; 5/6. Nicolas-Antoine Boulanger［d'Holbach］, *Le Christianisme dévoilé*, with the small treatises *La Moïsade*;［Voltaire?］, *Le Voyageur Catéchumène*; and Boulanger, *La Dissertation sur Saint-Pierre*; 7. Abbé Bernier［d'Holbach］, *La Théologie portative*; 8. T. L. Lau, *Méditations philosophiques sur Dieu, le Monde et l'Homme*。

17 奥尔巴赫的 *Le Bon-sens, ou Idées naturelles opposées aux idées surnaturelles*（London, 1772）第一版以前肯定被认为是雷伊所作。《袖珍良知文库》中源于雷伊书店的大部分文本也一样（虽然扉页列出的伦敦和单个书目号称是在 Trévoux, London, Geneva, and Königsberg 出版的），这一合集与同为雷伊出版的 *L'Evangile de la raison*（1764, 1765, 1768）的前三卷相同，由奥尔巴赫的助手 Jacques-André Naigeon（匿名）编辑的同样多种文本的合集 *Recueil philosophique, ou Mêlange de pièces sur la religion et la morale, par différents auteurs*（1770）也是一样。不过在 "The *Examen de la religion*: A Biographical Note," *Studies on Voltaire and the Eighteenth Century*（*SVEC*）, no. 249（1987）: 132-135 中, B. E. Schwarzbach 和 A. W. Fairbairn 论证说,《袖珍良知文库》可能是一个盗版版本，是雷伊的一位荷兰竞争对手把他此前出版的许多鼓动性文本集合起来的成果。

18 关于法国立法理论中的风俗，见 Donald R. Kelley, *The Human Measure: Social Thought in the Western Legal Tradition*（Cambridge, MA, 1990）, esp. 89-90, 100-107, 199-207, and 221-227。

19 Claude Favre de Vaugelas, "Préface," *Remarques sur la langue françoise*（Geneva, 1970［1647］）.

20 见第二版（1718）前言，引自 Bernard Quemada, ed., *Les Préfaces du Dictionnaire de l'Académie française, 1694 - 1992*（Paris, 1997）, 133-134。

21 关于专家在早期现代治理中日益增强的重要性，见 Eric H. Ash, "Introduction: Expertise and the Early Modern State," *Osiris* 25（2010）: 1-24, 以及同一问题的后续文章。

22 Vaugelas, "Préface," *Remarques*.

23 Pierre-Antoine Leboux de La Mésangère 在他的 *Dictionnaire des proverbes français*, 3rd ed.（Paris, 1823）中将谚语定义为 "充满风

趣和良知的格言"（iv），指出每一句谚语都包含着"一条建立在观察之上的朴素的真理"（1）。虽然启蒙运动鄙视谚语，但在整个 18 世纪乃至 19 世纪初，仍有许多这类法国谚语辞典被编纂出来。关于这些历史实例，见［Jean-Yves］Dournon, *Le Dictionnaire des proverbes et dictons de France*（Paris, 1986）。

24　Richelet, *Dictionnaire François*, 2：361；原文是"Pour peu qu'un homme ait du bon sens il faut qu'il avoue qu'il y a un Dieu"。

25　使用谚语的演讲者，例如常识的传播者，仍然常常改变他们的态度，以表明存在着一个通过他们讲话的抽象的群体；见 Alexandre Greimas, "Idiotismes, proverbs, dictons," *Cahiers de lexicologie* 2（1969）：56，引自 James Obelkevich, "Proverbs and Social History," in *The Social History of Language*, ed. Peter Burke and Roy Porter（Cambridge, 1987）, 44。

26　Duke of Rochefoucault［*sic*］, *Moral Maxims and Reflections. In IV Parts*, 2nd ed.（London, 1706）, 150（maxim no. 24）. 原文见 La Rochefoucauld, *Maximes, suivie des Réflexions diverses*, ed. Jacques Truchet, 5th ed.（Paris, 1967［1678］）, 83（maxim no. 347）。

27　Descartes, *Discourse on Method*, 6.

28　Pierre Charron, *De la Sagesse*（Geneva, 1968［1601］）, bk. II, chap. 1, 11.

29　See Charles Sorel, "Du Sens commun et du bon Sens," in *De la prudence, ou des bonnes reigles de la vie：pour l'acquisition, la conservation et l'usage légitime des biens du corps et de la fortune, et des biens de l'âme*（Paris, 1673）, 263–269. 关于 17 世纪对"意见"的态度，见 J. A. W. Gunn, *Queen of the World：Opinion in the Public Life of France from the Re nais sance to the Revolution*（Oxford, 1995）, esp. 96–97。

30　François de La Mothe le Vayer, *Petit traité sceptique sur cette commune façon de parler "n'avoir pas le sens-commun,"* ed. Lionel Leforestier（Paris, 2003［1646］）, 23. See also Sylvia Giocanti, "La perte du sens commun dans l'oeuvre de La Mothe Le Vayer," in *Libertinage et philosophie au XVIIe siècle*, ed. Antony McKenna and Pierre-François Moreau（Saint-Etienne, 1996）, 27–51.

31　La Mothe le Vayer, *Petit traité*, 28.

32　See, e. g., Claude Ameline［？］, *L'Art de vivre heureux, formé sur les idées les plus claires de la raison, et du bon sens；et sur de très-belles maximes de Monsieur Descartes*（Paris, 1692）; Antoine Arnauld, *Règles du bon sens pour bien juger des écrits polémiques dans des matières de science, appliquées à une dispute entre deux Théologiens*…

（Paris, written 1693, pub. posthum. 1715）; and Nicolas Petit-Pied, *Regles de l'equité naturelle et du bon sens pour l'examen de la constitution du 8 septembre 1713* (n. p. , 1714).

33　Roland Mortier 在 "Paradoxe," in *Dictionnaire européen des Lumières*, ed. Michel Delon (Paris, 1997), 819-821 中指出这个名词起初就是指一种与公认的看法相反的观点。但到 *Encyclopédie* 关于 "悖论" 的文章问世之时，它开始指代一种因与普遍看法相反而貌似荒谬但事实上是正确的观点。

34　*Galimatias* 或者浮夸的胡言乱语，在 Antoine Furetière 的 *Nouvelle Allégorique, ou histoire des derniers troubles arrivés au royaume d'éloquence* (Paris, 1658) 中被认为是清晰和良知的反面。这个词在 18 世纪被迪洛朗、奥尔巴赫和伏尔泰等作家广泛使用，后者 1757 年的 *Galimatias dramatique* 谈到了那些华人人物基于常识而拒绝接受世界上各大主要宗教的代表人物故作神秘的文字游戏。

35　Françoise Charles-Daubert, *Les libertines érudits en France au XVIIe siècle* (Paris, 1998), 59.

36　La Mothe le Vayer, "De la philosophie sceptique," in *Dialogues faits à l'imitation des anciens* (Paris, 1988 [1630-1631]), esp. 49.

37　See, e.g. , the complaints of Henri-joseph DuLaurens in Stéphan Pascau, *Henri-Joseph Dulaurens (1791 - 1793): rehabilitation d'une oeuvre* (Paris, 2006).

38　Jean-baptiste de Boyer, Marquis d'Argens, *Mémoires de M. le Marquis d'Argens*, 2nd ed. (London [The Hague], 1737), 308.

39　[D'Argens], *Lettres juives, ou correspondance philosophique, historique, et critique, entre un Juif voyageur à Paris et ses correspondans en divers endroits* (The Hague, 1736-1737), 3: 214, 279. 关于荷兰共和国的宽容，见 Jonathan Israel, *The Dutch Republic: Its Rise, Greatness and Fall, 1477-1806* (Oxford, 1995)。关于书籍贸易，见 C. Berkvens-Stevelinck and H. Boots, eds. , *Le Magasin de l'Univers. The Dutch Republic as the Centre of the European Book Trade* (Leiden, 1992)。关于出版自由及其界限，见 John Christian Laursen, "Imposters and Liars: Clandestine Manuscripts and the Limits of Freedom of the Press in the Huguenot Netherlands," in *New Essays on the Political Thought of the Huguenots of the Refuge*, ed. J. Laursen (Leiden, 1995), 73-108。

40　Shaftesbury, *Essai sur l'usage de la raillerie et de l'enjouement dans les conversations qui roulent sur les matières les plus importantes*, trans. Juste van Effen (The Hague, 1710); *Le Censeur, ou Caractères des moeurs de la Haye* (The Hague, 1715), possibly edited by Jean

Rousset de Missy, possibly by Nicolas Gueudeville.

41 关于荷兰文化中的激进派运动，见 Margaret C. Jacob, *The Radical Enlightenment: Pantheists, Freemasons, and Republicans* (London, 1981); Margaret Jacob and Wijnand W. Mijnhardt, eds., *The Dutch Republic in the Eighteenth Century: Decline, Enlightenment, and Revolution* (Ithaca, NY, 1992); 以及最近的, Jonathan Israel's *Radical Enlightenment: Philosophy and the Making of Modernity, 1650-1750* (Oxford, 2001) and *Enlightenment Contested: Philosophy, Modernity, and the Emancipation of Man, 1670 - 1752* (Oxford, 2006)。

42 Pierre Bayle, *Commentaire philosophique sur ces paroles de Jesus-Christ, Contrain-les d'entrer* [1686], in *Oeuvres diverses* (The Hague, 1727), 2: 371.

43 关于培尔的唯信仰论究竟是为他的激进思想作掩护和他继续支持宽容的秘密手段，还是证明他只是有限的怀疑主义，意见分歧极大。不同的解读见 Elisabeth Labrousse, *Pierre Bayle: héterodoxie et rigorisme* (Paris, 1964); Sean O' Cathesaigh, "Bayle, Commentaire philosophique, 1686," *SVEC* 260 (1989): 159-182; Gianluci Mori, *Bayle philosophe* (Paris, 1999); Antony McKenna and Gianni Paganini, *Pierre Bayle dans la république des lettres: philosophie, religion, critique* (Paris, 2004); 以及 Israel's *Radical Enlightenment* and *Enlightenment Contested*。关于他与 La Mothe le Vayer 的联系，见 Ruth Whelan, "The Wisdom of Simonides: Bayle and La Mothe Le Vayer," in *Scepticism and Irreligion in the Seventeenth and Eighteenth Centuries*, ed. Richard H. Popkin and Arjo Vanderjagt (Leiden, 1993), 230-253。

44 Israel 的 *Radical Enlightenment* ("French Refugee Deists in Exile"), 575-590 中有对这些人物的简介。

45 关于"观念的对话"转变成一种新的嘲讽和嬉戏的方式，其目的是通过彰显理性与 [上帝的] 启示支架的矛盾，将二者区别开来，见 Roland Mortier, "Variations on the Dialogue in the French Enlightenment," *Studies in Eighteenth-century Culture* 16 (1986): 225-240; 以及 Stéphane Pujol, *Le Dialogue d'idées au XVIIIe siècle* (Oxford, 2005)。

46 关于拉翁唐的生平和著作，最好的资料是他的 *Oeuvres complètes* 的引言部分, ed. Réal Ouellet (Montreal, 1990)。又见 C. J. Betts, *Early Deism in France: From the So-called "Déistes" of Lyon (1564) to Voltaire's "Lettres philosophiques" (1734)* (The Hague, 1984), 131 - 136; 以及 Jean-marie Apostolides, "L'Altération du récit: les

Dialogues de La Hontan," *Etudes françaises* 22, no. 2（Fall 1986）:
73–86。

47　［Louis-Armand de Lom d'Arce, Baron de Lahontan］, *Dialogues curieux entre l'auteur et un sauvage de bon sens qui a voyagé* in *Suplément* ［sic］ *aux voyages du baron de Lahontan*（The Hague, 1703）, reproduced in *Oeuvres complètes*, 2: 791–885.

48　Ibid. , 2: 802.

49　Jules Michelet, *Histoire de France au dix-huitième siècle. La Régence*, cited in Ouellet's introduction to ibid. , 1: 191.

50　关于学者采纳了曾经由愚人占据的立场，揭示了现代世界的虚伪性，希望借此改善公共对话或政治的空间，见 William Connolly, *The Terms of Political Discourse*, 2nd ed. （Princeton, NJ, 1983）, 266。

51　*L'Esprit des cours de l'Europe*（June 1699）, 29, cited in Aubrey Rosenberg, *Nicolas Gueudeville and His Work*（*1652 – 172?*）（The Hague, 1982）, 8.

52　［Nicolas Gueudeville］, *Les Motifs de la conversion*, cited in ibid. , 3.

53　居厄德韦尔所写的第三场对话被拉翁唐全文抄录于 *Dialogues curieux entre l'auteur et un Sauvage de bon sens qui a voyagé et Mémoires de l'Amérique Septentrionale*, ed. Gilbert Chinard（Baltimore, 1931）, 235–259; 见 241。

54　关于阿尔让的生平，除了他的回忆录之外，见 Elsie Johnson, *Le Marquis d'Argens, sa vie et ses oeuvres*（Geneva, 1971 ［1928］）; Newell Richard Bush, *The Marquis d'Argens and His Philosophical Correspondence*（New York, 1953）; Raymond Trousson, "Voltaire et le Marquis d'Argens," *Studi Francesi* 29（1966）: 226–229; Jean-louis Vissière, ed. , *Le Marquis d'Argens: colloque international de 1988, Centre aixois d'études et recherches sur le XVIIIe siècle: actes*（Aix, 1990）; and Hans-Ulrich Seifert and Jean-Loup Seban, *Der Marquis d'Argens*（Wiesbaden, 2004）。

55　D'Argens, *Mémoires de Monsieur le Marquis d'Argens*, ed. Yves Coirault（Paris, 1993）, 88–89 and 158 note.

56　Ibid. , 117.

57　除了阿尔让的《犹太人信札》，还可参考他的 *Lettres cabalistiques, ou Correspondance philosophique, historique et critique, entre deux cabalistes, divers esprits élémentaires, et le Seigneur Astaroth*（The Hague, 1737 – 1738）以及 *Lettres chinoises, ou Correspondance philosophique, historique et critique entre un Chinois voyageur à Paris et ses correspondans à la Chine, en Moscovie, en Perse, et au Japon*

(The Hague，1739-1740)。这些信件每两周以期刊形式发表一次，阿尔让给它们合起了一个名字叫 *Correspondance philosophique*。

58 D'Argens, *La Philosophie du bon sens*, ed. Guillaume Piegeard de Gurbert (Paris, 2002)，最初匿名出版的书名是 *La Philosophie du bon sens, ou Réflexions philosophiques sur l'incertitude des connaissances humaines, à l'usage des cavaliers et du beau sexe* (London [The Hague]，1737). 首个英文版是 *The Impartial Philosopher: or, The Philosophy of Common Sense* (London，1749)，首个德文版是 *Die Philosophie der gesunden Vernunft* (Breslau, 1756). 又见 Piegeard de Gurbert, "La philosophie du bon sens de Boyer d'Argens," in *La Philosophie clandestine à l'age classique*, ed. Antony McKenna and Alain Mothu (Oxford, 1997)，367–374; and "Le Marquis d'Argens, ou le matérialisme au style indirect," in *Materia actuosa. Antiquité, Age classique, Lumières, Mélanges en l'honneur d'Olivier Bloch*, ed. Miguel Benítez, Antony McKenna, et al. (Paris, 2000)，437–485.

59 D'Argens, *La Philosophie du bon sens*, preface, 56.

60 Ibid.，77.

61 [François de Salignac de La Mothe] Fénelon, *Traité de l'existence de Dieu*, ed. Jean-Louis Dumas (Paris, 1990 [1713])，114.

62 关于 18 世纪大笑的不同意义和用法，见 Antoine de Baecque, *Les Eclats du rire: la culture des rieurs au XVIIIe siècle* (Paris, 2000)；以及 P. Debailly, J. J. Robrieux, and J. Van den Heuvel, *Le Rire de Voltaire* (Paris, 1994)。幽默一方面可以通过违背我们的集体常识来生成，因而可以巩固现状。另一方面，幽默，尤其是讽刺性的幽默，也可以起到揭示当前未经质疑的假设中的矛盾、错误和荒谬之处。

63 Israel, *Radical Enlightenment*, 7.

64 [Frederick II and d'Argens], "Avant-Propos," in *Extrait du Dictionnaire historique et critique de Bayle* (Berlin, 1767), iii.

65 Alain Sandrier, *Le Style philosophique du Baron d'Holbach. Conditions et contraintes du prosélytisme athée en France dans la seconde moitié du XVIIIe siècle* (Paris, 2004)，341–345. 例如，手稿中题为 "Ennemis de la Raison" 的一章就在雷伊 1768 年出版的奥尔巴赫的版本中被翻译成了 "Ennemis jurés de bon sens"。

66 Compare [Baruch Spinoza], *Réflexions curieuses d'un Esprit desinterressé sur les matières les plus Importantes au Salut, tant Public que Particulier* (Cologne [Amsterdam], 1678), and Anon., *Bibliothèque du bon sens portatif, ou Recueil d'ouvrages sur differentes matières importantes au salut* (London [Amsterdam], 1773).

67 关于该城市在 18 世纪的衰落，见 Geert Mak, *Amsterdam*, trans. Philipp Blom（Cambridge, MA, 2000），esp. 166-188。

68 Voltaire, *Les Mensonges imprimés*［1749］, cited in Jeroom Vercruysse, "Voltaire et MM Rey," *SVEC* 58（1967）: 1707.

69 见 the Rey Correspondence in the Bibliotheek van de Koninklijke Vereeniging ter Bevordering van de Belangen des Boekhandels（Library of the Royal Dutch Association for the Book Trade）in the University Library of Amsterdam, 包括发往荷兰殖民地边远村镇的信件。

70 关于雷伊，见 Jeroom Vercruysse 的许多文章，包括 "Marc-michel Rey, imprimeur philosophe ou philosophique?" *Werkgroep 18e eeuw. Documentatieblad*, nos. 34-35（1977）: 93-121; "Marc-michel Rey et le livre philosophique," in *Literaturgeschichte als geschichtlicher Auftrag: In Memoriam Werner Krauss*（Berlin, 1978）, 149-156; and "Typologie de Marc-michel Rey," in *Buch und Buchhandel in Europa im achtzehnten Jahrhundert / The Book and Book Trade in Eighteenth-Century Europe. Fünftes Wolfenbütteler Symposium*, ed. Giles Barber and Bernhard Fabian（Hamburg, 1981）, 167-184。又见以下重要补充：Max Fajn, "Marc-Michel Rey: Boekhandelaar op de Bloemmark［*sic*］（Amsterdam）," *Proceedings of the American Philosophical Society* 118, no. 3（June 1974）: 260-268; and Raymond Birn, "Michel Rey's Enlightenment," in *Le Magasin de l'Univers*, 23-31。

71 迪洛朗可能利用从其他地方盗版的资料为雷伊拼凑成了汇编 *L'Evangile de la raison*（见本章注释 17）。

72 关于迪洛朗的生平和作品，最佳的资料来源是 Pascau, *Henri-Joseph Dulaurens（1791-1793）*, 但又见 Kurt Schnelle, *Aufklärung und klerikale Reaktion: Der Prozess gegen den Abbé Henri-joseph Laurens: ein Beitrag zur deutschen und französischen Aufklärung*（Berlin, 1963）。

73 见［Henri-Joseph DuLaurens］, *L'Arrétin; ou, La Débauche de l'esprit en fait de bon sens*（Rome［Amsterdam］, 1763）, 84; 又见 *Le Compère Mathieu, ou les Bigarrures de l'esprit humain*（London［most likely Amsterdam］, 1766）。后者继续讨论了良知是唯一合理的判断这一主题。

74 Robert Darnton, "Publishing D'Holbach's Système de la Nature," *SVEC* 265（1989）: 1706-1709.

75 Dumarsais［D'Holbach］, *essai sur les préjugés, ou De l'influence des opinions sur les moeurs et sur le bonheur desHommes*, ed. Herbert E. Brekle（Münster, 1990［1770］）, 50.

76 ［D'Holbach］, *Le Bon sens*, ed. Jean Deprun（Paris, 1971）, section 195.

77 关于包括奥尔巴赫在内的法国启蒙思想家对人民的态度，见 *Images du Peuple. Colloque d'Aix-en-provence*（Paris，1973）；Harry Payne，*The Philosophes and the People*（Cambridge，MA，1976）；Durand Echeverria，*The Maupeou Revolution：A Study in the History of Libertarianism，France，1770-1774*（Baton Rouge，1985），281-295；and de Baecque and Mélonio，"Le Discours sur le peuple，" in their *Histoire culturelle de la France*，74-81。

78 关于奥尔巴赫的认识论与他的无神论的关系，见 Alan Charles Kors，"The Atheism of D'Holbach and Naigeon，" in *Atheism from the Reformation to the Enlightenment*，ed. Michael Hunter and David Wootton（Oxford，1992），273-300；Pierre Naville，*D'Holbach et la philosophie scientifique au XVIIIe siècle*，new ed.（Paris，1967）；and Sandrier，*Le Style philosophique du Baron d'Holbach*。

79 讲述奥尔巴赫的沙龙的最佳资料来源仍然是 Alan Charles Kors，*D'Holbach's Coterie：An Enlightenment in Paris*（Princeton，NJ，1976），但又见 Daniel Roche，"Salons，Lumières，engagement politique：la coterie d'Holbach dévoilée，" in *Les Républicains des lettres：gens de culture et Lumières au XVIIIe siècle*（Paris，1988），242-253；and Antoine Lilti，*Le Monde des salons：sociabilité et mondanité à Paris au XVIIIe siècle*（Paris，2005）。

80 Introduction to d'Holbach，*Ecce homo*！ed. Andrew Hunwick（Berlin，1995），17-18.

81 关于用语言学证据支持上帝存在的主张，见 Kors，*Atheism in France*，vol. 1，*The Orthodox Sources of Disbelief*，175；奥尔巴赫等无神论者用语言学证据证明了相反的主张。

82 D'Argens，La *Philosophie du bon sens*，59，153-155，respectively.

83 D'Argens，*Lettres cabalistiques*，letter 76，quoted in Bush，*Marquis d'Argens*，89.

84 Rosenfeld，*A Revolution in Language*，esp. chap. 1.

85 Abbé Bernier［d'Holbach］，*Théologie portative，ou Dictionnaire abrégé de la religion chrétienne*（London［Amsterdam］，1768），32，182.

86 伏尔泰对"常识"的定义最初出现在他的《袖珍良知文库》第二版（Berlin［Troyes］，1765）中．该文本显然是奥尔巴赫的模板，关于该文本，尤其可参见 Sylvain Menant，*Littérature par alphabet：le Dictionnaire philosophique portatif de Voltaire*（Paris，1994），72-76；以及 Christiane Mervaud，*Le Dictionnaire philosophique de Voltaire*（Paris/Oxford，1994）。

87 关于这部剧和爱尔维修的解读，见本书第一章。

88　［D'Holbach］, *Le Bon sens*, preface.

89　［D'Holbach］, *La Politique naturelle, ou Discours sur les vrais principes du gouvernement* (London ［Amsterdam］, 1774), 1：v.

90　［D'Holbach］, *essai sur les préjugés*, 48.

91　［D'Holbach］, *La Politique naturelle*, 1：63; and *Système Social, ou Principes naturels de la morale et de la politique* (London ［Amsterdam］, 1773), 2：52.

92　Rousseau, *Le Discours sur les Sciences et les Arts* ［1750］, in *Oeuvres complètes*, 3：6.

93　［Charles-Louis Richard］, *L'Anti-Bon-Sens; ou L'Auteur de l'ouvrage intitulé Le Bon-Sens; convaincu d'outrager le bon-sens et la saine raison, à toutes les pages* (Liège, 1779), xxxiv.

94　［Louis Petit de Bachaumont］, *Mémoires secrets pour servir à l'histoire de la république des lettres en France, depuis MDCCLXII jusqu'à nos jours* (London, 1783–1788), 6：218 (November 3, 1772).

95　Friedrich Melchior Grimm, *Correspondance littéraire*, ed. Maurice Tourneaux (Paris, 1877–1882), 10：174–76 (January 1773).

96　Jefferson's annotated copy of *Le Bon Sens* is in Houghton Library, Harvard University, AC7. Un33P. Zz3h.

97　时人的反应见 Annie Becq, ed. , *Aspects du discours matérialiste en France autour de 1770* (Caen, 1981)。

98　*Arrests de la Cour de Parlement, portant condamnation de plusieurs livres et autres ouvrages imprimés, extrait des Registres de Parlement, du 23 janvier 1759* (Paris, 1759), 2–3.

99　关于公开谴责不敬神的书籍的战术性机遇，见 Barbara Negroni, *Lectures interdites. Le Travail des censeurs au XVIIIe siècle, 1723–1774* (Paris, 1995), 25。

100　*Arrest de la Cour de Parlement, qui condamne deux libelles intitulés, l'un：Le bon sens; l'autre：De l'homme, de ses facultés intellectuelles et de son éducation; à être lacérés et brulés par l'Exécuteur de la Haute-justice, extrait des Registres du Parlement, du dix janvier mille sept cent soixante-quatorze* (Paris, 1774), 2.

101　*Procès-verbal de l'assemblée-générale du clergé de France* (1786), citedin Darrin McMahon, *Enemies of the Enlightenment：The French Counter-enlightenment and the Making of Modernity* (New York, 2001), 21. 关于扩散与危机的修辞，又见 Amos Hofman, "The Origins of the Theory of the *Philosophe* Conspiracy," *French History* 2, no. 2 (1988)：152–172。

102　J. M. De Bujanda, *Index librorum prohibitorum：1600–1966* (Geneva,

2002）, 37; and Johann Goldfriedrich, *Geschichte des Deutschen Buchhandels* （*Leipzig*, 1909）, 66.

103 See L. ［ouis］ Dutens, *Appel au bon sens* （London, 1777［1769］）.

104 See Stanislas I, *L'Incrédulité combattue par le simple bon sens*［Nancy, 1760］, in *Oeuvres du philosophe bienfaisant* （Paris, 1763）, vol. 4.

105 Abbé Gabriel Gauchet, *Lettres critiques, ou Analyse et réfutation de divers écrits modernes contre la religion*, vol. 8, *Sur la （Fausse） Philosophie du Bon Sens; et sur la Vraie Philosophie, exprimée dans l'Ami des Hommes, et opposée à nos Philosophes modernes* （Paris, 1757）.

106 关于资助和产生为宗教辩护和攻击巴黎启蒙思想家的地理分布情况，见 William R. Everdell, *Christian Apologetics in France, 1730 - 1790* （Lewiston, NY, 1987）, 45 and 21-22。出版中心包括梅斯和南锡（斯坦尼斯瓦夫对那里的学术界有一定的影响力）；贝桑松、里昂以及罗纳-索恩谷地的其他教区城市；特雷武（耶稣会会士的主要刊物的出版地）；以及阿维尼翁（耶稣会会士在 1762 年之后流亡的教宗城市）。

107 Abbé C. F. Nonnotte, *Dictionnaire philosophique de la Religion, où l'on établit tous les Points de la Religion, attaqués par les Incrédules, et où l'on répond à toutes leurs objections*, new ed. （Besançon, 1774）, 1: 170-171. 早期版本出现在阿维尼翁（1772）以及里昂、列日和布鲁塞尔（1773）。

108 Aimé-Henri Paulian, *Le Véritable système de la nature, Ouvrage où l'on expose les Loix du Monde Physique et celles du Monde Moral d'une manière conforme à la Raison, et à la Révélation* （Nîmes, 1788）.

109 ［Richard］, *L'Anti-bon-sens*. 又见为回应奥尔巴赫所作的 Anton Maria Gardini, *L'Anima umana e sue proprietà dedotte da' soli principi di ragione contro i materialisti e specialmente contro l'opera intitolata Le Bon Sens* （Padua, 1781［1778］）。早期对良知的重新定义可见 Gauchet, *Sur la （Fausse） Philosophie*; 以及 Anon., *Nouvelle philosophie du bon sens, ou l'on oppose les vrais principes de la philosophie et de la théologie naturelle à la doctrine monstreuse de l'athéisme, du matérialisme, du deisme, de la nouvelle philosophie de nos jours* （Vienna, 1771）, 两者都是对阿尔让的著作的回应。

110 Abbé Barruel, *Les Helviennes, ou Lettres provinciales philosophiques*, 7th ed. （Paris, 1830［1781-1788］）, 2: 13-14.

111 Ibid., 1: 194.

112 Nonnotte, *Dictionnaire philosophique*, xiv, ix.

113 Dutens, *Appel au bon sens*, 15-16.

114　Barruel, *Les Helviennes*, 2：15. 反哲学派文献的这一主题可以追溯至 Charles Palissot de Montenoy 的 *Le Cerle, ou les Originaux* (1755)，其中那位哲学家在被告知哲学本该符合常识时，宣称 "和其他人的想法一样有什么好处？"

115　See John Lough, "Chaudon's *Dictionnaire anti-philosophique*," in *Voltaire and His World：Studies Presented to W. H. Barber*, ed. R. J. Howells, A. Mason, et al. (Oxford, 1985), 317. See, too, Hans Ulrich Gumbrecht and Rolf Reichardt, "Philosophe, Philosophie," in *Handbuch politisch-sozialer Grundbegriffe in Frankreich 1680 - 1820*, vol. 3, ed. R. Reichard and Eberhard Schmitt (Munich, 1985), 7-88.

116　关于贝尔吉耶的双重角色，见 Didier Masseau, *Les Ennemis des philosophes：l'antiphilosophie au temps des Lumières* (Paris, 2000), 163-169。

117　See Anon. , *Tableaux de Louvre, ou il n'y a pas le sens commun, histoire véritable* (Paris, 1777)，一场关于各种各样的判断的谈话。

118　See Anon. , "Les Récréations de Pierre Bouline…de l'Académie du sens commun. A St. Malo, 1782" (Franç. 5210, Bibliothèque municipale de Morlaix)；and Anon. , *Cours de Sens Commun* (808996, printed brochure, n. d. , Bibliothèque municipale de Lyon) .

第四章　建立一个常识共和国

1　经典论述包括 Bernard Bailyn, *The Ideological Origins of the American Revolution* (Cambridge, MA, 1967)；Eric Foner, *Tom Paine and Revolutionary America* (Oxford, 1976；2nd ed. , 2005)；Jack Greene, "Paine, America, and the Modernization of Political Consciousness," *Political Science Quarterly* 93 (Spring 1978)：73-92；Isaac Kramnick, "Introduction," in *Common Sense* (London, 1976), 7-59；and John Keane, *Tom Paine：A Political Life* (New York, 1995), 83-137。

2　潘恩自己关于销量的声明，见 Paine to Henry Laurens (January 14, 1779), in *The Complete Writings of Thomas Paine*, ed. Philip S. Foner (New York, 1945), 2：1163。Trish Loughran 在 *The Republic in Print：Print Culture in the Age of U. S. Nation Building* (New York, 2007), chap. 2 中论证说，更有可能的情况是，潘恩的小册子最多只印刷发行了 7. 5 万册，其中大多在费城和其他北方城市。关于多个版本，见 Richard Gimble, *Thomas Paine：A Bibliographical Checklist of "Common Sense" with an Account of Its Publication* (New Haven, CT, 1956)。

3　Cited in Pauline Maier, *American Scripture：Making the Declaration of Independence* (New York, 1997), 33.

4   John Adams to James Warren, April 20, 1776, in *Letters of Delegates to Congress, 1974-1789*, ed. Paul H. Smith, et al. （Washington, DC, 1976-1979）, 3：558. 当时的许多书面回应中都可以看到同样的模棱两可：作者是指常识官能，一套特定的假设，还是那个标题的小册子？

5   Samuel Adams to Samuel Cooper, April 30, 1776, in *The Writings of Samuel Adams*, ed. Harry Alonzo Cushing （New York, 1904-1908）, 3：282.

6   关于《常识》的命名，见 Benjamin Rush to James Cheetham, July 17, 1809, in *Letters of Benjamin Rush*, ed. L. H. Butterfield （Princeton, NJ, 1951）, 2：1007-1009. See, too, *The Autobiography of Benjamin Rush*, ed. George W. Corner （Princeton, NJ, 1948）, 113-115 中有类似但并非一模一样的论述。

7   *The True Merits of a Late Treatise, printed in America, Intitled, Common Sense, Clearly pointed out. Addressed to the Inhabitants of America. By a late Member of the Continental Congress, a Native of a Republican State* （London, 1776）, 2. 这本小册子先后被归功于南卡罗来纳人 Henry Middleton 和 John Rutledge。

8   Susan E. Klepp, "Demography in Early Philadelphia, 1690-1860," *Proceedings of the American Philosophical Society* 133, no. 2 （June 1989）：85-111 中说 1775 年的人口数为 3.2 万。1776 年最常见的人口数为 3.3 万。

9   这一生平事实并没有阻止长期以来关于潘恩在出版《常识》之前可能读了哪些书的争论，例如见 Caroline Robbins, "The Lifelong Education of Thomas Paine （1737-1809）. Some Reflections upon His Acquaintance among Books," *Proceedings of the American Philosophical Society* 127 （June 1983）：135-142。学者们强调洛克对潘恩的政治观点的影响，包括 Alfred Owen Aldridge, *Thomas Paine's American Ideology* （Newark, DE, 1984）, esp. 107-136; 以及近期的 Edward Larkin, *Thomas Paine and the Literature of Revolution* （New York, 2005）。关于潘恩受到各种共和派思想家的影响，除了前文引述过的 Bailyn 和 Foner 之外，见 Gregory Claeys, *Thomas Paine: The Social and Political Thought* （Boston, 1989）; and David Wootton, "Introduction: The Republican Tradition: From Commonwealth to Common Sense," in *Republicanism, Liberty, and Commercial Society, 1649-1776*, ed. D. Wootton （Stanford, CA, 1994）, esp. 26-41。还有大批关于潘恩的宗教观念可能受到何种影响的学界研究。

10   正如潘恩在 *Rights of Man, Part Second* 的一个注释中所说，"我看到了一个我觉得自己可以做点什么的机会，就听从了心灵的召唤。我从没有读过书，也没有学习其他人的意见"（in *The Complete Writings of Thomas Paine*, ed. P. Foner, 1: 406, n. 29）。

11　[John Dickinson], *A Declaration by the Representatives of the United Colonies of North-America, now met in General Congress at Philadelphia, Setting forth the Causes and Necessity of their taking up Arms* （Philadelphia, July 1775）, 2.

12　试图寻找潘恩与苏格兰道德意识和/或常识哲学的联系的研究，例如见 Jay Fliegelman, *Prodigals and Pilgrims: The American Revolution against Patriarchal Authority, 1750 - 1800* （Cambridge, 1982）, 103, 289 n. 4; and Jack Fruchtman Jr., *Thomas Paine and the Religion of Nature* （Baltimore, 1993）, 20 - 22。关于苏格兰思想对 1760 年代和 1770 年代的费城的影响，见 Richard B. Sher and Jeffrey R. Smitten, eds., *Scotland and America in the Age of Enlightenment* （Princeton, NJ, 1990）。

13　Matthew Phelps, "John Witherspoon and the Transmission of Common Sense Philosophy from Scotland to America" （D. Phil. thesis, Oxford University, 2002）; and Douglas Sloan, *The Scottish Enlightenment and the American College Ideal* （New York, 1971）.

14　Benjamin Rush, "Thoughts on Common Sense" （April 1791）, in essays*Literary, Moral and Philosophical*, ed. Michael Meranze （Schenectady, NY, 1988 [1798] ）, 146 - 150; and "Of Genius, Intuition, and Common Sense," in *Lectures on the Mind* [1791 - 1810], ed. Eric T. Carlson, Jeffrey L. Wollock, and Patricia S. Noel （Philadelphia, 1981）, 519-520. 关于拉什的出版商 William Young 及其在 1790 年代的费城宣传苏格兰常识哲学的努力，包括推出这一传统中主要著述的新的、更廉价版本，见 Sher, *The Enlightenment and the Book*, 562-567. On Rush's intellectual background, see Donald J. D'Elia, *Benjamin Rush: Philosopher of the American Revolution*, in *Transactions of the American Philosophical Society* 64, pt. 5 （Philadelphia, 1974）, esp. 9 - 57; and David Freeman Hawke, *Benjamin Rush: Revolutionary Gadfly* （Indianapolis, 1971）。

15　Paine, *Common Sense* （New York, 1995）, 21, 此前出版的是 [Paine], *Common Sense; Addressed to the Inhabitants of America*, 2nd ed. （Philadelphia, February 1776）。

16　关于潘恩独特的逻辑和修辞风格，见 Evelyn J. Hinz, "The Reasonable Style of Tom Paine," *Queen's Quarterly* 79 （Summer 1972）: 231-241; Bruce Woodcock, "Writing the Revolution: Aspects of Thomas Paine's Prose," *Prose Studies* 15 （August 1992）: 171-186; Robert A. Ferguson, "The Commonalities of *Common Sense*," *William and Mary Quarterly*, 3rd ser. , 57, no. 3 (July 2000): 465-504; 以及 Larkin, Thomas Paine and the Literature of Revolution, esp. 60-67, 其中对潘恩的风格与富兰克林的风格进行了对比。David A. Wilson, in *Paine and Cobbett*, *The Transatlantic Connection* (Kingston and Montreal, 1988), 20-29 也讨论了"平实风格"传统与潘恩的关系。

17　Paine, *Common Sense*, 8, 16, 14, 4.

18　Ibid. , 51, 4, 7, 31, 34, 30.

19　Beattie, *An Essay on the Nature and Immutability of Truth*, 24.

20　Paine, *Common Sense*, 21.

21　该名词借用自 Edmund S. Morgan, *Inventing the People*, esp. 15。

22　Reid, *An Inquiry into the Human Mind*, 51.

23　Ibid. , 39.

24　关于潘恩早期民粹主义倾向的证据，见 Vox Populi [Paine], "Reflections on Titles," *Pennsylvania Magazine* (May 1775): "每当我一想起那些无良无德之人头上虚张声势的名头，我就感到遭受了侮辱，继而鄙视这种荒谬。那光荣的窃国者……这种舍弃常识的做法正是区分奴隶制与自由的标志"(in *The Complete Writings of Thomas Paine*, ed. P. Foner, 1: 33)。

25　Paine, *Common Sense*, 50.

26　Author of Regulus, *A Defence of the Resolutions and Address of the American Congress*, *in reply to Taxation no Tyranny⋯ To which are added*, *General Remarks on the Leading Principles of that work⋯and A Short Chain of Deductions from One Clear Position of Common Sense and Experience* (London, 1775), 8, 10.

27　Jonas Hanway, *Common Sense*: *In Nine Conferences*, *between A British Merchant and A Candid Merchant of America*, *in their private capacity as friends*; *tracing the several causes of the present contests between the mother country and her American subjects* (London, 1775), 71.

28　Ferguson, "The Commonalities of *Common Sense*," 472.

29　Paine, *Common Sense*, [xxvii], 48, 21, 23.

30　Ibid. , 24, 23. 关于潘恩对圣经故事的使用，见 Thomas P. Slaughter, ed. , *Common Sense and Related Writings* (Boston, 2001), 35。

31　Paine, *Common Sense*, 56, 21, 34, 65. 关于潘恩使用民众的预言来掩饰自己在认识论立场上已经站在了他构建的社群之外的阐述，见 Edward H. Davidson and William J. Scheick, "Authority in Paine's *Common Sense* and *Crisis Papers*," *Studies in the Humanities* 18 (1991): 124-134。关于潘恩对时间的看法，见 Bernard Vincent, *The Transatlantic Republican*: *Thomas Paine and the Age of Revolutions* (Amsterdam, 2005)。关于潘恩与《常识》带来的冲击，见 Wilson,

Paine and Cobbett，55。

32　Rush，"Thoughts on Common Sense," in essays*Literary*, *Moral and Philosophical*, 150, 147.

33　培尔出现在该图书馆的以下藏书中：*Laws of the Library Company of Philadelphia. Made, in Pursuance of their Charter, at a General Meeting, held in the Library, on the Third Day of May, 1742* （Philadelphia, 1746）。在 *A Catalogue of the Books, Belonging to the Library Company of Philadelphia* （Philadelphia, 1789）中，培尔的著作同先前提到的所有苏格兰人物的著作一样出现在书单里。拉什年轻时代常到其教堂里去的长老会牧师 Gilbert Tennent 也鼓励会众成员阅读培尔；see, for example, Tennent's 1752 sermon "The Divine Government Over All Considered" （cited in Nina Reid-Maroney, *Philadelphia's Enlightenment, 1740-1800: Kingdom of Christ, Empire of Reason* ［Westport, CT, 2001］, 88）。

34　See Benjamin Franklin, "Poor Richard's Almanack, 1733-1758," in *Benjamin Franklin: Writings*, ed. Leo Lemay （New York, 1987）, 1181-1304. 穷理查（和富兰克林一样）一方面让人想起了普通人和他格言式的语言，另一方面也承诺只说"实话"（这是富兰克林革命前出版的其他出版物的一种的标题，也是潘恩《常识》第一版的书名）。

35　Ferguson 在 "The Commonalities of *Common Sense*" 中强调了潘恩主张中的"做法冲突"（468）和"疯狂-压抑特质"（467）。相反，我想强调支持整体的论证的双重结构正是潘恩依赖常识观念的结果。

36　Cited in Kramnick, "Introduction," in *Common Sense*, 29.

37　George Washington to Joseph Reed, April 1, 1776, in *The Papers of George Washington, Revolutionary Series*, ed. W. W. Abbot, et al. （Charlottesville, VA, 1991）, 4: 11.

38　在 *Pennsylvania Evening Post* （February 6, 1776）中，一位来自马里兰的作家声称潘恩的《常识》曾经"创造了奇迹"（cited in Moses Coit Tyler, *The Literary History of the American Revolution, 1763-1783* ［New York, 1966］, 1: 472）。

39　"To the Author of the Pamphlet Entitled Common Sense," *Connecticut Gazette* ［New London］（March 22, 1776）: ［1］.

40　David Ramsay, *The History of the American Revolution* （Dublin, 1793）, 228, 300, 301. Compare with Rush's own account in his *Autobiography*, 114-115.

41　Jefferson to Henry Lee, May 8, 1825, in *Writings of Thomas Jefferson*, ed. Andrew Lipscomb and Albert Ellery Bergh （Washington, 1903）,

16：118. 关于《独立宣言》的原则的"不言而喻"的相关问题，见以下相互冲突的不同解读：Morton White, *The Philosophy of the American Revolution* (New York, 1978), esp. 72‐78; Garry Wills, *Inventing America：Jefferson's Declaration of Independence* (Garden City, NY, 1979); Michael Zuckert, "Self-evident Truth and the Declaration of Independence," *Review of Politics* 49, no. 3 (1987)：319‐339; and Jay Fliegelman, *Declaring Independence：Jefferson, Natural Language, and the Culture of Performance* (Stanford, CA, 1993), 45, 51-52, 229 n. 32。

42 See, e. g. , Noah Webster, *The Prompter; or, A Commentary on Common Sayings and Subjects, which are full of Common Sense, the best Sense in the World：published according to an act of Congress* (Hartford, CT, 1791); and David Everett, *Common Sense in Dishabille; or, The Farmer's Monitor. Containing A Variety of Familiar Essays on Subjects Moral and Economical* (Worcester, MA, 1799).

43 关于常识是早期广告的一种证据形式，见 James Delbourgo, *A Most Amazing Scene of Wonders：Electricity and Enlightenment in Early America* (Cambridge, MA, 2006), 239-277。

44 Cited in Wilson, *Paine and Cobbett*, 59.

45 See Thomas Bull, *Resolutions of Common Sense about Common Rights* (London, c. 1776); and Common Sense [John Cartwright], *The Memorial of Common-Sense, upon the Present Crisis between Great-Britain and America* (London, 1778). 其他人则以相关概念的名义和诉求进行了回答；see, e. g., Anon. , *Reason. In Answer to a pamphlet entitled Common Sense* (Dublin, 1776); and Candidus [James Chalmers], *Plain Truth; Addressed to the Inhabitants of America, Containing, Remarks on a Late Pamphlet, entitled Common sense* (Philadelphia, 1776). 关于那本小册子的接受情况，见 Aldridge, *Thomas Paine's American Ideology*, 158-215。

46 An American [Charles Inglis], *The True Interest of America Impartially Stated, in Certain Strictures on a Pamphlet intitled Common Sense* (Philadelphia, [February] 1776), v-vii.

47 Rationalis, *Another reply to Common sense*, appended to Candidus, *Plain Truth*, 68.

48 Cato [William Smith], "To the People of Pennsylvania. Letter IV," *Pennsylvania Ledger*, no. 62 (March 30, 1776)：supplement, [1].

49 Cato, "To the People of Pennsylvania. Letter VII," *Pennsylvania Ledger*, no. 65 (April 20, 1776)：[2].

50 Cato, *Extract from the Second Letter to the People of Pennsylvania;*

being that part of it which relates to Independency, also appended to Candidus, Plain Truth, 80; originally published as "To the People of Pennsylvania. Letter II," *Pennsylvania Ledger*, no. 60 (March 16, 1776): [1].

51　Inglis, *The True Interest of America*, 27, vi.

52　Anon., "To the Worthy Inhabitants of the Province of Pennsylvania," *Pennsylvania Packet* (May 20, 1776): 3.

53　Gordon Wood, *The Creation of the American Republic, 1776 - 1787* (Chapel Hill, NC, 1969), 83-84.

54　这一论调如今据称与一种更古老的文献有关, 它把费城的内部革命以及独立运动, 与正在进行的社会斗争联系在一起, 见 Foner, *Tom Paine*; and Gary Nash, *The Urban Crucible: Social Change, Political Consciousness, and the Origins of the American Revolution* (Cambridge, MA, 1979)。对殖民地后期费城 "较低等级" 的经济状况和政治情绪的重新评估, 见 Steven Rosswurm, *Arms, Country, and Class: The Philadelphia Militia and "Lower Sort" during the American Revolution, 1775-1783* (New Brunswick, NJ, 1987); Billy G. Smith, *The "Lower Sort": Philadelphia's Laboring People, 1750-1800* (Ithaca, NY, 1990); 以及 Ronald Schultz, *The Republic of Labor: Philadelphia Artisans and the Politics of Class, 1720 - 1830* (Oxford, 1993)。

55　"Diary of James Allen, Esq. of Philadelphia, Counsellor-at-large, 1770 - 1778," *Pennsylvania Magazine of History and Biography* 9 (1885), 186.

56　See Worthington Chauncey Ford, et al., eds., *Journals of the Continental Congress, 1774-1789* (Washington, DC, 1904-1937), 4: 342, 357-358.

57　Anon., *The Alarm: or, An Address to the People of Pennsylvania on the Late Resolve of Congress* (Philadelphia, [May 19,] 1776), reproduced in *American Political Writing during the Founding Era, 1760 - 1805*, ed. Charles S. Hyneman and Donald S. Lutz (Indianapolis, 1983), 1: 322, 324, 326.

58　具体关于 1776 年宾夕法尼亚宪法的起源、制定和内容, 见 J. Paul Selsam, *The Pennsylvania Constitution of 1776: A Study in Revolutionary Democracy* (Philadelphia, 1936); David Hawke, *In the Midst of a Revolution* (Philadelphia, 1961); and Richard Alan Ryerson, *Revolution Is Now Begun: The Radical Committees of Philadelphia, 1765-1776* (Philadelphia, 1978)。

59　关于 18 世纪北美人民主权观念的历史, 见 Paul K. Conklin, *Self-*

evident Truths (Bloomington, IN, 1974); as well as Michael Kammen, *Sovereignty and Liberty：Constitutional Discourse in American Culture* (Madison, WI, 1988)。根据 Morgan 在 *Inventing the People* 中阐述的观点，人民是权威之源的观念可以追溯到英国内战甚至更久以前。不过在北美和在英格兰一样，首先要移除国王的权威，才能明确质疑这一原则与代表权观念的关系。

60 *Extracts from the Diary of Christopher Marshall*, ed. William Duane (Albany, 1877; repr. 1967), May 18, 1776, 72. 关于该会议本身，见抨击文章 *Philadelphia, May 20. At a meeting, at the Statehouse, of a very large number of the inhabitants of the city in which it was resolved to replace the Assembly*，以及发表在会议记录，ed. Peter Force, 4th ser. (Washington, 1837–1846), 6：517–519。

61 关于州宪法撰写的时代，见 Willi Paul Adams, *The First American Constitutions：Republican Ideology and the Making of the State Constitutions in the Revolutionary Era*, trans. Rita Kimber and Robert Kimber (Chapel Hill, NC, 1980); Donald S. Lutz, *Popular Consent and Popular Control：Whig Political Theory in the Early State Constitutions* (Baton Rouge, LA, 1980); and Marc W. Kruman, *Between Authority and Liberty：State Constitution Making in Revolutionary America* (Chapel Hill, NC, 1997). Robert F. Williams, in "The State Constitutions of the Founding Decade：Pennsylvania's Radical 1776 Constitution and Its Influences on American Constitutionalism," *Temple Law Review* 62 (1989): 541–585, 请注意：在大多数情况下，争议更多是围绕着统治权的问题，也就是谁应该决定政策以及如何决策的问题，而非个人权利的问题。

62 Foner, *Tom Paine* (1976 ed.), xvi.

63 关于在北美，人们对选举权的理解的发展变化，见 Chilton Williamson, *American Suffrage：From Property to Democracy, 1760–1860* (Princeton, NJ, 1960), esp. 3–19, 92–116; Kruman, *Between Authority and Liberty*, 87–108; 以及 Alexander Keyssar, *The Right to Vote：The Contested History of Democracy in the United States* (New York, 2000), esp. 8–10, 他指出，支持有限选举权的标准论调之一依赖于两个穷人不该投票的互相矛盾的主张：(1) 因为他们没有自己的意志；(2) 因为他们会威胁财产的收益，也就是说他们有过多的自己的意志。

64 John Adams to James Sullivan, May 26, 1776, in *Papers of John Adams*, ed. Robert J. Taylor (Cambridge, MA, 1977), 4：210.

65 见发送给殖民地议会的 "Petition from the Committee of Privates of the Military Association of the City and Liberties of Philadelphia," 1776

年 2 月 12 日，收录于 *American Archives*, 4th ser. , 5：662-664。

66　Demophilus［George Bryan?］, *The Genuine Principles of the Ancient Saxon, or English Constitution*（Philadelphia, 1776）, in *American Political Writing*, ed. Hyneman and Lutz, 1：349. 关于该神话，见 Christopher Hill 的经典论文，"The Norman Yoke," in *Puritanism and Revolution：Studies in Interpretation of the English Revolution of the Seventeenth Century*（London, 1958）, 50-122。

67　关于扩大选举权的问题，以及有关政治和宗教忠诚的限制，见 "Proceedings of the Provincial Conference on Committees of the Province of Pennsylvania, held at Carpenter's Hall, at Philadelphia, begun June 18, and confirmed by adjournments to June 25, 1776," in *American Archives*, 4th ser. , 6：951-967。

68　潘恩关于选举权的观点事实上并没有坎农及其同类那么激进。但他坚信的"基本原则"和他的反贵族偏见都见于第四封 The Forester's Letters，发表于 *The Pennsylvania Journal*（May 8, 1776）; see *The Complete Writings of Thomas Paine*, ed. P. Foner, 2：83。

69　［James Cannon］, *To the Several Battalions of Military Associators in the Province of Pennsylvania*（June 26, 1776）. 坎农后来辩称，该传单是士兵委员会决议的成果，代表了该机构的观点（see Rosswurm, *Arms, Country, and Class*, 102），但人们普遍认为坎农是第一作者。

70　A Watchman, "To the Common People of Pennsylvania," *Pennsylvania Packet*（June 10, 1776）.

71　［Cannon］, *To the Several Battalions*.

72　Pierre-André Taguieff 在 *L'Illusion populiste* 中提出了重要观点，即民粹主义的标志之一，就是在蛊惑人心（即利用人民的恐惧和偏见）与爱民（即对人民的真正的爱）之间持续的紧张关系。

73　Two exceptions are George McKenna, ed. , *American Populism*（New York, 1974）; and, recently, Ronald P. Formisano, *For the People：American Populist Movements from the Revolution to the 1850s*（Chapel Hill, NC, 2008）.

74　Anon. , *The Alarm*, 325.

75　A Watchman, "To the Common People of Pennsylvania," *Pennsylvania Packet*（June 10, 1776）.

76　See Anon. , *An Essay of a Declaration of Rights*（Philadelphia, 1776）; and Demophilus, *The Genuine Principles of the Ancient Saxon, or English Constitution*, respectively.

77　关于共识的胜利是民粹主义的目标，见 Laclau, *On Populist Reason*。

78　关于参加制宪会议的成员，见 William H. Egle, "The Constitutional Con-vention of 1776：Biographical Sketches of Its Members,"

Pennsylvania Magazine of History and Biography 111（1879）。关于会议本身，见 the *Minutes of the Proceedings of the Convention of the State of Pennsylvania*（Philadelphia，1776），reproduced in *American Archives*，5th ser.（1848-1853），2：1-62。

79 Morgan，*Inventing the People*，169.

80 Benjamin Rush 认为原则的设计者正是坎农、马特拉克和杨，而 Reed、Bryan 和 Parson Ewing 是其最重要的卫道士；see Benjamin Rush to John Adam，February 24，1790，in *Letters of Benjamin Rush*，1：532。不过关于其作者是谁，还是没有达成共识。

81 Bryan，"Letter I. To Ludlow"（May 24，1777），cited in Joseph Foster，*In Pursuit of Equal Liberty：George Bryan and the Revolution in Pennsylvania*（University Park，PA，1994），82.

82 关于支持两院制的论点，以及较罕见的、首批州宪法撰写中的一院制，见 Jackson T. Main，*The Upper House in Revolutionary America，1763-1788*（Madison，WI，1967）；and Kruman，*Between Authority and Liberty*，esp. 131-136。

83 "One of the People，" *Pennsylvania Evening Post*（November 23，1776）：585.

84 "The Proposed Plan or Frame of Government for the Commonwealth or State of Pennsylvania" 于 1776 年 9 月 5 日被提交给公众。最终的修订版以如下标题印刷：*The Constitution Of The Common-wealth Of Pennsylvania，As Established By The General Convention Elected For That Purpose*，于 1776 年 9 月 28 日通过。各个章节的详细描述见 Selsam，*The Pennsylvania Constitution of 1776*。引文选自 Declaration of Rights 第五条。

85 关于制宪会议和后来的州议会通过的被官员和选民采纳的不同誓言，见 *Pennsylvania Archives*，3rd ser.，ed. W. H. Egle（Philadelphia，1894-1899），10：766-767；and the *Statutes at Large of Pennsylvania from 1682 to 1801*，ed. James T. Mitchell and Henry Flanders（Philadelphia，1903），9：110-114。

86 Robert Williams 在 "The State Constitutions of the Founding Decade" 中采取了类似的立场，他称宾夕法尼亚宪法为 "一个简单的、广泛的社群主义共和国的民众理论基础"（580）。相反，埃里克·方纳在 *Tom Paine* 中强调了这种观点的局限性，包括它总是把不自由的人和穷人排除在外。

87 关于对宾夕法尼亚宪法的反对意见和保守派的反击，见 Robert Brunhouse，*The Counter-Revolution in Pennsylvania，1776-1790*（Harrisonburg，PA，1942）；and Douglas M. Arnold，*Republican Revolution：Ideology and Politics in Pennsylvania，1776-1790*（New

York，1989）。

88　See，respectively，the broadside *At a Meeting，Held at the Philosophical Society Hall，on Tuesday evening，October 17，1776*（Philadelphia，1776）；and Thomas Smith to Arthur St. Clair，August 3，1776，in *The St. Clair Papers. The Life and Public Services of Arthur St. Clair*，ed. William Henry Smith（Cincinnati，1883），1：371.

89　Thomas Smith to Arthur St. Clair，August 3，1776，in *The St. Clair Papers*，1：371.

90　讽刺宪法是"简单人"的产物，他们的主要承诺是"他们的这种该死的简单"的想法，见"Orator Puff to John his friend，over a bottle of Madeira，"*Pennsylvania Evening Post*（October 19，1776），cited in Selsam，*The Pennsylvania Constitution*，206。

91　Thomas Smith to Arthur St. Clair，August 22，1776，in *The St. Clair Papers*，1：373-374.

92　Cato，"To the People of Pennsylvania，"*Pennsylvania Packet*（March 25，1776）.

93　Demophilus，"［Letter to］Messr. Bradford，"*Pennsylvania Journal*（September 25，1776）.

94　分别见费城城市代表收到的指示：*At a Meeting of a Number of the Citizens of Philadelphia，in the Philosophical Society-Hall，the 8th of November，1776*（Philadelphia，1776）；and K.，"Remarks on the Constitution of Pennsylvania，"*Pennsylvania Packet*（September 24，1776）：2。二者均暴露了 John Adams's *Thoughts on Government：Applicable to the Present State of the American Colonies*（Philadelphia，1776）关于设立一个上院在认识论意义上的必要性的论调的影响。

95　Foner，*Tom Paine*，135.

96　C. A. Bayly，*The Birth of the Modern World，1780 - 1914：Global Connections and Comparisons*（Malden，MA，2004）指出革命时代的两大创新是，首先，权利是"不言而喻的"，是没有任何权威可以剥夺的观念；其次是"人民"，即权利的拥有者，是潜在的创造性政治力量的观念。我认为常识是将此二者联系起来的纽带。

97　The original articles，published in May-June 1777 in the *Pennsylvania Journal*，were reprinted that same year as *Observations upon the Present Government of Pennsylvania in Four Letters*；see *The Selected Writings of Benjamin Rush*，ed. Dagobert D. Runes（New York，1947），54-84.

98　Hawke，*Revolutionary Gadfly*，183.

99　关于坎农，见 Rush to Charles Nisbet（August 27，1784），1：336；关于新宪法充满了"新奇时髦的实验，本质上是荒谬的"，见 Rush to Anthony Wayne（April 22，1777），1：136；关于新宪法是"暴民政

府"的秘诀,见 Rush to Anthony Wayne(May 19, 1777), 1: 148; 而且他在 Rush to Charles Lee(October 24, 1779), 1: 244 中指出, "单一立法机构是大型暴政机构"以及"我们所有的法律都感受着镇民大会和小酒馆的精神";所有引文均参考 The Letters of Benjamin Rush。

100 Rush, *Observations upon the Present Government of Pennsylvania*, 71, 63, 78.

101 Rush, *Lectures on the Mind*, 520.

102 威尔逊在他的 *Lectures on Law*(1790–1791)中详细阐述了常识;见 *Collected Works of James Wilson*, ed. Kermit L. Hall and Mark David Hall(Indianapolis, 2007), 1: 599。

103 Addison [James Wilson], " For the Pennsylvania Journal," *Pennsylvania Journal*(May 14, 1777): 2.

104 关于威尔逊对常识的关注,见 Stephen A. Conrad, " Polite Foundation: Citizenship and Common Sense in James Wilson's Republican Theory," *Supreme Court Review* (1984): 359 – 388; Shannon C. Stimson, " 'A Jury of the Country': Common Sense Philosophy and the Jurisprudence of James Wilson," in *Scotland and America in the Age of Enlightenment*, 193 – 208;以及 Robert Green McCloskey, introduction to his edition of *The Works of James Wilson* (Cambridge, MA, 1967), 1: 14–17。

105 威尔逊匿名阐述了他为两院制辩解的论证,这种论证不再依赖于两院的社会阶层的差别,见 *Pennsylvania Journal*(July 7, 1784): 2, and(July 10, 1784): 1–2。

106 一个最近的例子是 Terry Bouton, *Taming Democracy*: "*The People*," *the Founders*, *and the Troubled Ending of the American Revolution* (New York, 2009)。

107 Mark Noll, *America's God*: *From Jonathan Edwards to Abraham Lincoln*(New York, 2002), 233,指出常识是安然度过美国革命的少数几个权威之一。

108 Herbert J. Strong, *The Complete Anti-Federalist*(Chicago, 1981), 1: 54.

109 Philirenaeus, *To the Free and Independent Electors of the City of Philadelphia*(Philadelphia, 1776).

110 J. Paul Selsam, " Brissot de Warville on the Pennsylvania Constitution of 1776," *Pennsylvania Magazine of History and Biography* 72 (January 1948): 25 – 43; J. Paul Selsam and Joseph G. Rayback, " French Comment on the Pennsylvania Constitution of 1776," *Pennsylvania Magazine of History and Biography* 76 (1952): 311 – 325; and Horst

Dippel, "Aux origines du radicalisme bourgeois: de la constitution de Pennsylvanie de 1776 à la constitution jacobine de 1793," *Francia* 16, no. 2（1989）: 61-73. 1776 年年底到 1793 年期间，宾夕法尼亚宪法有几十个法语版本出版，其中很多还附上了《穷理查年鉴》的不同版本; see Durand Echeverria, "French Publications of the Declaration of Independence and the American Constitutions, 1776-1783," *Papers of the Biographical Society of America* 47（1953）: esp. 331。

111　关于 19 世纪拉丁美洲对潘恩的挪用，见 A. O. Aldridge, "Tom Paine in Latin America," *Early American Literature* 3, no. 3（Winter 1968-1969）: 139-147; 以及潘恩的小册子 *Reflecciones politicas escritas baxo el titulo de instincto commun*（London, 1811; Lima, 1821）的首部匿名西班牙语译文。据我所知，欧洲没有与之类似的文章，但在匿名小册子 *Second cri du Sens commun, ou considérations sur la révolution française et sur les moyens de la conduire à sa véritable fin*（Paris, 1848）中，作者试图继续 1776 年 "第一声常识的呐喊" 所开启的事业; and see [Johann Greis], *Republik oder Monarchie? Beantwortet durch Thomas Paine's "gesunder Menschenverstand" und "Menschenrechte"*（Hamburg, 1848）。

第五章　向革命理性宣战

1　我在这里效仿 Roger Dupuy, *La Politique du peuple, XVIIIe-XXe siècles: racines, permanences et ambiguités du populisme*（Paris, 2002），把法国的民粹主义看成是法国大革命（它的过激共和主义以及民众对革命的抵抗）的一个产物，而非仅仅一个 19 世纪的现象。

2　关于在一切民主运动中，"人民" 这个政治神话与社会学意义上的多样化人群之间的紧张关系，（法国的实例）见 Pierre Rosanvallon, *Le Peuple introuvable: histoire de la représentation démocratique en France*（Paris, 1998）。

3　关于 1770 年代末日内瓦所谓消极派、代表派和本土派之间的宣传战争，见 Anon., *Lettre d'un citoyen à un de ses amis, sur l'étonnement où il est de voir paroître un aussi grand nombre de brochures*（[Geneva], January 19, 1777）; and [Francis d'Ivernois], *Tableau historique et politique des deux dernieres révolutions de Genève*（London [Geneva?], 1789）。

4　[E tienne-Salomon Reybaz], *Lettre à l'auteur de la Réponse aux deuxième, troisième et quatrième Lettres à un négatif modéré. Contenant une courte description de la fête du 15e du courant*（Geneva, December 1780）, 7.

5   Letter to M. le Comte de Finkenstein, Minister of the King of Prus sia, 1781, in Papers of Reybaz, Bibliothèque publique universitaire de Genève, ms. 923, 10–15ff.

6   See [Etienne-salomon Reybaz], *Appel au sens commun, ou lettre à l'auteur des Refléxions impartiales, sur un projet de conciliation* ([Geneva], 1777), esp. 9. 这篇檄文后来引发了 *Eloge de l'Appel au sens commun, par un ancient natif, dévenu nouveau citoyen. Enrichi de notes politiques et morales d'un étranger qui habite depuis deux siècles parmi nous* ([Geneva], 1777), 它继而产生了 *Lettre du neveu natif, à l'auteur de l'Eloge de l'Appel au sens commun* ([Geneva], 1777), 这两篇文章都与雷巴的立场不一致。

7   [Etienne-Salomon Reybaz], *Défense apologétique des citoyens et bourgeois représentans, de la Ville et République de Genève. Précédée d'une adresse aux Seigneurs Syndics, remise par les citoyens et bourgeois représentans le 10 novembre 1779* (Geneva, 1779), 34.

8   *Lettre d'un quaker de Philadelphie, capitale de Pensilvanie à un citoyen de Genève. Philadelphie le 1 juin 1771* (1772), 倾向于将所有本土派都纳入中产阶级范畴；[Jacques-A ntoine Du Roveray], *Préservatif contre les mensonges politiques adressé à l'auteur des Observations sur les dangers de la Patrie et precédé d'un avertissement* (A Philadelphie, de l'imprimerie des Etats-Unis, 1777), 另一个替代表派事业辩解的文本；the *Gazette américaine* (1780) 和 *Le Postillon de la liberté, ou le courier américain* (1780), 二者都是在嘲讽本土派立场，后者主要突出了"良知先生；游历四海的哲学家"；以及 *Lettre d'un Bostonois, écrite de Genève à son ami, à Philadelphie* (1781), 都是在日内瓦出版的。

9   See [Antoine François Lemaire], *Le Sens commun du bon homme Richard sur l'affaire de Nancy* (Philadelphie [Paris], [early September 1790]). See, too, *La Voix du peuple, ou les anecdotes politiques du bon-homme Richard, sur les affaires du temps* (Paris, September-October 1789); *Le Bonhomme Richard aux bonnes gens* (Paris, May-June 1790); *La Puce à l'oreille du bon-homme Richard, capitaine de la garde non soldée, à Paris* (Paris, 1791); and [Jean-baptiste Jumelin], *Lettre écrite au bonhomme Richard, concernant les assignats* (Paris, [c. 1791]). See, too, James Leith, "La culte de Franklin avant et pendant la Révolution française," *Annales historiques de la Révolution française* (1976): 543–571.

10 See Serviteur Régnier, ed., *Recueil des lois constitutive des colonies angloises* (Philadelphia and Paris, 1778), cited in Echeverria, *Mirage*

in the West, 72.

11　［Alexandre Achard de Germane］, *Le Sens commun. No. 1er. Idée générale de l'état de la France* (n. p. , ［early 1790］), 2, 1.

12　潘恩的《常识》的首个法文版于 1776 年在鹿特丹出版。《常识》中的长段落也曾在 1776 年富兰克林参与创办的亲美法文报纸 *Affaires de l'Angleterre et de l'Amérique* (see vol. 1, 33－103) 上刊载；1777 年，一个在法国国内或低地国家出版的包含大量重要内容的节选本是 *Les Principes de la Révolution justifié dans un sermon prêché devant l'Université de Cambridge, le mercredi 29 mai 1776 par Richard Watson … suivi d'un extrait du pamphlet américain, intitulé Le commonsense*。完整的法文译本（作者承诺在以下几页提出“简单事实、明确观点和常识”）后来于 1791 年由出版商 Gueffier 在巴黎出版 (*Le Sens commun. Ouvrage adressé aux Américains, et dans lequel on traite de l'origine et de l'objet du gouvernement, de la constitution angloise, de la monarchie héréditaire, et de la situation de l'Amérique Septentrionale*, trans. Antoine-Gilbert Griffet de la Baume)；1793 年由 Buisson 在巴黎出版 (*Le Sens commun, adressé aux habitans de l'Amérique*)；1793 年 Gueffier 和 Regnier 在巴黎又出了一个新版本，使用的还是 1791 年的书名。当 Imprimerie du Cercle Social 在 1792 年出版潘恩的 *Théorie et pratique des droits de l'homme* ［*Rights of Man, Part II*］ 时，翻译为他的亲密伙伴 François Lanthenas，此人在序言中是这样描述潘恩的“这个自由的人，他似乎天生就是讲道的，他的《常识》不但在美国获得了成功，在世界各国也一样”（2）。同年，Cercle Social 出版了一份题为“常识的革新”的小册子，开头是这样写的，“哦，常识！……你是多么珍贵！……为他们的荣誉和利益而来，启发所有的愚人和所有邪恶的人”。当 Lanthenas 翻译潘恩 1793 年 3 月即将发表的出了名的谴责一切教会组织的文本第一版时，他用的是曾用过的标题 *Le Siècle de la raison; ou, Le sens commun des droits de l'homme*。

13　［Achard de Germane］, *Le Sens commun, No. 1er*, 6.

14　关于民主公共领域在巴黎的出现和演讲在城里的涌现，见 Jacques Guilhaumou, *L'Avènement des porte-parole de la république (1789－1792) . Essai de synthèse sur les langages de la révolution française* (Villeneuve-d'Ascq, 1998)；and Raymonde Monnier, *L'Espace public démocratique. Essai sur l'opinion à Paris de la Révolution au Directoire* (Paris, 1994)。

15　Quentin Skinner, *Liberty before Liberalism* (Cambridge, 1998), 105.

16　Donald MacRae, "Populism as Ideology," in *Populism: Its Meanings and Natural Characteristics*, 156－158.

17   Anon. , *Le Gros bon sens, adressé à l'Assemblée nationale* (Paris, October 1789), 21.

18   ［C. D. Lacoste-mezières］, *Lettre d'un vieillard de bon sens aux bonnes gens de Marseille* (Marseille, ［c. 1790］). In 1795，同一个人编辑了一份名为 *Le Décadaire marseillais, ou le loisirs d'un vieillard de bon sens* 的期刊，这使人怀疑他先前声称自己是文盲的真实性。

19   Andrea Frisch, *The Invention of the Eyewitness：Witnessing and Testimony in Early Modern France* (Chapel Hill, NC, 2004)，论述了在早期法国的法律和科学中看见的认识论权威，它本身源于第一人称的直白的经验。我认为在法国大革命期间，同一种社会认识论也与一种越来越非个人的群体政治形式联系在一起。

20   ［Lacoste-Mezières］, *Lettre d'un vieillard de bon sens*, 2.

21   Alphonse de Serres de La Tour, *Appel au bon sens, dans lequel M. de La Tour soumet à ce juge infaillible les détails de sa conduite, relativement à une affaire qui fait quelque bruit dans le monde* (London, 1788).

22   Anon. , *Le Gros bon sens*, 5.

23   关于大部分革命写作的反修辞姿态，见 Brigitte Schlieben-Lange, "Le Style laconique," *Langages de la Révolution (1770-1815), actes du 4e colloque de lexicologie politique* (Paris, 1996); and Jacques Guilhaumou, "Rhétorique et anti-rhétorique à l'époque de la Révolution française," in *La Légende de la Révolution, actes du colloque international de Clermont-Ferrand*, ed. Christian Croisille and Jean Ehrard (Clermont-Ferrand, 1988), 149-159。

24   Anon. , *Adresse intéressante à tous les bons patriots français par un vieillar* ［sic］ *de bon sens* (Paris, ［c. 1790］), 5.

25   关于妇女在大革命期间的言论，见 "La Prise de parole publique des femmes," ed. Christine Fauré, *Annales historiques de la Révolution française* 的一份专刊，no. 344 (April-June 2006)。关于妇女、理性及其政治含义的辩论，见 Geneviève Fraisse, *Muse de la raison, la démocratie exclusive et la différence des sexes* (Paris, 1989)。

26   "Cahier de doléances des blanchisseuses et lavandières de Marseille," in *Cahiers de doléances des femmes et autres texts*, ed. Paule-Marie Duhet (Paris, 1981).

27   Etta Palm d'Aelders, *Discours sur l'injustice des Loix en faveur des Hommes, au dépend des Femmes, lu à l'Assemblée Fédérative des Amis de la Vérité, le 30 décembre 1790*, reprinted in *Appel au Françoises sur la régénération des moeurs et nécessité de l'influence des femmes dans*

un government libre（Paris，［May 1791］）．

28　Anon. , *La Femme patriote, ou le gros bon-sens*（n. p. ,［c. 1792］），1-2.

29　关于葛兰西认为常识在革命过程中的重要意义，见 *The Antonio Gramsci Reader*, ed. David Forgacs（New York，1988），esp. 323。

30　Olympe de Gouges, *Le Bon sens françois, ou l'Apologie des vrais nobles dédiée aux Jacobins*［April 1792］，reprinted in *Olympe de Gouges: Ecrits politiques, 1792 – 1793*, ed. Olivier Blanc（Paris，1993），74-109, quote on 75. 她援引 "良知" 的其他实例包括她的 *Dialogue entre mon Esprit, le Bon Sens et la Raison; ou Critique de mes Oeuvres*, in *Oeuvres de madame de Gouges*（Paris，1786），vol. 2; her *Le Cri du Sage par une femme*, 她在其中宣称 "是时候发出我们的声音了；良知和智慧不该继续保持沉默"（［Paris］，May/June 1789）; and her *Le Bon sens du Français, par une Citoyenne*（［Paris］，February 1792），which is reprinted as well in *Olympe de Gouges: Ecrits politiques, 1792-1793*。

31　De Gouges, *Le Bon sens françois*, 76, 91.

32　关于德·古热与女性发出政治声音的复杂性，见 Joan Wallach Scott, *Only Paradoxes to Offer: French Feminists and the Rights of Man*（Cambridge, MA, 1996），19 – 56; Janie Vanpée, "Taking the Podium: Olympe de Gouges's Revolutionary Discourse," in *Women Writers in Pre-Revolutionary France: Strategies of Emancipation*, ed. Colette H. Winn and Donna Kuizenga（New York，1997），299-312; Olivier Blanc, *Marie-Olympe de Gouges, une humaniste à la fin du XVIIIe siècle*（Belaye，2003）; and Jurgen Siess, "Un discours politique au feminin. Le projet d'Olympe de Gouges," *Mots. Les Langages du politique*, no. 78（July 2005）: 9-21。

33　See Gwennole Le Menn, ed. , *L'Alamanch du Père Gérard de J. M. Collot d'Herbois（1791）: le texte français et ses deux traductions en breton*（Saint-Brieuc，2003）; as well as MichelBiard, "L'Almanach du Père Gérard, un example de diffusion des idées jacobines," *Annales historiques de la Révolution française* 283, no. 1（January-March 1991）: 19-29.

34　See Anthony Crubaugh, "The 'Bon Sens Villageois': Images of the Peasantry in French Revolutionary Newspapers," *Proceedings of the Western Society for French History: Selected Papers of the 2002 Annual Meeting*, vol. 30, ed. Barry Rothaus（2004）: 10 – 17, quotation on 10. 关于他的 "哲学" 完全建立在常识和实践经验基础之上，是以品行端正、节俭的农民为主题的，又见 Paul H. Johnstone, "The

Rural Socrates," *Journal of the History of Ideas* 5, no. 2 (April 1944): 151-175。

35 *La Feuille villageoise* (December 15, 1791), cited in *L'Alamanch du Père Gérard de J. M. Collot d' Herbois*, 21.

36 A. Clesse, *Adresse au Grand Lama de Rome, ou le bon sens vengé* (Paris, c. 1792), 5; and Anon. , *Adresse intéressante à tous les bons patriots français*, 5.

37 M. Marron, " Article relative de la Constitution: Fragmens d'un discours prononcé le 18 juillet 1790 dans l'oratoire des protestans, au musée de la rue Dauphine," *Journal de la Société de 1789* 9 (July 29, 1790): 22-35.

38 Maximillien Robespierre, " Sur la Constitution à donner à la France" [May 1793], in *Discours*, ed. M. Bouloiseau, G. Lefebvre, and A. Soboul (Paris, 1950-1958), 9: 506.

39 Robespierre, " Sur la Guerre" [January 1792], in ibid. , 8: 90.

40 Abbé Sieyès, " Preliminary to the French Constitution" [August 1789], reproduced in *The French Revolution and Human Rights: A Brief Documentary History*, ed. Lynn Hunt (Boston, 1996), 81.

41 See Keith Michael Baker, *Condorcet: From Natural Philosophy to Social Mathematics* (Chicago, 1975), esp. 225.

42 William Sewell 在 " Historical Events as Transformations of Structures: Inventing the Revolution at the Bastille," in *Logics of History: Social Theory and Social Transformation* (Chicago, 2005), 225-270 中提请人们注意 1789 年夏季正常生活的整体错位。Peter McPhee 在 *Living the French Revolution, 1789-99* (Basingstoke, UK, 2006) 中强调了农村经验的转变。

43 关于《神职人员民事组织法》的条款和影响，见 Timothy Tackett, *Religion, Revolution, and Regional Culture in Eighteenth-century France: The Ecclesiastical Oath of 1791* (Princeton, NJ, 1986); Claude Langlois, " La Rupture entre l'Eglise catholique et la Révolution," in *The French Revolution and the Creation of Modern Political Culture*, vol. 3, ed. François Furet and Mona Ozouf (Oxford, 1989), 375-390; and Nigel Aston, *Religion and Revolution in France, 1780-1804* (Basingstoke, UK, 2000), esp. 140-162 and 220-243。

44 关于农村妇女的反应，见 Aston, *Religion and Revolution in France*, 174 and 206 - 207; Olwen H. Hufton, *Women and the Limits of Citizenship in the French Revolution* (Toronto, 1992), 91-130; 以及 Timothy Tackett and Claude Le Foll 收录于 *Pratiques religieuses, mentalités et spiritualités dans l'Europe révolutionnaire: 1770 - 1820:*

actes du colloque, Chantilly, 27 - 29 novembre 1986, ed. Bernard Plongeron (Turnhout, 1988) 中的文章。关于 18 世纪，宗教对于女性日益增加的自主性的重要意义，又见 Sarah Knott and Barbara Taylor, eds., *Women, Gender, and Enlightenment* (Basingstoke, UK, 2005)。

45 Suzanne Desan, *Reclaiming the Sacred: Lay Religion and Popular Politics in Revolutionary France* (Ithaca, NY, 1990), 81.

46 Hufton, *Women and the Limits of Citizenship*, 105.

47 关于君主派立场，见 Robert Howell Griffiths, *Le Centre perdu. Malouet et les "monarchiens" dans la Révolution française* (Grenoble, 1988), esp. 94-128。

48 *Le Stationnaire patriote*, no. 1 (July 11, 1791): 27.

49 各类期刊，见 *Le Crieur de bon sens et patriote* (January 30-February 14, 1791); *Le Bon sens, réflexions libres sur les affaires actuelles* (February or March 1791); and *Le Stationnaire patriote aux frontières, ou l'appel au bon sens* (July 11-November 3, 1791, with the subtitle beginning in August)。各类小册子，其中许多呼吁结束围绕誓言的两极化论战，见 *Tirez le rideau. La farce est jouée* ([Paris], October 1791) and *L'Appel au bon sens* ([Paris], August 1791), both extracts from the *Stationnaire patriote*, and *Mon patience est à bout. Un mot de bon sens à MM. les dénonciateurs des prêtres nonjureurs* (n. p., 1791)。又见 Jacques Guilhaumou, "L'Elite modérée et ' la propriété des mots ' (1791)。 Propagation et usage des mots dans l'opinion publique," in *Les Idéologues. Sémiotique, théories et politiques linguistiques pendant la Révolution française*, ed. Winfried Busse and Jürgen Trabant (Amsterdam, 1986), 323-342, 其中一笔带过了许多这类文本中频繁诉诸的良知观念。

50 *Le Greffe patriotique de la Société des amis du bon sens* (Anthropolis [Paris], [c. March 1791]). 关于 1711 年《旁观者》中提议成立的俱乐部，见本书第一章。

51 关于反革命是始于 1789 年的一场智识运动，除了 Jacques Godechot 的经典著作外，见 *The Counter-Revolution: Doctrine and Action, 1789-1804*, trans. Salvator Attanasio (New York, 1971), 还可以参考以下著作: Jean Tulard, *La Contre-révolution* (Paris, 1990); Jean-Clément Martin, *Contre-Révolution, Révolution, et Nation en France, 1789 - 1799* (Paris, 1998); 及 McMahon, *Enemies of the Enlightenment*, esp. chap. 2。

52 关于反革命报纸，见 Jeremy D. Popkin, *The Right-wing Press in France, 1792-1800* (Chapel Hill, NC, 1980); William James

Murray, *The Right-Wing Press in the French Revolution*: *1789 - 92* (Woodbridge, Suffolk, UK, 1986); Jean-Paul Bertaud, *Les Amis du roi*: *journaux et journalistes royalistes en France de 1789 à 1792* (Paris, 1984); and Annie Duprat, "Les Ecrits contre-révolutionnaires et leur diffusion," in *La Contre-révolution en Europe*, *XVIIe - X IXe siècles*: *réalités politiques et socials, resonances culturelles et idéologiques*, ed. Jean-Clément Martin (Rennes, 2001)。

53 关于这份期刊，见 Marcellin Pellet, *Un journal royaliste en 1789. Les Actes des Apôtres, 1789-1791* (Paris, 1873); Hélène Maspéro-clerc, *Un journaliste contre-révolutionnaire. Jean-Gabriel Peltier* (*1760 - 1825*) (Paris, 1973), 1-62; 以及 de Baecque, *Les Eclats du rire*, 137-148。《使徒行传》是 1790 年夏天已经出版发行的逾 20 份反革命报刊中最早发行的一种。

54 *Actes des Apôtres*, no. 42 (Winter 1790).

55 See, e.g., the "Discours projetté des demoiselles de la nation de Versailles, à l'Assemblée nationale," *Actes des Apôtres*, no. 79 (Spring 1790)，文章一开头就是这样一句意义含混的话"你让我们了解了人的权利"。

56 *Actes des Apôtres*, no. 68 (Spring 1790).

57 *Actes des Apôtres*, no. 8 (Winter 1789 - 1790), cited in de Baecque, *Les Eclats du rire*, 142.

58 关于这类资料的女性读者，见 Harvey Chisick, *The Production, Distribution, and Readership of a Conservative Journal of the Early French Revolution*: *The Ami du Roi of the Abbé Royou* (Philadelphia, 1992); and Laurence Coudart, *La Gazette de Paris. Un journal royaliste pendant la Révolution française* (*1789-1792*) (Paris, 1995)。

59 Hugh Gough, *The Newspaper Press in the French Revolution* (New York, 1988), 212-214，强调了虽然大部分保王派期刊有一半都是在各省发行的，但《使徒行者》的大部分订阅顾客都在巴黎。Martin, *Contre-Révolution*, 78，认为，根据订阅数字，1790 年全部反革命期刊加起来，都市读者群的规模为 2 万人。当然，许多读者可能是单期借阅或听人大声朗读的；据 Coudart, in *La Gazette de Paris*, 144-152 计算，每一份反革命期刊的订阅者大约有多达十位读者，并指出有些单期总是被免费传阅。

60 关于兄弟三人的情况，见 Abbé Glaire and Joseph-Alexis Walsh, et al., eds., *Encyclopédie catholique* (Paris, 1842), 4: 559-560。同样的信息在各种主要的人物辞典上也有重复。在大多数图书馆书目，包括法国国家图书馆的书目中，他们作品的署名都有误。

61 阿德里安-康坦·比埃在英格兰期间成为皇家学会数学、力学和机械发明委员会的成员（根据伦敦皇家学会档案中保存的会议记录），其间他的作品包括 *Mémoire sur les quantités imaginaires*，最早是在 1806 年的 *Transactions of the Royal Society* 上刊登；*Parallel of Romé de l'Isle's and the Abbé Hauy's Theories of Crystallography*，最先发表在 *Philosophical Magazine*，nos. 74 and 75（1804）中；一份 400 页的手稿 "Recherches mathématiques sur la texture intime des corps"（Bath, 1798），in Bibliothèque nationale française（BNF），n. acq. fr. 4537，其双语简介是这份手稿中唯一发表过的部分；以及钢琴协奏曲（伦敦，1789 年前后）。

62　关于克拉帕尔，见 Frédéric Barbier et al., *Dictionnaire des imprimeurs, libraires, et gens du livre à Paris, 1701–1789*（Geneva, 2007），1：572–574。

63　关于巴吕埃尔神父是反革命论战参与者，见 Sylva Schaeper-Wimmer, *Augustin Barruel, S. J.（1741–1820）: Studien zu Biographie und Werk*（Frankfurt, 1985）；Christian Lagrave, "Introduction," *Mémoires pour server à l'histoire du jacobinisme par M. l'Abbé Barruel*（Chiré-en-montreuil, 2005）；以及 Michel Riquet, *Augustin de Barruel, un Jésuite face aux jacobins francs-maçons, 1741–1820*（Paris, 1989）。巴吕埃尔神父直到 1792 年 7 月才在克拉帕尔那里出版他博学的 *Journal ecclésiastique*，当时这部期刊已经被禁，还有他 14 卷的 *Collection ecclésiastique*（1791–1793）及各类其他反组织法教会的小册子。

64　例如，一本匿名的 *Requête adressée au roi, par les prêtres détenus dans le château de Brest en vertu d'un arrêté du département du Finistère*（Paris：Imprimerie de Crapart, [1791]）一开头就透露说"这本书所得收益将被用于资助这些缺衣少食的囚犯"。

65　See the excellent introduction to Malcolm Cook, ed., *Dialogues révolutionnaires*（Exeter, UK, 1994）.

66　Anon., *Première conversation de M. Silvain, bourgeois de Paris, et M. Bon-sens, frère des écoles chrétiennes, à l'occasion du serment sur la constitution civile du Clergé*（[Paris], 1790），8.

67　Anon., *Le Seul bon sens：M. Franckin, avocat; le sieur Piccard, maître menuisier; Jean Berdaulou, vigneron*（France, 1790 or 1791），9.

68　Coudart, *La Gazette de Paris*, 296, 以及 Murray, *The Right-Wing Press*, 249 论证了这一点，他指出人们常常引用蒙田的话说明人民是"一头佩着马鞍和笼头的野兽，每个人轮流把它跨在裆下"。

69　关于这些小册子，见 Bernadette Fort, "Voice of the People：The Carivalization of Salon Art in Prerevolutionary Pamphlets," *Eighteenth-*

century Studies 22（1989）: 368-394。

70　Anon. , *Dialogue intéressant et vrai entre le maire, le procureur-syndic d'une province, le curé, un bourgeois, une riche fermière, un grenadier et deux fédérés*（En France: De l'Imprimerie des amis de la vérité, en province; et se trouve à Paris: Aux enseignes du peuple abusé, des lois renversées, du roi trahi, et de la monarchie détruite, l'an deux de l'anarchie［1790］）, pt. I, 9.

71　Anon. , *Conversation villageoise entre Pierre la Raison et Jacques la Franchise, tous deux gens de bonne foi*（*par un Catholique-romain*）（Paris,［c. 1791］）, 6.

72　Anon. , *Le Bon sens du village, visite et conversation familière entre un officier de la milice nationale et une villageoise*（n. p. , 1790）.

73　关于迪歇纳老爹的不同版本，见 Frédéric Braesch, ed. , *Le Père Duchesne d'Hébert*（Paris, 1938）; Jacques Guilhaumou, "Les Mille langues du Père Duchêne: la parade de la culture populaire pendant la Révolution," *Dix-huitième siècle*, no. 18（1986）: 143-154; and Ouzi Elyada, *Presse populaire et feuilles volantes de la Révolution à Paris, 1789-1792. Inventaire méthodique et critique*（Paris, 1991）。关于迪歇纳大娘，主要资料来源是 Ouzi Elyada, "La Mère Duchesne. Masques populaires et guerre pamphletaire, 1789 - 1791," *Annales historiques de la Révolution française*（January-March 1988）: 1-16。

74　［Buée］, *Grande Conversion du Père Duchesne par sa femme*（n. p. ,［January 1791］）, 32.

75　［Buée］, *La Mère Duchesne corrigeant son mari pour avoir dit du mal de Monsieur l'Abbé M … son confesseur*（n. p. ,［November 1790］）. 一个月后，一本匿名小册子出版了，标题是 *Lettre de la Mère Duchene au j … f … donneur d'avis au Peuple Normand*（n. p. ,［December 1790］），它也可以被认为是比埃所著，不过几乎没有证据能证明这一点。关于早期原型，见 Pierre Franz, "Travestis poissards," *Revue des Sciences Humaines* 61, no. 190（April-June 1983）: 7-20, 但下层妇女人物大多从 1790 年年初的小册子文献中消失了，直到迪歇纳大娘出现才开始回归。

76　1791 年 1—4 月出版的首批真实的条列出版物，全都是由克拉帕尔出版的但没有全都明确标注这一点。除了 *Grande Conversion du Père Duchesne* 外，见 *De par la mère Duchesne. Anathèmes très-énergiques contre les jureurs, ou Dialogue sur le serment et la nouvelle constitution du clergé, entre M. Bridoye, franc parisien, soldat patriote; M. Recto, marchand de livres, ou tout simplement bouquiniste; M. Tournemine, chantre de paroisse; et la mère*

Duchesne, *négociante à Paris, autrement dit, marchande de vieux chapeaux* (n. p. , ［February 1791］ ）; *Grande colère de la Mère Duchesne, et deuxième dialogue* (n. p. , ［March 1791］ ）; 以及 *Grand Jugement de la mère Duchesne, et nouveau dialogue* (Paris, ［March 1791］ ）。最后还有三部作品可参考：*Etrennes de la Mère Duchesne. Vivent le Roi, la Reine et leur chère famille, la bonne et heureuse année à tous les honnêtes gens non Jacobins, ni monarchiens, nouveau dialogue* (Paris, ［January］ 1792 ）; *Le Drapeau rouge de la Mère Duchesne, contre tous les factieux et les intriguans. Dialogue* (Paris, ［March］ 1792 ）; and *Dialogue entre le Père Duchesne et la Mère Duchesne ou le père Duchesne à bout* (n. p. , ［February 1793, after Buée's emigration］ ）。

77　［Buée］, *Grande Conversion*, 12; and ［Buée］, *Anathèmes*, 7, 22.

78　［Buée］, *Grande colère*, 13.

79　［Buée］, *Grande Conversion*, 7.

80　See, e. g. , J. A. R. , royaliste, *Les Entretiens de la Mère Gérard: ouvrage qui n'a pas remporté de prix aux Jacobins, mais l'auteur en propose un de cent mille francs à celui qui exterminera la gente Jacobite* (En France: aux dépens de toutes les sociétés fraternelles, 1792 ）, 22-23.

81　［Buée］, *Anathèmes*, 15.

82　Elyada 在《迪歇纳大娘》中指出，这些小册子强调的都是特别对妇女有影响的问题（婚姻、食物、与本地牧师的关系）。更多证据来自这样一个事实，那就是当左派在几个月后开始创作它自己的迪歇纳大娘的小册子时，它们把读者明确定位于都市劳动阶层妇女——可能是对右派版本中明显的女性读者群和女性焦点做出回应。

83　Claude Langlois 在 *La Caricature contre-révolutionnaire* (Paris, 1988) 中指出，1791 年 11 月到 1792 年 4 月这六个月可能是各类反革命短命期刊问世的关键时候。

84　See, e. g. , references to " un galimathias d'chien " in ［Buée］, *Anathèmes*, 6, and " quel foutu galimathias " in ［Buée］, *Grande colère*, 17.

85　［Buée］, *Le Drapeau rouge de la Mère Duchesne*, 13-14. 该文本常常被认为是比埃尔-路易所著，但更有可能的是它也是由阿德里安-康坦撰写的。迪歇纳大娘的这段演讲是法语："Oh ben! Si ça est, foutre, c'est donc le diable qui tient la chandelle … c'est clair ça; car, enfin, avec toutes leux lumières' on n'voit toujours que d'la calamité partout, et j'dis qu c'n'est pas l'bon Dieu qui la fait. Je n'sommes qu'une pauvre femme, j'n'ons pas d'esprit, j'n'avons jamais lu dans les gros livres; mais ma raison m'dit qu'tout ça est un embrouillamini d'gueux ou gna que l'diable et des matins-là qui faisont leur compte"。

86　Braesch, *Le Père Duchesne*, 65–72 and 136–137.

87　见 "Dialogue entre le Père Duchêne, la Mère Duchêne, et l'abbé Duchêne, leur fils," *Actes des Apôtres* 9–10, no. 254 (1791): 3–16, 其中迪歇纳大娘有个儿子是反对《神职人员民事组织法》的神父，因而采取了"完全是良知和理性"的立场。

88　J. A. R., *Les Entretiens de la Mère Gèrard*, 21. 反革命人士对热拉尔老爹的其他挪用实例包括讽刺文章 "Le bon sens des Bretons [i. e., Jacobins] quelquefois m'épouvante," *Actes des Apôtres* 14–15 (late 1791); 以及 *Almanach de l'abbé Maury ou réfutation de l'Almanach du père Gèrard* (Koblenz, 1792)。

89　[Adrien-Quentin Buée], *Nouveau Dictionnaire, pour servir à l'intelligence des termes mis en vogue par la Révolution, dédié aux amis de la religion, du roi et du sens commun* (Paris, January 1792). 关于以革命词语写成的反革命辞典，又见 Rosenfeld, *A Revolution in Language*, esp. 136–137。

90　[Buée], *Nouveau Dictionnaire*, 6.

91　Ibid., 48.

92　这类文献的一个永恒主题就是《神职人员民事组织法》是教会历来讲道时宣讲的一大"动荡"；例如，见匿名小册子 *Le Peuple enfin éclairé, ou Réponses courtes et claires aux objections communes des partisans de la Religion constitutionelle* (Paris, 1791) 和 *L'Ange tutélaire de la France, visitant ce royaume et instruisant les catholiques fidèles* (Paris, 1792), 其中一位来到被革命摧毁的世界拜访的人意识到堕落事实上就意味着"动荡"。

93　[Pierre-Louis Buée], *Obstacles à ma conversion constitutionnelle, exposés confidemment aux parisiens, pour qu'ils daignent m'aider à les franchir*, 2nd ed. (Paris, January 1792). 注意同年冬天 Pierre-Louis Buée 写出了各类其他严格意义上的宗教小册子，也都是由 Crapart 出版的。

94　Ibid.

95　Adrien-Quentin Buée, "Recherches mathématiques sur la texture intime des corps" (Bath, 1798), BNF, n. acq. fr. 4537.

96　关于 1792 年 8 月 10 日以后保王派报纸的解体与新的审查限制规定的实施，见 Murray, *The Right-Wing Press*, 192–201。

97　John Gifford, *A Plain Address to the Common Sense of the People of England* (London, 1792).

98　关于保护自由和财产免受共和派及平权派侵害协会的成立和它所支

持的民众的效忠保守主义立场，见 Robert Hole, "British Counter-revolutionary Popular Propaganda in the 1790s," in *Britain and Revolutionary France: Conflict, Subversion and Propaganda*, ed. Colin Jones (Exeter, UK, 1983), 53 – 69; Harry Dickinson, "Popular Loyalism in Britain in the 1790s," in *The Transformation of Political Culture: England and Germany in the Late Eighteenth Century*, ed. Eckhart Hellmuth (Oxford, 1990), 503 – 533; Mark Philp, "Vulgar Conservatism, 1792-3," *English Historical Review* 110 (1995): 42 – 69; and Chris Evans, *Debating the Revolution: Britain in the 1790s* (London, 2006)。

99　Robert R. Dozier, *For King, Constitution, and Country: English Loyalists and the French Revolution* (Lexington, KY, 1983), 93.

100　[Hannah More], *Village Politics. Addressed to all the mechanics, journeymen and day labourers in Great Britain. By Will Chip, a country carpenter* (London, December 1792) .

101　关于莫尔那些出身优越的女性朋友在传播过程中所起的作用，见 Mona Scheuermann, *In Praise of Poverty: Hannah More Counters Thomas Paine and the Radical Threat* (Lexington, KY, 2002), 121-124。

102　[John Reeves], *Thoughts on the English Government. Addressed to the Quiet Good Sense of the People of England. In a series of Letters* (London, 1795) . 关于在里夫斯圈子的效忠派宣传中常识主题的其他实例，见 "Common Sense, or an Antidote against Paine," in *The Antigallican Songster. No. 2* (London, 1793); "Liberty and Property, Courage, and Common-Sense," in *Liberty and Property. Preserved against Republicans and Levellers. A Collection of Tracts, recommended to perusal at the present crisis* (London, 1793); and William Combes, *Plain Thoughts of a Plain Man, addressed to the Common Sense of the People of Great Britain* (London, 1797)。

103　Edmund Burke, *Reflections on the Revolution in France*, ed. Frank M. Turner (New Haven, CT, 2003 [1790]), 49, 68.

104　关于莫尔的《乡村政治》和后来的 *Cheap Repository Tracts* (1795-1798) 的销量与潘恩或其他激进派的著作销量的对比，见 H. T. Dickinson, *British Radicalism and the French Revolution, 1789-1815* (Oxford, 1985), 30。

105　Fischer Ames, "Falkland. No II. To New England Men" [February 1801], in *Works of Fisher Ames*, ed. Seth Ames (Boston, 1854), 2: 313 – 336, 部分引文见 Richard Hofstadter, *Anti-intellectualism in American Life* (New York, 1963), 149。关于这一时期的两极化修

辞，见 Andrew W. Robertson, *The Language of Democracy*: *Political Rhetoric in the United States and Britian, 1790-1900* (Ithaca, NY, 1995)。关于联邦派的具体诽谤中伤，包括针对杰斐逊的攻击，见 Linda Kerber, *Federalists in Dissent*: *Imagery and Ideology in Jeffersonian America* (Ithaca, NY, 1970); and John Ferling, *Adams vs. Jefferson*: *The Tumultuous Election of 1800* (New York, 2004), 134-161。

106 John Quincy Adams, "Letters of Publicola" [June-July 1791], 见 *Writings of John Quincy Adams*, ed. Worthington Chauncy Ford (New York, 1913), 1: 107。这些文章最初是为了回应潘恩的《人的权利，第二部分》在美国出版所撰写的，该作品开头附有一封杰斐逊首肯的信件，"我毫不怀疑，我们的公民将再度集结在《常识》的标准周围"，且看似在诽谤本地与之相反的 "政治异端" （也就是副总统约翰·昆西·亚当斯批评法国人的文章）。

107 *Address of the Republican General Committee of Young Men of the City and Country of New York Friendly to the Election of General Andrew Jackson* (New York, 1838), 38, cited in John William Ward, *Andrew Jackson*: *Symbol for an Age* (New York, 1955), 52.

108 Sean Wilentz, *The Rise of American Democracy*: *From Jefferson to Lincoln* (New York, 2005), 309.

109 [Delouit], *Lettre d'un ami du sens commun à un Hollandois ⋯ a u sujet de l'éloge de Benedictus de Spinosa, proposé par la Société Hollandoise des Beaux Arts et des Sciences de Leyde ⋯ pour le prix d'éloquence de 1809* (Utrecht, 1809) .

110 R. R. Palmer, "Notes on the Use of the Word 'Democracy,' 1789-1799," *Political Science Quarterly* 68, no. 2 (June 1953): 233.

111 关于拿破仑以不民主的方式利用公民投票，见 Isser Wolloch, *The New Regime*: *Transformations of the French Civic Order, 1789-1820s* (New York, 1994), 109-111。关于托克维尔对波拿巴主义的解读，见 Melvin Richter, "Tocqueville and French Nineteenth-Century Conceptualizations of the Two Bonapartes and Their Empires," in *Diplomacy in History and Theory*: *Bonapartism, Caesarism, and Totalitarianism*, ed. Peter Baehr and Melvin Richter (Cambridge, 2004), 83-102。

第六章 从柯尼斯堡到纽约

1 正如 Manfed Kuehn 在 *Scottish Common Sense in Germany* 说明的那样，里德、贝蒂和奥斯瓦尔德的著作，更不用说普利斯特利对这三人的批评，都在 1760 年代末和 1770 年代的德国期刊中有过详细的评述，某些著述还被翻译成德文，因而对不少思想家都产生了影响。Kuehn 更大的主题，即康德对苏格兰常识哲学并不像乍看起来那样充满敌意，却引发了更大的争议；见 John P. Wright, "Critical Notice of Kuehn," *Reid Studies* 2, no. 1 (1998): 49-55。

2   Kant, *Prolegomena to Any Future Metaphysics*, trans. Beck, 119. 关于与贝蒂的联系，见 Robert P. Wolff, "Kant's Debt to Hume via Beattie," *Journal of the History of Ideas* 21 (1960): 117-123。正如 Benjamin W. Redekop 在 "Reid's Influence in Britain, Germany, France, and America," in *The Cambridge Companion to Thomas Reid*, 321 中指出的那样，康德在试图翻译这个里德的范畴时用了四个词语来表示常识这个意思，没有一个很严格：*gemeinen Menschenverstand*, *gesunden Verstand*, *geraden* or *schlichten Menschenverstand*, and *gemeinen Verstand*。有时他还会使用 *Gemeinsinn* 作为对拉丁语词 *sensus communis* 的直译。

3   Kant, *Critique of Judgment*, trans. James Meredith (Oxford, 1952), sec. 40, 151.

4   关于 18 世纪末所谓的 *Popularphilosophen* 与康德的冲突，前者主张哲学应该在目的上是有用的，在形式上是可以理解的，而康德反复提出哲学是自成一体的，见 Chad Wellmon, "Kant on the Plague of Literature and the Discipline of Philosophy," forthcoming; and Frederick Beiser, *The Fate of Reason: German Philosophy from Kant to Fichte* (Cambridge, MA, 1996), esp. 165-171。

5   关于阿伯特和门德尔松对沙夫茨伯里的 *Sensus Communis* 的兴趣，见 Benjamin Redekop, *Enlightenment and Community: Lessing, Abbt, Herder, and the Quest for a German Public* (Montreal and Kingston, 2000)。沙夫茨伯里对 Friedrich Christoph Oetinger 的哲学也十分重要，后者的 *Die Wahrheit des sensus communis oder des allgemeinen Sinnes* (Tübingen, 1753) 中包括一段对沙夫茨伯里的 *Sensus Communis* 的德语译文。关于沙夫茨伯里与康德在赋予 *sensus communis* 的意义上的差别，见 Dabney Townsend, "From Shaftesbury to Kant: The Development of the Concept of Aesthetic Experience," *Journal of the History of Ideas* (1987): 287-305。关于沙夫茨伯里对德国启蒙运动的更广泛的影响，见 Christian Weiser, *Shaftesbury und das deutsche Geistesleben* (Leipzig and Berlin, 1916)。

6   Kant, *Critique of Judgment*, sec. 21, 84, and sec. 40, 151. 关于康德的 *sensus communis* 观念，见 Paul Guyer, *Kant and the Claims of Taste* (Cambridge, MA, 1979), 279-307; Guyer, "Plea sure and Society in Kant's Theory of Taste," in *Essays in Kant's Aesthetics*, ed. Ted Cohen

and Paul Guyer (Chicago, 1982), 21-54; Henry E. Allison, *Kant's Theory of Taste: A Reading of the Critique of Aesthetic Judgment* (Cambridge, 2001), esp. 144-159; David Summers, "Why Did Kant Call Taste a 'Common Sense'?" in *Eighteenth-century Aesthetics and the Reconstruction of Art*, ed. Paul Mattick Jr. (Cambridge, 1993), 120-151; Luc Ferry, *Homo Aestheticus: The Invention of Taste in the Democratic Age*, trans. Robert de Loaiza (Chicago, 1993); and Robert Nehring, *Kritik des Common Sense: Gesunder Menschenverstand, reflektierende Urteilskraft und Gemeinsinn—der Sensus communis bei Kant* (Berlin, 2010)。

7　Kant, *Critique of Judgment*, sec. 21, 84.

8　[Johann Heinrich Metzger], *Äusserungen über Kant, seinen Charakter und seine Meinungen* (Königsberg, 1804), 14f., cited in Manfred Kuehn, *Kant: A Biography* (Cambridge, 2001), 342.

9　See Frederick Beiser, *Enlightenment, Revolution, and Romanticism: The Genesis of Modern German Political Thought, 1790 - 1800* (Cambridge, MA, 1992), 27-56, 其中有对 1790 年代康德的政治学的论述。关于德国公共领域的政治化，见 Hans Erich Bödeker, "Prozesse und Strukturen politischer Bewusstseinsbildung der deutschen Aufklärung," in *Aufklärung als Politisierung-politisierung der Aufklärung*, ed. H. E. Bödeker and Ulrich Herrmann (Hamburg, 1987), 10-31。

10　关于席勒的审美教育的政治维度，尤其见 Josef Chytry, *The Aesthetic State: A Quest in Modern German Thought* (Los Angeles and Berkeley, 1989); Karin Schutjer, *Narrating Community after Kant: Schiller, Goethe, and Hölderlin* (Detroit, 2001); and Frederick Beiser, *Schiller as Philosopher: A Re-Examination* (Oxford, 2005)。

11　Friedrich Schiller, *On the Aesthetic Education of Man in a Series of Letters*, ed. and trans. Elizabeth M. Wilkinson and L. A. Willoughby (Oxford, 1967 [1795]), 27th letter, 217-218. 译者们提到，和它的英语同源词 common sence 一样，Gemeinsinn 也有两个意思：一是认识基本真理的官能，二是全人类基于数世纪的经验所共有的认识。他们认为这一段讨论的是后一种意思。但把它与审美领域中的趣味并置起来，也表明康德的共通感概念的一个直接影响源。1790 年代对这个词的意思仍有争议在一篇题为 "Ueber den Gemeinsinn," in the *Deutsche Monatsschrift* of 1790 (i, 51-66), 的文章中得到证实，其中认为 Gemeinsinn 是 gesunder Menschenverstand 的同义词，后者是 "common sence" 在 18 世纪最常见的同源词。同样潘恩的《常识》最初的德文版书名也是 Gesunde Vernunft (Philadelphia, 1776)，后来被

改成了 *Gesunder Menschenverstand*（Copenhagen，1794）。

12　Patrick Joyce 提出，民粹主义的语言和价值观（与强调冲突和社会排斥性的基于阶级的主张相反）在 1848 年之后变成了英国民众政治的数个分支，包括激进主义、自由主义和托利派；见他的 *Visions of the People：Industrial England and the Question of Class*，*1848-1914*（Cambridge，1991）。在更加理论的层面上，Ernesto Laclau 在 *On Populist Reason* 中指出民粹主义在现代时期不属于任何具体的意识形态或社会群体，而是更笼统地系统组织了政治生活。我不认为它是任何一种政治传统的延续；它是跨越标准的政治分支的某个特定词语和整套构想的延续。

13　Alfred Austin，"The Revival of Common Sense," *National Review*（June 1886）：564-565，cited in Fulvio Cammarano，"*Save England from Decline*"：*The National Party of Common Sense：British Conservatism and the Challenge of Democracy*，*1885-1892*（Lanham，MD，2001），32.

14　参考 Margaret Lavinia Anderson，*Practicing Democracy：Elections and Political Culture in Imperial Germany*（Princeton，NJ，2000），4. See，too，Michael Levin，*The Spectre of Democracy：The Rise of Modern Democracy as Seen by Its Opponents*（New York，1992），其中提到了许多在法国大革命爆发之后反对民主的形式。

15　Alexis de Tocqueville，"My Instincts，My Opinions" [c. 1841]，in *The Tocqueville Reader：A Life in Letters and Politics*，ed. Olivier Zunz and Alan S. Kahan（Oxford，2002），219-220.

16　Jonathan Sperber，*The European Revolutions*，*1848-1851*，2nd ed.（Cambridge，2005），5.

17　关于公民沦为消费者，见 Pierre Bourdieu，"Political Repres ent at ion：Elements for a Theory of the Political Field" [1981]，in *Language and Symbolic Power*，ed. John B. Thompson（Cambridge，MA，1991）。

18　Forteau aîné，*Le Bon Sens du Peuple*，*ou nécessité de larges économies et de l'allégement des impôts*（Condom，[1849]），7，不该认为该书的政治观点与以下书籍是绝对对立的关系：*Au Bon Sens du peuple* of L. Correnson（Perpignan，1849）or *Le Bon sens du peuple*，*journal quotidien*，ed. Paul Féval（Paris，March 29-April 15，1848），or *Le Peuple constituant la république du bon sens*，ed. Alexandre Pierre（Paris，August 1848）。

19　Adolphe Baudon，*Le Socialisme devant le bon sens populaire ou simples questions à MM. les socialistes*，*par n'importe qui*（Paris，1849）.

20　Louis-Bernard Bonjean，*Socialisme et sens commun*（Paris，April

1849), 4.

21 关于作为民主制度之英雄的常识的发明，见 Joyce, *Democratic Subjects*, 136。

22 Léopold de Gaillard, avocat, *Bon Sens. Situation—Les Socialistes—Les Montagnards—La Terreur—Conseils aux Modérés* (Avignon, 1849), 12.

23 G. Braccini, *Un grain de bon sens. Réflexions électorales, par un paysan* (Paris, 1849), 6.

24 Emile de Girardin, *Bon Sens, Bon Foi: 1848, 24 février - 3 avril* (Paris, 1848), v.

25 Eugène Boquet-Liancourt, *Le Discours du Roi Bon-sens, prononcé en faveur du Peuple Français* (Paris, 1850).

26 万能之人或普遍人性的观念从 19 世纪开始在哲学上崩塌，并没有让相关的政治语汇立即变得过时。相反，它们往往在没有深刻的哲学解释的情况下存续了下去，见 Dunn, *A Politics of the Ordinary*。

27 众所周知，杰斐逊坚持认为黑人在心智上劣于白人，但两个种族同样拥有一种道德感，使他们能够判断是非，见他 1785 年出版于巴黎、1787 年出版于伦敦、1788 年出版于费城的《弗吉尼亚州笔记》。

28 Michael A. Morrison and James Brewer Stewart, *Race and the Early Republic: Racial Consciousness and Nation Building in the Early Republic* (Lanham, MD, 2002).

29 例如见以下早期黑人废奴主义者的著作：Ebenezer Baldwin, *Observations on the Physical, Intellectual and Moral Qualities of Our Colored Population* (New Haven, CT, 1834); and Hosea Easton, *A Treatise on the Intellectual Character, and the Civil and Political Condition of the Colored People of the United States and the Prejudice Exercised towards Them* (Boston, 1837)。

30 Beattie, *Elements of Moral Science* (1793), 26, cited in Robert P. Forbes, "Slavery and the Evangelical Enlightenment," in *Religion and the Antebellum Debate over Slavery*, ed. John R. McKivigan and Mitchell Snay (Athens, GA, 1998), 73. 关于常识哲学与奴隶制问题，见本书第 2 章。

31 J. W. C. 彭宁顿在 1843 年于伦敦举行的世界反奴隶制大会上的讲话被写入 *The NonConformist*, ed. Edward Miall (1843) 的同名专栏，无页码。

32 John G. Fee, a minister of the Gospel, *An Anti-slavery Manual, Being an Examination, in Light of the Bible, of the Facts, into the Moral and Social Wrongs of American Slavery, with a Remedy for the Evil*

（Maysville, KY, 1848）, v. The citation is from John Millar, *Observations Concerning the Distinction of Ranks in Society* (London, 1771).

33 见 William Lloyd Garrison, "The Declaration of American Independence," *Liberator* (September 5, 1835). 又见 "Commencement of the Liberator" （1831）中将《独立宣言》与 "The Great Apostate"（1851）中 "不言而喻的真理" 联系起来，分别见 *Selections from the Writings and Speeches of William Lloyd Garrison*（New York, 1968［1852］）, 62-63 和 211。Ronald G. Walters 在 *The Antislavery Appeal: American Abolitionism after 1830*（Baltimore, 1976）, 60-62, 68-69, 86 中论证了加里森坚持认为奴隶制是不言而喻的谬误与苏格兰常识哲学之间的关系，但他认为常识在美国的化身变成了一种道德感，一种偏爱心灵胜过头脑的认识，我不敢苟同。关于加里森的其他策略——往往通过讽刺方式曝露出另一方所谓传统思维中的荒谬性和逻辑不连贯——见 Garrison, "Truisms" （1831）, in *Against Slavery: An Abolitionist Reader*, ed. Mason Lowance （New York, 2000）, 105-108。

34 对支持奴隶制的文字游戏的批判和废奴主义者坚持使用的朴素语言，见 Daniel J. McInerney 的评论, *The Fortunate Heirs of Freedom: Abolition and Republican Thought*（Lincoln, NE, 1994）, 133-138。

35 Peter G. Camden, *A Common-sense, Matter-of-Fact Examination and Discussion of Negro Slavery in the United States of America: In Connection with the Questions of Emancipation and Abolition*（St. Louis, 1855）, 7. 在世纪中期依赖常识观念为奴隶制辩护的文本中，又见 Louis Schade, *A Book for the "Impending Crisis"! Appeal to the Common Sense and Patriotism of the United States: "Helperism" Annihilated! The "Irrepressible Conflict" and Its Consequences!* （Washington, DC, 1860）; John Anderson, *Common Sense*（New Orleans, c. 1859）; and "Common Sense"（editorial）, *Mercury* （Charleston, SC, September 18, 1860）。

36 Thomas Wentworth Higginson, *Common Sense about Women*（New York, 1894）.

37 Mary Putnam Jacobi, *"Common Sense" Applied to Woman Suffrage; a statement of the reasons which justify the demand to extend the suffrage to women, with consideration of the arguments against such enfranchisement, and with special reference to the issues presented to the New York state convention of 1894*（New York, 1894）, 9. 雅各比声称，和潘恩的《常识》一样，她的书也是为了 "形成民意" 所写的。

38 见 Frances Maule Björkman 为雅各比去世后出版的第二版所写的序

言：*"Common Sense"* (New York，1915)，iv。

39　见 Henry Martyn Dexter，*Common Sense as to Women Suffrage*（Boston，1885），特别是关于女人智识能力不足的段落，22-23；这十篇文章最早发表于 *Congregationalist*（February 5-April 9，1885），措辞略有不同。女性作家呼唤男女读者动用常识看到女人参与选举不合适的例子，见 [Caroline Fairfield Corbin]，*An Appeal to the Common Sense and the Educated Thought of Men and Women against the Proposed Extension of Suffrage to Women*（c. 1895），抄录于伊利诺伊州反对女性获得参选权协会（Illinois Association Opposed to Extension of Suffrage to Women）和一本由马萨诸塞州反对进一步让女性获得参选权协会（Massachusetts State Association Opposed to the Further Extension of Suffrage to Women）发行的一本题为 *Why Women Do Not Want the Ballot* 的合集中。

40　Ignatius L. Donnelly，"Omaha Platform，" published in the *Omaha Morning World-Herald*（July 5，1892）and reprinted in *A Populist Rader：Selections from the Works of American Populist Leaders*，ed. George Brown Tindall（New York，1966），90-96，quotation on 92.

41　关于这一紧张关系，见 Dominique Schnapper，*Community of Citizens：On the Modern Idea of Nationality*，trans. Séverine Rosée（Edison，NJ，1998 [1994]）。

42　英国的实例见第一章，美国的实例见第四章。至于德国的实例，在一篇关于 Thomas Abbt 的著作的评论文章中，早期民族主义思想家Johann Gottfried von Herder 赞美 Abbt 特别提出（英语中的）"朴素良知"是德意志人民的民族性格；见 *Das Bild Thomas Abbts* in Herder's *Sammtliche Werke* 2：268-273，cited in Redekop，*Enlightenment and Community*，166。

43　See Laclau，*On Populist Reason*，83，讨论了民粹主义的二元论特征。

44　Peter Fritzsche，*Germans into Nazis*（Cambridge，MA，1998），3.

45　见 Michael Billig，*Banal Nationalism*（London，1995），特别是第 10 页讨论了不断强化国族归属的平常手段；以及 Bourdieu，*Pascali an Meditations*，98，讨论了常识，包括基本的语言学特点，在这些情况下变得越来越有国别。

46　Hugo Ball，*Flight out of Time：A Dada Diary*，ed. John Elderfield（1974），67（June 16，1916），cited in *Dada：Zurich，Berlin，Hanover，Cologne，New York，Paris*，ed. Leah Dickerman（Washington，DC，2005），22. 关于苏黎世的达达运动，又见 Brigitte Pinchon and Karl Riha，eds.，*Dada Zur ich：A Clown's Game from Nothing*（New York，1996）。

47　Max Ernst，cited in Rudolf Kuenzli，*Dada*（London，2006），31.

48　关于这一点，见 Anna Katharina Schaffner, "Assaulting the Order of Signs," in *Dada Culture*: *Critical Texts of the Avant-Garde*, ed. Dafydd Jones (Amsterdam, 2006), 117-133。

49　Tristan Tzara, "Dada Manifesto 1918," originally published in *Dada 3* (Zurich, December 1918), in *The Dada Reader*: *A Critical Anthology*, ed. Dawn Ades (Chicago, 2006), 36-42, 引文在第 36 页。

50　Richard Huelsenbeck, "Collective Dada Manifesto" [1918], originally published in *Dada Almanach* (Berlin, 1920), reproduced in translation in Kuenzli, *Dada*, 220-221. 关于柏林的达达运动，又见 Hanne Bergius, *Dada Triumphs*!: *Dada Berlin, 1917 - 1923. Artistry of Polarities*, trans. Brigitte Pinchon (New York, 2003); and Bruce Altschuler, "DADA ist politisch: The First International Dada Fair, Berlin, June 30-August 25, 1920," in *The Avant-Garde in Exhibition*: *New Art in the Twentieth Century* (New York, 1994), 98-115。

51　Kuenzli, *Dada*, 27.

52　See Jeffrey T. Schnapp, *Revolutionary Tides*: *The Art of the Political Poster, 1914-1989* (Milan, 2005).

53　Kazin, *Populist Persuasion*: *An American History*, 271.

54　Victoria de Grazia, *America's Advance through Twentieth-Century Europe* (Cambridge, MA, 2005), esp. 264-265, 其中讨论了 20 世纪上半叶美国广告文案中的"资本主义民粹主义"以及欧洲对这一风格和内容的逐步吸收。

55　Joel C. Weinsheimer, *Gadamer's Hermeneutics*: *A Reading of Truth and Method* (New Haven, CT, 1985), 79.

56　Hans-Georg Gadamer, *Truth and Method*, trans. Joel Weinsheimer and Donald G. Marshall, 2nd ed. (New York, 1995 [1960]), xii.

57　见注释 56 提到的著作第 19-34 页中论述的 *sensus communis* 观念。关于伽达默尔对这个词的观念，除了 Weinsheimer, *Gadamer's Hermeneutics*, 77-82 之外，还可见以下著述：Jean Grondin, *The Philosophy of Gadamer*, trans. Kathryn Plant (Montreal and Kingston, 2003 [1999]), 26-32; Schaeffer, *Sensus Communis*: *Vico, Rhetoric, and the Limits of Relativism*, 100-126; and Donald Verene, "Gadamer and Vico on Sensus Communis and the Tradition of Human Knowledge," in *The Philosophy of Hans-Georg Gadamer*, ed. Lewis Edwin Hahn (Chicago, 1997), 137-153。

58　Gadamer, *Truth and Method*, 21, 22-23.

59　Ibid., 24.

60　Ibid., 25.

61　Ibid., 26. See Bergson's essay, "Good Sense and Classical Studies"

（1895）, in *Henri Bergson：Key Writings*, ed. Keith Ansell-Pearson, et al.（New York, 2002）.

62　Gadamer, *Truth and Method*, 26-27. 关于 Oetinger, 见 ibid., 27-30 及本章注释 5。

63　没有多少评论把阿伦特与伽达默尔放在一起考察，不过，还是可以参考 Lawrence Biskowski, "Reason in Politics：Arendt and Gadamer on the Role of the Eide," *Polity* 31（1998）：217-244; and Richard Bernstein, *Beyond Objectivism and Relativism：Science, Hermeneutics, and Praxis*（Philadelphia, 1983）, 201-220。

64　Hannah Arendt, *On Revolution*（New York, 1963）, 250.

65　Arendt, *The Origins of Totalitarianism*［1951］, new ed.（New York, 1973）, esp. 468-476.

66　Arendt, "Understanding and Politics"［1954］, in *Essays in Understanding, 1930-1954：Formation, Exile, and Totalitarianism*, ed. Jerome Kohn（New York, 1994）, 317.

67　Arendt, *The Human Condition*［1958］, 2nd ed., ed. Margaret Canovan（Chicago, 1998）, 52-53.

68　关于这一主张，见 Sandra K. Hinchman, "Common Sense and Political Barbarism in the Theory of Hannah Arendt," *Polity* 17, no. 2（1984）：317-339, esp. 319。

69　关于阿伦特为常识这个概念所吸引，又见 Anne-Marie Roviello, *Sens commun et modernité chez Hannah Arendt*（Brussels, 1987）; Michael G. Gottsegen, *The Political Thought of Hannah Arendt*（Albany, 1994）, 144-184; Andrew J. Norris, "Arendt, Kant, and the Politics of Common Sense," *Polity* 29, no. 2（Winter 1996）：165-191; Valerie Burks, "The Political Faculty：Arendt's 'Ariadne Thread' of Common Sense," *Theory and Event* 6, no. 1（2002）; and many of the contributions to Craig Calhoun and John McGowan, eds., *Hannah Arendt and the Meaning of Politics*（Minneapolis, 1997）。

70　Norris, "Arendt, Kant, and the Politics of Common Sense," 174.

71　Arendt, "Understanding and Politics," 311.

72　Arendt, *The Life of the Mind*, ed. Mary McCarthy, 2 vols.（New York, 1978）, 50.

73　Arendt, *The Human Condition*, 208-209.

74　Arendt, "Understanding and Politics," 316-317.

75　Ibid., 314。

76　Arendt, *Lectures on Kant's Political Philosophy*, ed. Ronald Beiner（Chicago, 1982）, 72.

77　Arendt, *The Human Condition*, 208; and "Understanding and Politics,"

318, respectively.

78 Arendt, *The Human Condition*, 283. 她把这一过程描述称为从 *Gemeinsinn* 到 *gesunder Menschenverstand* 的转变——她最终否定了这种说法，更倾向于使用英语词"common sense"和拉丁语 *sensus communis*。

79 Arendt to Karl Jaspers, August 29, 1957, in *Hannah Arendt/Karl Jaspers Correspondence, 1926–1969*, ed. Lotte Kohler and Hans Saner, trans. Robert and Rita Kimber (New York, 1992).

80 Arendt, *Lectures on Kant's Political Philosophy*, 19.

81 Ibid., 72, 73. 关于这一点，又见 Philip Hansen, *Hannah Arendt: Politics, History and Citizenship* (Cambridge, 1993), 211–212。

82 学界并不常在民粹主义的框架内分析阿伦特；一个例外是 Margaret Canovan, "The People, the Masses, and the Mobilization of Power: The Paradox of Hannah Arendt's 'Populism,'" *Social Research* 69, no. 2 (Summer 2002): 403–422, 这篇文章提请人们注意阿伦特对她所谓的"人民"与"群众"这两个概念的全然不同的反应。关于与之相关的，阿伦特的政治哲学对平等主义和精英主义的吸引力，见 Hauke Brunkhorst, "Equality and Elitism in Arendt," in *The Cambridge Companion to Hannah Arendt*, ed. Dana Villa (Cambridge, 2000), 178–198。

83 Ronald Reagan, "Farewell Speech" (January 11, 1989), available at http://reagan2020.us/speeches (accessed June 28, 2010).

84 Ronald Reagan, "Let Them Go Their Way" (2nd Annual CPAC Convention Speech, March 1, 1975) and "Farewell Speech," both available at http://reagan2020.us/speeches. 类似的还有他的"Speech to America" (March 31, 1976): "我坚信，如果政府信任人民，让他们用自己的常识来解决官僚制度未能解决的问题，我们在加州所实现的成果在华盛顿也一样能实现。我相信人民。"

85 Arendt, *Lectures on Kant's Political Philosophy*, 73.

86 Holton, "Bourdieu and Common Sense," in *Pierre Bourdieu: Fieldwork in Culture*; and Loïc Wacquant, "Pointers on Pierre Bourdieu and Democratic Politics," *Constellations* 11, no. 1 (2001): 3–15, esp. 11, 提到了有必要打破见解（即公共舆论）的全盘接受现状的局面。

致　谢

321　　　在本项目的每一个阶段，我都有幸得到了很多帮助。

两个宝贵的研究基金让我开启了这一项目。十分感谢梅隆基金会（Mellon Foundation，特别是哈丽雅特·朱克曼[Harriet Zuckerman]和约瑟夫·迈泽尔[Joseph Meisel]）设置的新方向研究金，也感谢美国学术团体协会（American Council on Learned Societies）设置的弗雷德里克·伯克哈特研究金（Frederick Burkhardt Fellowship）。弗尼吉亚大学法学院后来又为我的大部分写作工作创造了极好的环境；衷心感谢（前）院长约翰·杰弗里斯（John Jeffries）、院长保罗·马奥尼（Paul Mahoney），尤其是副院长利兹·马吉尔（Liz Magill）以及出色的图书馆工作人员和许多教职工，他们让我备感亲切，也颇有学术成就感。还要感谢弗吉尼亚大学文理学院多年来提供了多种形式的研究支持，特别是院长梅雷迪思·吴（Meredith Woo）、副院长布鲁斯·霍尔辛格（Bruce Holsinger）和科研及研究生教育副校长办公室。

我还要因为那么多不同院系的同事们所提供的建议、交谈，以及帮我阅读书稿和章节而感谢他们每一个人，这证实了我所在机构的文化。在历史系，我在不同的节点受益于以下人士提供的精彩见解：乔·克特（Joe Kett）、保罗·哈利迪（Paul Halliday）、伦尼·伯兰斯坦（Lenny Berlanstein）、阿

龙·孔菲诺（Alon Confino），以及我的前同事帕特里克·格里 322
芬（Patrick Griffin）、查克·麦柯迪（Chuck McCurdy）、艾
伦·梅吉尔（Allan Megill）、埃里克·米德尔福特（Erik
Midelfort）、科里·菲尔德（Cori Field）、布赖恩·欧文斯比
（Brian Owensby）和彼得·奥努弗（Peter Onuf）。还有很多其
他领域的人士，让我从新的方向展开了阅读和思考：理查德·
汉德勒（Richard Handler）、斯蒂芬·怀特（Stephen White）、
詹妮弗·钱（Jennifer Tsien）、杰夫·奥里克（Jeff Olick）、克
里尚·库马尔（Krishan Kumar）、保罗·亨特（Paul Hunter）、
戴维·萨默斯（David Summers），以及我的前同事乔希·迪恩
斯塔格（Josh Dienstag）、查德·韦尔蒙（Chad Wellmon），特
别是丽塔·费尔斯基（Rita Felski）。在弗吉尼亚大学校外，
似乎永远都能确切地指出关键问题的戴维·贝尔（David Bell）
慷慨地阅读和点评了整部手稿。哈佛大学出版社的两位见解精
彩而深刻的读者林恩·亨特（Lynn Hunt）和克里斯托弗·格
拉索（Christopher Grasso）也是如此。戴维·阿米蒂奇（David
Armitage）在无数时刻给了我极大的帮助。在哈佛大学出版
社，我非常荣幸能与乔伊丝·塞尔策（Joyce Seltzer）合作。
我非常幸运地拥有她的指导，还有珍妮特·埃斯特鲁斯
（Jeannette Estruth）的指导以及朱莉·帕尔默-霍夫曼（Julie
Palmer-Hoffman）和爱德华·韦德（Edward Wade）在排版方
面的帮助。衷心感谢各位。

　　第一章和第四章前半部分的不同版本此前曾经以《民主之
前：常识的产生和使用》（Before Democracy：The Production and
Uses of Common Sense）为题发表在《近代史杂志》（*Journal of
Modern History*）第80卷第一期（2008年3月）、以《汤姆·

潘恩的常识和我们的》（Tom Paine's Common Sense and Ours）
为题发表在《威廉与玛丽季刊》（*William and Mary Quarterly*）
第三系列，第 65 卷第四期（2008 年 10 月）上。感谢两本期
刊的编辑和敏锐的审稿人。还要感谢许多机构和学会让我有机
会公开讨论本项目的不同组成部分：纽约大学雷马克研究所
（Remarque Institute）、特拉华大学历史系、马里兰大学历史
系、斯坦福大学人文研究中心、伯克利加州大学历史系、都灵
的费坡基金会（Fondazione Firpo）、香港城市大学、圣迭戈州
立大学、印第安纳大学 18 世纪研讨会（Eighteenth-Century
Workshop）、约翰·霍普金斯大学政治与道德思想研讨会
（Seminar on Political and Moral Thought）、法国历史研究学会
（Society for French Historical Studies）、纽约知识与文化历史研
讨会（New York Intellectual and Cultural History Seminar）、不
列颠美国早期历史学会（British Society for Early American
History）和牛津大学的罗瑟米尔美国研究所（Rothmere
American Institute），特别是法国社会科学高等学院（Ecole des
Hautes Etudes en Sciences Sociales），我非常幸运地在那里受益
于罗歇·沙尔杰（Roger Chartier）和安德烈·比尔吉埃尔
（André Burgière）等人的热心帮助和睿智见解。

323　　然而和许多作者一样，我最大的幸运还是拥有一个支持我
的家庭。如若不然，本项目根本不可能开始，更遑论完成。我
怀疑很少有几个母亲能像我母亲那样认真地阅读我的书稿
（或者能像她那样高效地使用红笔）。很少有父亲能在书稿完
成之后仍然仔细阅读。说到大学和书籍，我也很难想象还有比
我那几位妯娌更尽心帮忙的，也很难想象谁的姐妹和姐夫会像
我那几位亲人那样了解如何写作简洁有力的文字。我同样幸运

还有一个愿意在整个写作过程完成时领会整个手稿并提供睿智建议的舅舅。就连我的孩子们也成功地帮了不少忙（当然也添了不少乱）。如果不是一本近期的畅销儿童读物引用了他的话，我又怎么会知道阿尔伯特·爱因斯坦还说过关于常识的有趣的话？谢谢你们大家：露西和彼得·罗森菲尔德、米雷拉和查尔斯·阿弗龙、玛丽娜·罗森菲尔德、露辛达·罗森菲尔德、约翰·卡西迪、杰里·西格尔、西·阿弗龙和佐耶·阿弗龙。由于没有什么足以表达我对马修·阿弗龙（Mattew Affren）的感谢，我把这本书献给他。

索 引

（以下页码为原书页码，即本书页边码）

图书在版编目（CIP）数据

常识：一部政治史／（美）索菲娅·罗森菲尔德
（Sophia Rosenfeld）著；马睿译.--北京：社会科学
文献出版社，2024.1
　　书名原文：Common Sense：A Political History
　　ISBN 978-7-5228-1608-1

　　Ⅰ.①常…　Ⅱ.①索…　②马…　Ⅲ.①政治-历史-
研究-美国　Ⅳ.①D771.29

中国国家版本馆 CIP 数据核字（2023）第 075911 号

常识

一部政治史

著　　者／〔美〕索菲娅·罗森菲尔德（Sophia Rosenfeld）
译　　者／马　睿

出 版 人／冀祥德
组稿编辑／董风云
责任编辑／李　洋
责任印制／王京美

出　　版／社会科学文献出版社·甲骨文工作室（分社）（010）59366527
　　　　　地址：北京市北三环中路甲 29 号院华龙大厦　邮编：100029
　　　　　网址：www.ssap.com.cn
发　　行／社会科学文献出版社（010）59367028
印　　装／北京盛通印刷股份有限公司

规　　格／开　本：889mm×1194mm　1/32
　　　　　印　张：13　插页：0.5　字　数：297 千字
版　　次／2024 年 1 月第 1 版　2024 年 1 月第 1 次印刷
书　　号／ISBN 978-7-5228-1608-1
著作权合同
　　　　　／图字 01-2019-1380 号
登 记 号
定　　价／79.00 元

读者服务电话：4008918866